O PAÍS DOS PETRALHAS

O PAÍS DOS PETRALHAS

REINALDO AZEVEDO

EDITORA RECORD
RIO DE JANEIRO • SÃO PAULO
2008

Cip-Brasil. Catalogação-na-fonte
Sindicato Nacional dos Editores de Livros, RJ.

A986p Azevedo, Reinaldo
O país dos Petralhas / Reinaldo Azevedo. – Rio de Janeiro : Record, 2008.

ISBN 978-85-01-08232-9

1. Brasil – Política e governo – Crônica. 2. Crônica brasileira. I. Título.

CDD 869.98
08-2232 CDU 821.134.3(81)-8

Projeto gráfico de miolo: Regina Ferraz

Foto do autor: Manoel Marques / Editora Abril

Direitos desta edição adquiridos pela
EDITORA RECORD LTDA.
Rua Argentina 171 – Rio de Janeiro, RJ – 20921-380 – Tel.: 2585-2000

Impresso no Brasil

ISBN 978-85-01-08232-9

PEDIDOS PELO REEMBOLSO POSTAL
Caixa Postal 23.052
Rio de Janeiro, RJ – 20922-970

EDITORA AFILIADA

SUMÁRIO

UMA NOTA

Este livro reúne alguns textos que escrevi no Blog do Reinaldo Azevedo, hospedado na Veja.com, e no jornal *O Globo*. Imprimi-los trai a presunção de que mereçam uma sobrevida além da rapidez que define a internet? Pode ser. Parecem carregar, ao menos, o espírito destes tempos. Justifica um livro?

Quando comecei a fazer a seleção, percebi que havia publicado mais de 11 mil posts em um ano e meio. Não foi uma tarefa muito fácil. A natureza do veículo e a celeridade com que se produz para um blog fazem supor que o internauta é parte da rede. Alguns bons textos e alguns achados interessantes tiveram de ser excluídos porque só faziam sentido na teia de informações: tirados da trama, pediriam notas de rodapé, explicações, elenco de dados, cronologia. Seria maçante para quem escreve e para quem lê.

Assim, mesmo eliminando posts de que gostava muito, mas carentes desses complementos, optei por reunir aqui apenas aqueles que se sustentam como um texto – isto é, eu os considero auto-suficientes. O leitor deve estar sempre atento à data de publicação, já que se referem a fatos conjunturais, embora, quero crer, remetam também a questões conceituais.

Eis *O país dos Petralhas*. Para ser exorcizado.

Reinaldo Azevedo

A CACHAÇA DOS INTELECTUAIS
E A IMPRENSA

A FÁBULA PETISTA E O DEMÔNIO TOTALITÁRIO*

"Tudo o que é bom para o PT é ruim para o Brasil." Não é a primeira vez que escrevo sobre a frase que mais me rendeu protestos. Até alguns "conservadores" fizeram um muxoxo: "Cheira a preconceito." E daí? O preconceito também é uma realidade discursiva definida por marés influentes de opinião. Não ter alguns corresponde a reforçar outros. Vejam dom Tomás Balduíno, que trocou a Teologia pela Escatologia da Libertação. Ele acredita que lugar de auto-intitulados sem-terra é quebrando o Parlamento ou tungando propriedade alheia. Opor-se a tal prática seria preconceito.

Um "progressista" tem de estar afinado com os deserdados profissionais dos padres, das ONGs e do Chico Buarque. Os "conservadores" preferem ficar no armário, praticando uma ideologia que não ousa dizer seu nome. Ou vão para a fogueira. A esquerda leva vantagem na guerra de valores. Jornalistas acham normal ter como fonte um ladrão – sobretudo se ele roubar em nome da causa –, mas fogem de um "reacionário" ou "direitista". Supostas maiorias teriam mais direito a preconceitos do que um indivíduo. Com efeito, não existiria totalitarismo sem as massas e suas rebeliões – aprendi com Ortega y Gasset, antes ainda de começar a fazer a barba.

Sou tentado a defender o direito que todos temos de ter alguns "preconceitos". Um sujeito cem por cento tolerante é desprovido de moral pessoal e imprestável para uma ética coletiva. É preciso dizer em certos casos: "Isso não!" Um homem sem preconceitos é um empirista empedernido, uma besta, um monstro amoral.

Há um quarto de século toleramos a ladainha petista sobre "um outro mundo possível". Até há pouco, os petistas nos vendiam um certo "socialismo democrático", binômio antitético que a senadora Heloísa Helena (PSOL-AL) ressuscitou em entrevista ao programa *Roda Viva*. A propósito: ela afirmou lá que apenas 17% das terras agricultúraveis do país são cultivadas. Seria mentira ainda que Marina Silva derrubasse a floresta amazônica e secasse o Pantanal para plantar soja. Não foi contestada em sua logorréia narcotizante. Uma bobagem choca; uma penca delas paralisa os sentidos, especialmente se vêm embaladas naquela cascata de disparates reiterados por sinonímias vertiginosas.

---

* Artigo publicado em *O Estado de S. Paulo* em 19 de junho de 2006

Nunca houve socialismo democrático ou marxismo cristão. Quem acata essas bobagens ou está comprometido com a causa ou procura ser simpático com os "progressistas". Não ambiciono a ração de boa vontade de adversários. O socialismo matou quase 200 milhões para criar o "novo homem", e sua primeira vítima foi a liberdade. Tentam pôr no meu colo os mortos das ditaduras de direita. Dispenso-os. Façam como eu: joguem todas elas no lixo. Esquerdistas, no entanto, não reconhecem em Fidel Castro um facínora e têm num homicida compulsivo como Che Guevara um herói, ainda a render filmes e rococós sentimentais. Entronizam um bufão como Hugo Chávez no posto de futuro mártir das causas populares. "Mártir"? Eu e minhas esperanças...

Que bom se a esquerda light e a socialdemocracia estivessem certas, e tudo isso cheirasse à naftalina da guerra fria, sepultada sob os escombros do Muro. Mas estão erradas, e a metáfora é óbvia demais. No Brasil, as seduções do demônio totalitário estão ativas e plasmadas no PT, que segue o figurino do Moderno Príncipe gramsciano. É confortável para os covardes a suposição de que a lenda lulo-petista se esgota no clepto-stalinismo dos quarenta quadrilheiros. É uma forma de colaboracionismo.

Essa lenda contamina as instituições e busca mudar a natureza da democracia. Leiam o texto a seguir:

> O Moderno Príncipe, desenvolvendo-se, subverte todo o sistema de relações intelectuais e morais, uma vez que seu desenvolvimento significa, de fato, que todo ato é concebido como útil ou prejudicial, como virtuoso ou criminoso, somente na medida em que tem como ponto de referência o próprio Moderno Príncipe e serve ou para aumentar seu poder ou para opor-se a ele. O Príncipe toma o lugar, nas consciências, da divindade ou do imperativo categórico, torna-se a base de um laicismo moderno e de uma completa laicização de toda a vida e de todas as relações de costume.

É como Gramsci queria o "partido" que faria a transição para o socialismo aproveitando-se das fragilidades da democracia. Leninismo e fascismo em pacote único. Ele já havia aposentado as ilusões armadas na Europa, mas não a tara totalitária. O PT também arquivou as ambições socialistas – embora financie tropas de assalto à democracia –, mas não a vocação para submeter a sociedade a um ente de razão partidário.

Os sem-preconceito e liberais de miolo mole vêem o partido de Lula seguindo a bula dos mercados e o supõem convertido. Será? O que antes era "criminoso" passou agora a ser "virtuoso" na medida em que "tem como ponto de referência o próprio Moderno Príncipe". Ele é capaz de "subverter todo o sistema de valores intelectuais e morais". E até os juros reais mais altos do mundo se tornam variantes de um "imperativo categórico".

A trama criminosa é só entrecho de narrativa mais ambiciosa. Nem a eventual derrota de Lula poria fim a essa história. Se vitorioso, o PT tentará perpetuar-se no poder mudando as regras do jogo: o caminho é tornar irrelevantes as eleições como meio de alternância de poder. E pode fazê-lo fingindo obediência ao rito democrático. É de sua natureza. Se derrotado, a "Al-Qaeda" – rede presente nos três Poderes, sindicatos, fundos de pensão, igrejas, estatais, imprensa, movimentos sociais e ONGs – tentará emparedar o próximo governo por meio do confronto e da chantagem. O que fazer? Dizer não ao demônio totalitário. Outras divergências são secundárias.

Tudo o que é ruim para o PT é bom para o Brasil.

O MSP: MOVIMENTO DOS SEM-PÚBLICO [15/03/2007]

A boa notícia, no caso da criação de mais uma TV pública, é que a turma que gosta desse assunto tem horror ao público. E acha que traço na audiência é sinal de qualidade, de profundidade e de sabedoria. Por isso, esses caras abominam as emissoras comerciais, começando pela Rede Globo. Por que a notícia é boa? Porque, bem... os brazucas continuarão a ignorar as porcarias que elas produzem. E a má notícia? A má notícia é que você vai pagar por mais essa sinecura, amigão. Os companheiros vão fazer "jornalismo crítico, de conscientização e de participação da comunidade", que será, é óbvio, solenemente ignorado pela... comunidade. Em suma: todos pagaremos pelo ativismo dos partidários da TV pública, que poderiam montar o MSP: o Movimento dos Sem-Público.

MAIS VIRGINIA WOOLF, MENOS RIOBALDO, FRANKLIN [29/03/2007]

Começo com uma epígrafe:

> "Não, agora nunca mais diria, de ninguém neste mundo, que eram isto ou aquilo. Sentia-se muito jovem; e, ao mesmo tempo, indizivelmente velha. Passava como uma navalha através de tudo; e ao mesmo tempo ficava de fora, olhando. Tinha a perpétua sensação, enquanto olhava os carros, de estar fora, longe e sozinha no meio do mar; sempre sentira que era muito, muito perigoso viver, por um só dia que fosse. (...) Oh! Se pudesse viver de novo! Pensou, ao pisar a rua, como não havia de ser diferente! (...)"
>
> (*Mrs. Dalloway*, Virginia Woolf)

À notícia:

Preocupante, muito preocupante, a fala inaugural do ministro da Comunicação Social, Franklin Martins. Para quem sabe interpretar texto, ela está alguns tons acima das entrevistas concedidas antes da nomeação. Como vocês sabem, ele vai comandar uma estrutura gigante que vai reunir "debaixo do mesmo guarda-chuva" (expressão dele) imprensa e publicidade. Ele vê algum perigo de contaminação? Prefere citar Guimarães Rosa: "Viver é muito perigoso." É trecho de uma glossolalia do cangaceiro-filósofo-narrador Riobaldo, que tanto encanta os leitores urbanos. Eu continuo achando que, se desconsiderarmos as inversões de Guimarães e aquele jeito de falar alemão em português no cafundó-de-judas, sobra pouco. Eu preferiria que Franklin tivesse citado a dona original da frase, Virginia Woolf. O livro *Mrs. Dalloway* é de 1925. *Grande sertão veredas*, de 1956.

Não, não estou sacaneando o novo ministro com a minha "mania de corrigir até o papa", como diz a corja a meu respeito. Apenas faço a opção pelo intimismo, em vez daquela saga do bandoleiro amoroso. Os perigos de Virginia Woolf eram todos existenciais – o que lhe custou caro. Os do Riobaldo flertam com certa, bem... poética da brutalidade, que não me agrada tanto assim. Sou por uma prosa mais fluida e clássica, embora eu seja meio barroco.

Ah, falar dessas coisas é bem melhor, embora possa ser inútil. Adiante, adiante... Martins disse que também as empresas privadas de comunicação têm sob o seu "guarda-chuva" notícia e publicidade, "e nem por isso se misturam". Acho que é uma tentativa de ser irônico – com a delicadeza de Riobaldo, não de Mrs. Dalloway. Na maioria das vezes, não se misturam mesmo. E esse exemplo o governo poderia seguir. Só que Franklin estréia mal no capítulo das comparações infelizes, de que seu chefe é mestre.

O dinheiro das empresas de comunicação é privado, "companheiro". E o serviço que oferecem é posto no mercado para se financiar junto aos leitores, telespectadores, internautas, o que seja. Franklin vai, debaixo do mesmo "guarda-chuva", lidar com uma montanha de dinheiro público destinado à publicidade e, ao mesmo tempo, controlar as informações – de que a tal TV pública é peça importante. No universo privado, quando um jornal, revista ou emissora de TV (salvo aquelas que caem nas graças do governo) pisam na bola, a perda de credibilidade lhe traz prejuízos. Já o saco de grana oficial é sem fundo.

É por isso que eu recomendo a Franklin mais Virginia Woolf do que Guimarães Rosa, mais o intimismo de Mrs. Dalloway do que a poesia rústica de Riobaldo.

LULA ESTATIZA A ISENÇÃO JORNALÍSTICA. JÁ NÃO ERA SEM TEMPO
[30/03/2007]

No discurso de posse de cinco novos ministros, nesta quinta, referindo-se à TV pública, o presidente Lula afirmou querer uma emissora que não seja chapa-branca. E emendou: "Chapa-branca parece bom, mas enche o saco. E gente puxando saco não dá certo. A gente tem de fazer uma coisa séria. Não é uma coisa para falar bem do governo ou falar mal, é uma coisa para informar." O babalorixá de Banânia disse ainda esperar "a informação tal como ela é, sem pintar de cor-de-rosa, mas também sem pichá-la". Lula, em suma, quer, vejam só!, uma imprensa oficial isenta! Antes um gracejo: Atchim e Zangado devem ter ficado desolados. O chefe deles falou que não quer saber de puxa-sacos, de jornalismo chapa-branca. Assim não dá! Como eles vão se financiar? Iniciativa privada? Era só o que faltava. Pô, os valentes só não se ajoelham porque não têm altura pra isso...

Sempre achei que essa tal isenção jornalística ainda encontraria um ponto de saturação. Os leitores começariam a se cansar dessa história à medida que fossem percebendo que ela, no mais das vezes, tem lado. No Brasil, é petista. Nos Estados Unidos, democrata. Nos Estados Unidos, ideológicos, "de direita", são a Fox News e, para os mais severos, o *Wall Street Journal*; isentos são a CNN e *The New York Times*. No Brasil, os grandes veículos de comunicação fazem um esforço danado para "não ter lado" – e acabam de braços dados com os oprimidos de manual do petismo. Como se sabe, por aqui, nem banco de praça passa incólume ao crivo da "isenção": se for feito para sentar, não para deitar, ganha logo a pecha de "antimendigo", o que faz supor, como já escrevi, um banco filomendigo, certo? A imprensa brasileira é quase tão anti-Bush quanto, sei lá, a imprensa síria. Boa parte de seus articulistas escreve para os acadêmicos da USP: há mais antiamericanos lá do que em Teerã.

Mas retorno ao começo do parágrafo anterior, já que parti para a digressão. Sempre imaginei que o ponto de saturação chegaria por pressão dos leitores-telespectadores dos grandes veículos, marcando o esgotamento de uma fórmula. Mormente porque a informação on-line já fornece quase tudo "o que" é preciso saber. Os "porquês" é que estão ainda mais perdidos à medida que aumentou enormemente a base de informação. Mas não! Eu estava errado. A morte do jornalismo "isento" está sendo decretada pelo governo Lula e pelo PT – o que, num plano mais amplo, talvez lhes seja contraproducente (é a minha hipótese otimista).

E por que morre a "isenção"? Porque ela está sendo estatizada e incorporada como discurso oficial. Está no ar uma enquete em que indago sobre um nome para o ministério de Franklin Martins. Até quando escrevo este texto, "Ministério da Propaganda" lidera, com 34,38% das preferências das 1.911 pessoas que votaram. É claro que o leitor está expressando um juízo bastante ácido sobre a iniciativa. Esse era o cargo de Joseph Goebbels no governo de Hitler. Trata-se de um protesto. Mas me parece que a alternativa que vem em segundo lugar traduz com mais eficiência o espírito do governo Lula: Ministério da Verdade, com 27,89% – votei nela.

A referência, vocês sabem, é *1984*, de George Orwell, a mais famosa distopia totalitária que a literatura produziu. Hitler, Stálin, Mao e outros homicidas mais modestos eram tiranos, sanguinários, assassinos em massa. A propaganda ativa – "puxa-saco", diria o Apedeuta – foi extremamente útil a todos eles. Em escala menor, num contexto de paz, também serviu ao próprio Lula. Mas agora chegou a hora não do proselitismo, mas da "Verdade"; não de ser "chapa-branca", mas de contar como a coisa aconteceu "meeesmo", entendem? Sem falar bem (nem precisa), mas sem falar mal. Só para "informar".

A informação neutra se torna, assim, vejam só, uma política de Estado. Só uma nota: nem acho que vão conseguir fazer isso direito porque: a) são incompetentes; b) porque os petistas vão aparelhar a emissora e meter os pés pelas mãos: a incompetência "deles" é sempre salvadora. O projeto de Franklin Martins, que Lula vocalizou mais ou menos, segundo o seu repertório, é criar o que seria uma referência-modelo do fato, um ponto zero. As emissoras privadas podem escolher ficar naquele lugar de SUPOSTO equilíbrio ou decidir adernar à direita ou ainda mais à esquerda.

Vejam: ao menos no mundo das possibilidades, o PT pode perder o poder federal para um partido de oposição. Tudo o que digo aqui, então, correria o risco de valer para, sei lá, o PSDB ou DEM (também conhecido por PFL)? É claro que não. A emissora, entendam, será pública, não estatal. Seu controle, é provável, estará com a *çossiedadeciviu*, que se fará representar por meio de associações, sindicatos, organizações de estudantes, ONGs, toda a enorme teia hoje aparelhada pelo PT e por outros partidecos de esquerda. Vocês imaginam uma TV pública "isenta" lembrando no ar o direito de propriedade diante de uma terra invadida, por exemplo?

Mas o curioso é que as emissoras privadas já não fazem isso hoje. Os homens de João Pedro Stédile são chamados, imaginem vocês, de agricultores sem terra. Duvido que a maioria saiba distinguir um pé de couve da Suma Teológica.

A minha leitura otimista dessa bobagem toda é que, consolidado o Ministério da Verdade, com a informação neutra de esquerda dando o tom do noticiário oficial, as empresas privadas de comunicação sintam-se menos obrigadas a veicular o *pot-pourri* ideológico que, às vezes, mais desorienta o telespectador ou o leitor do que informa, tal é o esforço para "neutralizar" o que está sendo noticiado. Se tivermos a TV pública para ser "isenta", limpa, pura, sem interesses, neutra (que não "puxa o saco nem picha"), então podemos ser todos mais livres – os que estaremos fora do oficialismo.

Mas também há a leitura pessimista, sim. Temo que muitos se deixem intimidar. Vejam só: não acho que a patrulha que o PT e o governo já fazem hoje seja irrelevante. Não que as empresas de comunicação cedam necessariamente à pressão (a não ser as que fazem negócios), mas dá para notar, às vezes, o esforço para agradar todo mundo, inclusive aqueles que, pudessem fazer o que anseiam, decretariam nada menos do que o fim da liberdade de imprensa.

Concluo notando que as ações do PT têm um vetor claro. A luta para pôr um cabresto na imprensa não é recente. Tivesse prosperado o Conselho Federal de Censura – que "eles" chamavam de Conselho Federal de Jornalismo –, talvez a idéia desta nova TV pública não tivesse ido adiante. Mas ninguém caiu na conversa, a não ser meia dúzia de sindicalistas em busca de mamata. Torço para que o desdobramento inesperado (por "eles") dessa coisa toda seja uma mídia "não-pública" cada vez mais independente, menos preconceituosa, mais assertiva na defesa dos princípios que fazem uma sociedade democrática e capitalista – ou seja: menos "isenta", o que significa "menos aparelhada pela esquerda".

"INTELEQUITUAL" PODE ASSUMIR PASTA DO "LONGO PRAZO". ESTAREMOS TODOS MORTOS MESMO. QUE SORTE! [18/04/2007]

Lula vai convidar o professor Roberto Mangabeira Unger para a Secretaria Especial de Ações de Longo Prazo. Ele é filiado ao Partido Republicano Brasileiro – PRB –, partido do "bispo" Edir Macedo, da seita neopentecostal Igreja Universal do Reino de Deus, e também do vice-presidente da República, José Alencar.

O nome da pasta é uma delícia. Já morei em Brasília. Há lá uma localidade chamada "Setor de Áreas Isoladas". Sugiro que a sede da secretaria de Mangabeira fique à esquerda da Área Isolada de quem entra... Uma das características dos neopentecostais é atribuir grande valor aos chamados carismas, inspirados pelo Espírito Santo. Um deles é a GLOSSOLALIA, que permite ao crente falar "línguas estranhas". Mangabeira está na legenda certa. Quase ninguém entende nem o que ele fala nem o que ele escreve.

Neto do udenista Otávio Mangabeira – aquele que disse que a democracia brasileira era uma plantinha tenra –, ele é formado em direito e fez carreira meteórica na Universidade Harvard, tendo morado boa parte da vida nos Estados Unidos, daí aquele seu sotaque, digamos, universal. Já emprestou suas teses ao PDT de Brizola, sem sucesso, e a Ciro Gomes, idem. Ex-crítico severo do PT, de seu corporativismo e de seu mercadismo, nunca ninguém entendeu direito que diabos ele quer para o Brasil. Quando era candidato a cardeal Richelieu de Ciro, volta e meia fazia uma pregação que cheirava a um *by-pass* na democracia representativa. Mais de uma vez defendeu que o Príncipe falasse com o povo sem a mediação "conservadora" dos partidos ou das entidades de classe. Ciro, claro, adorava.

Unger entra naquela categoria chamada "intelectuais". Ora, para que servem os intelectuais? Para pensar o longo prazo – quando estaremos todos mortos, já disse certo lorde. Melhor assim. O risco é quando os intelectuais ameaçam interferir no cotidiano dos vivos.

A SIGLA [19/04/2007]

Órgão
Secretaria de Assuntos Especiais de Longo Prazo
Localização
Setor de Áreas Isoladas
Sigla
SEALOPRA

A "JUDICIALIZAÇÃO" DA MÍDIA, O PATÍBULO E O PESCOÇO [27/04/2007]

É evidente que recorrer à Justiça é um direito de todo cidadão. Sentiu-se ofendido, agravado? Que vá. O debate não é esse. O que incomoda é uma nuvem que está se adensando no país. Os ritos da democracia e do estado de direito vão sendo confessadamente deixados de lado porque, fora do processo legal e dos autos, já se tem definidos os culpados e os inocentes. Eles são assim classificados por esferas de opinião, por força dos lobbies, por pressões de quem está no poder. É uma gente que convive mal com a liberdade, com a crítica, com a diferença, com a divergência – que tem o direito de ser doce ou azeda, mansa ou furiosa. Debater esse assunto não deixa já de ter um fundo regressivo. A imprensa americana, em textos, charges, livros, sites, blogs, chama a toda hora o temível Jorjibúxi de idiota. E acontece o quê? Nada. Se um programa de TV fizesse com os discursos do Apedeuta o que David Letterman faz com os de Bush, haveria processo na certa. Os nossos poderosos não aceitam ser afrontados. Se um documentarista brasileiro fizesse com Lula o que Michael Moore fez com o presidente americano, os petistas transformariam a praça da Sé na Praça Vermelha. E, no entanto, é divertido ver Letterman ridicularizar Bush. Moore é considerado pessoa séria pelas esquerdas mundo afora.

Censurar Letterman ou Moore? É claro que não. Acho que a sociedade americana, a despeito do que eu penso do delinqüente intelectual e moral que fez *Tiros em Columbine* e *Fahrenheit 11 de Setembro*, é melhor com eles. Sou mais preciso: acho que a sociedade americana só é a mais importante e consolidada democracia do Ocidente porque ambos podem fazer o seu trabalho – ainda que eu discorde da abordagem e considere Letterman um prosélito do Partido Democrata e Moore um bandido. A questão não é de gosto. Quem se mete na vida pública ou faz um debate público – e isso vale também para os jornalistas – está sujeito ao confronto de idéias.

Há um óbvio esforço para "judicializar" o jornalismo, o colunismo político, o debate. Vamos dar nome aos bois. O ministro Franklin Martins acredita que a melhor maneira de responder a Diogo Mainardi é processando-o? Não custa lembrar que, além dessa, ele escolheu uma outra: chamou o adversário de "difamador, leviano, anão de jardim, doidivanas, bufão, caluniador, tolo enfatuado, bobo da corte". Que processe. Mas que, então, os ritos sejam seguidos – e essa cobrança não faço a ele, embora, me parece, ele não se oponha a certas heterodoxias. Se a Justiça é, agora, a esfera privilegiada do debate político, que, ao menos, ela seja equilibrada e, tanto quanto possível, cega para enxergar galardões e de vista muito aguda para preservar o estado de direito.

E no caso de Arnaldo Jabor? Pode chamar deputado de "canalha"? Qual deputado? "Os deputados." Quais deputados? Basta ler seu comentário. Ele se refere àqueles que participaram da farra do combustível. Seus termos são exagerados? Há quem lhe censure o estilo? E daí? O que pretende Arlindo Chinaglia (PT-SP) com sua ameaça de processo? Que ele se explique? Que quis dizer "canalha" em sentido figurado? Quem rouba dinheiro público é o quê? Dotado de uma moral não-contabilizada?

Chinaglia tem o direito de recorrer à Justiça? Ora, claro que tem. Jamais me ocorreu pensar ou escrever o contrário. Mas que fique claro: trata-se do representante de um dos Poderes da República, terceiro homem na hierarquia formal do país, tentando constranger um comentarista porque não gostou do que ouviu. Se, de fato, recorrer à Justiça, ele o faz em nome de uma coisa difusa chamada "os deputados". Jabor atacou os deputados ladrões. Mas, aqui, parece que já entro no mérito da defesa, que não é objeto deste texto. Que isso fique por conta dos advogados dele se houver mesmo uma ação na Justiça.

Quero voltar ao meu objeto, que é a judicialização do debate jornalístico. Faço um esforço, nem sempre consigo por falta de tempo ou dificuldades do meio, para dar algum alcance teórico às minhas análises. Certas ou erradas, exponho o tempo todo os meus critérios e as minhas referências. Quem não gostar ou achar que são incorretas, que diga o contrário – inclusive aqui, desde que não confunda a área de comentários com um tribunal petista. Chamo Lula de "o Apedeuta"? Chamo. É ele quem se orgulha da pouca formação intelectual, não eu. Ao mesmo tempo, reconheço-lhe notável inteligência. Acho que ele brutaliza o debate político? Acho. E digo isso. Nada que, por exemplo, o jornalismo anti-Bush não faça nos Estados Unidos – para a felicidade dos "progressistas" de lá e de cá.

Sob a casca do "cada um busque o seu direito", existe é a tentativa de satanizar aqueles que não rezam segundo o catecismo do lulo-petismo, buscando categorizar a divergência, botá-la na gaveta ora do insulto, ora do "direitismo". Mas quem é que fala? Os isentos? A coisa mais formidável de certa mentalidade brasileira é a isenção que tem lado; é a isenção que é sempre de esquerda ou filo-esquerdista.

A trapaça intelectual consiste em tentar naturalizar o pensamento de esquerda, como se ele também não fosse uma escolha. Nesse caso, "ideológicos" são sempre os adversários. Procurem um texto meu em que eu negue a pecha ou tacha de "direitista". Não existe. Mas os que, na imprensa, optam pela categorização jamais vão assumir a sua vinculação com a esquerda. Ao contrário: eles estariam suspensos num certo ponto zero da neutralidade. No *Roda Viva* da semana passada, ao se dizer de "esquerda" (ao menos isso), Franklin Martins assim se definiu porque, afirmou, um esquerdista considera que "o mundo é injusto" e que "as desigualdades não são naturais".

Eis a essência do problema. Quando se indaga o que esse esquerdismo quer dizer, afirmam que é a busca da justiça e da igualdade, ignorando que a questão vai além da mera taxonomia. Há uma longa história que resulta nessa escolha, de que se é, forçosamente, caudatário. Ora, se as suas deusas vingadoras são a "justiça" e a "igualdade", ao combater os adversários, o que se quer é só o bem da humanidade, certo? E, nesse caso, vale tudo. Inclusive recorrer ao tribunal para o que, no terreno das idéias, não tem resposta.

Essa gente quer ter o privilégio de ser patíbulo e pescoço a depender da necessidade. Se puderem, os adversários para a forca. Se não puderem, eles se dizem suas vítimas.

GOVERNO VAI MUDAR NOME DA "SEALOPRA"... [12/06/2007]

Rá, rá, rá. A primeira preocupação da nova pasta é uma piada nascida no meu blog, como sabem – o que é, claro, uma nova piada. O termo "Sealopra", para a tal Secretaria de Assuntos de Longo Prazo, pegou. Mangabeira parece não ter percebido que o chiste se espalhou porque traduzia a perfeita adequação do nome à causa e da causa ao titular. Aliás, "planejamento estratégico" também rende pano pra manga. Faz supor que exista, além dele, um planejamento que é apenas tático...

"Ó FRAUDULENTO GOSTO, QUE SE ATIÇA..." [12/07/2007]

A propósito de homens e instituições e de pessoas que lutaram contra a ditadura, divido com vocês um e-mail que foi enviado a *Veja* por ninguém menos do que Jorge Lorenzetti, aquele que, a despeito do bigode notório e eloqüente, foi acusado de ser o cérebro da tramóia do dossiê. É um dos que Lula classificou de "aloprados". Divirtam-se. Volto em seguida:

> Faz tempo que não gasto um centavo comprando *Veja* e nem perco meu tempo com o jornalismo nazista da revista.
>
> Felizmente, parece que muitos brasileiros estão fazendo o mesmo. As mentiras repetidas de Goebbels não duraram muito, para o bem da humanidade.
>
> Mesmo assim, amigos me enviaram, hoje, a edição dessa semana, mais uma vez indignados com as mentiras requentadas a meu respeito.

Sinceramente, não acredito que essa minha manifestação tenha qualquer efeito, a não ser negativo, para mim.

Veja sabe que desde março de 2005 não tenho nenhuma relação com a Unitrabalho. *Veja* sabe que a minha função na Unitrabalho até 2005 era de responsável pelas relações internacionais e que, assim, não tive participação em nenhum, isso mesmo, nenhum projeto com o governo Lula. Desafio a *Veja* a encontrar um gesto meu a favor de projetos, para a Unitrabalho, no governo Lula. Bobagem, pois *Veja* não é jornalismo sério, repito, infelizmente.

Nunca fui churrasqueiro do Lula. Sou um brasileiro com história contra a ditadura militar e em defesa da democracia e cidadania para todos no Brasil e isso, com certeza, incomoda a *Veja*.

Não vou falar do Mainardi porque esse é um psicopata consagrado.

Deve haver alguém digno na *Veja* ou já saíram todos e ficaram só os podres?

atenciosamente,

Jorge Lorenzetti.

Parte do e-mail vocês conheciam. Diogo já tratou do assunto no podcast. Eu só o publico aqui porque notem que também o churrasqueiro evoca a sua "história contra a ditadura militar". Eis aí: esse passado é uma espécie de redutor de danos do presente. Sempre que alguém é pego no pulo, evoca: "Lutei contra a ditadura." Deveria entrar com um pedido de indenização e pensão, a exemplo de seu chefe. Eu também lutei contra a ditadura e não saio por aí me metendo em dossiês fabricados por pilantras.

Esses caras são engraçados: nunca lêem a *Veja*. Sempre ficam sabendo o que sai na revista por meio de algum amigo. Alimentam um delírio: o de que decresce o número de leitores da revista. Infelizmente pra eles, acontece o contrário. Nunca foi tão grande. Também nesse caso, duvide sempre do que diz um petista, hehe: a verdade costuma estar no avesso. Quanto a Goebbels, o expoente da propaganda do nacional-socialismo, cabe uma investigação histórica. Onde estão os herdeiros das taras totalitárias do século passado: entre os liberais ou entre os expoentes da nova classe social do "estato-sindicalismo" de onde vem Lorenzetti? A resposta é óbvia.

Uma rápida pesquisa no Google, que remeterá a reportagens dos mais diversos veículos, não apenas às de *Veja*, evidenciará os vínculos do Bigodão com a Unitrabalho – vocês sabem o que penso da parceria ONGs-PT – e qual foi o seu papel no episódio do dossiê fajuto. Vou escrevendo aqui e pensando nessa gente. Ocorre-me, ainda que o contexto seja outro, um trecho da fala do Velho do Restelo, d'*Os Lusíadas* (canto IV, estrofe 96):

Ó glória de mandar, ó vã cobiça
Desta vaidade, a quem chamamos Fama!
Ó fraudulento gosto, que se atiça
Cua aura popular, que honra se chama!

Eis aí. A "glória de mandar" e a "vã cobiça" não se conformam que possa existir uma imprensa livre no Brasil, que não cumpra os desígnios de seus delírios de poder. Daí o esforço permanente de censurar a imprensa.

Lorenzetti parece se ofender: "Nunca fui churrasqueiro de Lula." É claro que foi. Mas isso é o de menos. Não desonra ninguém se a carne não foi comprada com uma das notas frias que engordam nos pastos de Renan Calheiros. O homem parece se ofender mais com isso do que com a acusação de que foi um dos mentores da tramóia do dossiê. Cada um sabe o que desabona a sua reputação, não é mesmo?

De qualquer modo, temos agora um fato público. *Veja* não é da confiança de Lorenzetti. Ele certamente prefere outra revista.

JORNALISMO, PARTIDO E GOVERNO REACIONÁRIOS [07/08/2007]

Lula demorou dez meses para intervir minimamente na crise aérea – e só o fez sob a pressão de 199 cadáveres – porque ele próprio e o PT sempre estiveram convictos de que isso é "problema de rico". Chama-se "rico" no Brasil quem consegue ganhar 3.800 reais... Brutos! Editorial da *Folha* de ontem evidencia que, em números absolutos, há mais "pobres" (5,9 milhões) andando de avião do que "ricos" (5,6 milhões). Os que ficam no meio-termo seriam 3,3 milhões. Assim, em números absolutos, há mais desafortunados padecendo nos aeroportos do que nababos. Mas, claro, quando se vê esse número no conjunto dos pobres brasileiros, a questão se torna, digamos, socialmente irrelevante.

A pesquisa Datafolha evidenciando que a popularidade de Lula continua na mesma deu ao PT a certeza que o partido tanto procurava. Se tudo continua igual, esse papo de aeroporto não tem mesmo importância. É... Vocês sabem que dou de ombros se me chamam de "direitista". A primeira coisa que pergunto é: "Quem está falando?" A "minha" direita combateu o nazifascismo e o comunismo. E a "esquerda" deles? A "minha" direita se opôs a dois regimes homicidas e só aceita o poder vindo das urnas. E a "esquerda" deles? Mas recuso a pecha de "reacionário". Essa não!

Reacionário é o PT. Eis o partido que reage a qualquer tentativa de mudar o Brasil. E, se possível, quer fazê-lo andar para trás. Ora, se os miseráveis não se interessam pela eficiência do setor aéreo porque já estão se acostumando a ser massacrados – e o PT entra apenas com suas bolsinhas para dar uma aliviada –, tem-se por óbvio que a indústria da miséria é a base real do poder petista. Enquanto campear a pobreza, e o Estado assistencialista garantir alguns caraminguás, o poder do PT estará devidamente garantido.

Mas é só no extremo da miséria que ele atua? Não! Também no extremo da riqueza. Vejam o lucro recorde obtido por Bradesco e Itaú. Eu sou contra lucro bancário??? Eu não!!! Sou favorável. Acho o "lucro" o princípio da civilização; é o correspondente econômico da "morte do pai" na psicanálise. Se os bancos passarem a operar com *spread* menor, então, vou ficar ainda mais feliz. O que rejeito é a suposição petista – e de parte do jornalismo – de que seria essa a elite que ajuda a vaiar Lula. Não é. Essa elite ajuda a manter Lula no poder. E isso é fato, não é chute. O próprio Apedeuta já disse e, excepcionalmente, tem razão: os ricos – os de verdade, não os com salário de 3.800 reais – nunca ganharam tanto dinheiro como em seu governo. Ele mesmo admite que deveria estar sendo vaiado é pelos pobres.

O jornalismo ideológico ou pistoleiro, de posse da pesquisa do Datafolha, encarregou-se de espalhar a versão, urdida na madraçal petista, de que protesto contra Lula é "coisa de rico". Dito assim, dá-se um endosso ao governo até aqui, que passa a ter, então, na administração da pobreza, o seu maior ativo eleitoral, num ciclo perpetuador da brutal desigualdade que há no país.

É quando o jornalismo reacionário dá as mãos a um partido reacionário para defender um governo reacionário. E, com efeito, a direita não pode se conformar com isso, certo?

A COVARDIA INTELECTUAL DOS NEO-ADESISTAS [21/08/2007]

Falei aqui do jacobinismo bocó de setores da mídia. É interessante. Certas vocações estavam adormecidas ou um tanto envergonhadas de se identificar com o cleptopetralhismo. Convenham: não fica bem defender um grupo em que brilharam vocações como Delúbio Soares, Silvio Pereira e, claro, José Dirceu. Defender que eles faziam bem à democracia era tarefa das mais difíceis. Ah, isso se um "risco" mais alto não se alevantasse, como diria o poeta. E ele se alevantou!

Explico. Aqueles que sempre fizeram a defesa envergonhada do petismo refugiaram-se no chamado "apoio crítico", criticando Lula e o partido, mas segundo uma ótica que consideravam "civilizada": a da esquerda.

Assim, acusar Lula de ter cedido ao neoliberalismo, de ter adotado supostas práticas de adversários, de ter-se rendido ao triunfo intelectual do economicismo... Enfim, essa besteirada pegava bem. Entendam: era a crítica feita a partir de um ponto de vista interno, "companheiro". Se a universidade brasileira não estivesse encabrestada, haveria aqui farto material para estudo: das críticas todas feitas a Lula na imprensa, quantas tentaram moralizá-lo utilizando a via esquerda do pensamento? Com absoluta certeza, esse tipo de divergência constitui a larga maioria.

E quando é que esses setores antes críticos voltaram para o regaço do "operário pobre"? Quando pressentiram a "ameaça da direita" – também chamada de "direita primitiva", "direita rústica", "direita desinformada", "direita deslumbrada" e afins. Em tempo: onde estaria a "direita lúcida"? Ora, morta, é claro. A direita boa, para eles, sempre estará morta.

E onde estaria essa direita viva hoje em dia? Acreditem: segundo dizem, ela se manifesta por meio do Movimento Cansei e da moçada que decidiu vaiar Lula usando como instrumento de subversão um nariz de palhaço. Essa gente pediu golpe? Essa gente quer depor Lula na marra? Essa gente está convocando a massa para a tomada do Palácio? Não. Está apenas protestando. Mas bastou. Os neo-adesistas não queriam um motivo; queriam um pretexto.

E, finalmente, eles o encontraram. Já podem fazer a defesa, agora desavergonhada, do governo Lula e de seus métodos. Afinal, apareceu o inimigo que justifica todas as imposturas: a direita. Não é um movimento original. Já aconteceu antes, em circunstâncias bem mais dramáticas. Não custa lembrar que, na União Soviética submetida à censura, aos campos de trabalhos forçados, à pena de morte, intelectuais eram assassinados e encarcerados, enquanto seus pares ocidentais continuavam a defender a superioridade moral do stalinismo no confronto com o imperialismo.

Sabiam do horror vigente na "pátria do socialismo"? Claro que sim. André Gide já o havia denunciado no fim da década de 1930. Mas e daí? Entre o modelo ocidental, que permitia a crítica e a divergência – porém "imperialista" –, e o soviético, que tratava o dissenso no porrete, escolheram o segundo. Afinal, acreditavam, era ele que acenava com o futuro glorioso. Um bom esquerdista não vê problemas em justificar cadáveres presentes em nome da vida futura. Os "nossos" esquerdistas da mídia, do mesmo modo, embora em batalha menos crucial, também acham que o combate à "ameaça direitista" justifica o alinhamento com a institucionalização do assalto aos cofres públicos.

Eis os progressistas que fizemos.

O CONGRESSO DO PT [22/08/2007]

O PT realiza, entre os dias 31 deste mês e 2 de setembro, no Centro de Convenções Imigrantes, em São Paulo, o seu III Congresso Nacional. No YouTube, há um vídeo, dividido em partes, em que se apresenta o evento e se trata dos assuntos que serão debatidos. Na retórica ao menos, é inequívoco, há um visível retorno ao "socialismo". Outro assunto que a grande imprensa faz questão de esconder, não sei por quê, é abordado pelo partido com orgulho: "O Foro de São Paulo". Mais: o partido revela a sua inclinação gramsciana – e, pois, totalitária –, ainda que fale em "democracia".

Vamos ver. Assista à terceira parte do material de divulgação e convocação do Congresso.* Ele trata especificamente da "construção do socialismo". De qual socialismo? Isso o PT não diz há 27 anos. A apresentadora deixa claro que a formulação sobre a luta socialista definida no V Encontro Nacional, de 1987, continua a valer em 2007. E ela diz literalmente:

> Para extinguir o capitalismo e iniciar a construção do socialismo, é necessário realizar uma mudança política radical. Os trabalhadores precisam transformar-se em classe hegemônica e dominante no poder de Estado. Não há qualquer exemplo histórico de uma classe que tenha transformado a sociedade sem colocar o poder político de Estado a seu serviço.

E mais adiante: "Não basta chegar ao governo para mudar a sociedade. É preciso mudar a sociedade para chegar ao governo."

Quem nunca ouviu falar do teórico italiano Antonio Gramsci ou nunca leu a sua obra não dará o devido peso ao que vai acima. Quem conhece as suas formulações viu a fuça do totalitarismo. Ora, quem representa "os trabalhadores" segundo o PT? Se o partido é investido de tal caráter, tudo o que fizer – e isso inclui seus crimes – está a serviço dessa construção histórica. Tanto é assim que cumpre observar: mensaleiros e aloprados continuam no partido. Ninguém foi ou será punido.

A afirmação de que não há exemplo de classe que tenha mudado a história sem pôr o Estado a seu serviço não passa de delinqüência intelectual submarxista. Mas é, de novo, uma confissão. Para eles, quem encarna o poder "dos trabalhadores"? O PT. E como se põe o Estado a serviço dos trabalhadores? Ora, pondo-o a serviço do PT. Gramsci, que queria "o partido" como o Moderno Príncipe, dizia que ele deveria ser o "imperativo

---

* Eis o endereço no YouTube: http://br.youtube.com/watch?v=VNPjm0qfByc

categórico" da sociedade e que tudo deveria existir e ser feito em função de suas necessidades. Até mesmo a crítica deveria ser autorizada por ele e tê-lo como referência. Em certos setores da imprensa, já experimentamos algo parecido. Só se aceita que petistas contestem petistas.

Num outro momento do vídeo, diz a mocinha: "Não há democracia sem socialismo, e não há socialismo sem democracia." Trata-se de uma dupla impostura.

Peguemos a primeira oração:

"Não há democracia sem socialismo."

A verdade: nunca houve uma democracia socialista.

Peguemos a segunda:

"Não há socialismo sem democracia."

A verdade: nunca houve socialismo democrático

Da dupla impostura, resta uma verdade inequívoca demonstrada pela história: socialismo e democracia nunca foram vistos num mesmo corpo social.

Foro de São Paulo

E chegamos, finalmente, ao caso. Eu não sei por quê, mas presumo, a chamada grande imprensa faz questão de ignorar um fato que o partido assume com todas as letras: o PT é fundador do chamado Foro de São Paulo, um órgão que continua ativo e que reúne as esquerdas da América Latina, incluindo as narcoguerrilheiras Farc. No vídeo, trata-se do assunto aos 5 minutos e 20 segundos e aos 7 minutos e 18 segundos. Delírio do Olavo de Carvalho e do Reinaldo Azevedo? Não. Fato admitido de forma clara, explícita, orgulhosa. Tanto é assim que, ao se referir aos "democratas antiimperialistas" da América Latina, o filme exibe as imagens, entre outros, de Hugo Chávez, Evo Morales e, acreditem!, Fidel Castro. O alinhamento do partido – e do governo – com ditaduras está mais do que demonstrado.

Eu acredito que Lula implantará o socialismo, ainda que aquela pantomima bolivariana, no Brasil? Não. Eu não acredito. Não porque ele não queira, mas porque ele não pode. Mas acredito, sim, que o Brasil, entregue ao PT e às suas teses, será menos democrático. Porque a legenda não tem respeito, e isso fica evidenciado nesse material de divulgação, pelo Estado de direito. Quem diz que uma classe tem de pôr o Estado a seu serviço quer é uma ditadura, ainda que mitigada e fantasiada de democracia popular.

Agora entendo por que José Dirceu acha tão absurdo ser julgado pelo STF. Ele só estava construindo a hegemonia da classe trabalhadora – ou seja: pondo o Estado a seu serviço. E ainda há quem reclame...

PS: O PT está quase implorando à chamada grande imprensa que fale do Foro de São Paulo. Será que, dessa vez, ela acorda? Não seria interessante rever a expropriação da Petrobras na Bolívia à luz de um concerto ideológico do Foro? Será que o PT não é ainda mais caro do que parece?

MAIS ESTADO, MENOS CIDADÃO [06/09/2007]

Já perdi a conta, e acho que vocês também. Quantos já são os paquinhos criados dentro do pacão? Não é chegada a hora de se criar o Plano de Aceleração do Crescimento do Plano de Aceleração do Crescimento? O PAC do PAC? O "metapac"? É formidável a desordem informativa que o governo consegue estabelecer. A cada dia, cifras bilionárias vão parar no *lead* das notícias. Resta, de qualquer modo, evidente uma coisa: Lula está inflando o assistencialismo do Bolsa Família e, numa tacada, decidiu distribuir dinheiro a 1,76 milhão de novos eleitores – jovens de 16 e 17 anos que passarão a receber 30 reais por mês. E ai daquele que reclamar: não gosta dos pobres e quer vê-los passando fome.

Até havia pouco, o jornalismo sério via com justa e saudável desconfiança esse governo-pai-dos-pobres. De uns tempos pra cá, noto que se está cedendo a esta, como chamarei?, razão amorosa do lulismo. O "bolsismo" se transformou na forma do desenvolvimento brasileiro. Houvesse um mínimo de responsabilidade política nessa iniciativa, o próprio governo Lula estaria encarregado de aprimorar o sistema, criando mecanismos para que o "bolsista" possa prover o próprio sustento. Mas isso dá trabalho, requer política pública. A distribuição de dinheiro é mais rápida e eleitoralmente mais eficaz. No que diz respeito à relação do indivíduo com o governo, jamais o Estado foi tão presente – e, é certo, haverá quem ache que isso é muito bom.

Mais e mais, o Estado vai se tornando um ator da política. A própria máquina pública, a se confirmar a contratação de mais 60 mil servidores, será inchada por Lula em 300 mil funcionários. Num extremo, o dos mais pobres, a indústria da miséria progride, ampliando o número de beneficiários em vez de buscar selecioná-los. No outro extremo, conforme evidenciam Marcio Aith e Giuliano Guandalini, na *Veja* desta semana, assistimos à (re)emergência do capitalismo de Estado. Em 2002, a participação do Estado no setor petroquímico era de 46%; hoje, está em 63%; nas termelétricas, pulou de 11% para 44%; na distribuição de combustíveis, de 24% para 32%. Os Correios vão assumir o Banco Postal e criar uma empresa aérea para transporte de carga doméstica e internacional. Em vez de privatizar o Banco do Estado de Santa Catarina, ele será absorvido pelo Banco do Brasil. O governo quer ter ainda o controle da produção, venda e exportação do etanol e criar uma superconcessionária de telefonia só de capital nacional em que tenha direito de voz, voto e veto.

Chega a ser aborrecido fazer o elenco das dezenas de razões por que o Estado é menos eficiente do que a empresa privada – e o que há de serviço público no Brasil fala por si mesmo. Chamo aqui a atenção para o aspecto político desse processo. É evidente que, à medida que esse Estado se agiganta, crescem as camadas da burocracia e se multiplicam as chances de a politização da economia passar a criar dificuldades para vender facilidades. Mais ainda: um governo que se mete com tal afinco na atividade econômica produtiva acaba elegendo vencedores e fazendo perdedores. O que quero dizer com isso é que cresce enormemente a sua capacidade de fazer chantagem. Tem-se, assim, num extremo, alguns milhões de pobres, cativos da caridade oficial. No outro, um Estado que pretende, de novo, ser onipresente na economia.

A despeito da turbulência de momento, a estabilidade da economia mundial é uma ocorrência feliz para o governo Lula porque lhe permite fazer esses movimentos internos com os dados macroeconômicos equilibrados. A essa maçaroca estatal em curso, Guido Mantega resolveu batizar de "social-desenvolvimentismo". Lula está conseguindo, com mais eficiência (do ponto de vista do PT, é claro) do que parece, pôr a sociedade brasileira sob a tutela do Estado. Nesse contexto, a tal TV pública ou a "legalização" das centrais sindicais – que passarão a receber uma porcentagem da contribuição sindical – são filigranas a ornar o modelo mais geral.

Um Estado gigante é também um Estado mais poroso à "companheirização". Na esfera política, com muito mais habilidade do que seus pares menos evoluídos na América Latina – os simiescos Hugo Chávez, Evo Morales e Rafael Correa –, Lula e seu partido atuam para tornar irrelevante a alternância de poder no país. Em certa medida, a sua anunciada pretensão de ser um novo Getúlio Vargas tem um quê além da bravata: o petista é realmente fascinado pelos defeitos do ex-ditador.

Atenção, então, para a conclusão deste texto. Parecerá que estou dando um salto, mas ainda não fugi do centro da questão. Uma das razões por que as oposições não devem dar de mão beijada a Lula a CPMF é esta:

ele quer a contribuição para alimentar o seu modelo de brasileiros Estado-dependentes.

AS FEZES E A ETIMOLOGIA [18/10/2007]

Eugenio Bucci, que já dirigiu a Radiobras e que agora vai ajudar Franklin Martins a implantar a TV pública – vocês sabem, a Lula News, de Tereza Cruvinel – publica hoje o quarto e último artigo de uma série no *Observatório da Imprensa*. O título: "Jornalista precisa de formação continuada". Não li nenhum deles. Mas concordo com ele. Aliás, concordo tanto que acredito que médicos, contadores e até padres precisam de formação continuada. E, a depender do caso, penitência. Para que parem de queimar a hóstia.

Vejam, por exemplo, o caso de Alberto Dines, o Grande Chefe Vermelho do *Observatório da Imprensa*. Qual é o seu pecado? A "falta de formação continuada". Se ele estudasse etimologia, por exemplo, não sairia dizendo besteira por aí. O homem é tão confiante em seu olho clínico e observador – emblema, aliás, de seu site – que não lhe ocorre que as palavras possam não ser o que parecem. Para um tradutor, vocês sabem, as armadilhas estão nos falsos cognatos; para um moralista das palavras, na falsa etimologia: ela é o falso cognato do pensamento.

É o caso de "enfezado". Lá no meu interior, quando se diz que o "cabocro tá enfezado", não ocorre pensar que ele está cheio de fezes, de cocô. Ainda bem! Porque seria mesmo um erro. Isso é coisa de etimologia de falso intelectual, entendem?, de jornalista que não optou pela "formação continuada". É um dos casos, entre muitos, em que o senso comum está errado.

Num daqueles artigos muito pudorosos, que lhe são soprados pelo Altíssimo, solenes como a entrega das Tábuas a Moisés (no caso de Dines, a tarefa ainda sai facilitada porque ele não é gago), escreve o homem que, além de me chamar de "cão de guarda" (agora da inculta e bela), abriu as águas da razão:

> O ringue onde se exibem os enfezados (3) é de papel impresso, foi na primeira página de um dos maiores jornalões brasileiros que apareceu o desabafo da celebridade agredida, foi na sua seção de cartas que começou o confronto equalizador entre linchadores e *anti-linchadores*.

Nem vou me incomodar com o hífen fora do lugar. Viram aquele número "3" ali? Ele escreve texto com legenda. Coisa de gente que quer ser mesmo compreendida. E explica ao leitor do *Observatório*:

3. *Atenção para a etimologia: enfezado vem de fezes, quem é dominado por raivas precisa purgar-se no sanitário.*

Está errado. Tivesse recorrido ao dicionário, nem precisava ser um de etimologia, não passaria o carão que lhe aplica um meu leitor:

> Prezado Reinaldo,
>
> Sempre reputei o Alberto Dines um bom escrevinhador, cioso com a língua culta, embora exagerado na adjetivação. Lendo o artigo dele, espantou-me o disparate contido na terceira nota de rodapé, na qual o veterano jornalista, mui didaticamente, explica que o adjetivo enfezado guarda relação etimológica com o substantivo fezes! Como é possível esse bravo campeão da imprensa soltar tamanho disparate, ajudando assim a espalhar aquilo que o professor Cláudio Moreno chama "etimologia de meia-pataca"?
>
> (vide: http://www.sualingua.com.br/02/02_nas_coxas.htm)
>
> Basta consultar o excelente Houaiss. Enfezado origina-se do verbo latino "infenso", que significa "ser hostil a"; "fezes" vem do substantivo "faex", "faecis", que significa "lama, resíduo, sedimento, fezes".
>
> Pelo bem da língua portuguesa – e da cultura de modo geral –, peço-lhe encarecidamente a divulgação deste breve comentário. Como o erro está sendo propagado, façamos a profilaxia que está à mão: divulgar o que é certo.
>
> Obrigado,
>
> Rafael M. de Souza

Pois é, Rafael, que se façam, então, as luzes nesse caso ao menos. Segue a íntegra do item "etimologia", no Dicionário do Houaiss, para a palavra "enfezado":

> lat. infensátum > infensado 'encarniçado contra, hostil' part. pas. do v. lat. infenso, as, ávi, átum, áre 'encarniçar-se contra, ser hostil a', numa evolução semelhante à de defesa/devesa, citada em -fend-; admitir essa nova base etim. implica acolher enfezado como a grafia que se justifica, em lugar da grafia enfezado, historicamente equivocada; ver -fend-

Não espero a publicação deste post no *Observatório da Imprensa*, é claro. Basta uma notinha de Dines para tirar seus leitores da escuridão.

*

Ah, claro. Se houver dúvida, há outras referências especializadas (não em cocô, mas em etimologia), que poderão ser oportunamente citadas. Como lembrou minha simpática leitora, sou leão com ascendente em escorpião.

O QUE QUEREM OS CÃES REINALDO AZEVEDO E ALBERTO DINES [22/10/2007]

Alberto Dines errou no alvo e na etimologia e resolveu enfiar a viola no saco, escrevendo agora sentenças morais muito pudorosas sobre o ser humano, a violência retórica etc. O nosso Castilho do jornalismo está mal acostumado. Por alguma razão que não se explica, ele realmente se considera acima de divergências mundanas e se vê no papel de quem pode dar puxão de orelha nos colegas em nome da sua suposta isenção. A minha, ele não puxa. Pode tentar. Mas eu lhe dou uma cotovelada no nariz. Tudo, é evidente, no universo das metáforas, já que não bato em ninguém – a menos que tenha de me defender.

Sem citar o meu nome, mas insistindo na tese do "cão de guarda", que foi como ele me chamou, escreve em seu *Observatório da Imprensa*, que só tem janelas para "denunciar" "a direita" (segue abaixo):

> (...) a aldeia global está tomada por uma hidrofobia que, diferentemente da outra (transmitida por cães, gatos, lobos e morcegos), é veiculada apenas pelo homem.
>
> Cônscio da sua racionalidade, o ser humano moderno age como um irracional. Há um delírio verbal no ar. As palavras, teoricamente destinadas a elevar e promover aproximações, converteram-se em instrumento da baixaria, armas de destruição. O conhecimento, ao invés de estimular a tolerância, está sendo usado apenas para acirrar as intransigências. Inclusive no campo da genética e da cosmologia.
>
> Tempos de cólera, dias de ira: o fenômeno não é casual, místico, abstrato, tem raízes na realidade, está fincado numa tradição de rancor que remonta à antiguidade. Nem a filosofia nem a religião conseguiram descontaminar a diversidade e o dissenso, ao contrário, só acirraram a exaltação e a intolerância.
>
> Os mais intoxicados são justamente os "iluminados", os messiânicos, os parceiros dos deuses. A besta se solta justamente naqueles que se acreditam donos da verdade. Sabem que não o são, por isso usam o tacape, por isso recorrem ao canibalismo.
>
> O mundo não está em guerra, mas a humanidade está em processo de degradação porque polarizou-se em torno das simplificações e aberrações. A politização barata e a partidarização têm sua quota de responsabilidade nesta hostilidade generalizada onde primatas como Bush e Chávez converteram-se em paradigmas absolutos.
>
> **Briga dá Ibope**
>
> Como mercenários contratados para matar, hoje estão disponíveis a preços módicos os homens-bomba a serviço do radicalismo e do desentendimento. Esquecida da sua função mediadora, a mídia resolveu explorar

o grande circo sadomasoquista onde impera a desinteligência e falta de inteligência. Briga vende, aumenta a audiência, dá Ibope.

Os modernos cães de guarda, *watchdogs*, lembram os medievos dominicanos (*Domini canis*, cães do Senhor) que acabaram donos da Inquisição, a multissecular entidade religiosa encarregada de assassinar idéias com o pretexto de liquidar heresias.

Com pit bulls babando ódio e sangue é impossível estabelecer um clima de diálogo ou, pelo menos, negociação. A perenização dos conflitos só interessa aos donos dos canis ou àqueles que abominam a convivência e apostam em rupturas.

Voltei

Nem sei por onde começar. Briga até pode render Ibope pra mim. Para ele, não rende. Nem assim. Esse seu post está no ar desde anteontem e, até as 4:46 desta segunda, contava com 18 comentários. Dines consegue leitores quando eu lhe dou uma chicotada, e os internautas do meu blog (mesmo os que me detestam) vão lá socorrê-lo. Aconteceu com o primeiro em que me atacou. Havia meia dúzia de comentários. Falei dele aqui, chegaram a 165. Dines já sabe: quando estiver com saudade dos leitores, é só me atacar. Se eu reagir, o sucesso está garantido.

O homem, está dado, tem um "cérebro travesso" (Antero de Quental) debaixo dos cabelos brancos que sugerem sabedoria e ponderação. A referência aos "dominicanos" é uma indireta ao "cão" católico, ao "cão do Senhor", que sou eu. Mais um pouco, ele vai começar a dizer que eu o persigo só porque ele é judeu... Vocês sabem: os petralhas já me acusaram de sionista. Se preciso, acusam também de anti-semita...

Dines, já sabemos, não pode ser professor de etimologia; então tenta ser o mestre enfezado de moral e civismo. Sempre que alguém como ele ataca os que se julgam "donos da verdade", a mentira crava um tento. O já comentado tom pudoroso logo escolhe o caminho da zoologia (des)classificatória, e ele fala dos "pit bulls babando ódio e sangue", sinonímia para "cães do Senhor". Grande homem! Grande humanista! Grande moralista! Olha teu rabo, macaco!

É chegada a hora de contar direito a história, não é mesmo? De Alberto Dines, sabemos o que relatou Zuenir Ventura em *1968 – O ano que não acabou*, repetido por Elio Gaspari em *A ditadura escancarada*. O nosso humanista recorria a truques, em 1968, para passar mensagens cifradas no *Jornal do Brasil*. A previsão meteorológica, no canto superior esquerdo da primeira página, informava: "Tempo negro, temperatura sufocante, o ar está irrespirável, o país está sendo varrido por fortes ventos."

Uma das piores partes da tirania é a facilidade com que estratagemas idiotas e inúteis passam por atos heróicos. Como se vê, era uma espécie de "Chico Buarque da previsão do tempo": quanto mais metáfora, melhor. Leiam a letra de *Rosa-dos-ventos*, de Chico: "*E na gente deu o hábito/ De caminhar pelas trevas/ De murmurar entre as pregas/ De tirar leite das pedras/ De ver o tempo correr.*" Isso queria dizer que... Bem, isso não queria dizer nada. Mas parecia humano, profundo e contra a ditadura.

Vá lá, poder-se-ia dizer, o homem resistia à tirania. É... Na meteorologia, sim. Já quando escrevia como Alberto-Dines-Sem-Metáfora, o pit bull do simbolismo contra a ditadura foi bem mais manso. Ao contrário: abanou a cauda para o golpe de 1964, e disso pouca gente sabe. E não só ele. Já chego lá. Apoiou e deixou registrado o seu pensamento no livro *Os idos de março e a queda em abril*. Ele e outros jornalistas falaram sobre o golpe a quente. A simpatia pela deposição de João Goulart é tão escancarada quanto a ditadura que viria mais tarde.

Em 2004, nos quarenta anos do golpe e do livro, Dines tentou se explicar, sempre julgando, como é de seu feitio:

> A imprensa que foi cúmplice, e depois vítima [do golpe], parece constrangida. Não se sente à vontade para ver-se espelhada nas suas páginas. Prefere generalizar: esquece 1962 e 1963 (a), confunde 1964 com 1968 (b), engasga-se com a sua parte na lenda do "milagre brasileiro", passa pelo período 1974-78 como se já estivesse tudo clarificado e preserva alguns vilões que lhe foram de grande utilidade (Delfim Netto, Paulo Maluf e figurões que continuam aboletados no poder como Sarney e ACM). Contenta-se com a titulação melodramática tipo "Os Anos de Chumbo", relembra o romantismo das canções e vai em frente imaginando que em 2014, 2024 ou, quem sabe, em 2064 os pingos sejam finalmente colocados nos ii.

Eu explico duas referências que estão apenas sugeridas no trecho acima:

(a) Acho que ele quer dizer que a desordem de 1962 e 1963 tornava a intervenção militar quase um desdobramento óbvio – quem sabe necessário;

(b) Dines e outros que apoiaram o golpe militar gostam de distinguir o "1964 de Castello Branco" do "1968 de Costa e Silva". Na nomenclatura de Elio Gaspari, ele quer dizer que foi da turma da "ditadura envergonhada", não daquela da "ditadura escancarada".

Dines não estava sozinho, é verdade. Outro progressista, Antonio Callado, que escreve um dos artigos daquele livro, alinhou-se aos golpistas. Dois dos mais duros textos contra Jango foram publicados como editoriais no jornal *Correio da Manhã*: "*Basta!*" e "*Fora!*". Sabem quem ajudou a escrever o "*Basta*"? Carlos Heitor Cony!!! Sim, ele mesmo: o megaindenizado (dinheiro que nós pagamos) supostamente perseguido pela ditadura que ele próprio ajudou a implementar.

Leiam isto, que também está no livro *A ditadura envergonhada*, de Gaspari:

> Em julho de 1999, o jornalista Carlos Heitor Cony contou-me que a base do editorial, na sua primeira versão, foi manuscrita por [Otto Maria] Carpeaux. Submetida a [Edmundo] Moniz, começou um processo de redação conjunta, da qual participaram ele, Cony, Carpeaux e Moniz. Cony informa que o tom do texto pode ser atribuído a ele e a Carpeaux. "Na boa técnica da produção dos editoriais, esse foi resultado de um trabalho coletivo. Entraram idéias de diversas pessoas. Um bom editorial, em termos de autoria, é coletivo como uma catedral gótica."

O que vai aí é trecho da nota nº 73 do livro, que está na página 65.

A situação era tão interessante que Callado, um golpista de primeira hora, começou a ver desvios na "revolução" e escreveu um texto com críticas ao movimento, que foi rejeitado pelo *Jornal do Brasil*, de que Alberto Dines era redator-chefe. Ele estava se preparando para escrever metáforas sobre nuvens e vendavais.

O que quer Reinaldo Cão?

Desafio os beócios a isolar uma linha ou texto que eu tenha escrito em que defenda qualquer medida de força contra o que está na Constituição ou nas leis. Ao contrário: é justamente o desrespeito sem punição aos códigos que provoca a minha fúria. E sei muito bem onde tenho o nariz.

Cito um exemplo. O hoje governista Fábio Wanderley Reis escreveu, em 2001, um texto chamado "Brasil ao quadrado? Democracia, subversão e reforma", que foi debatido por banqueiros. Lá pelas tantas, afirmava:

> Creio haver boas razões para reservas quanto à perspectiva de que um Lula ou assemelhado assuma o poder presidencial e o exerça sem mais até o momento de transferi-lo ao sucessor. Falta a nossa democracia passar por este teste.

Eu o critiquei duramente no site *Primeira Leitura* pelo que me pareceu um flerte, ainda que distante, com um golpe. E não que eu não quisesse, como vocês devem supor, que o PT fosse combatido. Hoje, que Reis é lulista, eu continuo a criticá-lo. Ele mudou; continuo o mesmo.

Sabem o mais interessante dessa história? O livro *Os idos de março e a queda em abril* é bom. Deveria ser reeditado. Dá conta da barafunda em que estava metido o governo João Goulart. Mas também é uma evidência de outra tese que já desenvolvi aqui. A democracia brasileira foi pro vinagre naquele ano por falta de quem a defendesse com convicção. De um lado e de outro. Os intelectuais de então cumpriam rigorosamente o papel que cumprem agora (a maioria ao menos): eram bobos alegres, fosse no apoio ao protogolpista João Goulart, fosse no esforço para derrubá-lo, também com um golpe.

Chamando "pit bull", "cão de guarda" e "cão do Senhor" a quem jamais emprestou um adjetivo ou um substantivo ao que não fosse estritamente legal, Dines também se volta contra os "donos dos canis" e "aqueles que abominam a convivência e apostam em rupturas". Encaro isso como uma espécie de expiação e purgação de pecados, embora ele o faça muito à sua maneira: atacando. Ele sabe que emprestou a sua pena aos primeiros tempos do golpe militar. Afinal, como ele mesmo disse, "primeiro cúmplice, depois vítima".

Melhor assim. Que tudo fique claro. Essa questão não merecia mesmo ficar apenas com os 18 leitores de Alberto Dines.

É isso. Mato a cobra e mostro a cobra. Não basta mostrar o pau.

SUPERNANNY ESTÁ PREOCUPADA COM A RADICALIZAÇÃO [26/10/2007]

Na *Folha*, num texto chamado "Identidades em fúria", Marcelo Coelho criticou as posições extremadas no debate, o "radicalismo sem rumo", o "terrorismo confessional", a "provocação via computador". Diogo Mainardi já acusou a sua vocação de supernanny, um vexame intelectual para quem era candidato a ser Montaigne. Ele lastima: "Agora, 'petralhas' e 'tucanalhas' são termos que passaram ao uso comum."

É mesmo? A primeira palavra é uma criação minha. Não sabia que já está destinada ao dicionário. A segunda foi só uma tentativa da reação. Mas ela perde enormemente em popularidade. Marcelo Coelho, a babá, está preocupado. Maus meninos, não seremos bons moços propositivos. Onde estão as idéias?, ele quer saber. É a pergunta que sempre me faço ao ler seus artigos.

Ele volta àquilo que parece entender os pontos extremos de um debate: de um lado, Luciano Huck; de outro, Ferréz. Segundo Coelho, uma "questão de identidades, não de alternativas" parece resumir muitas das polêmicas em curso. Leiam o artigo e avaliem se estou sendo muito rigoroso. O que vai aí abaixo é a síntese de seu texto. Não é difícil provar que ele não quer dizer nada. É embromação. Até porque as "alternativas" nascem justamente das "identidades". Se não consigo distinguir as diferenças, entendendo cada coisa em sua natureza, vou me atrapalhar ao fazer escolhas – e talvez nem consiga fazê-las. Coelho envelheceu, ficou preguiçoso, escreve qualquer coisa. Dá até conselhos para pais coroas de filhos jovens. O que vou escrever é a crítica mais dura que se pode fazer a alguém: ele já foi melhor. A decadência o corteja.

> No artigo que eu escrevi para a *Folha*, as idéias não poderiam ser mais claras, e recuso, nesse caso ao menos, a pecha de que eu estava num dos extremos do debate (o que, aliás, deixei claro no texto). Com a devida vênia, pus-me acima dele. Está lá:
>
> – democracia é um jogo com regras;
>
> – há regras também para mudar as regras;
>
> – tudo se debate, menos o solapamento das bases que nos permitem debater;
>
> – Ferréz fez isso. Logo, não é um interlocutor. Se lhe permitimos a defesa de um crime em particular, quais outros serão dignos do mesmo tratamento?;
>
> – a *Folha* errou ao publicar o texto;
>
> – na conclusão do artigo, fazendo alusão a outro assunto, evidenciei com números que o índice de homicídios em São Paulo – um terço do resto do Brasil e um quarto do Rio – também se explica pelo fato de que o estado prende mais bandidos.

É a opinião de quem defende a democracia e o estado de direito. Não há nada de espetacular no que vai acima. Mas, na taxonomia coelhana, não sendo evidentemente "petralha", então deve ser coisa de "tucanalha", embora ele lamente essa divisão para, vejam só, reforçá-la. Ele me cita em seu texto por meio da minha "criação".

Um pouco de história

Um petralha me enviou um comentário hoje, que tive de excluir porque abusou do chulo, em que delirava com a seguinte situação: eu, pálido de medo, acompanhado da minha família, com um revólver na cara. O ladrão, escreveu ele, dispara contra a minha cabeça, e dela "sai muita merda por todos os buracos". Segundo escreveu, é o que mereço. E desafiava: "queria ver aonde iria a sua valentia". Por "valentia", suponho, ele toma a prática de dar nome às pessoas de quem discordo. De fato, na situação imaginada por ele, tremeria de medo. Primeiro pela minha família e depois por mim.

E tudo isso por quê? Porque, apontam os cerca de mil comentários que elimino por dia, eu sou "de direita". E a "direita" merece experimentar na própria carne as "agruras do capitalismo" – ou bobagem do gênero. Quem me conhece, goste ou não de mim, sabe muito bem que não tenho nenhuma vinculação partidária. Aliás, a acusação "direitista", com o tempo, tomou o lugar de outra: "tucano". Jamais me senti agravado com uma palavra ou com outra. Não dou bola para o que pensam de mim. Uma das coisas que irritam sei bem qual é: esperavam que me defendesse. Mas eu jogo no ataque. Como se vê, não devo mesmo ser tucano.

Impressiona-me – ou melhor: não me impressiona – que Coelho venha a ser a babá pudorosa justamente agora. Os arquivos estão aí. E quando apenas um dos lados (ele acredita haver apenas dois; eu acho que há muitos) tinha o monopólio do ataque e da ofensa? Onde ele estava? Não seria difícil provar sua escancarada simpatia pelo PT. No dia 21 de outubro de 2006, por exemplo, escrevia na *Folha*:

> O rótulo [de privatista] funcionou para associar a candidatura Alckmin ao impopularíssimo governo Fernando Henrique Cardoso. O debate eleitoral tornou-se, em boa medida, um julgamento dos anos FHC; Alckmin poderia ser muito melhor candidato do que é, mas do ponto de vista eleitoral paga um preço altíssimo por essa "herança maldita".

Ele comentava a campanha mentirosa, urdida pelo PT, acusando a suposta intenção do então candidato tucano de privatizar estatais. Sobre a mentira em si, nada. Quando era o braço leigo de Júlio Lancelotti, chegou a atribuir a Anatole France o que Anatole France não dissera para atacar a rampa "antimendigo" (como chamou a *Folha*, adotando a terminologia do padre) de São Paulo. Em setembro do ano passado, distorceu uma frase de FHC para sugerir que o ex-presidente estava com saudades de Carlos Lacerda. Tudo simples e natural. Nada de "estridência".

Faltou muita coisa a Coelho para ser nosso Montaigne. Mas, antes de tudo, faltou coragem. Não a de enfrentar o trabuco, como o petralha quer que eu faça, mas a de pensar fora dos cânones – no caso, do politicamente correto e da esquerda. Nos anos FHC, ele se tornou a referência de uma crítica supostamente culta e não-acadêmica ao "presidente intelectual". O tempo se encarregou de transformá-lo em mera facção do PT: a mais *soft*, a mais educadinha, aquela que não come com os cotovelos sobre a mesa.

Quantos somos?

Coelho reclama também do que chama "estridência". Mas onde ela está? Por que tenho a impressão de que, quando tal assunto vem à tona, os críticos estão se referindo à *Veja*, a Diogo Mainardi e a mim? A crítica à revista é até compreensível. Tentam demonizá-la de várias maneiras, e ela só faz crescer. Deve ser uma frustração e tanto. Políticos, de fato, a temem. Não por seus eventuais defeitos. Mas por suas notórias qualidades. Diogo é certamente o jornalista mais comentado do país, gostem ou não dele, e se manifesta por meio de sua coluna semanal, de suas intervenções num programa de TV (ao todo, sua fala não deve somar 15 minutos) e de seus livros, mais raros do que gostaríamos. Vamos ser claros: nem é tanto repulsa ao que ele escreve o que mobiliza os críticos, mas o ódio ao fato de que ele tem uma legião imensa de leitores. Se é o mais lido da *Veja*, é o mais lido do Brasil. Alguma dúvida quanto a isso?

Meu blog é um trabalho pessoal, quase intimista. Faço-o sozinho, apegado às minhas obsessões. Já estava entre os mais visitados do país quando a *Veja* me convidou para escrever na revista e para hospedá-lo em seu site. Ganhou ainda mais internautas, mais visibilidade, mais influência. Mas não mudou. Cá estou eu, trabalhando enquanto meus colegas da revista dormem (acho eu, hehe...). Foi-me dito apenas: "Queremos o seu blog como ele é. O resto é com você." E assim tem sido. No terreno da crítica de alcance mais filosófico ao establishment esquerdista, Olavo de Carvalho também é vítima do permanente esforço de desqualificação.

O que mudou?

Somos tão poucos, mesmo sem pensar rigorosamente as mesmas coisas. O que mudou? Por que passamos a ser vistos quase como uma ameaça e sintoma de uma sociedade que caminha para os extremos? A resposta é simples. Antes, pretendiam nos ameaçar com a solidão; agora, querem nos fazer líderes de uma radicalização irracional. Ah, eu cansei de ouvir: "Daqui a pouco, ninguém mais dá bola pro Diogo Mainardi." E, no entanto: ele se esforça é para não virar uma celebridade. Já lhe pediram para opinar até sobre Ivete Sangalo no *Domingão do Faustão...*

Quantos foram os vaticínios de que meu blog morreria junto com a campanha eleitoral de 2006? Quantos são aqueles que me escrevem cotidianamente pra dizer: "Ninguém liga pra você"? Não? Nem mesmo os que me escrevem para dizer que ninguém liga pra mim? De fato, o que essa gente lastima é que tenhamos nos transformado em referências do debate. E não exatamente do antilulismo. Porque Lula, já disse aqui, é só o que passa – embora, com a ajuda dos tucanos, isso vá demorar um pouco mais do que seria justo.

Pergunto-me às vezes: mas o que fazemos de tão formidável para que alguns coleguinhas incentivem, de maneira nem sempre discreta, uma cruzada contra nós? No fim das contas, Diogo e eu, humor à parte, somos até bastante convencionais. Chamamos crime de crime, ladrão de ladrão, bandido de bandido. No auge de nossa esquisitice, defendemos o cumprimento da lei. Ah, mas, assim, não contribuímos para o "debate propositivo", dizem eles. Sei: como a ameaça da solidão não funcionou, então é preciso nos tomar como chefes de uma facção de extremistas. Ah, sim: Coelho tem um blog. Talvez o satisfaça o conforto de achar que é praticamente ignorado pelos leitores porque é bom demais pra eles.

Esse papo não cola. Não pedirei a compreensão dos que se arvoram a ser juízes do meu trabalho só porque tenho a grande ousadia de defender o cumprimento da Constituição e das leis – ou tentem evidenciar o contrário – e chamo de "petralhas" (também de "vagabundos", "esquerdopatas", "meliantes morais", "vigaristas" – a lista é imensa) os que pretendem solapar as bases da sociedade democrática. Quando Stédile invade uma fazenda produtiva, ao arrepio da lei, não vejo por que ele deva merecer um tratamento diferente do que recebe Marcola. E escrevo isso. E escrevo porque posso escrever. E escrevo porque não devo satisfações aos aiatolás do pluralismo de um lado só.

Mas não lhes tiro de todo a razão. Algo de novo, de fato, está em curso na imprensa. A *Folha*, historicamente, esteve na vanguarda das novidades. O texto de Coelho deixa entrever a suspeita de que ela corre o risco, desta feita, de optar pela reação.

O tempo mandou um e-mail para Carolina, mas ela ainda não leu.

O TOCADOR DE SAXOFONE DO PETISMO [22/11/2007]

Não. Eu não tinha lido o texto de Luis Fernando Verissimo no *Estadão* e no *Globo*. Prefiro o horóscopo – Quiroga falando de "nossa pobre humanidade" aqui na "nave terra"... É muito mais realista e intelectualmente honesto do que o filho de Erico Verissimo. Por que este senhor me aborrece? Porque suas ironias são velhas, cafonas. Ele tinha alguma graça quando FHC era presidente. Sempre é bom sacanear intelectuais, sua crença na racionalidade, sua paixão por idéias. Hoje em dia? Ademais, não acredito em humor a favor. Vira doutrinação. O humorista petista resolveu escrever sobre Che Guevara. E cheguei ao texto porque os leitores me cobram um comentário. Vamos lá. Ele em redondo; eu em itálico.

> O filme *Viva Zapata* (dirigido por Elia Kazan, escrito por John Steinbeck, com Marlon Brando no papel do revolucionário mexicano) termina com a morte de Zapata numa emboscada dos *federales*. O antigo aliado que o traiu, um intelectual vivido no filme por Joseph Wiseman, insiste para que os soldados não deixem escapar com vida o cavalo branco de Zapata. "Matem o cavalo! Matem o cavalo!", grita, em vão. A última cena do filme é a do cavalo branco solto numa montanha, um símbolo não muito sutil do espírito que sobreviveu ao sacrifício do seu dono para inspirar outras gerações e outras revoltas. O intelectual entende que símbolos são perigosos e que não basta abater o homem para anular o exemplo. É preciso trucidar a sua memória, emporcalhar a sua legenda e apagar qualquer vestígio simbólico da sua rebeldia.

Cada um tem seu Kazan predileto. O meu, na verdade, é Esplendor na relva (Splendor in the grass), *que, no Brasil, ganhou título de pornochanchada:* Clamor do sexo. *Eu o reconheço inferior a* Um bonde chamado desejo (A streetcar named desire), *mais um caso de tradução infeliz em português, talvez dado por algum sacristão:* Uma rua chamada pecado. *Será que Verissimo assistiu a* Sindicato de ladrões (On the waterfront), *um filme de 1954, sobre, vejam só, o gangsterismo sindical? Consta que Kazan, àquela altura, estava a serviço do macarthismo e já tinha dedurado alguns comunistas.* Viva Zapata *é de 1952. Kazan ainda praticava proselitismo hollywoodiano para crianças mentais. Não espanta a admiração de Verissimo. Até hoje o filho de Erico.*

> Parecido com o que está sendo feito entre nós com o Che Guevara, que, de acordo com a revisão atual, não só cheirava mal como era um péssimo caráter. É difícil entender por que estão tentando matar este particular cavalo branco agora. Se Che simbolizava alguma coisa, nos últimos anos, era a absorção de todas as formas de revolta pela cultura pop. O ex-ícone da esquerda era visto principalmente nas paredes e camisetas de gente que jamais sonharia em ir para as montanhas, a não ser pelo fondue de queijo. E no entanto o empenho em desmitificá-lo, e desmistificá-lo, é evidente. Do que será que estão com medo? O que assombra tanto o neomacarthismo, a ponto de atirarem com tanta fúria contra um defunto de quarenta anos? Talvez seja o caso de rever o significado da figura do Che, e do seu exemplo de idealismo e inconformismo, entre as novas gerações. Talvez a direita esteja vendo um cavalo branco solto por aí que nós não vemos.

Uma palavrinha de três letras – "nós" – é o centro do parágrafo. Existe o "eles" sobre quem ele fala e existe o "nós" com quem ele fala. E quem é esse "nós"? Ora, os leitores guevaristas do Estadão *e do* Globo*... O esquerdismo não triunfa sem ignorância e obscurantismo. Observem que nem Verissimo nem seus acólitos blogueiros – na verdade, nem o biógrafo fedorento – contestam uma só linha sobre a vida do Porco. Eles não gostam é que alguém escreva: "Che Guevara era um assassino"; "Che Guevara era um homicida frio"; "Che Guevara criou o primeiro campo de trabalhos forçados na América Latina"; "Che Guevara matava um homem por um pedaço de pão."*

Ademais, "revisionismo" é o escambau! Ninguém precisa de Jon Lee Anderson, o petralha internacional, para confirmar o que Régis Debray já havia escrito sobre o seu colega de pocilga. E ele sabia do que estava falando. Porque matou pessoas junto com Che. Aliás, escrevi a respeito quando fiz uma crítica para a revista Bravo! *do filme* Diários de motocicleta, *de Walter Salles. Veja lá em* Avesso do avesso. *O texto também está no meu livro.*

A "direita" não está vendo nada que não tenha sido visto por um esquerdista que acompanhou Guevara. Boa parte da esquerda brasileira ignorava, de fato, quem era o Porco Fedorento, mas não Luis Fernando Verissimo, que pode, inclusive, em seu apartamento em Paris, ler Debray no original. A essa esquerda festiva, que come peru e arrota mortadela para molestar adolescentes, interessam a mentira, a omissão, a mistificação. Quanto a neomacarthismo, dizer o quê? Verissimo precisa rever Sindicato de ladrões. *Publiquei hoje uma moção do Sindicato dos Economistas do Rio defendendo que os profissionais que divergem da linha oficial sejam afastados do Ipea.*

Quanto ao filme *Viva Zapata*, é um bom exemplo da romantização do proletariado que o cinema americano fez bastante – em mais de um caso, baseado em textos do mesmo Steinbeck. Brando e Anthony Quinn (que ganhou um Oscar pela sua interpretação do irmão de Zapata) estão ótimos no filme, e Wiseman está perfeito como o intelectual traidor. Mas a romantização de revoluções alheias não dá em muita coisa além de bons filmes. Nota histórica: "Zapata" foi o nome de uma das suas empresas escolhido por adivinha quem? George Bush, o pai. O nome chegou a aparecer numa das tantas teorias conspiratórias sobre o assassinato do Kennedy. Não adianta, o capitalismo absorve tudo. O que só torna maior o mistério. Do que será que estão com medo?

Pois é? Do que será? Verissimo faz supor que existe um mistério. É que sua pergunta é uma mera bobice retórica. Guevara é quem é. Ou então que se conteste um maldito fato que está na reportagem de Veja *– afinal, é disso que o filho de Erico está falando. Em uma coisa ele tem razão: o capitalismo, de fato, absorve tudo. E absolve também. Até Luis Fernando Verissimo.*

Ademais, de macarthismo ele entende. Um jornalista gaúcho – pesquisem: não citarei nomes porque não quero convocar ninguém para batalhas – atreveu-se a escrever num jornal do Rio Grande do Sul uma verdade: Erico, o pai do Luis, foi complacente com a ditadura militar no Brasil. Pra quê?!?!?!

O rapaz nunca mais teve paz. Acabou demitido. Estes são os nossos esquerdistas libertários... Sejamos rigorosos com todo mundo, "menos com papai".

O mais destacado trabalho de Verissimo hoje é tocar saxofone, um instrumento de sopro, para o governo Lula.

A MÍDIA DO CONTRAGOLPE [23/11/2007]

E a Al Qaeda eletrônica prossegue com a sua Pirâmide da Impostura contra a *Veja*, o Diogo, o Reinaldo, a "mídia golpista"... Hoje, até o momento em que escrevo este texto, recebi 1.365 comentários. Uns, sei lá, 40% vêm da terra dos mortos. Uns 10%, talvez, não puderam ser publicados porque, mesmo dizendo as coisas certas, os leitores exageram na impaciência. Compreendo, mas volto a recomendar moderação. "Mídia golpista"? Não: somos é a frente avançada – e avançada mesmo, porque estamos na liderança (e notem que não escrevi "vanguarda", já explico por quê) – da "mídia do contragolpe". É isto: de hoje em diante, leitores, nós somos a liderança do contragolpe.

Golpista é querer fazer do roubo uma ideologia.

Golpista é sustentar que as urnas dão ao vitorioso o direito de esbulhar as leis.

Golpista é usar a democracia para solapar a democracia.

Golpista é propor arranjos de cúpula em que os malandros se protegem contra os interesses do país e o espírito das leis.

Golpista é defender a Constituição com a mão direita e tentar fraudá-la com a mão esquerda.

Golpista é tentar fazer com que definições particulares de justiça corroam o estado de direito.

Golpista é aparelhar o Estado.

Golpista é promover "eugenia ideológica" em órgãos públicos.

Golpista é separar o joio do trigo e escolher o joio.

Golpista é defender tiranias e ditaduras.

Somos a mídia do contragolpe.

Da Constituição democrática.

Dos métodos democráticos de mudar uma constituição democrática.

Da liberdade de expressão.

Do direito à plena informação.

Da verdade que não se deixa velar pela fantasia ideológica.

Do triunfo do fato sobre a empulhação da suposta redenção dos oprimidos.

Da sociedade dos homens livres, não subordinados a corporações de ofício.

Das liberdades individuais.

Da livre empresa.

Do estado em minúscula.

Do Indivíduo em maiúscula.

E, por isso, estamos na liderança. Na revista. No blog. No colunismo. E falei "liderança", não falei "vanguarda". Porque a "vanguarda" vai muito adiante dos seus, com quem não dialoga. E o jornalismo de *Veja*, o blog, os colunistas falam a uma massa imensa de leitores. Leitores que comungam de seus mesmos princípios. Leitores em número sempre crescente.

Há um esforço enorme de intimidação. Tocadores de saxofone do petralhismo, que ainda serão promovidos a tocadores de tuba, abusam da ignorância da claque, mantendo-a nas trevas da ignorância. São herdeiros de um tempo em que a informação só chegava a um grande número de pessoas depois de filtrada pelo establishment esquerdopata. Esse tempo acabou. Estamos diante dos estertores das baleias encalhadas. Morrerão na praia da impostura. São pesadas e estúpidas demais para dar meia-volta.

Querem acuar a "mídia do contragolpe". Usam, para tanto, a desqualificação, o boato, a mentira, os aparelhos de representação corporativa no qual se aboletam, faceiros. Mas não acuam ninguém.

Somos a mídia do contragolpe. Não há nisso vocação missionária porque "missionários" são eles; sectários são eles; heréticos são eles. Continuaremos na liderança porque acreditamos, de fato, que a verdade liberta o homem da ignorância e do atraso e o protege das tiranias.

E sei bem: para "eles", nada pode ser mais irritante. Que isso valha por um pequeno manifesto. Multipliquem este texto. Eles que se calem. Porque, é claro, nós falamos. Em defesa da democracia e do estado de direito.

LULA NA FAVELA: ELE POUPA O NARCOTRÁFICO E CRITICA A IMPRENSA [30/11/2007]

No livro *O existencialismo é um humanismo*, Sartre, que ainda não estava gagá e não tinha aderido ao comunismo, ironiza uma das críticas que os católicos faziam ao existencialismo: "não se comove nem com o sorriso de uma criança". Tá bom. Sei como funciona. Os antipetistas já procuraram aqui uma crítica ácida à presença de Lula na favela. Os petralhas já acessaram o blog para "ver o que aquele cara (estou sendo gentil, hehe...)

falou de mais este sucesso presidencial". Sou do tipo que se enternece com o sorriso de crianças – desde que ele não seja uma variante da propaganda partidária, governamental ou de Estado.

O que Lula foi fazer na favela? Notem bem: foi anunciar um programa de reurbanização. Não foi inaugurar nada. Ou melhor, foi: Lula é um inovador. É o primeiro inaugurador de promessas da história brasileira. Seus antecessores, mais conservadores, costumavam inaugurar obras. Lula não. Uma mesma promessa pode render três ou quatro solenidades, de maneira que seu governo, inerme no que diz respeito à administração, é essa coisa buliçosa, cheia de viço aparente. O que é o PAC da favela? É um dinheiro que o governo federal promete investir na área, só que posto sob uma rubrica publicitária. Vamos ver.

Lula estava atrás de um ineditismo, como sempre. "Pela primeira vez, um presidente subiu o morro." Nem sei se é verdade. Não interessa. Passou a ser. Montou-se uma operação de guerra, de limpeza do morro, e um Estado – o que Lula representa – entrou no território do outro: o do tráfico. O presidente aprendeu com o Itamaraty que um governante não se mete em assuntos de economia interna na casa do visitante. Foi o que fez Lula. Não atacou os bandidos. Preferiu atacar a imprensa: "Não é justo o Rio de Janeiro aparecer nos jornais apenas nas páginas policiais. Do jeito que aparece, aqui está uma desgraceira só, quando não está." E emendou: "Bandido tem em todos os lugares."

Essa última frase é absolutamente verdadeira. Tem mesmo. No Brasil, eles costumam ficar impunes, cada um à sua maneira e segundo o seu ramo de negócio. Os que traficam drogas, por exemplo, costumam ter vida mais curta. Já os que traficam influência e verba pública, bem, infelizmente, estes duram mais, têm vida mais longa.

Não! Lula na favela não me comove. Sei que o evento enternece o coração dos tocadores de tuba. Outro trecho de seu discurso dá o que pensar: "Tem muito prédio público que o governo federal e o INSS não usam e fica guardando barata e outras coisas e deveria virar moradia para o povo. Vou cuidar disso com carinho na semana que vem." Não sei o que quer dizer. Talvez Lula esteja falando em uma reforma urbana, matéria que seria afeita ao Ministério das Cidades. Na "semana que vem", a gente vai saber do que se trata.

Qualquer ação nas favelas do Rio – ou de qualquer outra cidade – cujo eixo não seja a segurança pública não passa de parolagem, conversa mole, marketing. Ou, no máximo, o que se faz é juntar esforços com as ONGs que já operam na área: garante-se uma melhor infra-estrutura para que o narcotráfico possa continuar a manter a população como refém.

Agora ouçam a música dos tocadores de tuba.

QUE AS OPOSIÇÕES SE LEMBREM: O BRASIL ESTÁ FARTO DOS NOSSOS CARINHOS
[06/12/2007]

Lulovski Apedeutakoba citou ontem "Metamorfose ambulante", música de Raul Seixas, para justificar a sua mudança de opinião em relação à CPMF. Que se entenda bem: ele era contra a contribuição no governo de FHC e é a favor dela em seu governo. Se eu tivesse de dividir um saco de balas Juquinha com Lula, só aceitaria se fosse eu a contar. Não confio no seu excesso de esperteza. A confissão do quanto vale a sua convicção não é nova. Logo nos primeiros meses do primeiro mandato, ele confessou que fazia bravatas quando estava na oposição. Mesmo assim, PSDB e PFL o ajudaram a aprovar reformas que acalmaram os mercados, quando o PT ainda enfrentava uma maré de desconfiança. Basta recorrer ao noticiário da época para ver.

Lula sempre teve o que nunca ofereceu: uma oposição programática, não sistemática. A CPMF, observem, é a PRIMEIRA DIFICULDADE REALMENTE CRIADA PELAS OPOSIÇÕES. Todas as outras foram obra de petistas. Façam um retrospecto: foram os ladrões, pilantras, embusteiros, aloprados e cuequeiros do próprio partido que o colocaram em palpos de aranha. Jamais a oposição. Não nego: sempre defendi que o Rei de Banânia provasse do próprio veneno. Desde o primeiro mandato. Desde o primeiro dia. Até criei uma frase para sintetizar tal ponto de vista: a coerência não é uma cruz que deva ser carregada apenas pelos adversários do PT, enquanto ele segue com os ombros livres do próprio passado. Mas sabem como é... A política vive cheia de gente que se diz muito preocupada com o... Brasil!

Eu estou como o poema "Hino nacional", de Carlos Drummond de Andrade (segue trecho):

Precisamos, precisamos esquecer o Brasil!
Tão majestoso, tão sem limites, tão despropositado,
ele quer repousar de nossos terríveis carinhos.
O Brasil não nos quer! Está farto de nós!
Nosso Brasil é no outro mundo. Este não é o Brasil.
Nenhum Brasil existe. E acaso existirão os brasileiros?

Eu sou vingativo e penso com o fígado. Patriotas são eles. Os Renans, os Lulas, os Berzoinis, os governadores de oposição que lutam pela CPMF... Em nome do Brasil, sem vinganças nem mesquinharias. Todos eles sempre tão propositivos!!! Devemos deixar o "quanto pior melhor" como monopólio dos petistas, para que assombrem, sem resistência, a vida política brasileira. Eu não. Estou certo de que o país já está com o saco cheio de "nossos terríveis carinhos".

WEIS NÃO É UM, MAS SETE [10/12/2007]

Entrei no Google para saber se eu já havia me referido, alguma vez, a Luiz Weis, tocador de tuba do petismo e colaborador assíduo do *Observatório da Imprensa*. Nunca. Era o que eu imaginava. Embora ele viva com o meu nome na boca. Leitores me mandam o link de um texto seu no *Observatório* em que, em busca de fama, ele ataca os "Azevedos e Mainardis".

Lembram-se daquela passagem de *Memórias póstumas de Brás Cubas*, a do "almocreve"? Weis vive implorando que eu lhe dê alguns trocados. Já fui tentado a jogar tostões em seu chapéu. Quando, no entanto, penso em sua figura diminuta, em sua constrangedora irrelevância, em sua arrogância sem lastro, em sua disposição para a serventia, em sua inclinação para lustrar os sapatos do poder – já que precisa ficar na ponta dos pés quando quer puxar o saco –, em sua compulsão para os encômios, sou tomado de tal desprezo que o deixo pra lá, ignoro-o. A exemplo de Brás Cubas, vou diminuindo o valor da esmola. Até que não reste nada.

O que foi que fez o anão moral? Ah, resolveu repreender Ancelmo Gois, que escrevera em *O Globo* uma nota sobre Dilma Rousseff, que ele, Weis, considerou injusta. Num dado momento de seu artigo, mandou ver:

> Sendo portanto colossal a distância – como se queira medi-la – entre um Ancelmo Gois e os membros da rancorosa família política dos Azevedos e Mainardis, de quem apenas seria de esperar uma nota do gênero, conto no relógio quanto falta para o colunista se desculpar profusamente do vexame.

Vocês sabem: agora está na moda. Escreva o vagabundo sobre o que for, mesmo que seja um artigo sobre a culinária dos bororos, o negócio é falar mal de Diogo, do Reinaldo, da *Veja* e da TV Globo. Vira uma prova de coragem. Como se, ao fazê-lo, o meliante estivesse correndo algum risco. Virou uma senha do adesismo e um seguro contra o desemprego. O cara sempre poderá ser chamado por Franklin Martins. Weis é do tipo que não se incomoda de ir fazendo, com o focinho, a faxina da cozinha do poder. Enquanto os grandes se refestelam, ele vai catando as migalhas. Servil, abana feliz a cauda e, com olhos pidões, espera sempre mais. Terminado o serviço, pedem-lhe que se equilibre sobre duas patas, como essas cadelinhas de circo, que vestem saiote.

Não sei se ainda volto a falar sobre o sujeitinho. No geral, ignoro os seres de estatura semelhante. Mas há dias em que, feito Lula, acordo invocado. Talvez eu o deixe pra lá. Ando ocupado com um texto de ficção. A personagem central é um jornalista ordinário, que tem por hábito vasculhar gavetas alheias, o que lhe custa a demissão – e um rancor, misturado à subserviência, que não tem cura.

Ah, sim. "Reinaldos" e "Mainardis", assim, no plural? Não sabia que já fazíamos escola. "Weis", em português, já vem flexionado. Poderia dizer que, como os demônios, o homem é uma legião. Mas quê... É café pequeno. Weis já vem com "s" porque não é um, mas sete. Os sete anões morais do jornalismo.

UM MINISTRO DE MÃO CHEIA [10/02/2008]

Leiam o que vai no *Estadão*, por Denise Madueño. Volto depois:

> O ministro da Justiça, Tarso Genro, disse ontem que o presidente Luiz Inácio Lula da Silva deveria ser elogiado pelo uso dos cartões corporativos, alvo de denúncias que já levaram à demissão da ministra da Igualdade Racial, Matilde Ribeiro. Tarso afirmou que a investigação dos gastos dos cartões deve ser comparativa entre a gestão Lula e a do ex-presidente Fernando Henrique Cardoso (PSDB), quando o sistema foi implantado.
>
> "A transparência [nos gastos dos cartões] foi inaugurada pelo governo Lula. E o governo Lula deveria estar sendo elogiado", afirmou o ministro. "Vamos investigar os cartões, os últimos dez anos, e vamos ver quem tem mais transparência e mais cuidado com o recurso público e quem mais combateu a corrupção. Vai dar o governo Lula na ponta", disse, ao chegar à sede do PT, em Brasília, para a posse do novo diretório e a eleição da Executiva Nacional. (...)

Comento

Tarso é mesmo raro, único até. O petista que pregou a renúncia do presidente e a convocação de eleições quando FHC estava no 19º dia de seu segundo mandato costuma identificar golpismos alheios. O homem realmente vê coisas estranhas. Já viu, por exemplo, o humanismo de um facínora no livro *Lênin, coração e mente*. Mente, vá lá, o assassino tinha, ainda que em permanente estado demencial. Mas coração? Tarso viu.

Alô, oposições! Considerem se não é o caso de fugir da armadilha da CPI. Já comentei aqui que, em mãos de petistas, a comissão se transformou numa lavanderia de reputações – ou em mero achincalhamento de adversários. Vejam aí: Tarso já tem o resultado da CPI que nem existe. Fosse ele um desses pistoleiros rasos do petralhismo, vá lá. Mas este senhor é ministro da Justiça.

Sempre achei que ele é melhor como poeta do que como ministro. Sei que o amigo Nelson Ascher vai compreender. Como já lembrou Jerônimo Teixeira na *Veja*, Tarso é mesmo um autor "de mão cheia". Reparem no lirismo liquidificável destes versos:

Quanto te esperei e quanto sêmen
inútil derramei até o momento

Mas não é só esse homem cheio de amor pra dar que enriqueceu a língua. Também temos notas, assim, plenas daquele lirismo cotidiano, que deixaria Adélia Prado em estado de choque:

A vovó Cacilda parecia uma patinha
e a vovó Julica elétrica e risonha
conversava com lagartos

Não sei. Não creio que alguém antes tenha associado a própria avó a uma pata. Um pequeno passo para o verso, mas um grande salto para a psiquiatria. E Tarso também sabe dispensar adjetivos e firulas para produzir o verso seco, à moda João Cabral, cortante mesmo:

Em Cuba planta-se cana

Por que isso tudo? Exijo a volta de Tarso Genro à poesia. Seus versos ainda são melhores do que seu senso de justiça.

A CABECINHA OCA DE UM DUALÉTICO [13/12/2007]

Segundo o melô do jornalismo "dualético", Lula tem o poder de definir responsabilidades e culpas. É promotor, jurado e juiz. Se Apedeutakoba decidir que todos os males da Saúde decorrem do fato de DEM e PSDB terem ajudado a derrubar a CPMF, então assim será. Às oposições, resta o silêncio.

Quem, de fato, acha que tudo o que há de mal no Brasil deriva da ação das oposições é o jornalista "dualético". Na sua ética dual, o PT defender hoje o que rejeitava no passado é adesão à racionalidade; se a oposição faz o mesmo, então se trata de um crime. Afinal, por dual, trata-se de uma ética ambígua, de duas faces, de duas caras. Mas com um só patrão, louve-se...

O jornalista dualético é conseqüência de um poder também dualético, embalado pela "metaRmofose ambulanto" do Maluco Beleza. Na cabecinha oca de um dualético, a fase das disputas políticas terminou em 2002. A partir daquela data, instalou-se a racionalidade no poder – e, pois, oporse ao governo corresponde a opor-se à razão. Como já disse Marxilena Oiapoque, quando Lula fala, o céu da razão se ilumina.

O JORNALISMO DUALÉTICO VÊ OS 300 DE ESPARTA [13/12/2007]

Os 300 de Esparta, não sei se sabem, eram 301. Entre eles, havia um filósofo dualético. Leônidas lhe perguntou, à luz do "dualética", se fazia sentido ou não resistir ao avanço persa. Ele, muito realista, disse o óbvio: "É claro que não, senhor. O negócio é a gente se render agora. Eles são bem mais fortes, e lutar contra um inimigo mais forte não é coragem, mas burrice." Leônidas achou que valia a pena ser burro, mas não passar por covarde. Coisas da história. O dualético não lutou. Saiu correndo, todo mijadinho.

O JORNALISMO DUALÉTICO VÊ O PACTO MOLOTOV-RIBBENTROP [13/12/2007]

O dualético analisou também o pacto Molotov-Ribbentrop e chegou à conclusão de que Stálin, o Guia Genial dos Povos, estava coberto de razão. Quando advertiram o déspota bigodudo que o déspota bigodinho não cumpriria o acordo, o dualético não acreditou. Quando lhe disseram que a Alemanha tinha acabado de romper a linha, atribuiu a informação aos serviços de espionagem anglo-americanos.

O JORNALISMO DUALÉTICO VÊ O TRATADO DE MUNIQUE [13/12/2007]

Um jornalista dualético, ao analisar o Tratado de Munique, chegou à conclusão de que Chamberlain e Daladier fizeram muito bem em assinar o acordo com Hitler porque, afinal, é sempre preferível evitar a guerra. Estava entusiasmado quando Chamberlain chegou a Londres, saudado pelas massas, em nome da paz. O dualético ainda deu um pito num tal Churchill, do DEM, que proferiu a sentença sobre os dois líderes: "Entre a guerra e a desonra, preferiram a desonra, e terão a guerra." Dualéticos não gostam de radicalismo.

O JORNALISTA DUALÉTICO VÊ A HISTÓRIA DOS TRÊS PORQUINHOS [13/12/2007]

Um jornalista dualético também é muito pragmático. Razão por que a sua história dos Três Porquinhos só tem Lobo Mau. Eu explico. Quando o carnívoro apareceu, o dualético convenceu Prático, o porquinho mais inteligente, a entregar Cícero, o mais preguiçoso. O argumento racional era o seguinte: "A gente salva dois e entrega um. Melhor do que nada." Mas o Lobo, vocês sabem, é um mau-caráter. Voltou e pediu Heitor. O dualético disse a Prático: "Sejamos realistas." E o Lobo papou também o outro. Acostumado à carne fácil, partiu pra cima do próprio Prático. "O que eu faço agora, Jornalista Dualético?" Ao que o outro respondeu: "Não sei. Não temos mais porquinhos para entregar." E Prático sífu, coitado...

SOBRE O JORNAL DO PT [13/12/2007]

O PT quer ter o seu próprio jornal, assim como Edir Macedo tem o dele? Eu acho excelente. Seria ainda "mais excelente" se também ele (quando existir) não fosse, em parte, feito com o nosso dinheiro. Como? Cada "companheiro" nomeado para um cargo de confiança deixa o dízimo no cofre do partido, o que corresponde a uma transferência de fatia da folha de salários do funcionalismo para a legenda. Mas vá lá. Topo pagar o Imposto PT. Espero que seja um jornal grande, que contrate muita gente. Quem sabe descontamine um pouco as redações, não é? Vejam só: TV pública mais jornal – e dado que o partido já tem a *Cartilha Capital* – formam o aparelho petista. É meu lado otimista. O realista me diz que a tática da infiltração vai continuar. E a razão é simples: qual é a única chance de um esquerdista ser lido, visto ou ouvido? Estar presente num dos veículos da chamada "mídia conservadora". Sem isso, fazem TVs clandestinas, rádios clandestinas, jornais clandestinos e, é óbvio, revistas clandestinas.

O JORNALISMO FRANKLINSTEIN [20/12/2007]

Franklin Martins, o ministro da Informação e Propaganda do governo Lula, aquele da TV pública – que vai custar, aposto, quase 1 bilhão de reais por ano –, está realmente inovando. Os repórteres que cobrem o Palácio do Planalto tiverem hoje um café-da-manhã com Lulovski Apedeutakoba. Aquela coisa para marcar o fim do ano e tal. Todos foram avisados de que não seriam permitidas anotações. Antes do encontro, ao perceber que os repórteres estavam com seus bloquinhos – vocês sabem: jornalistas têm essa mania –, um assessor do jornalismo franklinstein deu uma ordem: eles deveriam ser guardados. Houve protestos, e eles puderam ficar sobre a mesa. Mas nenhuma anotação foi permitida. Perto de Lula, uma caneta vira uma arma. É a kriptonita do Super-Homem. Ao fim do café, Lula gravou uma coisinha ou outra. Para lembrar o que foi dito durante o café, os repórteres tiveram de recorrer a exercícios mnemônicos.

Olhem: proibir que uma conversa seja gravada já está no limite do aceitável. Vá lá: o político pode querer se precaver de que uma frase, embora registrada, seja tirada do contexto etc. e tal. Mesmo assim, ele tem como se proteger: basta que tenha a sua própria gravação – como é comum nesses casos. Duvido que este café-da-manhã, por exemplo, não estivesse sendo gravado. Agora me digam: qual o propósito de proibir anotações? O que pretende o jornalismo franklinstein? Que a informação prospere como fofoca? Está interessado em fazer algum tratado sobre o ruído na comunicação? É puro sovietismo mesmo? É assim porque Franklinstein quer? Ele resolveu inventar a entrevista coletiva em *off*? O ministro da Informação e Propaganda apareceu ao lado de Lula e não disse palavra sobre a sua ordem.

É essa gente que vai gastar quase 1 bilhão de reais para fazer a TV pública. Em nome da transparência na informação.

Continuo com a minha dúvida: quantos hospitais públicos vale um Franklin Martins?

DE SÉRIOS E DEBOCHADOS [02/01/2008]

Sugeri que perguntássemos quanto as Farc queriam para ficar com Marco Aurélio Top Top Garcia – agora não dá mais: ele já voltou. De chapéu na mão. Alguns leitores disseram que eu estava sendo debochado e me pediram um jornalismo mais construtivo. Mais construtivo? Por que vocês não vão ler assessor de imprensa de empreiteira? Alguns são tão bons nisso que passam anos praticando tal atividade sem que seus patrões saibam. Até o dia em que a casa cai, e eles têm de chorar as pitangas em jornais da periferia do capitalismo, onde um pistoleiro pode passar por homem de bem. Em matéria de construção, nada como escolher profissionais. O Brasil precisa de gente disposta a desconstruir verdades oficiais, não de quem faz perífrases delas.

É claro que as Farc não querem ficar com Marco Aurélio Garcia. Ninguém daria nada por ele – e vão dizer que isso também é deboche. Mas é a mais pura verdade. Por que esse tratamento, com efeito, irônico dispensado ao porta-voz do Tártaro? Porque ele é um dos fundadores do Foro de São Paulo, a entidade que congrega partidos de esquerda da América Latina. Não acreditem em mim. Procurem no YouTube o vídeo do III Congresso do PT, realizado no fim de agosto e começo de setembro do ano passado. As glórias do Foro estão lá, inclusive lembrando que as teses do grupo, a cada dia, ganham mais países. Quem integra o Foro? Entre outros, o PT e as Farc – sim, os narcoguerrilheiros são parceiros dos petistas na entidade – e, pois, parceiros de Marco Aurélio Top Top Garcia.

Alguns leitores pretendem que eu seja construtivo com esse senhor? Não serei. Sei mais do que ele? Em matéria de democracia, sim, já que ele nunca se converteu a essa causa. Foi trotskista e agora é petista. Isso significa que, para ele, a democracia, antes, era irrelevante – a menos que alguém me apresente um texto de Trótski defendendo-a – e, agora, é apenas instrumental. A turma que se acha "construtiva" está disposta a debater um pouco de teoria política? É marcar hora e local. Eu topo. E podem ser debochados comigo, que eu não ligo. Mas terão de me provar que devo levar a sério alguém como Marco Aurélio nessa pantomima estrelada pelas Farc.

É. Eu não sou "construtivo". Paulo Francis não era. H. L. Mencken não era. Karl Kraus não era. Eu estou me comparando a esses gigantes? Eu não estou me comparando a ninguém. Estou apenas falseando e submetendo ao ridículo a tese do "construtivismo". Jornalismo tem de ser crítico mesmo, ainda que alguém possa perguntar: "Mas você está dizendo saber mais do que o criticado?" É uma pergunta cretina, obscurantista, obtusa, que faria supor que um crítico de Picasso devesse pintar como Van Gogh. O grande Paul Johnson, aliás, debocha do pintor espanhol. Considero a sua opinião errada e injusta – um dos raros casos em que discordo de Johnson. Mas aprendi com ela.

Querem debater a sério o jornalismo "construtivo" ou estão dispostos apenas à firula, à embaixadinha para a torcida? Construtivos foram os jornalistas ingleses que saudaram, em êxtase, a volta de Chamberlain a Londres, depois de ter assinado o Tratado de Munique, selando a "paz" com Hitler. Debochado, um certo Churchill declarou que, entre a guerra e a desonra, o então primeiro-ministro havia escolhido a desonra. E, por isso, teria a guerra. Goebbels gostava de críticas construtivas. Stálin também. O deboche pode civilizar, como lembra, aliás, a divisa de Arlequim: "*castigat ridendo mores*" – "rindo, castigam-se (ou moralizam-se) os costumes", frase atribuída, às vezes, ao debochado Molière.

Boa parte da chamada "resistência" ao golpe militar de 1964 se fez por meio do deboche, como deixa claro *O Pasquim*. E se fez aquele trabalho com grande competência. Entendo que, hoje em dia, debochar de petistas possa ser considerado algo ofensivo. Afinal de contas, eles estariam ao lado do povo. Há até quem pense que eles são uma fração do próprio povo, este ente metafísico que costuma assaltar a história, volta e meia, com suas verdades eternas.

Assim, mantenho a minha proposta debochada para que as Farc fiquem com Marco Aurélio Top Top Garcia. Mas aceito discutir a associação do PT com os narcoguerrilheiros no Foro de São Paulo. Algum jornalista "construtivo" quer debater o assunto a sério? E reitero: não acreditem em mim no que diz respeito a esse tema – acreditem nos petistas.

NO CAMINHO COM CHESTERTON [08/02/2008]

Um desses imbecis de plantão me envia um comentário muito malcriado. Uma informação e uma sugestão aos canalhas: eu não tenho como editar comentários; ou eles são publicados na íntegra ou são rejeitados. A chance de aparecer, ainda que como exemplo do mundo das trevas, é evitar palavrões. Transcrevo um trecho que me é útil:

> De vez em quando, você puxa o saco da *Folha*, né? Mas já percebi: você só elogia os reaças como você: Ascher, Coutinho... Quando o jornal ataca o seu queridinho Serra, aí você o ataca.

Comento

Pode pôr aí na sua lista dos "meus" bons colunistas da *Folha* também o Nelson Motta. Há outros jornalistas lá de primeiro time. Quando avalio que Nelson Ascher ou João Pereira Coutinho acertam na mosca, aplaudo. Se acho que Marcelo Coelho erra, puxo as orelhas dele. Afinal, a Ilustrada já me definiu como um representante da "nova direita". E a nova direita é assim: se é bom, diz "bom!"; se é ruim, diz "ruim". Sei que isso parece esquisito nestes tempos em que o mal nasce do bem, e o bem, do mal.

Mas ninguém me pegou ou me pegará escrevendo que "a" *Folha* é assim ou assado. "Concordo com" ou "discordo de" abordagens do jornal. Não procedo a uma análise do veículo. Isso é o que fazem, por exemplo, os esquerdopatas, confusos ou ressentidos com "a" *Veja* ou com "a" Globo. A forma como o jornal tratou hoje os cartões de débito (e não de crédito) do governo de São Paulo é objetivamente útil à tática petista de demonstrar que "todos são iguais"? É, sim. Só por isso o caso deveria ter sido omitido, algo na linha: "Ah, não, isso ajuda o PT, então a gente não noticia"? Não. Mas um dos grandes desafios do jornalismo é saber quando se está dando uma notícia, doa a quem doer – e aí se faz jornalismo de fato – e quando se está servindo, mesmo que involuntariamente, a um *lobby*; no caso, um *lobby* ideológico – e, nesse caso, na melhor das hipóteses, se é um inocente útil.

Os veículos brasileiros, como regra, elegeram o que chamam "isenção" como o terreno para instalar as suas fortalezas. Junto com a isenção, vêm a "neutralidade", o "outro lado" etc., todas expressões que denotam um ponto de vista justo, equilibrado, frio, em relação às causas em conflito na sociedade. A escolha, sem dúvida, é correta. O jornalismo não pode ser parte interessada de disputas, vocalizando como opinião pública o que é, então, defesa de um interesse, seja econômico, político, ideológico, religioso...

Mas me permito apelar a Chesterton (1874-1936) – leiam, por amor à inteligência, *Ortodoxia*, que acaba de ser relançado pela editora Mundo Cristão – para considerar que "não ser parte" está longe de não ter lado. Numa passagem de espantosa simplicidade e lógica inquebrantável, o autor nos ensina que o bom "conservador" é, antes de tudo, um adepto da revolução contínua. Se você quer que o poste seja sempre branco, diz ele, será preciso pintá-lo constantemente, zelar pela sua limpeza. Ou ele será enegrecido pelo tempo, pelas intempéries. E conclui numa de suas construções muito típicas, encantadoras pela verdade simples, extraída de paradoxos: "Se você quer o velho poste branco, precisa ter um novo poste branco."

Quais são os valores que, ainda que sejamos isentos e neutros, queremos preservar? As Farc são o "outro lado" das injustiças sociais da Colômbia? O terrorismo islâmico é o "outro lado" do, sei lá, sionismo expansionista ou da política externa de George W. Bush? Num outro plano, igualar os cartões de débito de São Paulo aos cartões corporativos do governo federal evidencia um compromisso com um princípio? Vale ainda a pena repintar de branco os postes de nossa civilização, de nossas instituições, ou devemos, como é mesmo?, dizer: "Tudo o que é sólido desmancha no ar"? Não ter um partido quer dizer não ter um lado? O risco de ter um lado, para a democracia, é maior do que não ter nenhum, igualando desiguais para, então, preservar a nossa "independência"? Se digo que, à parte as diferenças, A e B são a mesma coisa, onde está o elemento que aclara a inteligência e nos faz avançar? Nas diferenças ou nas igualdades? Não se pode falar daquelas sem reconhecer estas, mas é perfeitamente possível evidenciar estas fazendo tábula rasa daquelas. Está aí uma das diferenças entre a inteligência e a estupidez.

Alguns lobos em pele de cordeiro me cobram: "Prove a sua independência admitindo que tanto o governo federal como o governo de São Paulo estão errados." Eu? De jeito nenhum! Esse parece ter sido o sentido moral da abordagem da reportagem e da manchete da *Folha*, que estou criticando, de que estou discordando. Em primeiro lugar, não preciso provar nada. Minhas opiniões não podem causar mal a não ser a mim ("é tucano"; "é serrista" etc.). Em segundo lugar, nego-me a ser tiranizado, para lembrar de novo Chesterton, por aquilo que era liberdade há vinte anos. Explico: há vinte anos, o discurso da "liberdade" petista (sim, era farisaísmo) pregava a extinção de privilégios e a estrita moralidade da coisa pública. Duas décadas depois, o partido nos oprime com a máxima de que todo mundo é igualmente canalha: empenha-se menos em provar que não fez lambança do que em evidenciar que o adversário também fez. Reivindica um tribunal da igualdade instalado na lama.

"Os homens sempre sofreram sob tiranias novas", disse o pensador de há pouco. Não serei servil à tirania petista sob o pretexto de ser independente.

OS CAMINHOS DA LIBERDADE E A IDADE DA RAZÃO [15/02/2008]

Reproduzi ontem aqui, como sabem, dois textos: um de Marcelo Coelho, da *Folha*; outro de Cora Rónai, de *O Globo*. Um deles, o de Coelho, nos conclama a deixar de lado essa conversa de cartões, mero "moralismo de vestais"; o outro, o de Cora, lamenta o fato de que tantos jornalistas se dediquem à tarefa de ser meros justificadores do poder de turno. Um deles está corrompido por uma versão triste, primitiva e infantilóide de Realpolitik, tornada mera tolerância com batedores de carteira; o outro traz aquela ingenuidade que, se Cora me permite a companhia, está presente em tudo o que escrevo: acredito que é possível fazer as coisas segundo as regras democraticamente votadas e estabelecidas – mais do que isso: acredito ser o caminho da legalidade o melhor que temos.

Um texto justifica os males menores sob o pretexto de combater males maiores; o outro rejeita qualquer flerte com o crime; um texto mascara sua ideologia finalista com um horizonte utópico certamente de esquerda, acusando um suposto "macarthismo" no país; o outro rejeita bitolas no pensamento e não proclama, mas exercita, a sua liberdade.

Um deles é expressão de uma estrutura que não está sabendo envelhecer; o outro é manifestação de uma estrutura que está aprendendo a rejuvenescer.

À diferença do que muitos possam pensar, tenho simpatia natural pelos que escolhem andar na contramão. De certo modo, fiz isso a vida inteira. Mas não o fiz por maneirismo ou gosto por jogos de salão. Acreditem: em muitos aspectos, a imprensa brasileira soube ser mais libertária justamente quando o mais fácil era ceder: ou às pressões do governo ou à patrulha esquerdista, que então vinha nos oferecer a sua falsa gesta humanista como contraponto ao regime militar. No fim dos anos 1970 e nos 1980, havia, como bem lembrou Cora em seu texto, "eles", os da ditadura, e "nós", os da democracia. O melhor jornalismo se fez – e não deixo de ter saudade, como leitor, daquela *Folha* por exemplo – também do questionamento da doxa esquerdista, não apenas do confronto com a estupidez do regime militar.

Mas a chegada ao poder de um partido de esquerda – em boa parte de seus postulados ao menos – foi uma tragédia para o pensamento acadêmico e para setores da imprensa que se alimentavam das contestações dessa academia. Explica-se: a universidade acovardou-se de uma forma miserável, optando pela mais estúpida subserviência ao lulo-petismo. Um certo frescor da contestação do fim dos 1970 e dos 1980 regrediu à mais baixa extração do stalinismo. Contentamo-nos – ou "eles" se contentam – em dividir o mundo entre os progressistas (mesmo quando equivocados) e os reacionários – equivocados, claro, desde sempre.

E, porque aprendemos que os opostos perturbam o pensamento, a maneira fácil de sair de dilemas é decretar o empate: "São todos iguais; isso, afinal, é apenas política." É o fundamento, se há algum, do texto de Marcelo Coelho, vejam lá. Quando se diz que um partido que optou pelo crime como método – não se tratou, afinal, de um deslize – não se distingue de seus adversários, o que se faz, na prática, é inocentar o criminoso e criminalizar os que, até que surjam evidências contrárias ao menos, são inocentes.

O aborrecido no texto de Coelho é que talvez nem ele próprio se dê conta da velharia desse pensamento – ou, então, sabe o que diz e está fazendo militância a seu modo. Esse caminho de Coelho já foi percorrido antes por todos os justificadores do stalinismo, por exemplo – infinitamente mais cruel e criminoso do que o PT, é certo: apelo ao exemplo extremo para evidenciar a essência do que ele diz.

Notem uma coisa importante: a memória do comunismo não tem povo. Nada restou senão um legado de destruição, de morte, de individualidades esmagadas. O que remanesce do socialismo é contribuição de intelectuais, dedicados a uma espécie de reengenharia do homem, na sua estupidez de tomar a ciência, nem que seja a social, como divindade. O caso mais notável de desastre moral, acho eu, foi Jean-Paul Sartre: quando o mais fácil era ser servil ao comunismo no enfrentamento do nazismo, optou por uma forma de resistência antifascista, sim, mas sem jamais ceder ao apelo do compromisso com "o" partido – entenda-se: o Partido Comunista e a União Soviética. A trilogia *Os caminhos da liberdade*, cuja leitura recomendo vivamente, escrita entre 1945 e 1949, exalta uma outra forma de "engajamento": fora da camisa-de-força da ideologia.

Tendo sabido resistir ao comunismo em momentos de guerra ideológica extrema, subordinou-se depois à União Soviética de forma miserável. E, entendo, morreu para o pensamento, até ser flagrado, em 1968, precocemente gagá, a endossar o fascismo da revolta estudantil.

Jovem trotskista, *Os caminhos...* me ajudaram a perceber meus próprios erros, acreditem. Há uma fase de todo quase-adolescente em que acreditamos que os livros foram escritos para nós. Busco o primeiro volume da trilogia, *A idade da razão*, escrito em 1939 e publicado só em 1945 (os outros dois são *Sursis* e *Com a morte na alma*). Faço, desde sempre, ficha de leitura de tudo o que leio – um papelucho com anotações a lápis. Mathieu Delarue, o professor de filosofia e anti-herói do livro, diz a um amigo militante:

> Não tenho nada a defender; não me envaideço da minha vida e não tenho um níquel. Minha liberdade? Ela me pesa. Há anos que sou livre à toa. Morro de vontade de trocá-la por uma convicção. De bom grado, trabalharia com vocês; isso me afastaria de mim mesmo, e tenho necessidade de me esquecer um pouco (...) Apesar de tudo, não posso tomar partido, não tenho razões suficientes para isso. Revolto-me, como vocês, contra a mesma espécie de indivíduos, contra as mesmas coisas, mas não é o bastante. Não é minha culpa. Mentiria se dissesse que me sentiria satisfeito em desfilar de punho erguido ao som da Internacional.

Aquela frase "Há anos que sou livre à toa" passou a martelar na minha cabeça. Eu era todo engajado, sim – mas queria isto: "ser livre à toa".

Aquilo de que o próprio Mathieu diz querer se livrar – ou de que esperam que ele se livre – me pareceu, na verdade, um lugar a se chegar. Impressiona-me que Sartre tenha compreendido tão bem e tão profundamente a questão da liberdade e tenha se tornado, depois, um lacaio intelectual do stalinismo e da União Soviética – até chegar a 1968, quando, então, se engaja na loucura pura e simplesmente.

O que o fez dar aqueles passos? Os intelectuais de esquerda estavam convencidos de que se opor ao "imperialismo" era um imperativo moral, e a forma concreta de fazê-lo, o caminho possível, embora não ideal, era o Partido Comunista, era a União Soviética. Mathieu não via motivos para levantar o braço e cantar a Internacional. Sartre passou a vê-los. Muitos tontos os encontram também hoje, ainda que, é claro, as causas "modernas" sejam outras. Mas os mecanismos que justificam o crime são certamente os mesmos.

Estavam aqueles e estão estes de hoje convencidos de que existe um "mal maior" a que se opor: naquele caso, o imperialismo; no Brasil atual, sei lá, acho que chamam de "a direita". A exemplo de Sartre, uma parte da imprensa brasileira soube ser original quando era mais fácil ser convencionalmente governista OU convencionalmente esquerdista. Com a chegada da esquerda ao poder, o que antes era criativo e novo se tornou, vejam só, convencionalmente esquerdista E convencionalmente governista. Ao mesmo tempo.

Lastimo ainda, finalmente, que esta parte da imprensa, por vontade ou de modo involuntário, tanto faz, esteja servindo de escada a alguns larápios, que transformaram o jornalismo num negócio, já que seu negócio nunca foi fazer jornalismo.

Perdoem-me se me alonguei demais. Dizem que blog é para textos curtos. Os meus podem ser, às vezes, bem longos. Mas todos já sabemos que os leitores desta página não têm preguiça, a exemplo de seu autor, que vocês toleram com tanta generosidade.

OS MARCOLAS DA IDEOLOGIA QUEREM DEBATER A IMPRENSA... [11/02/2008]

Vocês estão interessados nas críticas que Marcola, o chefão do PCC, tem ao Código Penal ou à Lei de Execuções Penais? Eu não estou. Ele é um profissional da ilegalidade. Tudo o que tiver para dizer a respeito busca, pois, tornar mais fácil a sua atividade. Entre uma leitura de Platão e outra de Nietzsche (nisso, ao menos, talvez seja melhor do que alguns de nossos acadêmicos), ele quer é ser bandido. Quando alguém resolve atacar a grande imprensa, convém saber quem está falando e por quê.

Estão em curso várias ações coordenadas contra o jornalismo que não se verga ao oficialismo. Constituem um verdadeiro *Zeitgeist*, o espírito de um tempo, plasmado, sim, pela chegada do PT ao poder. O partido está numa guerra surda contra "a mídia" que não faz a sua vontade. O que determinou a *jihad*? Por que os aiatolás da esquerda, com a ajuda dos anões, mascates, tocadores de tuba e dualéticos, resolveram decretar a sua *fatwa*? Ora, convenham: Lula chegou bem perto de perder o mandato com o escândalo do mensalão. Nascido da confissão de Roberto Jefferson, cresceu e robusteceu-se com as apurações jornalísticas. Depois veio o dossiê dos aloprados. E uma nova crise se instalou.

Então o PT, com a ajuda de dois intelectuais – Marilena Chauí e Wanderley Guilherme dos Santos –, inventou a tese da mídia golpista. Segundo os mestres do partido de Delúbio Soares, ela não queria informar coisa nenhuma, mas derrubar Lula. O partido que havia sido tão hábil em usar antes a imprensa para atingir seus adversários não aceitava que empregassem contra ele próprio o mesmo expediente, ainda que para revelar verdades. E tem início a campanha aberta contra a mídia, que conta com a militância dos mais diversos vigaristas: desde o puxa-saco compulsivo até o ladrãozinho nada barato de dinheiro público.

O "salve" foi disparado pelos marcolas da ideologia, e os ataques de rua começaram, sempre com o mesmo alvo: a liberdade de imprensa. Diogo Mainardi foi a primeira vítima da cascata de processos. A Igreja Universal repete o expediente contra a *Folha*, e o tal Paulinho da Força promete seguir-lhe os passos. Agiram mal os que silenciaram quando o agredido era o colunista de *Veja*. Como se vê e lembrando o pastor Niemöller em texto célebre, todos somos judeus contra o totalitarismo. É burrice ignorar quando os tiranos vêm pegar o seu vizinho.

A Justiça existe para reparar direitos agredidos, não para impor penas a adversários antes mesmo que o mérito das ações seja julgado. Se um meliante moral, agindo a soldo, cria uma cadeia de difamação contra este ou aquele veículo, contra esta ou aquela pessoa, tem de responder pelos seus atos segundo os rigores do Estado democrático e de direito, que protege a honra e a dignidade pessoais e a reputação de empresas. No ambiente de degradação da institucionalidade promovido por governantes e seus esbirros no subjornalismo, tenta-se fazer tábula rasa disso também, confundindo o direito de recorrer à Justiça com o crime de abusar da Justiça.

Um colunista da própria *Folha* escreveu, não faz tempo, que lhe parecia um tanto exagerado falar em ameaça à liberdade de imprensa no país. Ainda bem que algumas entidades ligadas ao jornalismo (ver post às 23:24 de ontem) parecem não concordar com ele. Levaram à OEA – Organização dos Estados Americanos – justamente a denúncia de que a ameaça existe.

Fiquem atentos, leitores. A campanha difamatória contra a imprensa e as ações intimidatórias contam com a simpatia de muitas cabeças coroadas do Planalto – algumas com uma vasta folha corrida de serviços prestados à tirania disfarçados de luta democrática.

NÃO EXISTE MÍDIA DE DIREITA NO BRASIL. NEM MESMO CONSERVADORA [11/03/2008]

Não existe imprensa de direita no Brasil – infelizmente, não. É pura burrice e depredação da inteligência dizer: "*Veja* é de direita." Ou "a Globo é de direita". O que elas são, sim, é mais bem-feitas dos que as concorrentes – e, por isso, têm, em seu ramo, um público leitor ou telespectador muitas vezes maior do que os competidores. Confundem qualidade com direitismo? Pode ser. É um ato falho da esquerda.

Digo aquele "infelizmente" porque o natural é que houvesse, como em qualquer democracia do mundo, veículos também de direita. Nos Estados Unidos, há. Na França, há. Na Espanha, há. Na Alemanha, há. Por que não aqui? Será que temos alguma lição a dar ao mundo em matéria de opinião pública?

Os veículos que se querem "alternativos" são todos, rigorosamente todos, de esquerda. Os grandes veículos são todos, rigorosamente todos, mais ou menos pautados pela esquerda. Quando não é em economia, é em cultura. Quando não é em economia ou cultura, é em comportamento. Dou um exemplo: raramente a Igreja Católica é tratada como uma referência positiva na imprensa brasileira. Umas senhoras aí de um grupo chamado "Católicas pelo Direito de Decidir", acreditem, são tidas como o "outro lado" do Vaticano. Bento XVI fala, logo vão ouvir as ditas-cujas. Tornaram-se autoridades teológicas do catolicismo. O papa, afinal, é de todos os católicos. Seu "outro lado" é um grupo que nem mesmo é reconhecido pela CNBB como católico. É uma piada!

A chamada grande imprensa brasileira costuma ser tolerante – quando não apóia francamente – boa parte das ações que contrariam frontalmente a lei. Fazem-no em nome da legitimidade. Confunde-se, com alguma freqüência, o "outro lado" com a voz do crime. Caso se noticie o terrorismo do MST e da Via Campesina, é preciso, claro, ouvir "o outro lado". Durante os ataques do PCC em São Paulo, um advogado de criminosos falava como "o outro lado" da Polícia.

Mais: o que nos chega da imprensa estrangeira, quase sempre, é também, da "esquerda" ou dos "progressistas" de lá. As eleições na França são um bom exemplo. No Brasil, Sarkozy teve uma amarga derrota. Quem lesse o *Le Figaro*, que está mais à direita na França, saberia que a derrota foi bem menor do que se esperava e que o segundo turno tende – tende! – a equilibrar o jogo.

Quem primeiro decidiu matar as ideologias, admito, foi a direita, quando o socialismo ainda existia. E o fez em nome da "eficiência". Hoje em dia, na América Latina, esse discurso é flagrado, com mais freqüência, na boca das esquerdas que estão integradas ao establishment. A razão é simples: elas querem apresentar os seus valores como "consensuais", como matéria de "bom senso", como produto da "evolução do pensamento", como um "imperativo categórico", como um "laicismo moderno".

A NOSSA MORAL E A DELES [20/03/2008]

No livro *Moral e revolução*, de Trótski, o mais inteligente da geração que fez a revolução soviética, há um texto terrível chamado "A nossa moral e a deles". Poucas vezes li algo tão diabolicamente justificador do crime como o que vai ali. Trótski, com efeito, era o mais brilhante da turma, mas esse libelo elimina qualquer suspeita de que o socialismo teria tomado outro rumo se ele tivesse vencido a parada contra Stálin. Talvez tivesse sido ainda pior. Ele era inegavelmente um intelectual. E os intelectuais costumam matar com mais facilidade do que os brutos, já que são capazes de encontrar motivos mais nobres. No texto, Trótski deixa claro que os revolucionários têm licenças que aos outros são vedadas porque, afinal, são donos da chave do futuro. Se estão na vanguarda da humanidade, os critérios com que são medidos e medem a si mesmos não são os mesmos dos homens comuns. Se vocês notarem, esse é o fundo regressivo, humanamente regressivo, da militância esquerdista de qualquer corrente. Eles estão certos de que a "nossa (deles) moral" é superior à moral não-revolucionária.

Assim, tomo emprestado, para este artigo, o título do livro, submetendo seu sentido a uma torção. Eu também acho que a "nossa moral" é diferente da "moral deles". Só que não falo do ponto de vista de um procurador intelectual ou afetivo de revoluções ou mesmo de alguém que se quer revolucionário – ainda que um revolucionário nos dias de hoje. Ao contrário: estou no pólo da conservação de alguns valores que vejo sob especulação. Em muitos sentidos, sou mesmo um "reacionário": reajo a práticas que, sob o pretexto de fazer avançar a história, lustram teses autoritárias, com um horizonte de clara desmoralização da democracia.

Por que essa longa introdução? Tratei, nestes dois dias, da demissão de dois blogueiros de um portal. Um foi saído; outro pediu para sair em solidariedade. Dispensei-lhes certa ironia, sim. E houve quem visse pouco decoro, uma vez que, segundo certo clichê zoológico, não se deve "chutar cachorro morto". Há um erro aí ao menos: não estão mortos. Mais: alegaram alguns que eu estava saudando a demissão de ambos, como quem vibra com a desdita alheia. Tranqüilizo os que se preocuparam sinceramente com a bonomia de minh'alma. Mudando de bicho, estamos falando de macacos velhos; conduziram de tal sorte suas respectivas carreiras que jamais há de lhes faltar a merenda. Assim, não escarneço da miséria de ninguém.

Outros ainda disseram – e nem é a primeira vez – que eu estava feliz porque seria o avesso dessas duas figuras; seria como eles, só que com o sinal ideológico invertido. Errado. Há a nossa moral – minha e das pessoas com quem comungo pontos de vista – e a deles. Um dos demitidos, notório criador de teorias conspiratórias, vinha fazendo, nos últimos tempos, nada menos do que a apologia da censura à imprensa. Atuou de forma vil, mesquinha, asquerosa, para demonizar uma jornalista – Elvira Lobato, da *Folha* – e o jornal porque ambos, vejam que coisa!, nada mais fizeram do que cumprir o seu papel de bem informar. Deu endosso a uma chicana jurídica conduzida por um grupo empresarial-religioso, atuando como obreiro do obscurantismo.

O outro, de hábito aspirante eterno a Dom Giovanni de si mesmo, nesse caso de Elvira e da *Folha*, atuou como Leporello, exaltando as travessuras imorais do companheiro. Calma lá! Existem a minha – a nossa – moral e a deles. Não estou, e não estamos, numa guerra santa – e bilionária!!! – contra este ou aquele grupos empresariais. Não saberia distinguir Daniel Dantas de um entregador de pizza se nenhum deles estivesse vestido a caráter. Critiquei, desde o primeiro dia, como está nos arquivos, a operação Brasil Telecom-Oi. Por uma questão de princípio. E das trevas vieram os ecos: "Reinaldo é só a voz de Fulano de Tal, a serviço de Sicrano." Dois dias depois, os que antes me atacaram falavam também contra a operação. Então estávamos juntos?

Jamais!!! Conheço "a dor e a delícia" de pensar o que penso. Antes de escrever, não pergunto se Daniel Dantas vai ganhar ou perder. Ele não é referência das minhas opiniões. E a razão é simples: SE EU ME OBRIGAR A ESCREVER PARA QUE ELE PERCA, ENTÃO É DE SE SUPOR QUE ESCREVO PARA QUE ALGUÉM GANHE. Ser pau-mandado de Dantas é, com efeito, coisa muito feia. E SER PAU-MANDADO DOS INIMIGOS DE DANTAS? ISSO, POR ACASO, É BONITO? Eu vivo do que me paga a Editora Abril, como pode verificar a Receita Federal. Não sou um Francenildo em particular porque, hoje em dia, somos todos Francenildos no geral, como vocês bem sabem. Infelizmente, ainda renegocio e pago dívidas de quando tive revista: dívida de pessoa privada com empresa privada. Não dividi com o distinto público o peso das minhas escolhas.

Eu lhes asseguro: muito melhor ser pau-mandado das próprias convicções.

Então não me venham com essa história. Sim, eles são lulistas; eu acho o lulismo uma mistificação no curto prazo e um desastre no médio e no longo. Mas isso não nos faz figuras opostas e correspondentes. Escrevo muito. Talvez seja hoje o jornalista que mais escreve – sim, estou falando em volume; os detratores podem continuar a lastimar a qualidade; há gosto pra tudo. Encontre-se um único texto meu em que flerto com qualquer forma de censura à imprensa. Não há. Muito pelo contrário. Adaptei Tocqueville para o jornalismo: "Os males da liberdade de imprensa se corrigem com mais liberdade de imprensa" (e voltarei a esse ponto). Encontre-se um único texto meu em que justifico o esbulho das leis democraticamente pactuadas – e, pois, a justificação da transgressão do Estado de direito. Também não há. Nem que fosse por distração.

Não ignoro que desperto a fúria de certos setores, e, quase sempre, é por ser, vejam que coisa, um legalista. Há também as reações iradas por dispensar a Lula o tratamento que merece um dos homens mais poderosos do Brasil – no caso, o tratamento de alguém que é muito crítico à figura. Outros o apreciam? Paciência. Alguns se divertiam e se divertem ainda ironizando o "intelectual" FHC? Eu me divirto ironizando o "apedeuta" Lula. Por que a ironia dirigida a um intelectual é moralmente superior à dirigida a quem não cansa de fazer a apologia da ignorância? Mas me desviei um tanto. Volto.

Não me regozijei com a demissão deste ou daquele, como se fosse um Marco Aurélio Top Top Garcia e seu auxiliar fazendo gestos obscenos, comemorando uma notícia "positiva" em meio a uma tragédia. De jeito nenhum! Saudei, isto sim, um revés momentâneo de uma CONCEPÇÃO de jornalismo que defende a censura, a chicana, que não se envergonha de ser "parte" em disputas comerciais, que há muito renunciou ao esforço de fazer o próprio trabalho com excelência, preferindo submeter aqueles que supõem seus adversários à cadeia da mentira, da maledicência, da patrulha a mais tosca, a mais vigarista, a mais oportunista.

Os meus leitores habituais sabem muito bem quando estou dando uma opinião – o que faço muito. E falo não como quem recebe as tábuas da lei ou faz download do divino, não com vocação professoral ou sacerdotal. Até porque opto com freqüência pela ironia, pelo sarcasmo até, está posto que vai ali um ponto de vista bem particular, expresso numa página pessoal.

Mais liberdade à liberdade

Volto, então, àquela questão da "liberdade de imprensa que se corrige com mais liberdade", conforme prometi. Uma das maneiras de praticar esse princípio é discordando, sim, aberta e frontalmente, deste ou daquele – mesmo quando jornalista. Sei que muita gente não gosta disso.

Sou duro na divergência ideológica quando considero necessário; divirjo, às vezes, com acidez e um tanto de humor corrosivo. Exponho-me a reações. É do jogo. Já me chamaram "lacerdista", "Amaral Netto" (ainda não mostrei aqui a pororoca...), sei lá o quê. Já me vincularam a esta ou àquela correntes do catolicismo (não sou de nenhuma, mas não seria crime). Reitero: tudo isso está no terreno do aceitável, ainda que certas acusações tenham o intuito de isolar o acusado numa bolha criada pelos "preconceituosos do bem". As farpas partem dos que se querem porta-vozes de uma espécie de iluminismo da neutralidade. Não é, não foi e não será jamais a minha praia. Insisto: ainda estamos no terreno da disputa democrática – nem que, por trás dela (ou junto com ela), haja pessoas e veículos se posicionando no mercado das idéias e no mercado em sentido estrito. Todos precisam, afinal de contas, encontrar e manter seus leitores – se possível, ampliá-los.

Os casos em tela são bem diferentes. Alguém me acusa de "lacerdista", e eu posso até devolver um, sei lá, "petralha", "tocador de tuba" ou "dualético" (para empregar meu neologismo). Mas se está, aí, longe do banditismo, dos tais "interesses subalternos", do jornalismo que vende servicinhos e servições, da defesa de formas veladas ou explícitas de censura à imprensa. No exemplo já citado – o de Elvira Lobato, da *Folha* –, não saí em defesa "da" jornalista, mas do jornalismo; não escrevi em defesa "do" jornal, mas da liberdade de informar. Nesse caso, sou mais do que solidário a um princípio: sou um militante.

Não manguei da desgraça de ninguém. Aplaudi uma pequena vitória da liberdade de imprensa. Sempre que a moral deles sofre um revés, a nossa moral – a do Estado democrático e de direito – deve comemorar. Nem que seja brigando.

A HORA DO JORNALISMO [24/03/2008]

O primeiro aspecto relevante a se destacar sobre a reportagem de *Veja* deste fim de semana – a que informa a existência de um dossiê preparado pelo governo para tentar chantagear as oposições na CPI dos Cartões – é o comportamento do governo. Como era de se esperar, negou a existência da tramóia, mas mandou investigar o "vazamento de informações". Deu pra entender? O Planalto determinou que se apure um FATO que ele nega existir. Não estranho tanto. Estamos, afinal, em plena era do surrealismo na política. Estou pondo o ponto final em *O país dos Petralhas*, o livro. Acreditem: dava para perceber que chegaríamos a esse ponto.

Como era esperado, a Al Qaeda eletrônica entrou em ação, com o auxílio do subjornalismo de aluguel, gente que vive da papa fina da grana oficial – a sua grana, caro leitor. E o que pedem esses monumentos morais? Ora, já que teve acesso a uma parte do dossiê, então a revista deveria ter divulgado as "informações". Vocês entenderam? Os petralhas queriam que *Veja* fizesse o serviço sujo em seu lugar: eles armam o dossiê, a exemplo daquele preparado pelos aloprados, e a revista serve de porta-voz da chantagem. Quebraram a cara.

Veja cumpriu o seu papel ao fornecer pistas do que os novos aloprados andam "investigando", mas não aceitou ser, digamos, o Chávez das Farc; rejeitou, é óbvio, a parceria no crime. Caso se limitasse a divulgar as "denúncias" oficiosas, estaria coonestando o banditismo, escolhendo o caminho da acusação fácil – e os atingidos que dessem um jeito de desmentir depois. Mas a revista escolheu o caminho correto e mais difícil: informou a armação, especificou as linhas gerais de seu conteúdo, deixou claro que o Estado está sendo usado para a chantagem política. Afinal, o governo não quer popularizar o seu dossiê para investigar tudo, doa a quem doer. Não!!! Ao contrário. O dossiê foi vazado aos jornalistas para que não se investigue nada – de agora ou de antes.

Dado que os petistas não têm, como se vê, interesse em proteger o governo FHC, é claro que o dossiê é uma forma de autoproteção. Os neoaloprados pretendiam contar com uma mídia dócil, servil, faminta de notícias & escândalos, servindo a seus propósitos. A estratégia era – e é ainda – ficar pingando boatos nesta ou naquela colunas para intimidar os adversários. Ora, estivesse o governo fazendo um documento oficial e legal, a ser entregue a uma instância competente de investigação, e tivesse tido a revista acesso a seu conteúdo, a abordagem teria sido outra: informar a sua existência e seu conteúdo em detalhes. Mas não! Estamos falando de uma operação do mundo das sombras, do mercado negro da política, disposta a usar o jornalismo como pistoleiro involuntário.

Era rigorosamente o que pretendiam os "aloprados" em 2006. A diferença agora, já disse, é que não estamos falando de notórios marginais, que operam nas sombras. A tramóia está nos órgãos do Estado – e o que se faz é característica de um Estado policial. É para onde caminha essa gente caso os demais atores políticos e a sociedade civil caiam em sua trama ou mesmo se calem diante de seu ardil.

A Controladoria Geral da União e a Casa Civil que venham a público para dizer o que há nos tais documentos; que assumam a responsabilidade de ter mandado investigar o outro governo e preparado, então, uma peça acusatória. Assim, os acusados podem ao menos se defender.

A imprensa não é braço do Estado policial.

AS FALANGES DO ÓDIO E OS PISTOLEIROS PERDERAM [25/03/2008]

Inexiste jornalismo "de direita" no Brasil. Não que a palavra, como já escrevi aqui muitas vezes, me incomode. Na história do Brasil e do mundo, notáveis intelectuais e políticos poderiam, com justeza, merecer tal denominação, alguns com relevantes serviços prestados ao país – ou, se quiserem, à humanidade. Não ser um lacaio das teses de esquerda, no entanto, basta para que se lance sobre jornalistas, veículos de comunicação e até mesmo artistas a pecha: "direita". Não é uma classificação, mas um anátema, uma maldição.

Vocês lêem jornais, revistas, blogs. Sabem que se contariam nos dedos, talvez de uma só mão, os colunistas que mereceriam a classificação de conservadores ou direitistas. E, ainda assim, alimentam entre si divergências as mais variadas: da religião à guerra no Iraque, passando, sei lá, pela opinião sobre Barack Obama, não se pode dizer que formem um grupo. Ao contrário até. Sua principal característica é justamente esta: independência – inclusive uns dos outros. Mesmo assim, a esquerda se incomoda e grita como a rainha de Copas: "Cortem-lhes a cabeça!"

A minoria dita "de direita" está hoje entre os dois grandes "partidos" do jornalismo: os serviçais do lulo-petismo e aqueles inconformados com o que seria a "traição" do Apedeuta: o homem não teria sido, até aqui, esquerdista o bastante e, por isso, merece a alcunha de traidor. Digladiam-se. Uns justificam as ações do governo, quaisquer que sejam elas; outros reivindicam o monopólio da crítica: ela só é legítima se feita a partir dos valores da esquerda. As duas falanges se unem para tentar banir do mapa ideológico o que chamam "direita".

Isso não chega a ser exatamente novo. Mas está em curso uma outra deformação. Desclassificados a soldo, que construíram suas carreiras na base do achaque, da chantagem e do roubo do dinheiro público, foram alugados pelo oficialismo e se transformaram numa espécie de "propagandistas do regime". Seu alvo é a chamada "grande imprensa" – em que, curiosamente, as variantes do petismo, do integrado ao ressentido, continuam, na maioria das vezes, a dar as cartas. Está criada uma espécie de "frente ampla" contra "a direita", que abrange do neófito seduzido pela "justiça social", tadinho, ao pistoleiro da mão peluda. E, nesse ambiente, coisas até havia pouco impensáveis acabam acontecendo.

O caso do dossiê

O caso do dossiê montado pelo governo demonstrou que essa aliança episódica do cretinismo ideológico com os criminosos não é irrelevante. Por dois dias ao menos, até que as coisas se aclarassem e até que o governo fosse pego em mais uma mentira, parecia que a *Veja* – ao lado da TV Globo, a revista é o alvo principal do grupo – era "um lado" da notícia, e o governo, "o outro lado". A revista informou: "existe um dossiê". E o governo negava: "não existe".

Como é impossível que o tal papelório exista e não exista ao mesmo tempo, então se percorreram as zonas cinzentas entre a VERDADE – o dossiê – e a MENTIRA: a fala oficial. "Não é dossiê, mas levantamento", engrolava Tarso Genro. Na tentativa desesperada de explicar o vazamento de dados, o ministro da Justiça afirmou que a "investigação" havia sido feita a pedido do Tribunal de Contas da União. E é o próprio TCU quem afirma: não pediu coisa nenhuma.

Desmoraliza-se, assim, de forma vexaminosa, a aliança entre a pistolagem e as falanges do ódio para tentar, uma vez mais, por meio da mentira, da patrulha e do oficialismo, desmerecer o trabalho de quem só faz jornalismo. Reitero: esse tipo de conversa mole contra os veículos que são líderes em suas respectivas áreas sempre existiu. Também fiz curso de jornalismo e fui exposto àquela conversa ressentida de boa parte dos "professores", que caçam até hoje severos monstros da ideologia capitalista no pobre Pato Donald. Sei do que essa gente é capaz. A diferença, nada ligeira, é que, antes, não contavam com os estafetas do oficialismo, pagos para difamar.

Nesse caso do dossiê, restabeleceu-se a verdade, e os bandidos não poderão mais fazer uso das "informações" para chantagear. Mas esse foi apenas um entre muitos outros casos. Fiquem atentos: essa gente não vai descansar na defesa de seu próprio interesse. Alguns pobres coitados são apenas contínuos do submarxismo da sub-USP. Desarticulados o bastante para produzir as próprias idéias, conformam-se em se comportar como meros dedos-duros. "Tia, dá bronca nele! Ele é de direita, ele é de direita; põe ele de castigo, Tia!!!" Não sei se lhes recomendo um livro ou uma chupeta.

Outros não. Fazem parte mesmo do mundo do crime. Não têm biografia, mas folha corrida. Já perderam. E vão perder ainda mais.

Os milhões de leitores de *Veja* escolheram o jornalismo, a democracia e o Estado de direito. E ganham, uma vez mais, com a verdade. O resto é ficção de destrambelhados ou de canalhas.

Ó TEMPOS, Ó COSTUMES [25/03/2008]

Houve um tempo em que a imprensa vigiava o governo. Hoje, parte da imprensa vigia a *Veja* para que a *Veja* pare de vigiar o governo.

PRETO NO BRANCO

TEXTOS PUBLICADOS EM *O GLOBO*

O SILÊNCIO DOS INDECENTES [27/08/05]

Está em curso no Rio, em São Paulo, Belo Horizonte e Salvador um seminário intitulado "O silêncio dos intelectuais". Vai até outubro. Remete à idéia do pensador engajado, que fez a fama de Sartre mais do que sua obra, o que é justo... com a obra. Seu engajamento era tal, que defendeu o silêncio sobre os crimes do comunismo para não tirar as esperanças do proletariado francês. Lixo.

Escreveu em sua autobiografia, *As palavras*, que tinha cara de "terreno baldio" por causa do estrabismo divergente. Baldias eram suas idéias políticas, e vesga, sua adesão ao comunismo, de que Raymond Aron (ambos fariam cem anos neste 2005) fez picadinho. A propósito, acaba de sair *Raymond Aron – Un moraliste au temps des idéologies*, de Nicolas Baverez. Custa 25 euros saber que boa parte dos intelectuais brasileiros só chegou agora ao pós-guerra europeu.

Dos sete escalados para o seminário, sob patrocínio de uma estatal, a Petrobras, seis – Marilena Chaui, Francisco de Oliveira, Marcelo Coelho, Fernando Haddad, Renato Janine Ribeiro e José Miguel Wisnik – são de esquerda. Sérgio Paulo Rouanet é a exceção que garante a "pluralidade". Daqueles seis, três integram o establishment: Haddad é ministro da Educação, Marilena é a "dona" do Departamento de Filosofia da USP, e Janine, o todo-poderoso da Capes (Coordenação de Aperfeiçoamento de Pessoal de Nível Superior).

O seminário, marcado faz tempo, tornou-se emblema de uma rendição. Se, pré-crise, era só uma regressão ao infantilismo do engajamento, no pós-cuecão, é prova inconteste de submissão ao oficialismo. A maioria dos intelectuais de esquerda está quieta. E no poder. Não é crime. Crime é justificar ou coonestar crimes – inclusive com o silêncio.

Chauí, que nos anos 1980 vi na USP a conferir às greves de professores o peso de um imperativo categórico (parece que ela não gosta de Kant...), depois de um longo mutismo, falou duas vezes nesta semana que termina. Disse que o "silêncio, às vezes, é um dever", declinou de abordar os desastres do governo Lula (seu tiranete de Siracusa) e preferiu atacar os tucanos. Quando seu delírio foi mais longe, atribuiu parte da crise do pensamento ao fracasso da glasnost. A mulher queria reformar a extinta União Soviética, mas os soviéticos não quiseram. Preferiram a liberdade com riscos à ditadura segura. Ela ficou chateada. Marxista, nem se perguntou se não foi a economia que entrou antes em colapso. Ignorância com pedigree.

Francisco de Oliveira, com quem compartilho a tese, que lancei primeiro, de que o PT se organiza como "nova classe social" (a expressão é de Milovan Djilas), reprovou o silêncio da colega. Afirmou que o intelectual tem de falar, sim, e criticar o poder. Rompido com o PT, soltou os cachorros ideológicos. Para ele, a bagunça deriva de o partido ter optado pelo continuísmo e operado uma guinada à direita. A burritsia da intelligentsia brasileira acredita piamente que o homem nasce bom e de esquerda; a sociedade é que o torna corrupto e de direita – é uma espécie de Rousseau relido por Emir Sader, com a colaboração do Professor Luizinho.

A suposição é que o esquerdismo absolve as pessoas dos crimes. É por isso que a esquerda sempre considerou que matar por uma causa é mais nobre do que por dinheiro. Assim se erigiu o seu humanismo: sobre uma pilha de mais de 150 milhões de cadáveres. É o modesto preço do seu "novo homem".

Frei Betto, ex-assessor de Lula e homem dedicado a lavar com água benta a reputação da foice e do martelo, falando numa jornada literária em Passo Fundo, disse que um núcleo de dirigentes do PT fez com a esquerda o que nem a direita conseguiu. Falou do "santo (?) orgulho" de ter ajudado a "resgatar a democracia". Que eu saiba, ele queria instaurar uma ditadura comunista no país e é, ainda hoje, fiel defensor de Fidel Castro, que tortura e pratica execuções sumárias. No mesmo encontro, outro amigo de Fidel, Chico Buarque, constatou a consternação dos brasileiros e sugeriu que essa tal direita poderia estar contente.

Essa esfera mental explica tudo. Mesmo quando eles praticam os crimes reais, a culpa está com seus adversários imaginários.

O DISCURSO DO MÉTODO [24/09/2005]

Quero falar de muita coisa. Minha confusão, para quem souber ler, é método – como diria Polônio sobre Hamlet, o príncipe basbaque. É verdade que o velhinho se deu mal atrás da cortina. Pretendo um fim mais digno. Vamos lá: Marilena Chaui, com seu silêncio buliçoso, me ajuda a fazer frases. Uma delas me rende inimigos de estimação, dos quais cuido com denodo: "Tudo o que é ruim para o PT é bom para o Brasil." Ela carrega aquela carga de preconceito sem a qual um homem não pode se orgulhar de ser de fato maduro. Crescer é ter direito a preconceitos.

Eu tenho muitos: não gosto de aviões, comida japonesa, comunistas, jazz, solo de saxofone, presidentes semi-analfabetos, especialista em vinhos, pão com gergelim e gente que faz passeata pela paz. Eu faria uma passeata contra a ternura que a classe média nutre pelo crime organizado. Bata branca na avenida é uma forma de covardia e flerte com nossos algozes. Sou um homem esquisito. Detesto tudo o que me seqüestra a vontade. Gosto é de Dostoiévski: lutar, nem que seja inutilmente, contra a Providência ou o destino.

Tenho medo de me tornar um sujeito bonzinho, desses que assistem a *Sex and the City* enquanto os filhos adolescentes transam no quarto. Sou freudiano ortodoxo e meio reacionário. Só acredito em repressão e transgressão. Um pai liberal é um risco à sobrevivência da espécie; é uma ameaça à civilização. Não acredito em Lacan, Jung e homens sensíveis. Até as escolas querem transformar os meninos em meninas que já não há. Preparam uma geração de infelizes e hesitantes. Querem domesticar os hormônios com psicologia feminista. Tudo pelo bem do próximo. Há tanta gente boa no mundo mau que esses bonzinhos querem mudar, que decidi ser mauzinho no mundo bom que quero conservar.

Chego ao ponto. Chaui me ajuda a pensar. Faço outra frase: "Direi sempre o contrário de tudo o que ela disser." Madame acredita nas tropas da SS (Salvação Stalinista) protegendo os pobres. Eu acredito que os pobres devem deglutir os stalinistas a exemplo do que os tupinambás fizeram com o bispo Sardinha. A última de Marilena é dizer que a reforma política era a salvação do Brasil desde o princípio do governo Lula. Obrigado. Descobri ontem que sou contra a reforma política porque ela significa uma afronta aos indivíduos e, portanto, um atraso. Só acredito em pessoas, enquanto ela aposta em partidos (na verdade, em partido) e em sistemas.

Madame quer a reforma política porque sua noção de democracia supõe excluir da decisão aqueles que acha ignorantes – os não-mobilizáveis para a sua causa. Lênin passou fogo nos imprestáveis para a luta, o que todo comunista lido sabe. Ela quer tornar o sufrágio universal uma burocracia cinzenta, com lista fechada e voto distrital, despersonalizando os processos de escolhas e transferindo para os sistemas as responsabilidades individuais. Até aqueles aos quais se chama "direita" no Brasil entraram nessa conversa. Fazem o trabalho para a corriola intelectual de Madame e para o Apedeuta do Palácio.

Os crescentes meios eletrônicos de informação (a internet já começa a chegar aos pobres), o celular na mão de 80 milhões de brasileiros, a universalização da televisão e do rádio, tudo isso, enfim, concorre para a individuação da escolha. Individuação de mão dupla: tanto o eleitor conta com mais recursos para escolher como o candidato pode dizer, com mais clareza, a que veio e quem é.

Marilena quer a reforma política. Então eu não quero. Infelizmente, para isso, não vão chamar um referendo. Os miseráveis inúteis de Lênin não entenderiam o debate. Melhor fazer a coisa sem eles. A presunção é de que devemos fortalecer os "partidos". Os dois maiores, o PMDB e o PT, respondem por todos os desastres das últimas duas décadas. Temos é de enfraquecê-los, torná-los inúteis, fragilizar as burocracias e só respeitar competências. A esquerda diz que isso é fascista. Seria o primeiro fascismo com partidos fracos, sem Duce, sem massa de manobra, sem açougueiros para amolar facas. E, bem, isso tudo é uma questão de método.

ARISTOCRACIA DA BALA [08/10/2005]

Não sei até quando *O Globo* me atura. Pelo tempo que durar, os leitores verão, jamais adoto o estilo didático. Não sou pastor de idéias. Como no poema de Fernando Pessoa, não pego ninguém no braço e detesto que me peguem. Se Virgílio aparecer, vou com ele ao inferno. Como ele não vem, vou para o diabo sozinho. O bem só é bem se o for no fundamento, no objetivo e nos meios. Falhando um deles, é o contrário. Referendo das armas? Voto "Não". O fundamento é não matar? É bem. O objetivo é reduzir a violência? É bem. O meio implica privar o indivíduo do direito de autodefesa? É o mal que se insinua no bem; é o mal essencial.

Só vi revólver fora do coldre como vítima de assalto. Duas vezes. Numa terceira, estava na casa da minha mãe, ouvi um barulho assustador e saí à rua. Um sujeito tinha dado com o carro no poste. Fui socorrê-lo. Minhas filhas, então com 8 e 6 anos, me seguiram, assustadas e curiosas. O veículo era roubado. Ele saiu atirando na nossa direção. Era um passional. Não entregou seu instrumento de trabalho a Márcio Thomaz Bastos. Deve votar "Sim". Nem todo mundo do "Sim" é como ele, eu sei. Não satanizo os que divergem de mim. Quem vota "Não" é tratado como brucutu. Ah, a intolerância dos tolerantes!

Não tenho nem terei armas. Meu delírio de violência é matar passarinhos. Não sou um homem bom. Tentam mandar em mim com sua rotina anunciando auroras: "Vai dormir, vai dormir." Fico destroncando seus pescocinhos em pensamento como quem conta carneiros. Até apagar. São obsessivos. Eu não acredito em auroras. O dia nasce ainda que não cantem. Que imitem Marilena Chaui, a que cala, não a que fala.

Faz-se uma pergunta às avessas. É duplipensar orwelliano. Por que não ir ao ponto: "O cidadão deve ter o direito de usar uma arma legal para se defender?" Em vez disso, optou-se pelo "Sim" que é "Não" e pelo "Não" que é "Sim". O referendo é inconstitucional. Não se põe em questão o direito de autodefesa. É raiz gêmea do princípio que preserva um indivíduo de se auto-incriminar. Há uma inviolabilidade do sujeito no Estado democrático a que nenhum interesse coletivo se sobrepõe. Mais: as estatísticas em circulação não valem. Consta que a maioria das armas apreendidas com bandidos pertencia a cidadãos comuns. É mesmo? A amostragem é científica? Ora...

Outro argumento é que o homem de bem sempre leva a pior no confronto com marginais. Eis a estóica rendição do indivíduo e do Estado ao crime. Bandido virou dado da paisagem, como o Pão de Açúcar ou o Pico do Jaraguá. Até na Coréia do Norte o cara pode se matar se quiser. Enquanto isso, Bastos não entrega os presídios federais, não tira do papel o Plano Nacional de Segurança nem se move para unificar as polícias. Está ocupado demais tentando nos proteger de nós mesmos – e livrar Lula de encrencas – para nos proteger dos criminosos. Eis o homem.

Proíbam-se as viúvas de tomar Chicabon no portão, e surgirá a máfia das viúvas assassinas. A vitória do "Sim" que é "Não" aproximará o cidadão comum do submundo, que vai lhe fornecer a arma. A proibição só será virtuosa se inócua. Ou imaginemos a eficácia total: arma passa a ser monopólio do Estado e do crime organizado. Como o Estado jamais atende o telefone, bastará ao bandido dotado de seu "meio de produção" tocar a campainha de nossa casa e levar o que for de seu agrado. Terá estuprado o nosso direito, mas não nos terá matado, como diria Kant. Ou não foi ele? Alguém garante que ficarmos expostos aos bandidos é um mal menor do que eventuais acidentes domésticos com armas?

Queria ser bacana como os artistas do "Sim", alguns sempre acompanhados de seguranças – armados, claro – como cansei de ver no Aeroporto Santos Dumont. Também há empresários simpáticos à causa. A vitória do "Sim" criará a aristocracia da bala: alguns terão o direito constitucional à segurança armada, privada, legal, exercida por empresas. O resto que faça a negociação direta com o crime. É o máximo do Estado mínimo! Já adverti: não valho nada, não quero convencer ninguém, não sou bom e torço em pensamento pescoço de passarinhos.

EIS LULA, O REAÇA [22/10/2005]

Na quinta-feira, Lula esteve no Congresso do PC do B, na Academia de Tênis, em Brasília, e foi saudado aos gritos de "Viva o socialismo" e "Abaixo o imperialismo". O local é freqüentado pelos endinheirados da cidade.

Finalmente alguém tem a idéia de combater a burguesia, mas com conforto. No Araguaia, a natureza e o povo eram hostis à revolução. Se o Exército não tivesse passado fogo nos "revolucionários", estes acabariam passando fogo naquele povinho estúpido. Tudo à moda Lênin, Guevara, Sendero Luminoso e Farc – as amiguinhas do PT.

O PC do B é aquele partido que ainda não acatou as críticas de Kruchov a Stálin. O Apedeuta, claro, falou. Atribuiu suas dificuldades ao fato de ter sido eleito presidente com uma Constituição parlamentarista. Por isso ele tentou ser um "presidente presidencialista" comprando o Congresso. Não conseguiu usar os métodos convincentes de Chávez. Mas ele promete tentar de novo, não é?

Lula é uma piada perigosa. As pessoas se dão conta disso aos poucos. Considerada a sua estupidez, o nível de consciência é ainda baixo. Naquele mesmo dia em que falou a "socialistas" e "antiimperialistas", participou da abertura de um seminário internacional sobre o Bolsa Família. Reunia outras pessoas ainda menos ocupadas do que ele próprio: subordinados e representantes da ONU, aquela ONG inútil de antiamericanos sustentada pelos Estados Unidos (se eu fosse Bush, eu a deixaria a pão, água e Kofi Annan). Pois bem: Lula afirmou que pouco importava se o programa era assistencialista ou não: queria era garantir as três refeições por dia ao poviréu. E foi adiante: para ele, as bolsas atendem aos interesses da classe média porque tiram as crianças da rua.

Grande homem! Desde o lendário Antônio Carlos de Andrada, governador de Minas pré-revolução de 30, eu não ouvia um pensamento tão obviamente reacionário em vestimenta supostamente progressista. "Façamos a revolução antes que o povo faça", disse o mineiro, convidando seus pares a dar um pé no traseiro de Washington Luiz e Júlio Prestes. Era a versão então modernizada de "Pedro, põe a Coroa sobre a tua cabeça antes que algum aventureiro lance mão dela". A Independência e a Revolução de 30, até malgrado seus protagonistas, implicaram avanços reais para o país.

Lula é só atraso com suas ambigüidades sem ambivalências. À diferença de Antônio Carlos, ele não teme o que o povo possa fazer. Ele o quer mais ou menos mobilizado para usá-lo como instrumento de luta política e de chantagem. É um populista vulgar adaptado às regras de mercado. O populismo possível hoje em dia. À Dona Zelite, exibe-se como o bom mestiço domesticador de escravos. Seu "programa social", que tem porta de entrada, mas não de saída, não distribui renda ou tira as pessoas da miséria. Ao contrário: a miséria é sua grande aliada. Em lugar da indústria da seca, tem-se a indústria das Bolsas. À classe média e aos ricos, esse "socialista antiimperialista" quer posar de higienizador: limpa as ruas da sujeira, da pobreza, das crianças miseráveis. Lula é o maior coronel do Brasil.

Enquanto isso, seu ministro da Fazenda, Antonio Palocci, reúne-se com representantes da oposição para que estes asseverem às agências de classificação de risco que as eleições de 2006 não trarão turbulências à economia. O governo do "socialista antiimperialista" precisa provar mais fidelidade às regras de mercado do que a Argentina, que, apesar de ter dado o maior calote da história do capitalismo, tem hoje um risco igual ao do Brasil, mas com uma economia crescendo o dobro. O próprio Lula confessou que teve de exagerar nos juros para ganhar credibilidade, admitindo, então, o custo PT.

A equação não é para iniciantes. Temos um populista com uma face vulgar, outra mercadista, que mobiliza seu homem forte da Fazenda para atrair para a arapuca do continuísmo as oposições contra as quais ganhou as eleições sob a acusação de que eram conservadoras. A oposição, por enquanto, é refém desse jogo e não foi muito além de onde Roberto Jefferson lhe passou o bastão.

CUSPINDO O GIM VITÓRIA [05/11/2005]

Os vampiros morais do stalinismo estão inquietos. O atavismo lhes assanha a sede. Os cadáveres adiados querem sangue. Alguns exibem seu passado de resistência ao regime militar, omitindo, é claro, que ambicionavam a sua própria ditadura. Já que não conseguiram, pedem indenização ao "Estado burguês" como um galardão para o seu insucesso. Outros estão naquela quadra em que só conseguem emprego praticando sectarismo oficialista. E há os que exibem a sua madura sapiência contra esses moços, pobres moços!, que ainda não sabem o que eles julgam saber. Como se burrice não ficasse velha. Como se canalhas não encanecessem.

Repito Antero de Quental: a tolice num velho me incomoda tanto quanto a gravidade numa criança. Cito a frase com desconforto porque o jovem poeta português a empregou contra Castilho, um monumento da poesia – e, sobretudo, da tradução, dada a época – portuguesa. Os de agora, de Castilho, não têm nem a cegueira física. Não enxergam, mas sua cegueira é ética.

Até quinta passada, a corriola stalinista, recebendo o "ouro do PT", estava assanhadíssima e seguia à risca o roteiro que denunciava "a conspiração da direita" contra Lula, o comandante desse governo honrado. E a prova que exibiam as fuinhas da reputação alheia era um juízo de valor: o PSDB e o PFL criticariam o PT não porque mais morais, mas porque ambicionam o seu lugar para roubar a salvo.

Deve ser uma tragédia ficar só com a pior parte da maturidade. Ah, se eu pudesse, aos 44, conservar os cabelos dos 20 com o que há hoje por baixo do que deles me resta! A idade, esta pantera!, levou-me a cabeleira, pôs-me alguns sulcos, ainda leves, nas faces, mas me conferiu um férreo apreço pela lógica, não me deixou perder o bonde. Ainda que fosse aquela a motivação dos adversários de Lula, seriam outros os crimes do PT? A natureza, a vocação e a qualidade dos que se opõem à delinqüência confessa santificam ou perdoam o mal?

Chegamos àquele ponto da trajetória que divide, sim, os partidários da herança comunista e liberal. Em 1934, André Gide participa, sob os auspícios e o patrocínio de Jdanov (o ministro da Cultura da União Soviética que Graciliano Ramos achava "uma besta"), do Primeiro Congresso dos Escritores Soviéticos. André Malraux e Louis Aragon também foram. Só Gide saiu atirando e acusou o horror que presenciou. Escreveu um livro sobre a experiência, *Retour de l'URSS*, em que desanca o regime. A esquerda passou a satanizá-lo, o que não é prova, mas é indício do bom caráter da vítima. Malraux integrava a lista de intelectuais comunistas saudados como heróis. Teve o descaramento de dizer que os Processos de Moscou não maculavam a essência humana do socialismo. Era um espião.

Acusar os crimes de Stálin, para a intelligentsia comunista, correspondia a fazer o jogo do imperialismo. O PC do B de Aldo Rebelo acredita nisso até hoje. Os que ousavam alguma crítica viam, no máximo, um desvio de princípio, jamais admitindo o cerne criminoso de um regime que rejeita, por dispensáveis, as liberdades públicas e antepõe os interesses coletivos – definidos pelo partido, é claro – aos individuais. Esse entulho baixou na imprensa nativa. Querem ver em Lula o Getúlio acuado de 1954 – pelo qual, de resto, não tenho a menor simpatia – ou o João Goulart de 1964, o que até faz algum sentido: o petista também é um baderneiro. A palavra de ordem é cassar e caçar "a direita". A ordem é botar a boca no trombone para intimidar e calar os adversários. O desavisado poderia julgar que essa tal "direita" seria composta, sei lá, por banqueiros. Mas por que um banqueiro teria interesse em depor Lula?

Na quinta-feira, veio à luz a evidência nua, crua, inequívoca, de que o "PTduto" foi irrigado com dinheiro público, de que os empréstimos são uma falácia, de que o caixa dois era só o crime menor, inventado por um jurista esperto, para esconder um crime maior. Não, senhores! O problema do PT não está só no que esconde em caixas de rum, Red Label e Black Label. O problema do PT está no gim Vitória que queria que engolíssemos. E a democracia decidiu cuspi-lo.

VOLTAIRE OU FANON? [19/11/2005]

Sou fã de Nicolas Sarkozy, o ministro do Interior da França. Filho de imigrantes, de origem judaica, o homem acha que gente que sai botando fogo em carro e prédio público tem de ser tratada no porrete. É isso aí. Ele só é um pouco mais bonzinho do que eu gostaria. É mentira que tenha chamado os magrebinos rebelados de "escória". Foi uma pena. Estou à procura de pessoas más às quais emprestar a minha solidariedade reacionária. Deixado o mundo aos cuidados dos progressistas bonzinhos, acabaremos na caverna, puxando as moças pelos cabelos. A menos que o véu impeça.

Uma muçulmana (!) perguntou ao ministro se ele iria ou não dar "um jeito na escória". Ela queria lei, ordem e polícia. O ministro respondeu: "Vou dar um jeito na escória." Um repórter ouviu e fez a sua parte na guerra contra a civilização burguesa, ocidental, branca e cristã, que inventou o antibiótico, a luz elétrica, a comunicação à distância, o vaso sanitário e o voto universal, esses horrores. Foi assim. As TVs têm a fita. Ninguém dá bola. As esquerdas monopolizam a imprensa escrita em qualquer lugar do mundo. Menos nas ditaduras islâmicas.

Mereceu um desprezo solene, inclusive no Brasil, o fato de que os incendiários têm cama, comida e roupa lavada. Mais casa, escola e hospital. Tudo de graça. A França é o país que mais gasta com assistencialismo. O antiamericanismo chinfrim sempre exaltou o modelo. Com a guerra no Iraque, as simpatias pela pátria do iluminismo antibelicista (risos) cresceram. Ocorre que a esquerda gosta ainda mais de magrebinos incendiários que de franceses antiamericanos. Os delinqüentes se tornaram heróis.

O jornalismo faz questão de ignorar os sinais da intifada em solo europeu. Culpados? Os que defendem esse modelo de "integração" social dos imigrantes, reconhecendo-lhes as "exceções" culturais. Pausa: ouvi, há pouco, um militante negro, que também é uma "otoridade", afirmar na TV que o apartheid sul-africano teve seu lado positivo porque não mascarou a discriminação. Ruim, segundo ele, é o racismo à moda brasileira: cordial. Em seguida, ele defendeu cotas nas universidades. É coerente com quem vê virtudes no apartheid...

Volto à França. Com o incentivo da esquerda, a República tem suas leis ignoradas por "associações culturais", notadamente de muçulmanos do Norte da África. A poligamia, a amputação do clitóris, os casamentos impostos, dentre outros horrores, eram e são tolerados. Diversidade! O reacionário sou eu! A imprensa está proibida há décadas de noticiar a origem étnica ou a religião de um delinqüente. Ninguém diz isso por aqui. Censura politicamente correta lá e cá.

Os imigrantes passaram a ter os direitos do cidadão francês – ou mais – e nenhum de seus deveres. Escolas para abrigar seus filhos, já franceses, ensinam-lhe o ódio contra os... franceses! A esquerda reivindica que se lhes dêem mais direitos, como o da intifada, com ainda menos deveres, como o de responder por seus atos. Há uma grita contra a deportação de piromaníacos. O Estado de direito francês vai torrar mais dinheiro nos bantustões que querem solapar o Estado de direito francês. Coisa de gênio.

Por que a revolta começa na França? Porque é o país que foi mais longe no assistencialismo. Um imigrante nos Estados Unidos ou ganha a vida ou morre de fome. A equação é simples. A "revolta" tem algumas respostas: de imediato, polícia e punição; no médio prazo, corte radical no leite de pata estatal que alimenta o radicalismo islâmico, agora de cidadãos europeus. A esquerda plantou como suposta verdade um desemprego de 40% entre imigrantes e descendentes. São números mais vesgos do que Sartre, o babão, achincalhando Albert Camus por causa da guerra na Argélia: as mulheres não contam porque não podem trabalhar, e os homens não trabalham porque não precisam. Chirac lhes dá dinheiro para comprar combustível. Em troca, eles dão ao usurpador do gaullismo a chance de dizer palavras de pastosa piedade, repetindo piedades de Mitterrand, que repetiu piedosos que vieram antes.

Com um pouco mais de maldade, talvez Sarkozy chegue lá. Para tirar a obra de Voltaire da fogueira e jogar a de Frantz Fanon.

ENIGMAS DO PSDB [03/12/2005]

O PSDB deve ser o único partido no mundo em que um candidato favorito não é favorecido pelo favoritismo – se me permitem a lambança tautológica. Para alguns, é como se a preferência do eleitorado fosse um prejuízo, um peso de que querem se proteger. Parece que os ouço: "Não, este não. Está na frente nas pesquisas. Não pode!"*

* Observe, leitor, se o PSDB não continua a fazer a mesma coisa hoje.

É mais ou menos o que se verifica com o nome de José Serra – até agora o único a vencer Lula num eventual segundo turno. Pode mudar? Pode. Mas é assim enquanto escrevo. Satisfação nas hostes tucanas? Há os que se mostram inquietos. O argumento maroto é o de que pesquisas refletem a realidade do momento.* Sei. Futuro certo é só com a Mãe Dinah. Também acho que favoritismo não é critério absoluto: depois de Lula, é recomendável aporte intelectual. Pergunta: caso Serra deixe de ser o mais bem colocado, suas chances aumentam?

Usa-se como argumento contra as pesquisas a candidatura de FHC em 1994, que largou atrás. Teria deslanchado depois de conhecido. Lorota. Era o homem do Real: havia domado a inflação. O trunfo lhe valeu duas eleições. É história. Os tucanos precisam é de projeto e de voto. Ainda não têm o primeiro, mas alguns se apressam em dar de ombros para o segundo. Os petistas devem acompanhar cheios de esperança esse jeito Toninho Cerezo de trocar passes no campo defensivo.

Compreendo que o governador Aécio Neves (MG) não queira que a disputa implique a nacionalização de uma disputa paulista. Mas não deve dar espaço para que sua fala se confunda com um veto de endereço certo. Mesmo que não queira, dado o quadro, pode estar colaborando objetivamente para a reeleição de Lula. O governador Geraldo Alckmin (SP), por sua vez, diz que prefere mirar o futuro a atacar o presidente, o passado. Anunciou que não vai criticá-lo se for para a disputa. O problema do petismo está longe de ser apenas ético. A corrosão do caráter é só uma das faces de um esforço para desconstituir a democracia. E há, claro, a economia. Para onde vamos? A crítica é um imperativo da política.

Serra, por seu turno, tem de abandonar a ambigüidade. É pré-candidato ou não? É. Por vontade sua, claro, mas também de quem se mostra disposto a votar nele. Candidaturas são construções políticas. Espero que seja ele? Espero é que seja um método! Qual? Ideologicamente, divirjo da média dos tucanos faz tempo. Alguns devem me achar muito "conservador". Por mim, Lula já teria sido deposto pela Constituição há muito – em nome da legalidade, não o contrário. O PSDB é que inventou essa história de deixá-lo esvair-se em público. Um tanto por cálculo perigoso e outro por respeito basbaque à sua suposta biografia virtuosa. É o tipo de coisa que só dá certo se der certo... Sou mais operístico do que essa peça minimalista.

---

* Sim, os tucanos continuam com esta mesma ladainha.

Pouco me importa quem será o candidato tucano. Apenas acho um absurdo o favoritismo se tornar um empecilho. Não é racional. Ademais, a questão fundamental é outra: qual é o projeto? Será a continuação do paloccismo, mas com ar-refrigerado e um pouco mais de ética? É pouco! Quais são os interlocutores do partido para definir o nome? Um candidato não é uma mala vazia à espera de demandas a granel. Certos tucanos são sabidos demais para se dobrar aos fatos. Então, boa sorte! Que, ao menos, se organizem para: 1) passar pelo crivo no primeiro turno (só ganha o segundo quem passa pelo primeiro); 2) reconquistar os votos que já têm caso os desprezem na largada; 3) conseguir os outros, que farão a diferença.

PS: O PSDB e o PFL poderiam, aliás, prestar um grande serviço ao país. Propor à base governista um acordo para extinguir a reeleição. Mandato único de cinco anos para quem assumir o Executivo em 2007 (presidente e governadores). O mesmo valendo para a sucessão dos prefeitos a partir de 2009. Quem for reeleito ganha um ano a mais do que o esperado. É um peso, sei disso. Mas a reeleição tem custado muito mais caro. Pensem nisso.*

SANTO TOMÁS [17/12/2005]

A editora Sétimo Selo acaba de prestar um segundo bom serviço ao pensamento com a publicação de *Sobre o mal*, de santo Tomás de Aquino, em edição bilíngüe (português e latim), com tradução de Carlos Nougué. É o primeiro de prometidos quatro tomos. A editora já publicou em agosto *Da natureza do bem*, de santo Agostinho. É um conforto saber que a Igreja nem sempre foi pautada pela teologia zoológica de Leonardo Boff (*A águia e a galinha*) ou pelo cristianismo marxista de frei Betto. Quem, podendo liquidar seus algozes, morre na cruz, ou o faz para nos salvar (a todos, não só aos pobres) ou é um idiota.

Tomás de Aquino (1225-1274), o mais importante pensador da Igreja, foi quem abriu a porta do enigma: há matérias que estão sujeitas à investigação da ciência e do pensamento, e há aquelas que estão no domínio da fé. Basta que não se ponham umas em lugar de outras: os cristãos fundamentalistas americanos não tentarão ministrar "Desenho inteligente" na aula de biologia, e os cientistas declinam de provar o erro da Bíblia à luz de *A origem das espécies*. O que não impede um médico de rezar uma

* Escrevi o texto em dezembro de 2005. Poderia tê-lo feito ontem.

ave-maria, em pensamento, enquanto está com as nossas vísceras na mão. Ou uma universidade católica de estudar o genoma do macaco, *notre semblable, notre frère!*, mas, ainda assim, impedido de ter fé – se é que vocês me entendem. E não tem porque não pode, não porque não quer.

As referências do pensamento contemporâneo foram se acanalhando, e estamos todos nos acostumando com a burrice militante. Com o PT, ela chegou ao poder e tentou ganhar o estatuto de uma categoria filosófica. De súbito, hábitos, costumes, valores, tudo foi sendo transformado numa doxa a ser submetida à especulação. Culpa ou inocência caíram no inferno do relativismo. Entrará para a História a frase de José Dirceu, tornada um emblema: "Estou cada vez mais convencido de minha inocência."

Então eu me volto a santo Tomás, p. 53: "Pois se diz em Mateus, VII, 18: 'Não pode uma árvore boa dar maus frutos.' O fruto se diz efeito da causa. Logo, o bem não pode ser causa do mal." E o Tomás avança: "Além do mais, o efeito tem semelhança com sua causa; pois todo e qualquer agente atua semelhante a ele. Ora, a semelhança do mal não preexiste no bem. Logo, o bem não é causa do mal." E ainda com mais pertinência: "Além do mais, aquilo que pertence às coisas causadas preexiste substancialmente nas causas. Logo, se o mal é causado pelo bem, o mal preexiste substancialmente no bem, o que é impossível."

Eis trechos do Artigo 3: "Se o bem é causa do mal", que vai se tornando mais complexo no percurso, com situações que complicam um pouco o que acima é tão claro, mas sem jamais mudar a sua essência. Volto à política. Um teste, para mim, de tolice do interlocutor é o grau de sua surpresa com as lambanças do PT, como se o cleptostalinismo fosse um desvio do que, em essência, era o bem. Não é assim, é claro. Se o PT julgou ser necessário fazer o que fez é porque a sua essência autorizava que o fizesse. A roubalheira organizada, entronizada no Estado, está na ordem das "coisas causadas". Assim sendo, está na própria causa. É um mal essencial.

É por isso que um santo Tomás de Aquino é liminarmente descartado pelos que se querem cultores de uma tal "dialética", ou, mais especialmente, de um certo "materialismo dialético", que abole as fronteiras entre o bem e o mal e instaura o reino do relativismo moral, em que o "bem" só é "bem" sob certas circunstâncias – à escolha dos que se querem condutores da História – e o "mal", idem. Foi assim que o socialismo se transformou numa indústria da morte. O "mal" (o morticínio) era o preço do "bem" (o reino da justiça e da igualdade). Quebrando omeletes e fazendo ovos, para ficar numa metáfora à altura desse padrão moral e da compreensão que Lula tem da História.

E se todos eles fizerem um ato de contrição? Santo Tomás, p. 211: "Além do mais, aquilo que não permanece, mas muda em seguida, não pode mudar a espécie que teve antes." Leiam santo Tomás de Aquino.

EU, BONO E VOCÊ [28/01/2006]

Escrevi certa feita que Drummond era um poeta preguiçoso e que Guimarães Rosa era metafisicamente primitivo, mas com rococós para seduzir deslumbrados. Prefiro Cecília Meireles, Mário Faustino, Bruno Tolentino e Graciliano Ramos. Apanhei. Um sujeito me mandou uma miniatura do meu caixão. Não chegou uma só evidência de que um se preocupasse com o labor no verso ou de que o outro tivesse desvendado uma moralidade ao menos vizinha da de um Dostoiévski. Só os "Como ousa?"; "Quem você pensa que é?"; "Cortem-lhe a cabeça!"...

Num país de iletrados profissionais, os protestos foram poucos. A fama me chegou, de fato, com corrente no Orkut (dizem; nunca acessei) e tudo porque escrevi, no *Primeira Leitura*, um texto afirmando que não saberia distinguir o U2 de uma fatia de presunto. Os e-mails já passam de uma centena. Parte é impublicável. Estou surpreso. Disse apenas que nunca tinha ouvido sua música.

Incidentalmente, já ouvi *Minha egüinha Pocotó* e uma senhora que diz indecências fazendo trocadilho com o nome de um fogão (ah, as glórias da democracia!, como diria o Hamas). Sei até o que é Carlinhos Brown: eu investigaria, por amor à especulação antropológica, a possível relação inversamente proporcional entre civilização e percussão. Mesmo tão sabido, eu seria incapaz de dizer "Isso é U2", assim como posso dizer "Isso é Mozart, Caetano Veloso ou Nelson Ned".

Bono Vox, para mim, era só um senhor maduro, com óculos ridículos, que vive pendurado em poderosos do Bird e do FMI a cobrar ajuda aos oprimidos, aos famintos, aos monges do Tibete e aos pandas – essas apaixonantes razões para sair da cama. Eu estava espantado com o qüiproquó por causa da compra de ingressos para o show. Como cheguei aos 44 anos sem ter ouvido U2, sem partilhar dessa emoção?

Vi Bono Vox ao lado de Armani em Davos pedindo mais justiça. Depois, Gilberto Gil "encantou a todos os presentes com sua música soberba e vivaz", como diria Amaury Jr. O U2 faz proselitismo de tudo quanto é nulidade terceiro-mundista. O Hamas está precisando agora de uma fachada mais soft. Chamem Bono. Ele gosta de Lula e quer o perdão para a dívida de países da África. Nunca mais o dinheiro desviado por ditadores sanguinários, nativistas e antiimperialistas – os amigos de Kofi Annan – será recuperado. Leio no *Globo* que, para Bono, "o Brasil é a extremidade (!?) sexy do catolicismo". Quem precisa de Bento XVI? Eis aí a verdadeira Teologia da Libertação. O resto é Boff.

Há gente menos tolerante do que os petistas de Dirceu, aquele que marcha com broche de Hugo Chávez: os fãs do U2. Alguns ainda tentaram me livrar das trevas da ignorância. A maioria pegou pesado. Uma jornalista disse que eu ocupava o lugar de pessoas competentes – ela, por exemplo... E pediu minha cabeça ao diretor de redação. Respondi que era eu o dito-cujo e não poderia fazer como o barão Munchausen: exibir a própria cachola. Ela ficou inconsolável e foi ouvir Bono Vox.

A maioria quer uma lei que me proíba, ou a qualquer um, de escrever que rock depois dos 25 é caso de surdez ou de debilidade mental. Também há indignação porque afirmei que jamais iria à praia ver Mick Jagger, à beira dos 70, rebolar o traseiro murcho. Como os petistas, pedem a minha demissão. A Bono, tudo! A Reinaldo, a miséria, a fome, a morte à míngua: "Ele não gosta do que a gente gosta e tem a ousadia de falar isso." A onda é sair do armário. Qualquer tara, hoje em dia, merece ser protegida por um estatuto de minoria. Só não se pode falar mal de Bono Vox. Um outro exige "direito de resposta". Escrevi que as letras do U2 são coisa de/para gente de miolo mole. Ofendeu-se. Convoca-me para um domingo sangrento.

Passo boa parte do meu tempo lendo teoria política e escrevendo sobre o tema. É uma perda de tempo. Vou me dedicar a esculhambar roqueiros e pacifistas. Também vou falar mal de comida japonesa. Todo mundo que se julga inteligente gosta de comida japonesa. Provarei que estão duplamente enganados.

PROFETAS E PICARETAS [11/02/2006]

Boa parte da imprensa ocidental, inclusive a brasileira, foi servil à baderna dos islâmicos incentivada por Síria e Irã. O pretexto foram as charges em que Maomé aparece com uma bomba no turbante. Incomodaram-se menos com a bomba do que com a "heresia" de desenhar o profeta. O colaboracionismo com os Estados terroristas variou da compreensão histórica – "O Islã é pacífico; o problema são os radicais" – à autopunição: "A culpa é nossa." Entenda-se por este "nossa" a civilização ocidental. O militante Edward Said, morto em 2003, foi bem-sucedido.

Editorialistas repetiram, sem crédito, trechos do livro *Orientalismo* assim como os convertidos repetem versos do Corão. O texto é um queixume vulgar de vitimismo fantasiado de pluralismo. É mentira no fato e na ficção: a obra existe para denunciar o "imperialismo", não para pedir compreensão. Ao retratar o olhar "distorcido" do Ocidente sobre os muitos orientes, vê a cultura islâmica como parte de um Éden conspurcado pelos abusos de um estranho senhor. Impossível não concluir que aqueles povos estavam destinados a algum bem essencial, do qual foram apartados pelo Ocidente, despreparado para os relevos de cultura tão diversa. Said, a exemplo dos incendiários, acredita que os ocidentais agem, e os vários orientes apenas reagem. Para ele, nós os vemos como uma charge. As fontes de sua pesquisa, mesmo distorcida, ele as colheu em bibliotecas ocidentais: trata-se de livros proibidos em países islâmicos. Culpa nossa?

Não esperem que eu censure desenhistas para provar que sou ponderado. Penso nisso tão logo os bárbaros se recolham. Prefiro um mundo em que não-cristãos sejam desobrigados de cuidar da Cruz. Prefiro um mundo em que não-judeus se abstenham de zelar pela Estrela de Davi. Prefiro um mundo em que os não-islâmicos se dispensem de reverenciar Alá. Prefiro um mundo em que um ateu seja livre para pregar em terras cristãs. Prefiro um mundo em que um judeu possa renegar a sua origem em terras judaicas. Prefiro um mundo em que um descrente de Alá possa exercer a sua descrença em terra sagrada. E aí?

Minhas preferências definem uma hierarquia e uma superioridade ética. A democracia ocidental, Israel incluído, é superior, como civilização, às teocracias ou quase-teocracias islâmicas. Ainda que as tais charges sejam uma generalização imprópria, não me venham dizer que não informam o espírito de um tempo. O "martírio" dos homens-bomba, sob o olhar complacente ou o incentivo homicida de governos, não foi uma invenção de artistas ou de Israel.

Quando a milícia talibã dinamitou os Budas Gigantes de Bamiyán, no Afeganistão, onde estavam os "pacifistas" islâmicos que não protestaram? Qual foi a censura que lhes fez a Liga Islâmica Mundial? Que esforços empreenderam para conter seus parceiros de fé em Darfur, no Sudão? Tentou-se transformar em mero conflito étnico o que era violência religiosa: a milícia que estuprou, torturou e matou cristãos o fez em nome de Alá. O Corão não os autorizava? Mas por que o silêncio covarde e cúmplice? Nota marginal: Lulinha Paz e Amor também se negou a condenar o governo do Sudão, parceiro da violência: queria o voto do país para integrar o Conselho de Segurança da ONU. Lixo moral.

Davi Horowitz evidencia a aparentemente exótica aliança entre a esquerda e o radicalismo islâmico no livro *Unholy alliance: Radical Islam and the American left* (Regnery Publishing). O principal elemento de aproximação é o antiamericanismo, o que já levou um delinqüente como Hugo Chávez a trocar piscadelas com o Irã. Mas há mais. Quem não se lembra dos tempos em que se dizia que o socialismo era bom, a União Soviética é que era o problema? O islamismo tomou o lugar do comunismo na militância esquerdista. Sempre há alguém pedindo que não confundamos o mau Islã com o bom: em nome deste, toleram-se os crimes daquele. Algozes viram vítimas. Matam, mas têm a prerrogativa da denúncia.

A propósito: os grupos terroristas Hamas e Hezbollah se ofereceram para mediar os conflitos. Conhece-se um credo pela reputação de seus moderados...

A TERRA SEM LEI DE LULA [11/03/2006]

O lugar de João Pedro Stédile, o líder de um movimento fantasma chamado MST, é a cadeia. Em vez disso, recebe verba do governo para promover o terrorismo e a chantagem. Ele fez a apologia escancarada do crime ao endossar a invasão do laboratório da Aracruz. Endossar? O movimento organizou o assalto e contou com a ajuda oficial. O Incra pagou os ônibus e mobilizou a polícia para que eles não fossem interceptados na estrada. A subversão da ordem, o esbulho constitucional e a transgressão de uma penca de leis contam com um general de peso – e não é Miguel Rossetto, o ministro da Reforma Agrária, um empregado moral de Stédile. Refiro-me a Luiz Inácio Lula da Silva. O Apedeuta já envergou mais de uma vez o uniforme da guerrilha stediliana: o boné do MST.

O que vemos aí é um sintoma. O governo Lula pode degenerar em bagunça num estalar de dedos. O banditismo do MST e a ação do Exército no Rio são faces distintas do mesmo problema. Não que as Forças Armadas não devam agir em favor da ordem pública. É constitucional. A ação lhes é facultada pelo artigo 142 da Carta. Ocorre que, até que pobres e pretos estavam se matando e sendo mortos, todos reféns do narcotráfico, Lula e seu ministro da Justiça, Márcio Thomaz Bastos, achavam tudo normal. O assalto a um quartel lhes parece um pouco demais. E o governo decidiu mostrar que há dois entes capazes de usar a força para se impor: as Forças Armadas e o narcotráfico. Dado o contexto, igualam-se como litigantes. É uma tragédia. A área de Inteligência do crime deveria entregar logo os brinquedinhos roubados. A soldadesca desceria, e a "economia de mercado" local poderia voltar a funcionar.

De onde nasce o poder dessa gente? Do não-cumprimento da lei. E quem promove o esbulho legal? O governo. No caso do crime organizado, as Forças Armadas deveriam ter sido convocadas antes. Não para bater em pobre. Mas para arriar a bandeira do tráfico e hastear a Nacional. É uma guerra por território. No caso do MST, o governo não cumpre a medida provisória antiinvasão e repassa a maior parte dos recursos destinados ao setor a uma entidade que nem mesmo tem existência jurídica – que, enfim, não precisa prestar contas a ninguém. O resultado: Lula assenta menos gente do que FHC, com muito mais mortes. O MST, no entanto, nunca esteve tão forte.

E quem comanda essa justiça bastarda? O ministro... da Justiça! Foi ele quem, certa feita, comentando a não-aplicação da MP contra as invasões, pregou o que chamou de "acomodação tática" da Constituição. É o mesmo que, agora, diante da flagrante tentativa do Congresso de fraudar a Constituição para derrubar a verticalização, chamou a exigência contida na Carta (é proibido mudar a regra eleitoral menos de um ano antes do pleito) de "fetiche". Ou seja, para o homem do Executivo encarregado de fazer valer o código legal, o que nele vai escrito não vale. Vi dia desses Bastos na Praia de Iporanga, um condomínio exclusivíssimo no Guarujá, onde tem uma mansão. Caminhava. Parecia um pavão. À sua volta, abria-se uma espécie de campo de força, vedado mesmo aos muito endinheirados do local. Lá ia o Licurgo do Estado operário, com seu nariz inteligente. Já tinha tomado a minha dose diária de Omeprazol. Ainda bem.

Não existe sociedade organizada que não respeite contratos. O maior de todos eles, nas democracias, é a Constituição. Sob certas circunstâncias, estamos vendo, Lula e seus homens podem perfeitamente atropelá-la. Marco Aurélio Garcia, diga-se, nos documentos que redige para o PT, sugere que esse desrespeito vá além e chegue à economia, especialmente à área financeira. Os nossos "liberais" de fachada, reduzidos à expressão intelectual mínima de uma mesa de operação do mercado, lucraram bastante com um Lula que não cumpre o que promete. Num eventual segundo mandato, talvez mereçam ter um pouco de prejuízo. E, quem sabe?, larguem mão de ser tão cúpidos quanto idiotas. Chegou a hora de Stédile ser corajoso e arrombar a porta de um banco. Invadir o laboratório da Aracruz é para covardes, companheiro!

A DANÇA DA BRUXA [25/03/2006]

O Brasil é chato. Seus ricos são burros, cúpidos e aborrecidos. O povo não é melhor. Há exceções aqui e ali. E daí? Democracia é o regime da média. A alternativa, como disse aquele, é bem pior. A deputada Ângela Guadagnin (PT-SP), a Madame Min das instituições, fazendo a Dança do Mensalão, é um emblema antropológico. O horror, o horror! Chegamos ao coração das trevas.

E nem falo isso do alto da experiência de quem viveu em outros países ou gostasse de fazê-lo. Nunca morei fora. Aonde eu fosse, como Sêneca, levaria o espírito. O céu que me cobre é irrelevante. O que não me impede de ter um juízo absoluto. A culpa não é dos outros, é nossa. Gostam de malhar os portugueses, a herança ibérica. Os mais requintados recorrem a *Os donos do poder*, de Raymundo Faoro. Bobagem. O trabalho é erudito, há passagens brilhantes, mas a tese sobre o Brasil é furada – vale pelo estudo sobre a formação do Estado nacional português. Exerce, com sofisticação, o velho e conhecido vitimismo. Impossível não concluir que somos só uma realidade derivada, tão inimputáveis quanto os nhambiquaras. É mentira.

A culpa é dos ditos oprimidos também. Ou será que alguém ignora, por exemplo, as lambanças do PT? Contam-se nos dedos os que não conhecem, a essa altura, as venturas e desventuras de Lula, Delúbio e Valério. Os "homens do povo" podem não acompanhar as histórias no detalhe, mas sabem o essencial, conhecem a roubalheira. E, ainda assim, dizem por ora as pesquisas, querem mais do mesmo. Se chegassem, de fato, ao poder, fariam a mesma coisa. Talvez pior. Porque carregariam para o topo o ódio subalterno. A genealogia da moral explica. A corte de Stálin fala por si. Pelegos como Lula, Luiz Marinho, Berzoini e cúmplices talvez sejam danos menores que o perigo...

A sociologia tenta entender como se forma o caráter dos povos, atribuindo grande peso à formação cultural, até se afunilar na antropologia, que a toma como valor absoluto. Não chega a lugar nenhum. O culturalismo é um chute. O único instrumento que civiliza um país e o faz avançar é o cumprimento das leis e sua severa execução. A impunidade destrói qualquer chance de futuro. Se a lei é cumprida, do topo à base da pirâmide, entra-se numa espiral positiva de direitos e deveres. Se não é, dá nisso que estamos vendo cotidianamente. Madame Min faz a Dança do Mensalão, e o pai de família honrado suborna o guarda na frente do filho. Se ele não o fizer, outro o fará. O guarda espera o suborno.

Não sou apocalíptico. Só pessimista. É que hoje decidi dar um pé no traseiro do idiota hegeliano que habita em mim. Há algo de doente em toda aposta no futuro. Vejam lá os mensaleiros se absolvendo uns aos outros. Coisa degradante, articulada entre o cálculo desse e daquele partido, tramada no escurinho dos corredores, no minueto que junta, muitas vezes, governistas e oposicionistas numa verdadeira conspiração contra a vergonha na cara.

Dentre outros milhares de coisas, o que me distingue da esquerda? A certeza de que o "povo" não é melhor do que isso. Tanto não é que, por enquanto, a maioria vota é no Apedeuta. "Ah, eles são comprados pelo Bolsa-qualquer-coisa, coitadinhos!" Se eu lhes conceder essa desculpa, terei de optar pela saída leninista: passar fogo na tigrada! Faria como Stálin quando quis quebrar a espinha dos camponeses.

O país merece o PT. Nunca tivemos um Judiciário como este; nunca tivemos um Executivo como este; nunca tivemos um Legislativo como este. Nunca tivemos um "povo" como este. Em vez dos varões de Plutarco, os anões morais das pequenas e grandes trocas. Não há projeto. Em lugar nenhum. A idéia assusta um pouco os meus amigos liberais. Alguns a confundem com um viés intervencionista, estatista, sei lá eu. É preciso ter um projeto, inclusive para que o Estado seja menor e nos deixe em paz. Mas quê... O tal "povo" é subornado e não liga. Os liberais estão muito felizes, agora que o "risco" já passou. Que bom! Então podemos continuar assim, nesse ciclo que Mailson da Nóbrega considera "virtuoso"...

Pessimismo, teu nome é honestidade.

EIS O MEU APOCALIPSE [08/04/2006]

Não aprecio a tese de Samuel Huntington sobre o choque de civilizações. E não que ignore a face regressiva do islamismo: meu guru é Bernard Lewis – sim, um judeu (ler mais a respeito). O perigo não vem de fora, como no poema "À espera dos bárbaros", de Kafávis, que recomendo (deve existir no Google). Não dou, não empresto e não vendo a minha tradução de Jorge de Sena. Eu mal tinha barba, e aquilo me encheu de alegria e desconsolo, como toda grande poesia. No poema, o "mal" que vinha de longe era uma solução.

Chegamos àquele desalento e à desídia de que fala o poeta. Os bárbaros não vão chegar porque já chegaram. Estão em nós. Somos nós. Pouco importa se sua face exibe o turbante do Islã, as rimas pobres do funk carioca e do rap paulistano, a estrela do PT ou as linhas tortas do jornalismo mais ignorante e brutal da história – aqui e alhures.

Não precisaram dar um tiro. Seqüestraram, primeiro, a nossa vontade, a nossa verdade, a nossa liberdade. Seqüestraram a legitimidade e a universalidade da democracia. E o que eles querem? Bárbaros nunca querem grandes coisas. Basta-lhes opor-se à ordem constituída, qualquer uma, e eliminar a hierarquia de valores. "A vanguarda do não avança e vence" (Mário Faustino).

E quem os fez triunfar? Tenho especial prazer em provocar os "doutores" da minha suposta e passadista paranóia anticomunista. Não os deixo passar vontade: as variadas formas de esquerdismo entregaram o poder aos bárbaros. E eles nos levam a duvidar de nós mesmos, a não acreditar no que vemos, a inverter os sinais do Bem e do Mal.

Abram os jornais ocidentais, especialmente os europeus, que deveriam congregar a inteligência do regime de liberdades públicas que, de resto, garante a sua existência: George W. Bush é visto como a outra face de Bin Laden. Submetidos os textos a uma leitura rigorosa, o terrorista ainda leva uma ligeira vantagem. Seu "povo" (qual?) teria sido vítima da "violência" colonial. Nada mais justo, então, que ele saia matando inocentes...

Os bárbaros, porque faceiros e múltiplos, como o demônio, são também sanguinariamente pacifistas. Ao menor sinal de que os Estados Unidos ou Israel não permitirão que os aiatolás facinorosos tenham bomba nuclear, logo se assanham e gritam o princípio da autodeterminação dos povos. Esse ente cavernoso é antigo. Já teve a face de Chamberlain e Daladier, quando, nas acariciantes chamas do inferno, firmaram com Hitler o Pacto de Munique.

No Brasil, dispensável dizer que os bárbaros estão no poder. São o establishment. Sua primeira providência foi eliminar a hierarquia dos crimes. Com o auxílio do nariz voltairiano (só o nariz) de Márcio Thomaz Bastos, decidiram que assalto organizado ao Estado e caixa dois de campanha são a mesma coisa. O diabo petista releu John Donne (e não Hemingway, que o citou): se a morte de qualquer homem nos diminui, tanto faz matar um ou cem.

O jornalismo, com exceções, é metástase desse mal essencial. Leio o que produz por obrigação profissional. É indisfarçável o furor bárbaro: os quatrocentos ou quarenta vestidos de Lu Alckmin estariam para o PSDB como o mensalão está para o PT. Seriam todos iguais. Mais do que isso: os bons selvagens do petismo – a versão benigna e encantada dos bárbaros – se conspurcaram, coitadinhos!, na convivência com os políticos profissionais. Antes, viviam numa terra edênica, pré-política. Lula era o Adão. Até o dia em que abraçou a serpente. Lixo.

E os ditos "liberais" fazem o quê? Ah, estão assinando pactos de não-agressão com os bárbaros, financiando suas ONGs, cedendo-lhes espaço na TV para o seu proselitismo, pagando o resgate para que, ao menos, "eles" deixem em paz os "mercados". É cada vez menor a diferença entre seqüestrados e seqüestradores. Em *The New York Times*, *Le Monde* e *The Guardian*, Bush e Bin Laden são iguais. Nas TVs e nos jornais nativos, Deize Tigrona tem mais "a cara do Brasil" do que Tom Jobim. Como diz uma apresentadora de TV, "a verdade está na periferia". É isso aí. A verdade está na periferia.

Agora só falta que o sétimo anjo diga: "Está feito."

SEJA 100% CONVICTO [22/04/2006]

Escrevi dia desses sobre uma epígrafe que está no livro *The captive mind*, de Czeslaw Milosz (Penguin Books), que recomendo vivamente. É uma espécie de ditado ou um aforismo espichado atribuído a um velho judeu da Galícia, que traduzo assim: "Quando alguém está 55% certo, isso é muito bom e não há discussão. Se alguém está 60% certo, isso é maravilhoso, é uma grande sorte, ele que agradeça a Deus. Mas o que dizer sobre estar 75% certo? Os prudentes já acham isso suspeito. Bem, e sobre estar 100% certo? Quem quer que diga que está 100% é um fanático, um facínora, o pior tipo de velhaco."

A inteligência está de tal sorte em baixa que um leitor me mandou um e-mail dizendo que eu era o próprio velhaco. O sujeito não entendeu o texto como uma ironia. Não percebeu que o autor da fala defende é a convicção, não o contrário. A onda do momento, aqui e alhures, é aquiescer com a razão dos inimigos. A suposição boboca é esta: se a sua "verdade" fosse universal, é claro que o outro também estaria convencido. Se não está, talvez reste a ele alguma razão – quiçá toda ela.

A dúvida revela, a um só tempo, uma crença ingênua numa espécie de supra-razão, a que todos poderíamos chegar se convencidos por bons argumentos, e um relativismo extremo: "O que é verdade para mim pode não ser para o outro." E é assim que somos levados, cotidianamente, a duvidar dos mais óbvios e elementares valores da nossa civilização – a começar da democracia. Enquanto uns acreditam no iluminismo a ser descoberto pelos bárbaros, outros procuram elevar a metafísica bárbara à condição de um saber superior, algo que nosso racionalismo mesquinho não nos teria permitido vislumbrar.

Isso explica que sejam tantos os "orientalismos" a que se dedicam os ocidentais. Chegam a ir para a Índia para aprender verdades essenciais que teriam escapado a santo Tomás, Voltaire, Montesquieu ou Locke. Os indianos, por sua vez, alheios à possibilidade de que, de reencarnação em reencarnação, uma lagartixa possa virar Schopenhauer, desenvolveram tecnologia nuclear e tendem a dominar o mercado de software. Eles não se importam em emprestar alguns mantras ao Ocidente desde que tenham acesso a tecnologia e mercados. O mesmo vale para a China e seus saberes milenares. O trabalho escravo rende mais do que a meditação. Melhor se a meditação faz render mais o trabalho escravo.

A crença do momento de um bom imbecil relativista é que os Estados Unidos, com seu unilateralismo (?), estariam empurrando o pobre Irã para o radicalismo. A teoria conspiratória que censura a deposição do facinoroso Saddam Hussein está em curso novamente: Washington só estaria interessado no petróleo dos aiatolás. Ainda que fosse, e daí? É o mínimo que espero do império. Ou deveria ele ceder às chantagens do delinqüente Mahmoud Ahmadinejad e, à moda de Lula, o Apedeuta, oferecer ao mundo, como alternativa, proálcool e biodiesel de mamona, babaçu e saliva?

Na questão específica da energia nuclear, entre a estupidez e a cara-de-pau, pergunta-se: "Se Israel pode ter a bomba nuclear, por que o Irã não pode?" Porque um já teria sido varrido do mapa sem ela (embora tenha vencido todas as guerras convencionais), e o outro quer a arma justamente para varrer o primeiro do mapa. É a diferença entre armamento de ataque e de dissuasão. Quem ignora a distinção faz a defesa objetiva do terrorismo nuclear.

É óbvio que não vou dar uma piscadela a meus adversários teóricos e reivindicar apenas 55%, 60% ou mesmo os já suspeitos 75% de certeza. Quero os 100%, bem próprios daqueles aos quais a esquerda e os politicamente corretos chamam de "velhacos" ou "facínoras". O Irã não pode desenvolver tecnologia nuclear que leve à bomba. E se insistir? Então será preciso que o Ocidente – e vamos ver como se comporta a Europa, no meio do caminho de uma guerra atômica – faça com as instalações nucleares do Irã o mesmo que Israel fez com as do Iraque em 1981. Nem que esse ataque seja só o começo. Também tenho 100% de certeza de que a alternativa, se contada desde o fim, é muito pior.

O OITAVO PASSAGEIRO [06/05/2006]

No sábado, enquanto vocês estiverem lendo este texto, uma máquina terá perfurado o meu crânio em busca do "Outro". Uma junta militar de médicos, sob a minha orientação civil, foi encarregada de restabelecer a ordem no caos e a "vontade augusta de ordenar a criatura ao menos". Eu sempre cito Mário Faustino em tudo o que faço. "Tanta violência, mas tanta ternura."

O subversivo que vai ser banido não me fez guardador de rebanhos, não me saudou com uma nova metafísica, não me deu nada. Acenei com um Bandeira na mão: "Olá, iniludível." Mas devo passar (Lucas) pela "porta estreita". É o que diz uma máquina chamada PET Scan, que indica as regiões com maior metabolismo de glicose, que caracteriza tumores malignos. Nada de mal, só de mau. Então lá vou eu no tobogã.

Escrevo num quarto de hospital, onde pedi para instalarem um laptop. Nada tenho a fazer com doenças. Creio ser razoavelmente comum que as pessoas sintam alguma pena de si mesmas a partir do momento em que se olham no espelho sem procurar, a exemplo dos macacos, quem é aquele cara atrás do vidro. A imagem me foi soprada por Contardo Calligaris. "Aquilo é você" é a chave para entender o mundo. O resto é quase só perfumaria.

Para lembrar uma das muitas maravilhas de Musil, o segredo não está no bordado da roupa que exibimos, e sim na "fina roupa de baixo de nossa consciência". Mas e os bordados que trazemos de família, brasões, que já estão colados à nossa pele, hábitos que nos são mais íntimos que a própria roupa de baixo? E o que sobra de nosso queixo no queixo de nossos filhos?

Eu juro para vocês que cheguei a ensaiar alguma solenidade. Sob certas circunstâncias, talvez seja permitido a todo mundo um quê de ridículo, só para que a vigilância não se transforme também ela num maneirismo. Não existe ascetismo virtuoso que tenha consciência de ser o que é. E eu não tenho nada de asceta. Sou até bastante efusivo nos meus ódios e nos meus amores. E tenho a pretensão de ter inimigos com a mesma fé com que tenho amigos.

Há um homem barroco em mim, impossível de ser extirpado. Assim, é bem possível que tenha delirado algumas antíteses, que tenha sonhado algumas metáforas, que, doido, tenha imaginado psicografar o futuro, com aquelas cascatas alegóricas que caracterizam as profecias.

Volto a *O homem sem qualidades*, de Musil: um casal anda na rua. Alguém é atropelado.

A dama estava com uma sensação ruim no coração e no estômago, que tinha o direito de considerar compaixão; uma sensação vaga, paralisante. Depois de algum tempo, o cavalheiro disse:

– Os caminhões pesados que se usam por aqui têm um tempo de freagem longo demais.

A dama sentiu-se mais aliviada e agradeceu com o olhar (...); bastava-lhe que aquilo explicasse o terrível acidente, reduzindo-o a um problema técnico, que já não a interessava diretamente (...).

Musil está comigo e sempre. Eu queria ser despido de anseios a ponto de dizer pessimismos e grandezas como quem constata: "vai chover" ou "hoje é sábado". A exemplo de uma de suas personagens, queria me sentir atraído "por todas as coisas magras e severas", sem nem mesmo me ocupar em pensar na minha predileção por "coisas magras e severas".

O diabo é que há cirurgias que não podem ser feitas, por mais que tentemos limpar nossa cabeça de impurezas, desejos, tumores e adjetivos. Você se olha no espelho, leitor amigo, e sabe que é um macaco com erro de cálculo e alguns anseios. E logo se vê tentado a reformar o mundo inteiro – e é claro que esse é o grande mal que fazemos a nós mesmos.

Já escrevi hoje sobre Lula, Evo Morales, Chávez, a mulher barbada e os anões xifópagos. Tenho receio de começar a desenvolver uma relação doentia com esse circo de horrores. Um querido amigo e eu não vemos a hora de o Apedeuta cair fora pra gente mudar de assunto e tratar de outros tumores.

A verdade é que queria um governo sobre o qual não desse vontade de falar nada. Governos devem servir apenas para a gente olhar o poente em paz.

Aos esperançosos de um e de outro lado, faço fé: eu volto.

MARCOLA, ECCE HOMO [20/05/2006]

Não tinha certeza de que pudesse assinar este texto, mas cá estou. Os tumores foram tirados da minha cabeça e, para a tristeza de uns tantos, eram benignos. Fui contemplado com a hipótese mais remota e ganhei um segundo mandato, numa reeleição decidida por um único voto. Diogo Mainardi ficou surpreso que, da minha cachola, também saíam coisas benignas – porém incompatíveis, alerto, com o conjunto da obra, daí que o doutor Marcos Stavale tenha sido obrigado a retaliar o meu crânio para extirpá-las. Ah, "louvado seja Deus que não sou bom".

Andava meio aborrecido. Não com os tumores, já que os ignorava. Você sabe, leitor: a vida acadêmica no país é um porre seco. Vivemos bêbados de mesmice e falta de imaginação. Eis que, de repente, nesta produtivista São Paulo, surge um líder schumpeteriano – e não foi na Fiesp – dotado daquela selvagem destruição criadora que faz a fortuna das nações: Marcola. *Ecce homo.* Finalmente, há um intelectual no Bananão que, consta, já leu Dante ao menos. E Lênin. Este último, nem a esquerda o fez. Sempre tento debater a obra da Múmia Homicida, mas os "progressistas" mudam de assunto. O máximo de leninismo que conhecem vem de Marco Aurélio Garcia, frei Betto ou Emir Sader. Credo!

Marcola sabe "o que fazer". O PT já quis parar São Paulo. A CUT já quis parar São Paulo. O MST já quis parar São Paulo. Em vão. O PCC parou. A esquina da Ipiranga com a São João não pertence mais "à deselegância discreta de suas meninas". Foi tomada pelo pânico e pela ausência de Estado. Imaginem a inveja que Marilena Chaui deve sentir do cara. Ela está há três décadas tentando descobrir se suas idéias têm as nervuras do real. Sua obra máxima é o PT, que abriga os "quadrilheiros" indicados pelo procurador-geral da República. Marcola precisou só de um celular para pôr o capitalismo de joelhos.

Depois de anos à espera do Messias, na vigência do mandarinato do Impostor, chega-nos o redentor. Encarna uma das mais caras ilusões regressivas de nossa ficção esquerdopático-pequeno-burguesa: o bom bandido, o Robin Hood não dos morros (que isso é coisa do Rio), mas da periferia, porosa a modelos alternativos de democracia. Nas franjas da cidade, PT e PCC dividem o poder. Em São Paulo, o crime não tem vista para o mar. E pode ainda se espalhar por canaviais e laranjais do rico interior, à esteira da plantação de presídios. Marcola não tem suingue nem manemolência e não gera uma subcultura alternativa, o que decepciona a antropologia chinfrim. O crime, por aqui, vem a palo seco.

E como reage a intelligentsia paulistana? Ora, batendo no peito suas culpas, suas máximas culpas. Até cineastas apareceram para opinar sobre as origens sociais da violência. Vá lá: a maioria deles consegue ser menos dolosa quando fala do que quando filma. Pense assim: se não trabalham, não desperdiçam dinheiro da Petrobras. Sempre que um desses cineastas estiver filmando a metade estará rendendo o dobro. Se não fizer um único filme, alcançará o limite da produtividade.

Segundo entendi, Marcola é resultado da pobreza e da iniqüidade das elites. Como boa parte dos marginais tem uma origem humilde, a circunstância vira causa. A relação entre miséria e banditismo corresponde à existente entre a mucosa da boca e a do intestino: são parecidas, e a matéria que os dois órgãos processam, na origem, é a mesma. Mas não se pode, sem grandes constrangimentos físicos ou morais, tomar um pelo outro. A comparação original é de Musil, que lembra que os lábios, não obstante aquele parentesco, têm mais intimidade com o espírito. Musil pra quê? Temos Gilberto Gil.

A história ensina o óbvio: a escalada do crime é sempre compatível com o grau de impunidade. Tiranias, mesmo quando querem ser virtuosas (reclamem com Platão se lhes parece um paradoxo), resultam na delinqüência que protege os tiranos e sequazes. O mal que ameaça as democracias é a tolerância com aqueles que pretendem solapar as bases que a sustentam. Não é coincidência que o Brasil que agüenta o PT vá aprendendo a conviver com o PCC. Olhe aí, Diogo: continuo maligno.

BODAS BÁRBARAS [03/06/2006]

O marxismo é uma variante da preguiça. Se você acredita que a base material condiciona mudanças na cultura, na forma de pensar e nas relações intersubjetivas, basta fazer como os romanos do poema "À espera dos bárbaros", de Kafávis: sentar na calçada e esperar a banda passar. E há os que resolveram acelerar a história para que o inexorável chegasse antes: Lênin, Stálin, Mao, Pol Pot. O resultado se mede em crânios.

O truque da chamada Escola de Frankfurt – de que Habermas é caudatário, embora infinitamente mais chato porque escreve mal – já é mais divertido do que o marxismo clássico. O que em um é conseqüência vira, no outro, causa, e a cultura é vista como o motor das mudanças materiais. É uma bobagem que alimenta intelectuais cuja profissão é contestar o regime – que lhes garante a liberdade de contestação. Mas muito influente.

O velho marxismo morreu de falência múltipla dos órgãos. A sua realização prática eram as economias planificadas, que não resistiram à globalização – descrita ou antevista, como queiram, pelo próprio Marx no *Manifesto comunista*. Já ali se podia supor que o socialismo buscava represar o mar. O neomarxismo pretendeu fazer a crítica à ortodoxia esquerdista sem ceder à razão burguesa. Deu em quê?

Da maçaroca de esquerdismos não dogmáticos nasceu uma vulgata virulenta: o pensamento politicamente correto. Tanto se dedicaram os intelectuais da dita nova esquerda à desconstrução do suposto eixo autoritário das democracias burguesas que a política militante degenerou, nos países ricos, no que Robert Hughes chama de "cultura da reclamação" e, nos pobres, de "excluídos militantes", que rejeitam os valores universais da igualdade e o Estado de Direito. Querem que suas demandas particularistas sejam tratadas como reparação histórica.

Negros, feministas, homossexuais, índios, sem-terra, sem-teto, sem eira nem beira... Todos anseiam que a História seja vivida como culpa, e a desculpa se traduz na concessão de algum privilégio. Isso que já é uma ética coletiva supõe que todos são vítimas de alguém ou de alguma coisa. De quem ou do quê? Ninguém sabe. "Da sociedade", talvez. A hipótese é interessante. Poderíamos zerar a História, dissolver os contratos e voltar ao estado da natureza. O Brasil já tem um novo "negro" ou um novo "índio": é o macho branco, pobre, heterossexual e católico. É um pobre coitado, um discriminado, um sem-ONG. Nem os padres querem saber dele.

As "minorias" se profissionalizam, e a luta sempre continua. Não temos uma política pública digna desse nome que se ocupe, por exemplo, da qualidade do ensino fundamental e médio, mas se faz, com cotas e ProUni, suposta justiça social na universidade, na qual o único critério cabível de seleção é o saber – que mascararia as diferenças de classe e traria consigo um contencioso de injustiças históricas. Eis o desastre: competência e justiça, nesse raciocínio perturbado, passam a se opor, viram uma disjuntiva. Nas TVs, e até nos cadernos de cultura dos jornais, "manos" do rap e "MCs" fazem-se porta-vozes de uma nova metafísica, oposta àquele saber universal, formalista e reacionário. Padre Pinto é o santo padroeiro dessa guerra à ortodoxia.

Igualdade? Justiça? Reparação? Nada disso. Consolida-se é o divórcio entre os partidários desse igualitarismo – que, de fato, é um particularismo que corrói as bases do Estado de direito – e os da universalidade. O "novo homem" do antigo marxismo – que era, sim, uma utopia liberticida e homicida – foi substituído pelos bárbaros, cujo mundo ideal é aquele disputado por hordas, tribos, bandos, de que entidades do "terceiro setor" são proxenetas bem remuneradas.

Os tais mercados não dão a menor bola para isso. A platéia que vi mais incomodada e, até certo ponto, indignada com a crítica severa que faço ao PT e a seu viés totalitário era composta de pessoas ligadas ao mercado financeiro. A democracia, como a defendiam os antigos liberais, é a eles irrelevante. Trata-se de dinheiro novo. Assistimos ao casamento entre os hunos e essa gente muito prática. As bodas bárbaras.

BRECHT E RONALDO [17/06/2006]

O sacrifício ritualístico a que Ronaldo, o dito Fenômeno, é submetido na imprensa brasileira tem um alcance que vai além da crônica esportiva, impossível de ler, com raras exceções, sem um Dramin à mão. A divisa da cobertura jornalística passou a ser: "Infeliz a terra que precisa de heróis." Vamos esmagá-lo. Na minha República, trago de volta os poetas e expulso os jornalistas: é uma piada para quem tem um Platão e dois neurônios. A sede dos canibais assusta.

É compreensível que o stalinismo tenha sido o emblema da "resistência" no século passado e que seja, ainda hoje, o ponto de ancoragem ético da maioria das esquerdas. E não venham me dizer que se ignorava, então, o horror. André Gide foi ao Congresso de Escritores Soviéticos em 1934, em companhia de Louis Aragon e André Malraux, e já saiu de lá horrorizado. Graciliano Ramos, caso raro de um comunista que não era estúpido, cravou sobre Jdanov, o ministro da cultura de Stálin: "É uma besta." Em *Memórias do cárcere*, trata os comunistas como alimárias morais e faz pouco do realismo socialista. Basta saber ler.

Volto a Ronaldo. Na peça *A vida de Galileu*, o dramaturgo alemão dispara um daqueles fraseados que ficam bem na pena e na mentalidade de um comunista: "Infeliz a terra que precisa de heróis." A máxima é dita por Galileu (cena 13) e responde a uma fala de Andrea, o filho da governanta, que, minutos antes, dissera: "Infeliz a terra que não tem heróis." O rapaz, vê-se, é o "povo", que está entrando em contato com a verdade e com a razão, simbolizados pelo mártir – ou nem tanto, já que ele abjura da defesa do heliocentrismo.

Na primeira cena, o menino lhe diz não haver dinheiro para comprar leite e que o leiteiro "vai dar um círculo" em volta da casa e não mais entregará o produto. É corrigido: "Está errado, Andrea. Ele descreve um círculo." Entenderam? O povo é bruto, mas pode ser lapidado para servir a uma causa. Quem conhece a peça sabe: o rapaz se torna portador de uma verdade científica ainda perigosa naqueles tempos rombudos.

A peça foi e é ainda matéria dos mais acirrados debates. Galileu fez bem ou mal em abjurar? Valia a pena morrer já que a verdade triunfaria? Tendo permanecido vivo, Galileu pôde continuar o seu trabalho. O cientista foi um covarde ou se entregou a um sacrifício moral presente em nome da remissão futura? O debate é inútil. Não resta dúvida de que "a verdade" de Brecht está na fala de Galileu. O que se exalta ali é o heroísmo anônimo e coletivo, de que os cientistas e intelectuais seriam meros instrumentos e servidores. A mensagem é clara: os amanhãs que cantam justificam tudo, mesmo as canalhices e covardias – assunto em que Brecht era especialista, o que é escoimado de sua biografia, mitificada pelas esquerdas.

Apesar da frase de efeito e da mensagem do herói anônimo, Brecht foi um maldito lacaio do stalinismo e serviu fielmente à causa até o fim. Stálin andava com uma caderneta ensebada no bolso indicando o destino de muitos milhares de degredados, espalhados em campos de concentração União Soviética afora. Era o "herói" com que Brecht e seus amiguinhos contavam para criar um novo amanhecer. A peça, de 1937-1939, é tida habitualmente como uma metáfora da resistência ao nazismo e aos vários chauvinismos europeus. É a leitura "heróica". A minha é outra. *A vida de Galileu* é um libelo contra o indivíduo e em favor de uma verdade coletiva, posta no horizonte, que vale qualquer sacrifício e pode desprezar a dignidade pessoal de cada um em nome da dignidade do "novo homem".

Parece-me óbvio que o jovem Andrea, que Galileu acaba pervertendo moralmente, estava certo antes. Se Brecht/Galileu tivesse razão, teríamos de jogar no lixo *A ilíada* e *A odisséia*, e a vida seria apenas um suceder eterno das forças da História, sem cara e sem alma, gerenciada por um partido e seus "saltos para a frente". Seria inútil explicar por que prefiro perder com um Ronaldo demasiadamente humano a vencer com o triunfo da razão cínica dos que têm uma causa. Não preciso de seguidores.

A SERVIDÃO VOLUNTÁRIA EM BANÂNIA [01/07/2006]

Chamo o Brasil de "Banânia" em meu blog. É uma homenagem a Ivan Lessa, que botou no Gigante Adormecido a alcunha de "Bananão", e a Musil, de *O homem sem qualidades*. A não-ação do romance se passa em Kakânia, um lugar imaginário, metáfora da Áustria, onde uma contínua decadência da vida espiritual, dos valores e dos costumes vai recobrindo a existência e os dias.

Em Kakânia, "as pessoas eram negativamente livres, constantemente envoltas nos motivos insuficientes da própria existência, e banhadas pela grande fantasia do não-acontecido (...)". O país imaginário de Musil não nos traduz exatamente porque dotado de algumas sutilezas que só podiam ser percebidas pela "fina roupa de baixo da consciência". Já o Bananão, de Lessa, confere a rusticidade que nos é devida. Como não somos mais tão grosseiramente inocentes, eis Banânia: misto de primitivismo e cinismo.

Kakânia contava com o conde Stallburg, simpaticamente decadente, olimpicamente incapaz. Banânia está submetida a um babalorixá que não tem pejo de expressar o prazer que sente diante da miséria. Sob o olhar complacente ou interessado dos nossos "liberais", vai transformando a cidadania em clientela, o poder público em balcão, a igualdade em sopão. E sem que a agenda de seu partido seja confrontada. Os grão-vizires de Banânia foram seqüestrados pela pauta do Sumo Sacerdote do Lugar-Comum. A tolice, dignificada pelo discurso da humildade arrogante, define hoje a agenda dos partidos.

Na quinta, um grupo de intelectuais ousou romper o silêncio e entregou aos presidentes da Câmara e do Senado um manifesto contra o racismo. O texto, assinado por 114 pessoas, opõe-se à política das cotas raciais nas universidades e ao Estatuto da Igualdade Racial, que introduz no Brasil a classificação oficial de raças. Só modelos totalitários tornaram essa definição compulsória.

O texto, a um só tempo, é sinal de esperança e danação. Espanta-me que, até agora, não haja um só partido de oposição ao petismo e a esse onguismo que depreda o Estado de direito que tenha tido a coragem de se levantar contra esses novos coronéis urbanos. Do que tanto têm medo os oposicionistas? Ah, de que alguns colunistas coroados – aqueles que caíram no pote da verdade como Obelix no da poção mágica – lhes pespeguem a pecha de "conservadores", "reacionários" ou "direitistas".

São "negativamente livres", na expressão de Musil, porque dependentes do olhar complacente de estranhos. Tornaram-se contínuos ou de suas obsessões ou de uma pauta que não lhes pertence. Precisam ser "progressistas", pouco importando se esse "progresso" destrói o conceito de nação, de igualdade, de harmonia entre as diferenças; pouco importando se o meio de exercê-lo apela a métodos consagrados por delírios totalitários – como é o caso de uma definição "científica" de raça. Concedem sempre para evitar o mal maior. Como Chamberlain... Coitados de nós!

O senador Paulo Paim (PT-RS), autor do estatuto, não fez por menos. Classificou os signatários de "laranjas dos interesses conservadores". É um encanto. Conheço muitos dos que subscreveram o documento: os há ali de várias colorações ideológicas – ninguém da direita, mesmo a democrática. Mas digamos que fossem: por que não poderiam aparecer em sua própria pele e precisariam apelar a intermediários? É espantoso que não se identifique nessa fala um viés totalitário, que só confere a um dos lados o direito ou a possibilidade da existência autônoma.

Em Banânia, senhores signatários, um documento tão sensato corre o risco de desaparecer. Os petistas usam a causa para caçar votos e cassar direitos, e os oposicionistas, no geral, não querem nem mesmo participar de um debate que consideram hostil aos hierarcas dos oprimidos, aos aiatolás de seu xiismo particular. Os oposicionistas dão é piscadelas à minoria barulhenta – que, no entanto, não lhes dá a mínima bola – e ignoram, porque supostamente "reacionária", a maioria silenciosa. A destruição de um país é uma obra coletiva. E os antagonistas não têm, na tragédia, papel de menor destaque do que os protagonistas.

SOBRE GÊNIOS E PATIFES [08/07/2006]

Na semana passada, já falei de Musil (*O homem sem qualidades*) neste espaço. Trata-se de uma campanha para que vocês o leiam. Sou uma pessoa dada a obsessões irrelevantes. Não tenho grandes planos para a Humanidade. Eu os deixo todos para os benignos homicidas. Falando de Kakânia, um país imaginário atacado por uma discreta e contínua mediocridade, escreveu ele: "Tomava-se um gênio por patife, nunca se tomava um patife por um gênio." Ditosa Kakânia! Em Banânia, fazemos as duas coisas.

Dia desses, um político lembrava o "homem cordial" de Sérgio Buarque de Holanda. Estava na cara que, a exemplo da maioria dos nossos intelectuais do Complexo PucUsp ou do Complexo do Alemão, não tinha lido *Raízes do Brasil* – e olhem que o livro é pequeno; não chega a ser um *Casa-grande & senzala* (de que a maioria dos esquerdistas não gosta sem nunca ter lido). Dizia o indigitado que a política há de ser feita com "cordialidade", justificando essa geléia geral em que todos são "progressistas e de centro-esquerda". O chute foi longe. A "cordialidade" a que se refere Sérgio nada tem a ver com a boa educação de salão, e sim com a nossa incapacidade de criar instituições generalistas e impessoais, que não dependam do arbítrio do nhonhô. Está longe de ser uma característica positiva, uma qualidade desse povo mestiço, cheio de ginga, graça e veneno.

Se Sérgio tivesse ido mais longe, poderia ter acrescentado que essa "cordialidade" impede que os brasileiros se vejam como indivíduos donos do seu nariz. As relações e reações sentimentais resultam em autocomplacência e tolerância com tudo o que nos inviabiliza. Eu tenho horror a certa antropologia da mestiçagem – que nada tem a ver com Gilberto Freyre! – que pretende transformar o Brasil não institucional, informal, deseducado, docemente violento, numa nova civilização.

Darcy Ribeiro estendia-se largamente sobre isso, com aquela capacidade ímpar de falar bobagens profundas; com aquela loquacidade que não resistia a uma análise sintática. O contraponto a esse cretinismo vem na forma das tais ações afirmativas, que pretendem combater a leitura errada da tal cordialidade com, vejam só!, a implementação do racismo, agora na letra da lei. É o que vai acontecer se o tal Estatuto da (Des)Igualdade Racial for aprovado.

Entre o integracionismo bocó, by Darcy e outras carnavalizações, que leva uma atriz a buscar o "verdadeiro" humanismo na periferia dominada pelos coronéis do narcotráfico, e a virulência politicamente correta dos cafetões das minorias, falece o indivíduo, visto, em qualquer dos casos, sob a ótica de alguma forma de tutela. Parece haver um ente ou sobrenatural ou "supra-social" encarregado de agir em nome do sujeito, que não pode jamais responder por si mesmo.

Querem ver? Leio os jornais nesta sexta e noto o tom escandalizado das reportagens com as condições em que estão vivendo os detentos num presídio de Araraquara, no interior de São Paulo. Sob as ordens de uma organização criminosa, eles destruíram o local, e não há onde abrigá-los. O governador Cláudio Lembo disse o óbvio: fizeram o quebra-quebra, agora terão de esperar a reforma. Os "humanistas" ficaram chocados. Alguém "neste país" ousou dizer: "Façam, mas arquem com as conseqüências." Ele só pode estar louco...

Nos jornais de hoje, sábado (escrevo na sexta), Márcio Thomaz Bastos aparecerá oferecendo ajuda a Lembo. Ele é ministro da Justiça do governo que, em 2005, investiu 28,7% do que estava previsto para a Segurança Pública. No caso de São Paulo, transferiram-se para a área, em 2005, miseráveis 29,6 milhões de reais, contra 223,2 milhões de reais em 2002. Ele ajudaria ficando calado.

Um leitor do *Globo* me mandou um e-mail gentil. Disse que sou muito duro, pessimista, e que seria o caso de "pegar mais leve" para convencer mais pessoas. Eu não quero convencer ninguém. Não pastoreio almas. Não sou um homem cordial. Não confundo as minhas sensações ruins com compaixão. Não tomo gênios por patifes. Nem patifes por gênios. Só tenho a grande ousadia de pedir que se cumpram as leis democraticamente votadas.

SÃO PAULO PARA SÃO PAULO [15/07/2006]

Por mais que você se dedique a um estudo profundo da moral e da ética, duvido que chegue a uma formulação mais precisa e enxuta que a de são Paulo na I Epístola aos Coríntios: "Tudo me é permitido, mas nem tudo me convém" (I Cor 6,12). É dessas frases-emblema cuja compreensão distingue a civilização da barbárie. A essência da formulação kantiana está aí embutida: só posso praticar atos que, se generalizados, concorreriam para o bem. "Ah, mas o que é o bem?", pergunta o demônio do relativismo. Para os nossos propósitos, chamemo-lo um pacto que garanta os direitos individuais e que estabeleça normas gerais de conduta que concorram para a liberdade.

Há dias, li neste *Globo*, uma afirmação de Marco Aurélio Garcia, assessor especial de Lula, que me deixou estarrecido. Indagado se o chefe teria algum constrangimento em dividir palanque com mensaleiros, o nosso pensador deu um pé no traseiro de são Paulo e metralhou: "Constrangimento nenhum. Constrangimento seria não ter voto." Entendo. Marco Aurélio, em suas reflexões, fazia uma escolha. E, ao fazê-lo, indicava o mundo em que prefere viver e em que pretende que todos vivamos. Tudo lhe convém, menos não ter votos.

Este jornal também noticiou uma diretriz política do presidente Lula: ao entregar ao PMDB os Correios, de porteira fechada, o babalorixá de Banânia disse que cada partido é responsável por sua pasta. Não poderia ele próprio responder por seus subordinados. Ousava pôr um fim na República. Dez séculos de evolução do Estado se diluíam em sua glossolalia.

Lula regredia ao Estado medieval. E não emprego a palavra no sentido tonto, habitual, de coisa "terrível" – alguns dos meus pensadores prediletos são da Idade Média. Refiro-me a um Estado dividido em ducados, em que os senhores têm os seus próprios exércitos e devem ao rei uma vassalagem formal. A centralização se faz no mercado paralelo, com os Marcos Valérios. E há um problema adicional: os nossos pensadores monásticos são frei Betto e dom Tomás Balduíno. A Idade das Trevas foi uma invenção do totalitarismo iluminista francês. A de Lula é real.

São Paulo está de novo em pânico por conta da ação de terroristas que se organizam como um partido, com pauta de reivindicação e fachada legal, na forma de advogados e de uma ONG que reúne supostos familiares de presos. Em breve, teremos uma guilda formada por "presodescendentes" – talvez ganhem cotas nas universidades. Outras ditas organizações não-governamentais e seus porta-vozes – alguns no jornalismo, montados na grana de entidades estrangeiras que protegem chimpanzés e hominídeos ideológicos – lamentavam as origens sociais da violência.

O discurso de uma nota só se resumia a condenar as ações da polícia e fazia dos algozes do homem de bem as vítimas de uma tal "sociedade". Um deles nos convidava a aprender as lições que nos estavam sendo ministradas pelos bandidos. Segundo dizia, as ações de assalto ao Estado de direito nos diziam que temos sido perversos com os excluídos. Na sua fórmula, quanto mais presos, mais violência, o que faz supor que o contrário também é verdadeiro: extingue-se o que ele deve considerar a Bastilha social, e a paz volta a reinar.

Reparem como há sempre um culpado imponderável e inimputável para crimes tangíveis. Assaltou? Culpe-se a pobreza. Matou pai, mãe e cachorro e foi ao cinema comer pipoca? Ressuscite-se a teoria do trauma. No depoimento que deu à CPI do Tráfico de Armas, Marcola, apontado como líder do grupo que aterroriza São Paulo, assim justificou a existência de sua organização: "Essas organizações vêm no sentido de refrear essa natureza violenta, porque o que ela faz? Ela proíbe ele [o preso] de tomar certas atitudes que pra ele seria natural [sic], só que ele estaria invadindo o espaço de outro, o senhor entendeu? De outro preso. E elas vêm no sentido de coibir isso mesmo."

Marcola parece ter lido Hobbes e são Paulo. Os nossos caridosos intelectuais de esquerda, pelo visto, não. Ele quase pede para ser reprimido, mas os proxenetas das misérias humanas não deixam.

POMAR E O HOMEM-CÉLULA [22/07/2006]

Valter Pomar, secretário de Relações Internacionais do PT, convocou os militantes do partido a se comportar como policiais da internet. Eles não só devem usar a rede para fazer campanha para Lula como denunciar o que chama de "guerra suja". Há até um endereço para o qual enviar mensagens consideradas ofensivas. O partido ameaça os que não rezam segundo a sua cartilha com uma indústria de ações judiciais. É uma intimidação explícita. Elas podem não dar em nada, mas tomam tempo, enchem a paciência. Diogo Mainardi sabe disso. Eu sei disso. Se eu postar num blog a existência de quarenta quadrilheiros aliados de Lula, é "guerra suja" ou informação prestada pelo procurador-geral da República?

Pomar quer é patrulhar as consciências. Esse senhor disputou com Ricardo Berzoini a presidência do partido e chegou a fazer críticas bastante ácidas à turma que promoveu ou tolerou o mensalão. Tarso Genro, antes dele, havia até imposto condições para dirigir a legenda. Defendia a sua "refundação". Os jornais caíram na conversa e se esmeraram em fazer infográficos distinguindo as várias correntes petistas. Nada aconteceu. Estão todos juntos porque jamais se separaram. Incluindo Delúbio Soares. O PT não é como colesterol. Não tem uma versão HDL.

"Sujo" é tudo aquilo com que os petistas não concordam. E por que a internet? Porque não há censura politicamente correta na rede, embora, claro, seus usuários estejam sujeitos às leis do país. Ocorre que Pomar não está preocupado com infrações que configurem crimes explícitos. A questão é outra. A rede mundial de computadores é o território do indivíduo – palavra e conceito que as esquerdas abominam – do homem-célula. Não há constrangimentos ditados ou por concessões públicas ou por razões de mercado.

Esclareço a referência ao mercado: hoje em dia, é preciso ser "neutro" e "isento" diante de conflitos. Ou o veículo será visto como um "radical". É preciso falar para o maior número de pessoas possível. Ninguém sabe para que time Galvão Bueno torce. E está certo. Ele é quase um juiz do jogo, que desperta paixões. Mas será assim também na política? Será tão legítimo "torcer" para Israel quanto "torcer" para Hezbollah-Síria-Irã? Lendo alguns jornais e assistindo a certos noticiários, sou tentado ora a achar que sim, ora a considerar que criminoso mesmo é Israel, o Estado democrático que foi agredido e que está reagindo. Esses setores da imprensa também usam civis libaneses como escudo. Eles protegem a sua covardia e a justificação moral do terror.

Se o petismo está devidamente infiltrado na mídia formal (sem a qual os blogs não existem, é bom deixar claro, mas este é assunto para outro artigo); se, nas redações, disputa espaço com outras correntes de pensamento, sempre minoritárias, porque fragmentadas, a hegemonia, na rede, ainda é daquelas vertentes de pensamento que o PT classifica de "conservadoras" ou "de direita", sinônimo, entenda-se, de "sujas". E por que é? Um submarxista diria que é por causa da exclusão digital, uma mentira grosseira. No universo de que falo, o corte de renda não tem a menor importância.

A minha hipótese é outra. O homem-célula não se submete a nenhum ente de razão. Ele não precisa escrever, por exemplo, que "os Estados Unidos consideram o Hezbollah um grupo terrorista", como se fosse esse um juízo de valor. O homem-célula não precisa ouvir o que pensa a Federação Nacional de Jornalistas, a Fenaj, sobre o projeto que cria um cartório no jornalismo. Sei que choca o que vou escrever, mas vou escrever: o homem-célula é incompatível com a esquerda, mesmo a "vegetariana", preocupada em salvar baleias, o mico-leão-dourado e a ararinha-azul: ou bem você acredita que um partido porta a forma e o conteúdo do futuro e, então, põe a sua inteligência a serviço dessa construção, ou bem exerce a sua liberdade.

Pomar comete o equívoco de supor que pessoas livres são necessariamente antipetistas. Opa! Esperem aí: ocorre-me que ele pode estar certo. E, nesse caso, estamos todos correndo um grande risco.

DISCURSO DE DESTRUIÇÃO EM MASSA [29/07/2006]

Se a ONU não fosse inútil, como prova Kofi Annan, eu denunciaria Lula a esta ONG global por fazer discursos de destruição em massa. Destruição de qualquer forma de inteligência política. Na semana passada, o babalorixá de Banânia vocalizou uma tese um tanto antiga no Brasil: sem uma ampla reforma política, é impossível acabar com a corrupção. Li o que ele disse como ameaça e autojustificação. Concedo que há sistemas políticos que podem ser mais ou menos porosos a práticas ilegais, mas é uma mentira maligna supor que é a estrutura que dá conta da moralidade do processo da vida pública: sempre será o indivíduo. Pode-se perfeitamente ser um homicida compulsivo brandindo as Santas Escrituras como princípio. Pode-se fazer o governo mais corrupto da História do Brasil alegando uma revolução ética.

É Lula quem não me deixa mentir – e, se eu não estou mentindo nessa história, alguém está. Ele está dividindo o palanque eleitoral com mensaleiros e sanguessugas. Quem o obriga a tanto? O "sistema"? Não. É a sua moralidade pessoal que é elástica o suficiente para não ver nisso nenhum problema. Ao contrário: Marco Aurélio Garcia, um faz-tudo que já cuidou de desastres externos e agora cuida dos internos, disse não ver nisso constrangimento. "Constrangimento é não ter voto", disse ele a este jornal. A fala de Lula é, pois, pura autojustificação. Mas é também uma ameaça.

Se reeleito, é até provável que queira encaminhar uma reforma política. Mas qual? Ora, terá de ser uma compatível com a moralidade reinante no grupo que o apóia, sejam os petistas, sejam aqueles que aderiram ao lulismo, em especial o PMDB de Renan Calheiros e José Sarney. Os adesistas estão como aqueles crocodilos de documentário, esperando a passagem da manada de gnus. Um mais tolinho ou mais fraquinho deu sopa, nhoc! São a periferia do novo poder, ao contrário do que dão a entender setores da mídia. A reforma que se vai tentar é uma que atenda aos interesses da nova classe social que chegou ao poder, de que Lula é a grande expressão.

Trata-se, como chamo, dos burgueses sem capital (ou do capital alheio), que tomaram o aparelho estatal e paraestatal – do posto de saúde da esquina aos fundos de pensão – e agora estão dedicados a tornar irrelevantes a democracia e a alternância de poder. Há dias, o sociólogo Francisco de Oliveira, ex-petista, deu a entrevista anual em que anuncia o fim dos tempos. Ele diz que a política se tornou inútil porque o país é governado pelo mercado financeiro. Conversa mole. É a esquerda radical frustrada com Lula. O PT se esforça para tornar irrelevante a política, mas o financismo é apenas o outro grupo de jacarés que se alimenta à beira do lago. Lula vai lhe dando gnus enquanto prossegue a marcha petista.

A versão tropical do Moderno Príncipe percebeu que a melhor garantia que tem de permanecer no poder – mesmo que venha a perder as eleições presidenciais – é oficializar no país o apartheid social, esforçando-se para ter, ao mesmo tempo, o monopólio do discurso que o denuncia. Lula faz do Bolsa Família a sua "indústria da seca" e cria uma categoria de cativos eleitorais miseráveis, aos quais fala diretamente, os quais incita, classificando os "outros" (os "burgueses"?) de inimigos. Não é a revolução. É só a demagogia a serviço do atraso. Ele recebe em palácio o movimento que depredou o laboratório da Aracruz e ouve, com sinais de assentimento, uma peroração em favor da luta de classes. Embora o nosso Lênin alimente, diligente, os jacarés e deprede a História. Segundo ele, é melhor banqueiro lucrar com juros do que com o Proer. O Proer, no governo FHC, fez de seus netos uns sem-banco. O modelo de Lula fez do filho um milionário.

Não, senhores! Não há lei, modelo ou sistema que possa substituir a moral privada. A História pode, eventualmente, explicar por que uma pessoa decente foi parar num lupanar. Mas só as escolhas individuais farão a devida genealogia do seu gozo ou do seu sofrimento. Lula faz o que faz porque quer. Porque gosta. Porque sente prazer.

VÃO BATER LATA! [05/08/2006]

Vou voltar ao tempo da minha catapora trotskista – todos temos direito a uma bobagem na vida. Eu me curei cedo. A crise no Brasil é de liderança. Só que não da classe operária, mas das elites, estejam onde estiverem: na academia, nos partidos, no jornalismo ou numa casinha de sapê. A capacidade de se dizer bobagem no país é superior à multiplicação de malabaristas em sinal de trânsito e de funkeiros e moleques que batem lata instruídos por ONGs. Se burrice fosse poesia, John Donne e Yeats seriam lidos nas esquinas. Se fosse música, nasceria um Mozart por dia; se fosse prosa, Machado de Assis seria o nosso escritor de segundo time. A essa altura, a esquerda, que agora aprendeu a ser otimista (ela era mais interessante quando odiava o capitalismo), já se pergunta: "Mas por que este reaça está tão pessimista?"

Confesso que fiquei um tanto chocado, constrangido até – é quando fico sem fala, o que é raro – com o debate lançado pelo babalorixá de Banânia sobre uma Constituinte *ad hoc* para fazer a reforma política. A idéia, que classifiquei de "Golpe dos Juristas", ganhou o assentimento de alguns luminares do direito e da universidade porque, vejam só, disse um deles: "Esse Congresso não faz nada mesmo." Um dos medalhões do colunismo político saudou em seu jornal: "Finalmente, Lula teve uma boa idéia." Ives Gandra, com quem concordo em muita coisa, disse "sim", mas fez uma exigência: "Há de ser uma Constituinte sem políticos."

Pensei em subir algum morro no Rio ou ir para a periferia de São Paulo para me juntar a Regina Casé e também bater lata. Mas sou ruim da cabeça, de onde se tiraram dois tumores, e doente do pé. No primeiro passo mais ousado de dança, quebraria o pescoço. Cada um com as suas impossibilidades. As minhas são muitas: ultimamente, tenho tido dificuldade até para entender propaganda de refrigerante. Por que se faria uma Constituinte?

Houve, por acaso, algum rompimento da ordem institucional? Algum golpe de Estado foi dado ou vencido? Vivemos ou a conflagração revolucionária ou um período termidoriano que esteja a pedir uma nova Carta? Como é que a Ordem dos Advogados do Brasil tem o topete de noticiar em seu site que "Lula convoca a Constituinte se OAB for favorável"? Quem conferiu tal papel à Ordem? Qual é o seu poder de representação? Como é que uma proposta obviamente inconstitucional ganha os jornais na forma de uma questão plausível?

Imaginem vocês se, em democracias consolidadas como as européias ou a maior de todas elas, a americana, um presidente ou premiê ousaria pensar alto algo parecido... Nunca! Seria escorraçado. Aqui, o Apedeuta acusa o Congresso de não poder conduzir a reforma política porque legislaria em causa própria, e nada acontece. Pior: recebe o apoio de jornalistas e acadêmicos, o que mostra o poder de sedução do "apedeutismo". Manipulando o debate, como um titereiro, está Tarso Genro, que tem complexo ou de Robespierre ou de De Gaulle: vive querendo fundar e refundar repúblicas.

A proposta, na qual a OAB ficou de pensar (Santo Deus!), é inconstitucional, e o simples debate é indecente. Ora, perguntarão, que mal há em conversar a respeito? Há, sim. As bases fundadoras de uma democracia são inegociáveis, a menos que se queira flertar com forças que querem solapá-la. A proposta de Lula e de Genro nada tem de inocente. Criar um choque de competências no Legislativo e atropelar o Congresso é uma das etapas da consolidação do poder do Moderno Príncipe. O ministro das Relações Institucionais sabe tão bem quanto eu que tal "receita" está prevista no manual.

A reação da imprensa brasileira foi pífia. No mais das vezes, limitou-se a ouvir gente contra e a favor, nesse isentismo obscurantista que nos vai tornando a todos reféns do PT. Nesse passo, haverá o dia em que alguém sugerirá que comecemos todos a andar de quatro, e a mídia, isenta e independente, ouvirá os que são contra e os que são a favor. E será a prova de que já estaremos, então, andando de quatro. Vão bater lata!

A SUPERIORIDADE MORAL DE ISRAEL [12/08/2006]

A expressão da hora é "reação desproporcional". É uma pena que eu não seja um desses pós-estruturalistas franceses para esgotar os 4 mil toques a que tenho direito só analisando as dimensões simbólica, histórica e psicológica de tal expressão. Vejam só: o substantivo e adjetivo primitivos do par acima é "ação proporcional". Quando se fala "re-ação", supõe-se a existência de dois tempos: um "antes", em que alguém "age", e um "depois", quando vem a resposta. Quem acusa uma "re-ação" nem mesmo aspira à inocência. Sabe, então, que houve uma provocação e que o "outro" vai ocupar o tempo que lhe cabe na narrativa como protagonista ou antagonista – depende do ponto de vista.

Assim, quem conta com a "re-ação" chama o adversário ou inimigo para uma relação transitiva, para uma dança, para um *pas de deux*. Este que age, no entanto, espera daquele que "re-age" a observância das regras da "proporção", como se estivessem apreciando um quadro, uma catedral ou lendo a *Eneida*, de Virgílio: as partes do todo devem provocar um sentimento estético de equilíbrio, de harmonia. "Re-agir" de forma "des-proporcional" corresponderia a fraudar as regras do jogo.

Essa digressão para o universo da linguagem me ajuda a denunciar uma fraude intelectual. Reparem que o pequeno detalhamento da expressão "reação desproporcional" revela uma dimensão amoral, sem história e sem escolhas. Qualquer disputa se encaixa naquela oposição estrutural. O bombardeio de Dresden, feito pelos Aliados, não se distinguiria do ataque a Pearl Harbor se nós excluíssemos a moral da história, uma vez que ela se faz sem valores. Ou, pior ainda: sob certo ponto de vista, Dresden seria o símbolo da "reação desproporcional" dos que se opunham ao nazismo.

Louvado seja Deus que não sou estruturalista francês e indago, a cada ato, meu ou de terceiros, a que princípio moral atende e a que ética coletiva serve. Lamento profundamente as mortes de libaneses e israelenses na guerra que Israel trava contra o Hezbollah. Mas aponto a indecência da acusação de que há uma "reação desproporcional". E o estruturalismo que não me convence me fornece, pelo avesso, as ferramentas para explicitar meu ponto de vista. Não se trata de duas forças igualmente legitimadas pela história.

Uma tem por princípio eliminar civis e praticar atentados terroristas para fazer valer o seu ponto de vista; impõe-se como força militar aos civis de seu próprio povo, que não têm outra saída a não ser aceitá-la – ou morrer; a outra está submetida aos controles da democracia e do Estado de direito. Uma luta para que o adversário desapareça; afinal, nega-lhe o essencial: o direito de existir; a outra vai para o confronto porque se nega, vejam só!, a se comportar como um carneiro na hora fatal: gritar e morrer.

Ah, sim: Israel pratica suas injustiças, assim como o tal mundo ocidental está longe de ser o Éden. O que faz a diferença é saber onde vigem os mecanismos que permitem que os desequilíbrios sejam denunciados, e as reparações, devidamente feitas. Se há, a essa altura, a desconfiança de que defendo, sim, a superioridade moral de Israel nessa guerra, que cesse toda a dúvida: é isso mesmo. Tal superioridade não distingue civis na morte, mas distingue o futuro dos vivos. Todos os mortos inocentes de qualquer guerra nos diminuem; fazer as escolhas morais pensando num mundo em que possamos ser mais livres e donos de nosso destino nos faz partidários ou da civilização ou da barbárie.

Quando Kofi Annan ou Luiz Ignorácio Lula da Silva acusam a "reação desproporcional" de Israel, ambos estão convocando um Estado organizado, democrático, em que vige o Estado de direito, a se comportar como uma milícia: ou eleva o Hezbollah à condição de um parceiro, com quem vai fazer o *pas de deux* da morte, ou se rebaixa à sua mesquinharia homicida e finalista. A acusação de "reação desproporcional" é uma imoralidade e, vestindo o manto do humanismo, é um canto de celebração e de estetização da morte.

OPUS DIABOLI [19/08/2006]

Tento caminhar um pouco todos os dias. Dizem que faz bem. É uma chatice, como todo exercício físico. Fumar é muito mais gostoso. Mas você deve andar, não fumar. Não conseguiria fazer esteira sem me sentir idiota. Em academia, nem pensar: há algo em mim parecido com pudor. Aquele que sua ao lado não é "meu semelhante, meu irmão". Para não me sentir maluco além da conta, estabeleço um ponto qualquer de referência e para lá me dirijo com a determinação de um carteiro. Chego, respiro resignado e volto. E acendo um cigarro.

Parei em um quiosque, ao lado de uma banca de jornais, para comprar água. Vi uma coisa entre pia e demoníaca na capa de uma publicação. Era a revista de esquerda *Caros Amigos* – cujo logotipo tenta remeter ao cirílico, como num panfleto bolchevista. Até outro dia, início do período eleitoral, era um bolchevismo recheado de anúncios estatais. Eles voltarão. A chamada: "Os códigos da Opus Dei".

"Da Opus Dei, não", "do Opus Dei", pensei. A palavra *opus* (obra) pertence ao gênero neutro no latim, e a concordância se faz no masculino. O errado não é certo, e isso é uma evidência que as vítimas do relativismo moral jamais vão entender, especialmente os partidários da enrascada dialética. "Dialética" é aquele mecanismo por meio do qual você prova que Bush é pior do que Bin Laden ou que Israel é tão terrorista quanto o Hezbollah (e isso está na revista...).

Como dizem que pertenço ao Opus Dei, pensei ser uma boa oportunidade de ter acesso aos "códigos" que me regem sem que eu mesmo saiba. O título é uma alusão ao livro *O código da Vinci*, de um certo Dan Brown. Li um ou outro artigo dando conta dos erros factuais que ele cometeu sobre a "Obra", a vilã do livro. Atravessei as sete páginas de texto da "reportagem" que levou "meses" para ser produzida. E nada!

Tudo o que havia contra a "Obra" era relatado por desafetos. Ah, sim: ficamos sabendo do desconforto da repórter com prédios que ela diz serem impecavelmente limpos e arrumados. As personagens que ela tenta envolver numa aura de mistério são pessoas cujas relações com o Opus Dei são públicas. A profecia se autocumpre: a prova de que algo de estranho acontece está no fato de a *Caros Amigos* não descobrir o que é. A essência das teorias conspiratórias está na ausência de provas, não na abundância delas.

Não costumo ler publicações da esquerda brasileira porque são boçais. Na *Caros Amigos* mesmo há uma senhora que classifica de "suposto" o seqüestro de soldados israelenses pelo Hezbollah: ela desconfia da idoneidade antiimperialista até de Hassan Nasrallah, rá, rá, rá... Depois há um artigo que atribui a Israel as perversidades do grupo terrorista libanês e um outro que "prova" que a "invasão" do Líbano é parte de um grande complô dos Estados Unidos, que começou com a saída da Síria do país depois do assassinato de Hariri. Huuummm... É possível haver uma esquerda informada? Já houve. Mas tudo assumiu o padrão PT. O apedeutismo é uma legião, como o demônio.

Com todo o respeito, a reportagem é uma trapaça. A qualidade de sua apuração se revela aqui:

> (...) suas primeiras vitórias no sentido de estabelecer a (*sic*) Opus Dei como uma estrutura eclesiástica capaz de abrigar leigos e ordenar sacerdotes se deram durante o pontificado do papa Pio XII, por meio do cardeal Eugenio Pacelli, responsável por um controverso acordo com Hitler.

1) Pacelli era o próprio Pio 12, moça!; 2) jamais houve acordo com Hitler, muito menos "controverso"; 3) Pio 12 agiu para proteger judeus, como prova o rabino David G. Dalin no livro *The mith of Hitler's pope.* Há dias, novas evidências surgiram.

A tese central da reportagem remete à idéia de que o Opus Dei faz lavagem cerebral nos seus adeptos. Claro, você pode ser, como disse Régis Debray de Guevara, um partidário "do ódio eficaz que faz do homem uma eficaz, violenta, seletiva e fria máquina de matar". É um estágio superior da consciência. Mas só será adepto de uma prelazia papal se for abduzido. Não sou do Opus Dei, como, aliás, sabe o Opus Dei. Mas, definitivamente, combato o *opus diaboli.* Agora vou caminhar.

SOCIEDADE DAS IDÉIAS MORTAS

E DELÍRIO ESQUERDOPATA

A CASCATA DAS COTAS E A MAIORIA SILENCIOSA [05/07/2006]

O tal Estatuto da Igualdade Racial e a política de cotas raciais nas universidades acabarão sendo aprovados. É mais uma vitória dos "profissionais" da causa sobre o cidadão comum. Afinal, trabalha-se até mesmo com a mentira deslavada de que a maioria no Brasil é constituída de negros, quando não é: a maioria é branca – 52,3%; declaram-se pardos 41,4%, e apenas 6% são negros. Registre-se, a propósito, que as distinções visíveis, digamos, a olho nu, entre "brancos" e "pardos" são cada vez menos perceptíveis. Para a maioria de brancos, pardos e negros, a questão não tem a menor importância. O Brasil discrimina é pobre.

Os números dos estudantes universitários, e demonstrarei isso aqui mais tarde, provam que as cotas são desnecessárias porque o perfil da universidade já acompanha o da sociedade no que respeita às raças. As distorções são ligeiras e acabarão em breve. Sem precisar estuprar a Constituição. Mas, mesmo assim, a tendência é que se aprove o tal estatuto porque os políticos ficarão com medo de comprar briga com as lideranças barulhentas. Eis aí uma daquelas causas que eu adoraria ver votadas num referendo ou num plebiscito.

Afinal, todos amamos o povo, não é mesmo? Questões como essa sempre me remetem ao referendo sobre a proibição da venda de armas legais. Não havia um só bacana no Brasil que não votasse "sim". Quando as coisas foram devidamente explicadas ao distinto público, os quase 80% de "sim" se esfarelaram em 15 dias. Mas esse é um tema sobre o qual os intendentes da causa não querem ouvir a população. Tentaram até mesmo impedir que os deputados votassem. Um grupo de intelectuais foi ontem entregar um documento aos presidentes da Câmara e do Senado, dessa feita a favor da cotas. Entre os signatários, estava Fábio Konder Comparato, uma espécie de animador de auditório das teses plebiscitárias.

Dessa feita, ele não quer ouvir o povo. Ah, sim, se eu tivesse alguma dúvida a respeito, ela teria sido desfeita de imediato: Emir Sader está lá, defendendo o estatuto. Sader é aquele que, num artigo, referindo-se à política israelense de eliminação dos terroristas, escreveu: "Os assassinatos seletivos visam à eliminação física dos principais líderes palestinos, aqueles que podem catalisar a identidade de um povo sem Estado e sem pátria." Eu nunca tinha olhado o terrorismo segundo o prisma da catalisação da identidade... Sader é mesmo um pensador admirável. E, claro, nesse particular, as oposições continuarão caladas, reféns do PT. Sabem quem, definitivamente, não precisa de cotas no Brasil? Os idiotas. Já estão bem representados. Algum deputado aceitaria patrocinar um projeto exigindo que só bípedes com a coluna ereta podem exercer cargo público ou dar aula em universidade?

REGRA [18/07/2006]

Um político que não tem ao menos um inimigo público tem amigos privados demais.

O TEMPO DIRÁ [18/07/2006]

Não tenha medo de ser injusto com o Brasil. Você será, no máximo, profético.

PORCENTAGEM [18/07/2006]

Só um idiota não vê qual a diferença entre roubar um banco e fundar um banco: os juros pagos por Lula.

ORWELL [18/07/2006]

Li o vestibular da tal Universidade Federal do ABC. Estamos em plena revolução. A dos Bichos.

SINCERO [18/07/2006]

Faça de tudo para que a sua fama seja mais justificada entre inimigos do que entre amigos.

REAL E IDEAL [19/07/2006]

Sempre que alguém disser que o socialismo real não é o verdadeiro, denuncie a falsidade também do capitalismo real; no verdadeiro, todo mundo vai ser rico e feliz. Vamos ver quem ganha.

DEMOCRATIZAÇÃO DA MASSA ENCEFÁLICA [31/08/2006]

Os amigos de Lula ou a chefia da Casa Militar devem acompanhar atentamente as suas manhãs para que ele só beba ÁGUA. Aquele café com leite só pode estar lhe fazendo mal. Dia desses, ele já reclamou de indisposição gástrica. Foi naquele encontro com intelectuais. Não levei a sério porque achei que era só uma incompatibilidade alérgica – mesmo petralhas, intelectuais, costumam tocar em livros. Sabem como é... Mas acho que já era excesso de café com leite. Por que digo isso?

Porque só li agora um trecho do que ele disse de manhã no tal I Congresso Interamericano de Educação em Direitos Humanos. Segurem-se aí:

> Eu acredito que todos vocês que militam na defesa dos direitos humanos, não importa em que segmento social ou em que área do nosso planeta, do nosso continente ou do nosso país, têm em conta que nós avançamos muito sobre a questão dos direitos humanos. Até porque muitas coisas que nós precisamos e queremos conquistar não dependem apenas de uma lei, dependem, sobretudo, do aperfeiçoamento da qualidade democrática da nossa massa encefálica para que a gente possa primeiro mudar a nossa cabeça e, depois, ir mudando a cabeça dos outros para, depois, todos nós estarmos de cabeça feita.

Cabeça feita? Pode ser que tenha baixado um santo, não é? E Lula desandou a falar línguas estranhas. Como vocês sabem, submeti-me a duas cirurgias de crânio para a extração de tumores – a petralhada ficou triste porque eram benignos. Tá, estou cá com a cabeça meio esburacada. Mas, felizmente, não aconteceu o que eu mais temia. E o que era? Justamente a democratização de minha massa encefálica. Era o que mais me apavorava, entendem?

Sou contra a chamada "função social" da propriedade e da minha massa encefálica. A minha sorte foi ter topado com o neurocirurgião Marcos Stávale – um dos grandes no mundo (podem pesquisar na internet). E eu lhe disse: "Não abro mão de nada; tudo meu. Se aparecer alguém do MSME – o Movimento dos Sem-Massa Encefálica – querendo uma lasquinha, passe fogo!" É por isso que bato até em petralha cacareco.

Há dois direitos sem os quais não pode haver democracia: o direito à propriedade e o direito à massa encefálica privada, ora essa! E notem que Lula já havia falado de extraterrestres, depois falou de novo do planeta... Deve ser influência do rebaixamento de Plutão.

A ESTRANHA DIALÉTICA DO PACTO DE TARSO GENRO [26/09/2006]

Na mesma entrevista em que denunciou o "golpismo" das oposições, o ministro Tarso Genro (Relações Institucionais), vejam vocês, defendeu um pacto de Lula com as oposições caso ele seja reeleito. Tarso é mesmo um homem dialético: quer fazer entendimento com golpistas... Até que haja um fio de esperança de Lula ser defenestrado, agarro-me a ele. Mas digamos que se reeleja. É justamente nesse ponto que as oposições vão ser testadas. A questão não está nem mesmo limitada pelo território brasileiro.

Existem, hoje, na América Latina, governos que estão alinhados com um projeto autoritário de poder – que obedecem às linhas gerais do Foro de São Paulo (um agrupamento de partidos e de correntes de esquerda, integrado pelo PT, Partido Comunista Cubano, Movimento Bolivariano e Farc, dentre outros) e aqueles que se alinham com a democracia. Na hipótese da reeleição de Lula, vamos ser vigilantes com aqueles que serão servis aos propósitos e desígnios de um dos Apedeutas-chefes do esquerdismo bocó, por mais que fale a linguagem de mercado. Só para o Departamento de Estado dos Estados Unidos, muito mal informado, há grande diferença entre Lula, Chávez ou Evo Morales. No que interessa, estão todos juntos. Aguardem para ver o desfecho do caso Petrobras na Bolívia – que, de forma inacreditável, nunca foi veiculado no programa de Alckmin na TV.

Aquele índio de araque já tomou a empresa. Lula se fez de ofendido. Coisa nenhuma. "Meu querido Evo" executou o programa da turma – de Lula inclusive. A tungada na Petrobras, por ora, está suspensa. Se Lula vencer no dia 1º, ato contínuo, sua receita será oficialmente confiscada pelo governo boliviano (na verdade, venezuelano). O único pacto possível é com a democracia, o Estado de direito e a Constituição. E Lula não passa no teste.*

EXISTE DEMÔNIO TAMBÉM NA POLÍTICA [07/10/2006]

Um cristão acredita em Deus, claro, mas sabe, como reafirmou o papa João Paulo II, que o demônio existe. O que é matéria de crença pode encontrar plena correspondência numa mentalidade agnóstica. Deus é a convicção, o princípio, o norte moral; o demônio é frouxidão da vontade, a ausência de limites, o relativismo sobre todas as coisas. Um cristão sabe que a manifestação mais clara do demônio – e, por favor, eliminem da imaginação aquela bobagens de possessão à moda do filme *O exorcista* – é aquela que o leva a duvidar de si mesmo, dos seus valores; que põe

* Como vocês sabem, Lula ganhou a eleição, e Evo "ganhou" a Petrobras, conforme se anteveu no texto.

uma névoa sobre os seus olhos e o impede de distinguir o certo do errado, porque, afinal, o certo de um sempre será o errado de outro, e vice-versa, e, enfim, tudo seria uma questão de ponto de vista.

Na política, também existe o demônio – para tristeza (ou felicidade, sei lá) de Marilena Chaui e de Emir Sader. Ele converte em fel todas as conquistas da democracia, que passam a ser encaradas, então, como marcos a serem superados em nome de um bem maior, que chamam a "redenção dos oprimidos". Hoje li um texto de Sader, que me foi enviado por um amigo. Ali, um professor, alguém que carrega o título de cientista social, mente sem receios: diz que, se eleito, Alckmin vai privatizar a Petrobras e o Banco do Brasil. Infelizmente, trata-se de uma mentira. Infelizmente, o país sofrerá muito até que se evidencie essa necessidade. O homem aplaude todas as conquistas do governo Lula, com especial ênfase para o que considera a retomada do Mercosul. Penso nos crentes que o lêem, que acabam acreditando naquilo...

É o Mal. No texto de Sader, peça de resistência do petismo, de que Marta Suplicy já faz proselitismo nas ruas de São Paulo, todos os escândalos havidos são uma trama dos inimigos. Nada aconteceu. A história se passa num outro plano, que não este que reconhecemos. Haveria uma luta entre duas essencialidades: o projeto popular, que Lula encarnaria, e o outro, o das elites entreguistas, que querem subordinar o Brasil à lógica do capital – como se hoje vivêssemos à margem. É, claro!, um ponto de vista, mas que precisa se ancorar na farsa, em dados que não existem. Ou, então, não se sustenta. E que só encontra eco entre os admiradores porque certamente compartilham a ignorância que ele tem ou finge ter.

O mal é sempre sedutor. Aparecesse aos que são alvos da tentação com sua vestimenta real, não atrairia ninguém para o covil. Imaginem se Sader ou Marilena resolvessem lembrar os milhões de mortos de sua crença, de sua ideologia, para que eles pudessem chegar até aqui, em 2006, repetindo aqueles mesmos mantras. O interessante nas idéias dessa gente é que elas nunca têm um passado. Suas teses só têm futuro. O mundo que nos apresentam como alternativa nunca existiu, mas existirá um dia, desde que paguemos um preço.

Nós, os que acreditamos no individualismo radical; os que não suportamos que o demônio do Estado venha nos dizer o que fazer e o que não fazer; os que não acatamos as "imbecilidades coletivas" (*by* Olavo de Carvalho); os que não reconhecemos a autoridade da manada; os que não aceitamos o argumento da autoridade do social sobre a autoridade moral;

os que não acatamos que leis democraticamente votadas sejam sacrificadas por causa da gritaria de minorias influentes, nós temos o dever de resistir, de ir para a guerra de valores, de acusar o golpismo dessa gente nefasta. E temos de mobilizar outros indivíduos como nós, nesse exército sem quartel, nessa religião sem templo, que é a liberdade individual, que eles tentam sufocar, seja com a caridade que esmaga, seja com a patrulha que silencia.

Sim, é preciso ter em relação a essa gente uma ira verdadeiramente santa. Santa, pacífica e absolutamente intransigente. A ninguém foi dado, por Deus ou pelos homens (cada um segundo a sua escolha), conquistar o Bem por meio do Mal. Se vocês repararem, eles reivindicam dois monopólios: tanto o de pecar como o de pedir perdão. Seja pecar contra Deus (para os crentes), seja pecar contra a cidadania. Eles têm de ir embora.

Se não agora, quando?

CUIDADO! HÁ UM PETISTA DE OLHO EM VOCÊ [23/11/2006]

Até explodir o escândalo do dossiê, ninguém sabia da existência do tal Expedito Veloso. Quem acompanhou o seu desempenho da CPI dos Sanguessugas ontem ficou um tanto surpreso: está ali um quadro d'O Partido treinado para confundir, para responder às evidências de fraude com novas acusações, para dissimular. Indagado se não quis saber a origem do dinheiro nem em conversas posteriores com os demais aloprados, deu a mesma resposta do cutista Oswaldo Bargas: "Não!" Estava tão traumatizado com o ocorrido que não tocou no assunto. Isso para espanto geral. E, claro, acrescentou "denúncias" que não fizera à Polícia Federal. O objetivo? Continua o mesmo: atacar José Serra. Há dias, postei aqui um comentário sobre o PT clandestino. A pauta continua atual para bons jornalistas investigativos.

Somos mais governados pelo PT que não vemos do que por aquele que vemos. Quantos são os Velosos incrustados nas estatais, nos bancos públicos, nos fundos de pensão? Sabem qual era o salário do homem como diretor do Banco do Brasil? Dezessete mil reais – o dobro do que ganha oficialmente o presidente da República. Estava afastado da empresa para servir à campanha de Lula. E continuava a receber salário? Continuava, sim. Tinha direito àquelas licenças ou sei lá o quê – tudo muito típico de empresas públicas. O fato é: fazia campanha eleitoral, mas estava na folha de pagamento do Banco do Brasil. O que leva um diretor de banco a se envolver com bandidos?, espantou-se o senador Jefferson Peres (PDT-AM). Ele não sabia bem. Sentia-se imbuído de uma espécie de missão.

Entendam: o PT tem e continua a gerar quadros que vivem na mais absoluta clandestinidade. Essa gente sempre serviu o partido e teve papel ativíssimo durante a crise do governo Collor. Não por acaso, é quando entra na história uma figura das mais conhecidas: Waldomiro Diniz. Era funcionário da Caixa Econômica Federal e foi trabalhar no gabinete do então deputado José Dirceu. Como diria Rick àquele policial esquisito de Casablanca, Louis, era "o princípio de uma bela amizade". Não custa lembrar: quando o sigilo do caseiro Francenildo foi quebrado ilegalmente pela CEF, Clarice Coppetti, vice-presidente de tecnologia do banco, que fez toda a sua carreira ligada ao PT, falava das dificuldades de se identificar com celeridade a origem da transgressão. Depois se viu que ela estava enganada... Clarice é casada com César Alvarez, assessor especial da Presidência da República – outro que não conhecemos.

O fato é, leitor, que, neste exato momento, há um petista de olho em você. Quando se afirma que eles aparelham o Estado, não é apenas porque isso lhes vai garantir uma boa vida, poder etc. É bem mais do que isso. Significa, acima de tudo, ter informação privilegiada e poder usá-la em favor da causa. Não foi assim com Antonio Palocci? Ele pediu dados da conta de Francenildo, e o então presidente da Caixa, o também petista Jorge Mattoso – depois demitido – deu. Mas aqui ainda se fala de nomes que acabam ascendendo na "rede".

Expedito é só um caso que se tornou notório e notável porque a operação deu com os burros n'água em razão da ação do delegado Edmilson Bruno. Curiosamente, ele é o único, até agora, que foi punido nisso tudo. Uma punição, por ora, de caráter moral. Mas foi. A rede continua operando livre, leve e solta.

Disputa por cargos

Há dias observei aqui o quão enjoado achava esse papo de PMDB e divisão de ministérios. Isso tudo é conversa para jornalista dormir. O lucro da Petrobras, em nove meses, é o dobro do que o Brasil tem para investir em um ano. A mina de ouro está nas diretorias e nos milhares de cargos das estatais. É aí que está alojado o PT. É por isso que eles lamentam tanto as privatizações do governo FHC. Imaginem se essa gente tivesse, por exemplo, a Telebrás nas mãos: 27 presidências regionais mais os milhares de cargos de confiança. Mais a Vale, a CSN, a Embraer...

O MENINO JOÃO É O GURI DOS SEM-CHICO BUARQUE [09/02/2007]

Aquele "menor", bem maior do que o menino João, cujo corpo ele ajudou a espalhar pelas avenidas do Rio, vai ficar três anos internado. E depois será solto entre os meninos-João, por quem não se rezam missas de apelo social. Resta só a dor da família: privada, sem importância, sem-ONG, "sem ar, sem luz, sem razão". Sobre o assassino, há de se derramar a baba redentora rousseauniana: ele nasceu bom; foram os insensíveis da classe média, à qual pertencia o menino João, que o tornaram um facínora. Simbolicamente, a culpa é de quem morre. Também notei que os jornalistas ficaram um tanto revoltados com a polícia, que obrigou os bandidos a mostrar o rosto. Não há dúvida: terrível ameaça à privacidade. Era só o que faltava: trucidar o menino João e ainda ser obrigado a expor a cara... Que país é este? Já não se pode mais nem arrastar uma criança num automóvel e permanecer no anonimato? Sabem do que morreu o menino João? De um ataque virulento de progressismo. Para o menino João, não tem ECA (Estatuto da Criança e do Adolescente), não. Não tem ONG, não. Não tem música do Chico, não. O menino João já nasceu sem perdão. É o guri dos sem-Chico Buarque.

ANTROPOLOGIA, TOLERÂNCIA, PIZARRO, ATAHUALPA E EU [09/02/2007]

Xiii, é ruim, hein!? Estão apelando à minha tolerância antropológica. Que é que é isso, mano!? Eu sou jesuíta nos meios e, bem... beneditino em doutrina, hehe. E favor não confundir "beneditino" – de são Bento – com são Benedito. Meu papo é o mundo ocidental e cristão, que considero superior em humanismo e, vejam só, liberdades públicas a quaisquer outras experiências. Tolerância? É claro que eu sou tolerante, se isso não implicar subserviência a um padrão que nos devolveria à caverna. O equívoco da esquerda, que sonhou botar o homem na prancheta, sempre foi formidável, mas, antes, vá lá, tinha certo pendor iluminista – autoritário, sem dúvida, mas ainda racional. Hoje, sem prejuízo de todos os equívocos, os esquerdistas se tornaram também irracionalistas, multiculturalistas, "pluralistas", como gostam de dizer.

Trata-se de um curioso pluralismo evidentemente: todas as culturas estão em princípio certas e são válidas, menos esta nossa, que lhes garante a liberdade de dizer que estamos todos errados, o que, evidentemente, lhes seria vedado, sei lá, pelo islamismo, por boa parte dos animismos africanos, pelas culturas ameríndias ou, se fosse possível revivê-las, pelas civilizações pré-colombianas. Se vocês me obrigarem a optar, retroativamente, entre a brutalidade de Pizarro e a de Atahualpa, sabem, com absoluta certeza, qual seria a minha escolha. Em história, o sacrifício em benefício da expansão mercantil já salvou mais vidas do que aquele feito para alimentar algum espírito da floresta. Certo. O mundo mais ou menos letrado se divide entre os que entendem isso e os que não entendem. A vacina contra o sarampo, por exemplo, está do lado de Pizarro, não do de Atahualpa. Não acredito em "cultura do oprimido". Se ela existisse, seria só ressentimento e violência, porque não falaria em nome de um triunfo, de um valor afirmativo. Seria feita só de negação.

SILVA, UM MORTO SEM SEPULTURA. E DOROTHY STANG, O VITIMISMO COMO IDEOLOGIA [13/02/2007]

Foi realizado ontem um ato ecumênico em Belém em homenagem à freira Dorothy Stang, assassinada com sete tiros em 12 de fevereiro de 2005, em Anapu, no Pará. Era militante de uma organização de esquerda. Já se criou uma mitologia sobre as circunstâncias de sua morte. Consta que, antes de disparar contra ela, os assassinos teriam indagado se estava armada. Ela, então, brandiu a *Bíblia* dizendo: "Eis a minha arma." E ainda leu alguns trechos antes de morrer. O que vocês querem que eu diga? Não foram os bandidos que contaram essa versão. Não foi a vítima. Consta ter sido uma "testemunha", que, creio, assistia à história atrás da moita. Por que pistoleiros indagariam a uma freira se ela estava armada? É uma narrativa sem pé nem cabeça, feita para criar mártires. O assassinato da freira foi uma estupidez, e a homenagem é justa. Aproveito para homenagear outra vítima da crueldade brasileira, um brasileiro, pernambucano, preto e pobre, assassinado depois de brutalmente torturado. Como ninguém vai rezar uma missa por ele, faço aqui a minha homenagem particular, que divido com vocês. Escrevi o texto abaixo no dia 15 de fevereiro de 2005.

> **Silva, um morto sem sepultura**
> Quantos Luiz Pereira da Silva vale uma Dorothy Stang? Como? Você não se lembra, leitor, de Luiz Pereira da Silva? Não o condeno por isso. Ninguém dá bola para um Silva no Brasil, a menos que ele seja adotado pela patrulha politicamente correta, torne-se um burguês sem capital, reproduza o sistema de exclusão que jurou combater e se torne um cronista das injustiças brasileiras, admitido nos salões requintados para exibir o seu humor rombudo.

É verdade, leitor, a mídia também deu pouco destaque a Luiz Pereira da Silva e confere ao assassinato de Dorothy Stang dimensões épicas. Ela, não há como ignorar, é a missionária americana assassinada em Anapu, no Pará, por pistoleiros que estavam a serviço, tudo indica, de grileiros de terra. Um evento sem dúvida bárbaro, que merece o repúdio de que está sendo objeto no Brasil e no mundo. Faz bem o jornalismo brasileiro em se interessar pela questão. Está correto o presidente Luiz Inácio Lula Incluído da Silva ao mobilizar três ministros de Estado para prantear a sua morte e buscar os culpados. Que esse crime não fique impune e que seus autores e mandantes sejam trancafiados. Mas e quanto a Luiz Pereira da Silva?

Ninguém assistiu ao nada formidável enterro de Silva. Ninguém foi regar o seu cadáver na esperança de que estivesse fertilizando uma causa. O Estado brasileiro, por meio do governo, grita seu silêncio cúmplice e covarde diante de seu corpo. Ele não é nada. Ele não adula as culpas dos intelectuais incluídos de esquerda que pretendem teleguiar o movimento de libertação dos oprimidos a partir da universidade; ele não serve à estranha escatologia de dom Tomás Balduíno, esse impressionante bispo que responsabiliza o agronegócio pela morte da religiosa; ele não serve à maior empresa jamais criada de produtos ideológicos no país chamada MST; seu corpo não se presta à mística da luta do Bem contra o Mal; de seu cadáver seco das lágrimas das ONGs, das lágrimas dos povos da floresta, das lágrimas de Lula, das lágrimas de Miguel Rossetto, ministro da Reforma Agrária, das lágrimas de Márcio Thomaz Bastos, ministro da Justiça, das lágrimas de Marina Silva, ministra do Meio Ambiente, de seu cadáver seco, enfim, não brota a epifania pagã, não se constroem ideologias finalistas, não se vislumbra o fim dos tempos, não se promove o julgamento dos vivos e dos mortos.

Luiz Pereira da Silva é um morto sem sepultura; Luiz Pereira da Silva é um morto de quinta categoria; Luiz Pereira da Silva confunde as afinidades eletivas dos demagogos brasileiros; Luiz Pereira da Silva pertence àquela estranha categoria de homens que, por mais que sofram, jamais vão se tornar mártires de coisa nenhuma; Luiz Pereira da Silva era pobre demais, desimportante demais, vulgar demais até para ser oferecido em holocausto no altar de fantasmagorias de dom Balduíno; Luiz Pereira da Silva não serve como cordeiro do Deus justiceiro do MST.

Sim, para quem ainda não sabe, é chegada a hora de dizer quem era Luiz Pereira da Silva, doravante agora só conjugado o verbo no passado: "era", pretérito imperfeito, verbo interrompido pela "luta" dos oprimidos de carteirinha convertidos em assassinos impunes e incensados pelo Estado. Fez-se um "não-ser". Luiz Pereira da Silva era o policial da boa gente pernambucana, um Silva que não fez direito a lição de casa, tornado prisioneiro, torturado e assassinado num assentamento do MST. O episódio se deu no dia 5 de fevereiro na cidade de Quipapá, em Pernambuco.

Outro Silva, Cícero Jacinto, também vítima de tortura, foi feito refém por algumas horas. Ambos estavam no encalço de um assentado convertido em bandido comum. Lula não disse nada. Nilmário Miranda não disse nada. Márcio Thomaz Bastos não disse nada. Miguel Rossetto não disse nada. A própria imprensa não disse quase nada. Dorothy Stang, ao menos, é um ser que se conjuga no futuro. Seu corpo pranteado frutificará. De Silva, dentro em breve, não terá restado senão a memória privada de sua família, uma gente a que também não se dá muita importância. Um dia vai sumir. Historiadores ainda hão de incluir Dorothy Stang no capítulo do que chamam, com aquele vitimismo do triunfo que lhes é bem típico, a "história dos vencidos". Já o Silva, coitado!, terá sumido na poeira dos tempos: pobre demais para que os "vencedores" se importem com ele; demasiadamente humano para que os vencidos oficiais o transformem em símbolo.

E não me venham acusar de cínico ou impiedoso pela pergunta que abre este texto. A contabilidade macabra não é minha, mas do governo Lula. Quem discrimina cadáveres, atribuindo a uns a santidade política e a outros, o desprezo covarde, é o Planalto, não eu. Qualquer morte, reza aquele clichê, belo e profundo ainda assim, nos diminui. A cada uma, é por nós, sem dúvida, que os sinos dobram. A despeito disso, vejo-me compelido a escrever: a do soldado Silva evidencia com mais agudeza alguns riscos que corremos que a de Dorothy Stang.

Sintomas

Espero que a polícia encontre os responsáveis pelas mortes do policial e da missionária e que, no segundo caso, também sejam presos os mandantes, se houver. Que a Justiça se encarregue deles e lhes dê a pena máxima admitida pela lei brasileira. Assim como jamais condescendi com causas que justificariam o terrorismo, nada, nada mesmo, justifica o homicídio de quem não pode nem mesmo se defender. Não há considerandos a respeito. A questão é absoluta. Mas as duas mortes, conquanto remetam ao mesmo mal, frutificam de forma diferente.

O mal tem nome: desídia e incompetência do governo federal, que, por ação e omissão, vê explodir a violência no campo. É por ação quando, sabidamente, órgãos do Ministério do Meio Ambiente e do Ministério do Desenvolvimento Agrário (e o Incra é a prova escancarada disso) se transformam em aparelhos da militância política, renunciando àquela que é sua condição imanente – ser um corpo técnico para arbitrar as disputas segundo o bem comum – para se tornarem agência de um dos lados do conflito.

Há dias, Miguel Rossetto foi aplaudir a inauguração de uma escola superior de invasões criada pelo MST. Ali, ouviu impassível o discurso de líderes que, sem receio, advogaram a invasão também de terras produtivas. Age para estimular a violência no campo um governo que, dispondo de uma lei para coibir invasões, decide, de forma consciente e acintosa, não aplicá-la. E os demais Poderes e instâncias da República, a começar pela Justiça e pelo Ministério Público, se calam. Age para estimular a violência no campo um governo que, pela boca de seu ministro da Justiça, prega a acomodação tática da Constituição diante dos abusos óbvios do MST.

Omite-se o governo – e, portanto, estimula a violência no campo – quando permite que, ao arrepio de qualquer controle ou acompanhamento responsável, a questão fundiária se transforme em objeto de disputas de organizações não-governamentais e grupos de pressão que põem seus preconceitos e idiossincrasias acima das necessidades econômicas das comunidades nas quais atuam, elegendo, por critérios que lhes são próprios e alheios a qualquer estratégia pública, os perdedores e os vencedores, satanizando uns, incensando outros, fazendo de uns as bestas do apocalipse e, de outros, os anjos da redenção. Ademais, que se observe: outro cadáver se conta em Anapu – trata-se de Adalberto Xavier Leal, funcionário de um suspeito de ser o mandante da morte da religiosa.

O campo voltou a ser palco de ajuste de contas que estão sendo feitos ao arrepio da polícia e dos poderes constituídos da República. À medida que o Estado brasileiro permite que uma força criminosa promova a indústria de invasões, arma, evidentemente, a mão dos que decidem resistir, que se torna, obviamente, não menos criminosa. A diferença importante é que os mortos de um dos lados desaparecem na poeira do tempo, o que vai acontecer com Leal; os do outro viram mártires. E, nesse caso, é impossível deixar de reconhecer: os mortos tornam-se combustível da causa, fertilizam a terra sangrenta regada com a água benta de alguns bispos e o delírio maoísta de alguns santos do pau oco.

As duas mortes, sem dúvida, envergonham as instituições brasileiras, mas há diferenças, volto ao ponto, que expõem aspectos distintos do mesmo mal. Os assassinos de Dorothy Stang são, sob qualquer ponto de vista, marginais; os assassinos do policial Silva têm o desplante de se dizerem vítimas; os assassinos de Dorothy Stang matam e fogem para o mato, e a polícia terá de caçá-los; os assassinos de Silva, na prática, justificam o seu ato e ainda penduram a conta de sua violência nas costas da sociedade brasileira; os assassinos de Dorothy Stang, com razão, tornam-se párias sociais; os de Silva reivindicam a santidade e o direito à justiça com as próprias mãos como se autodefesa fosse; os assassinos de Dorothy Stang praticam o ato nefando correndo, vá lá, os riscos e por empreitada privada; os assassinos de Silva, na prática, são financiados pelo poder público e sabem que não correm nenhum risco ou perigo; os assassinos de Dorothy Stang não merecem nenhuma consideração ou não têm nenhuma circunstância que atenue o horror praticado – e isso está certo; os assassinos de Silva reivindicam uma inocência inata que explica qualquer horror – e isso está errado.

E há mais: Dorothy Stang, é preciso reconhecer, estava numa luta cujos riscos não ignorava. Movia-se naquele espaço da militância que, sabemos todos, é obrigada a flertar com as franjas da ilegalidade, aonde o Estado ou ainda não chegou ou, como é o caso, por incompetência e decisão do governo, jamais chegará. Sua morte agride qualquer princípio da civilidade e da necessária tolerância, jamais se duvide. Mas, entendo, rebaixa menos a República do que o assassinato daquele policial. Enquanto os Silva, já sabidamente policiais, estavam sendo submetidos à tortura, era o Estado brasileiro que se fazia refém de um grupo que aplica suas próprias leis e tem sua própria compreensão do que seja a justiça.

A morte de Dorothy Stang é a prova de um Estado inepto, ausente e incapaz. A morte de Silva é a prova de um Estado contaminado, conspurcado, seqüestrado, feito ele também refém de alguns grupos de pressão. Quando o corpo de Dorothy Stang tombou, levantava-se justamente a indignação nacional. Quando o corpo de Silva tombou, armou-se apenas o silêncio pusilânime do governo, da mídia e das ONGs.

Tanto o silêncio, num caso, como o alarde, no outro, são sintomas evidentes de que, a essas mortes, outras se seguirão. Um dos corpos, o de Silva, já foi esquecido. O outro, o de Dorothy, é um cadáver que procria, é um cadáver que alimenta a causa, é um cadáver, no fim das contas, útil, é um cadáver cujo sentido é gerar outros cadáveres para que, do acúmulo de mortes e mártires, brote a pátria dos sonhos, que é puro horror, de certos grupos que hoje encabrestam a República.

Não pensem que, à feição do governo, também eu lamento mais uma morte do que outra. Não! Tenho a ambição de ter vergonha na cara. Considero indecente, essencialmente imoral, estabelecer o preço político de uma vida, seja para endeusar os mortos, seja para ignorá-los, justificando, tanto em um caso como no outro, a violência dos vivos.

D'APRÈS IVAN LESSA 1 [21/02/2007]

Três entre cinco petralhas formam uma quadrilha de oito.

A BAHIA E O "MELTING POL POT" [21/02/2007]

Saldo do Carnaval em Salvador:
Foram realizados sessenta arrastões contra a índole pacífica do povo;
Analfabetos sociológicos assassinaram três homens cordiais;
Bateram-se 15 mil carteiras de afro-descendentes de origem controlada.
O PT, que governa a Bahia, já tem a solução: "melting pol pot".

D'APRÈS IVAN LESSA 2 [21/02/2007]

Três em cada cinco homens cordiais são um presunto. Os outros dois foram soltos pela Justiça.

DARWIN *D'APRÈS* LULA [21/02/2006]

Pensem bem: se começássemos a praticar o assassinato sistemático dos mais aptos e adaptados a uma sociedade civilizada, quem vocês acham que seria eleito presidente da República ao fim do processo?

POEMA [27/03/2007]

Falar em "raça", hoje em dia, é uma aberração biológica. Não existe. Para saber por que, felizmente, há tantos mestiços no Brasil, é preciso voltar a Gilberto Freyre, que é o nosso melhor estudioso do assunto. Não é lido nas universidades brasileiras porque foi banido pelo submarxismo e pelo politicamente correto. O conteúdo genético que separa o çerumano de um chimpanzé é mínimo. *Çerezumanos* são *çerezumanos*. Sem qualquer diferença. Para o bem e para o mal. E é também verdade que eu preferiria a companhia de chimpanzés à de certos brancos, negros, amarelos, vermelhos... Antes certas micagens do que certos pensamentos. E fiz até um poeminha:

> **Angústia da influência**
> Agora eu vou de Baudelaire:
> Olá, Chimpanzé,
> *mon semblable, mon frère!*

DIREITA E ESQUERDA [27/03/2007]

Esta é do arco da velha. Comento porque traduz um certo espírito que anda por aí. Em sua coluna na *Folha* desta terça, Janio de Freitas resolveu alargar os horizontes da teoria política. Escreve ele:

> Quem está com viagem aérea prevista para amanhã, acautele-se ainda mais. Além de chuva, névoa, cindactas, infraeros, anacs e controladores, a Polícia Federal estará em greve parcial. Operação tartaruga nos aeroportos, como se os cidadãos comuns fossem responsáveis pelos vencimentos de policiais. Até que são, mas por pagá-los com os impostos. As greves e manifestações que só prejudicam as pessoas comuns são uma forma abominável de direitismo.

Talvez não se devesse dar importância à frase de Janio, escrita num momento de irreflexão, quero crer. Mas será só ele? Não será esse o espírito dominante ainda em boa parte das redações? O simples nominalismo, independentemente do conteúdo, não seria ainda o norte de boa parte do que se noticia sobre política? Ora, desde quando uma greve é feita para não "prejudicar pessoas"? Mesmo aquelas que trouxeram à luz o sindicalista Luiz Inácio Lula da Silva, tomadas pelo PT como marcos da redemocratização do país, traziam ou não a ameaça do prejuízo? Só os patrões reclamavam? Quando metroviários, motoristas de ônibus ou policiais federais decretam greve, é à direita que devemos imputar a responsabilidade? O que será que Janio entende por "direitismo"?

Os termos "direita" e "esquerda", vocês sabem, são herança da Assembléia Francesa, da revolução. Saiba Janio de Freitas que as características do Estado moderno que reconhecemos como democráticas são herança, vejam só, dos postulados dos que estavam à direita naquela Assembléia. A esquerda nos legou o jacobinismo, a ação direta, os tribunais de exceção, a eliminação física do adversário não como forma de responder ao inimigo – isso sempre houve –, mas de fazer política. A morte como ideologia é uma cria genuína da esquerda.

A suposição de que tudo aquilo que prejudica as pessoas é "direitismo" leva à ilação óbvia de que tudo o que as beneficia é, então, "esquerdismo". Ainda aqui, por mais estúpidas e simplórias que as afirmações se mostrem, não está revelado todo o caráter deletério dessa dicotomia bocó. Pode-se inverter a relação interna de cada um dos postulados: o direitista é aquele que age com o fito de prejudicar as pessoas, e o esquerdista, de beneficiá-las. Donde se conclui que os esquerdistas têm um mérito intrínseco. Quando eventualmente praticam o mal, é porque estão sendo "direitistas". Não resisto à tentação de perguntar o básico a Janio de Freitas: Stálin, Mao Tse-Tung e Pol Pot eram de direita ou de esquerda? E Churchill?

O PT, embora chamado Partido dos Trabalhadores, fez-se no cadinho dessa ligeireza teórica da imprensa e, acreditem, da academia. Ainda que estejamos falando de dois setores, vá lá, minoritários no Brasil, são formadores de opinião; têm o poder de passar adiante os seus valores como sinal de civilização, requinte intelectual, caminho a ser seguido. Durante mais de vinte anos, Lula foi o intocável desse jornalismo que divide o mundo entre os que são essencialmente maus, pouco importa o que façam (a direita), e os que são essencialmente bons, independentemente de suas ações: quando "eles" acham que seus amigos erram, então lhes atribuem "direitismo".

O caso do Banco Central é bastante eloqüente. O que Zé Dirceu, a esquerda econômica petista, os jornalistas petistas – e até aquele analfabeto (dis)funcional que esfolei aqui outro dia – afirmam sobre o banco? Que ele é um enclave "de direita" num governo de esquerda, como se Henrique Meirelles comandasse uma turma que atua contra os interesses objetivos do lulo-petismo.

Santo Deus! Na esquerda midiática e acadêmica, a única coisa superior à má-fé é a burrice. Lula deve nada menos do que a sua reeleição ao Banco Central. Mas aqueles que alimentam a pretensão ridícula de lhe ditar bulas e cartas apontam grandes conspirações e complôs da instituição. Pergunte ao Zangado e ao Atchim* qual é a única área do governo Lula que reprovam. E os anões não hesitarão: o BC. Porque ele seria "de direita". Mas a política "de direita" do BC serve objetivamente ao projeto de poder de que partido? Desisti há muito tempo de esperar dessa gente um juízo lógico, ainda que fosse para discordar.

Mas, então, o que eu considero "direita" e "esquerda" – sempre supondo que estamos tratando de forças políticas comprometidas com a democracia? No que concerne à política, um direitista é aquele que não aceita sacrificar a legalidade em nome da igualdade ou da justiça social. Porque considera que tal sacrifício é gerador de mais injustiça e de mais desigualdade. E o esquerdista é o que aceita, com alguma freqüência, tal sacrifício, na suposição de que o conflito entre a realidade e a ordem legal faz a sociedade avançar – é a forma que neles tomou uma crendice: a dialética.

Eu aceito esse sacrifício? Não. Não se for fora do ambiente próprio à mudança de uma ordem legal: o Parlamento, o Poder Legislativo. É ali, e só ali, que leis devem ser sacrificadas e criadas. E isso nos devolve à direita da Assembléia Francesa, que queria pôr um fim ao despotismo, mas segundo regras – que acabaram triunfando. Isso, então, faz de mim um conservador, um "direitista". Reparem, no entanto, que, como o meu direitismo tem regras, ele exclui o despotismo, as variantes do fascismo, o militarismo bocó latino-americano e congêneres. Já o esquerdismo "deles" não exclui facínoras. Por que não? Porque, quando lembrados do

* Zangado e Atchim são dois dos anões morais do subjornalismo, que ainda assombram a imprensa, prestando pequenos favores ao poder.

horror, ou dizem que se tratava de um desvio "direitista" ou que aquilo não era o verdadeiro socialismo.

Uau! Se, para fazer o socialismo falso, foi preciso matar uns 150 milhões, quantos mortos teriam sido necessários para fabricar o legítimo?

A DISCRIMINAÇÃO CONTRA OS BRANCOS, GILBERTO FREYRE E ESSA TAL MAMMA ÁFRICA [01/04/2007]

> Mais bem alimentados, repetimos, eram, na sociedade escravocrata os extremos: os brancos das casas-grandes e os negros das senzalas. Natural que dos escravos descendam elementos dos mais fortes e sadios de nossa população. Os atletas, os capoeiristas, os cabras, os marujos. E que, da população média, livre, mas miserável, provenham muitos dos piores elementos; dos mais débeis e incapazes. É que sobre eles principalmente é que têm agido, aproveitando-se de sua fraqueza de gente mal-alimentada, a anemia palúdica, o beribéri, as verminoses, a sífilis e a bouba.

Acima, vai um trecho de *Casa-grande & senzala*, de Gilberto Freyre. Na edição que tenho, da José Olympio, está na p. 34. Trata-se do livro mais importante da sociologia brasileira, solenemente ignorado por brancos, negros, marxistas e ignorantes – às vezes, ao menos três dessas coisas estão juntas. Como se vê, sob o aspecto da alimentação, por exemplo, o branco livre e pobre já pode se organizar para cobrar uma reparação do Estado brasileiro, já que agora demos pra fazer Justiça retroativa.

Embora Freyre seja o pensador da formação do Brasil mais afinado com a história e com a documentação, foi banido da universidade, com raras exceções. Os negros o ignoram. Fiz um programa *Roda Viva* uma vez com um professor que escrevera um livro apontando um terrível racismo no Brasil. Não tinha lido Gilberto Freyre. Não é que conhecesse a obra e tivesse decidido que ela era ruim: ele simplesmente a ignorava.

Li *Casa-grande & senzala* quando tinha 20 anos. Foi um dos livros que ajudaram a me curar da esquerdopatia, de que fui acometido aos 14. Por razões que não vêm ao caso, fiquei sabendo o que era ditadura e que o Brasil era uma. E aquilo me pareceu, e era, uma porcaria. E a esquerda combatia aquele negócio. E aí eu caí na conversa. É uma síntese breve de uma trajetória um tanto longa. O melhor remédio contra a esquerda ainda é a alfabetização. Vejam este outro trecho, nas p. 52 e 53:

> Uma circunstância significativa resta-nos destacar na formação brasileira: a de não se ter processado no puro sentido da europeização. Em vez de dura e seca, rangendo no esforço de adaptar-se a condições inteiramente

> estranhas, a cultura européia se pôs em contato com a língua indígena, amaciada pelo óleo da mediação africana. O próprio sistema jesuítico – talvez a mais eficiente força de europeização técnica e de cultura moral e intelectual a agir sobre as populações indígenas; o próprio sistema indígena, no que logrou maior êxito no Brasil dos primeiros séculos foi na parte mística, devocional e festiva do culto católico. Na cristianização dos caboclos pela música, pelo canto, pela liturgia, pelas procissões, festas, danças religiosas, mistérios, comédias; pela distribuição de verônicas com ágnus-dei, que os caboclos penduravam no pescoço, de cordões, de fitas e rosários; pela adoração de relíquias do Santo Lenho e de cabeças das Onze Mil Virgens. Elementos, muitos desses, embora a serviço da obra de europeização e de cristianização, impregnados de influência animística ou fetichista vinda talvez da África.

Na seqüência, Gilberto Freyre demonstra que o próprio santo Inácio de Loyola, o criador da Companhia de Jesus, pode ter-se inspirado na mística muçulmana para criar os Exercícios Espirituais. O Brasil foi feito pela miscigenação, e a tentativa de separar o país em "raças" contraria a história da nossa formação. Trata-se, em suma, de uma manifestação de racismo. Além de ser, também, expressão ou de ignorância ou de oportunismo. Ou das duas coisas.

Aquela palavra de ordem dos esquerdopatas da UnB – "Brasil, África, América Central/ a luta do negro é internacional" – é uma bobagem que só faz sentido no Brasil. A luta do negro é "internacional" em Angola ou Moçambique, onde negros são ditadores de negros? É internacional no Sudão, onde negros islâmicos massacram negros cristãos? É "internacional" para tutsis e hutus, que se matam, se esfolam e se mutilam aos milhares, chegando a milhão? Calma lá: hoje em dia, os maiores algozes dos negros têm pele negra. Um amigo foi fazer uma reportagem em Angola. Quase morre na mão dos comunistas que estão no poder. O país consegue ser uma dos mais ricos e mais corruptos do continente. Corrupção centralizada pelos comunas. O Brasil se formou de outro jeito. A escravidão ainda não tinha sido oficialmente extinta, e nosso maior escritor já era um mulato. Ou entendemos os nossos paradoxos, ou vamos começar a brincar de nos meter fogo uns aos outros em nome da "verdade" – a verdade de uma causa importada pela militância.

Os nossos "mestiços" são "mestiços", não são negros coisa nenhuma. E eles são 41% da população. Negros são 6%. E 52% são brancos. Essa é a realidade do Brasil. E os pais dos mestiços os quiseram mestiços. Não fosse para se misturar, teriam escolhido alguém com a cor de sua pele para fazer filhos. Porque em nossa história há aqueles elementos de que fala Gilberto Freyre acima. A militância pela "discriminação positiva" passou a ser um meio de vida, uma profissão, que só prospera porque não se cumpre o Estado de direito à risca. Ou todos são iguais perante a lei, ou se está fraudando o regime democrático. A aplicação de cotas raciais só existe porque o mundo jurídico brasileiro se acovardou, com medo da militância estridente.

Para encerrar, observo que sempre que vejo um negro cantando rap ou funk de protesto, sob o pretexto de ser um ato de resistência, que viria lá da mamma África, escarneço entre a ironia e a melancolia. O que essas manifestações têm a ver com o continente africano ou mesmo com a cultura que os negros produziram no Brasil? É só o lixo da indústria subcultural americana, a pior parte do seu tão detestado (por eles, não por mim) capitalismo. De africano, nem o tênis e o jeans cinco números maior, com os fundilhos nos joelhos e a cueca de fora – a própria visão do inferno.

LOUCURA E MÉTODO [03/04/2007]

Eu tenho, vocês sabem, uma definição do que são direita e esquerda assentada na história e, tanto quanto possível, livre, em princípio, de uma carga valorativa. Esquerdista, pra mim, é todo aquele que aceita, sob certas condições (alguns aceitam sempre), solapar a lei em nome do que entende ser justiça social. Direitista é quem não aceita esse solapamento e quer o triunfo da lei, independentemente de ela produzir mais ou menos justiça social. Reparem que estou sendo bonzinho. Não emprego o sinistro critério das mortes para julgar: extremistas de esquerda e de direita já mataram muito. A montanha de cadáveres da esquerda é bem maior sob qualquer critério que se queira. Adiante.

Os partidários da socialdemocracia, por exemplo, querem-se da esquerda moderada e, por isso, rejeitam o stalinismo porque ele é avesso à liberdade; os liberais, incluídos na direita, repudiam a herança fascista porque, obviamente, ele foi antiliberal. Segundo o que vai acima (a minha própria definição, pois), sou de direita. Sempre que a lei vai para o diabo em nome da justiça, estou convicto de que se produz ainda mais injustiça – que vem a ser o exato contrário do que a esquerda diz pretender. De fato, eu não acredito que possa haver progresso sem o triunfo da ordem legal. Se e quando for o caso de mudá-la, o Parlamento é o lugar para tratar do assunto. Mundo afora, acho que essa clivagem distingue, se for o caso de se eliminar a marca excessivamente ideológica das palavras "direita" e "esquerda", "progressistas" e "conservadores".

Mas não se distinguem só nos métodos e em como tratam a ordem legal. Esquerdistas e direitistas também têm visões opostas sobre o papel do Estado, do indivíduo, da família – alimentam, em suma, utopias e até escatologias contrastantes. Também nesse caso, creio que meu universo mental esteja mais à direita. No melhor do meu mundo, cada indivíduo se preocupa só consigo mesmo e com a sua família e responde pelos seus atos, com as regras de respeito ao outro devidamente interiorizadas, sem a necessidade de um Estado vigilante. A esquerda vê em cada indivíduo um risco e aposta que o contrato social, e só ele, é que pode regulá-lo. Nem uma nem outra viverão o melhor do mundo que imaginam. E, como disse, suas escatologias também são opostas: o fim do mundo para um direitista é o descrito por George Orwell em *1984*. O do esquerdista é aquele anunciado por Francis Fukuyama em *O fim da história e o último homem* – "Então não nos libertaremos mais?", eles se perguntariam.

Mesmo com o Banco Central entregue aos cuidados de Henrique Meirelles, o PT continua a ser de esquerda? É claro que sim. Uma esquerda que busca o socialismo? Bem, acho que os petistas já se tornaram mais cínicos do que isso. Imaginar que o Brasil possa, estando onde está, vir a ter uma economia planificada nos moldes socialistas me parece besteira. O mercado, reparem, não dá a menor bola para esse tipo de debate. Ele não quer saber qual é a ideologia do petismo. A sua pergunta sempre será a seguinte: o modelo rende? Rende. Então tudo está no seu devido lugar.

O PT tem a sua "utopia" sem jamais deixar de ser realista. Continua de esquerda, sim, porquanto não enxerga na ordem legal, nas instituições, um limite para a sua ação. Ao contrário: ao se dizer o partido dos "movimentos sociais", assume o ambíguo papel de quem, no poder, responde pela aplicação da lei e, fora dele, pela sua transgressão. Na realização extrema dessa ambigüidade, é petista tanto o criminoso como o seu juiz, tanto o bandido como a polícia. No confronto entre a ordem e a desordem, a soma é diferente de zero, porque é evidente que a lei está sempre alguns passos atrás dos anseios. Ela existe, aliás, para regulá-los.

Os direitistas, os conservadores, mostram-se ainda despreparados para entender esse jogo petista – e, por isso, estão comendo poeira. E talvez venham a comê-la ainda por um bom tempo. Quando Lula faz uma política econômica que, exceção feita a um detalhe ou outro, é do agrado do mercado, a crítica da "direita" ao petismo logo se deixa desvanecer pelo pragmatismo: "Afinal, ele está seguindo as regras." Há uma enorme dificuldade de reconhecer que "seguir as regras" é uma precondição – ou condição necessária – para que todo o resto do arcabouço legal seja permanentemente confrontado pelo "ilegalismo" do que os petistas chamam "movimentos sociais" ou "sociedade organizada". Como eles dizem, o "legítimo" vale mais do que o "legal".

Eu, um "direitista" segundo os termos aqui aplicados, vejo, por exemplo, uma lenta, mas permanente, desinstitucionalização do país. Está presente na relação entre os três Poderes, na educação, na cultura política, na confusão entre o público e o privado, no reiterado desprestígio da ordem legal, na sem-cerimônia com que o Estado, por meio de seus vários agentes, dá uma solene banana para quem paga as contas da máquina: o cidadão comum. E tenho muito claro que essas coisas não são ocorrências fortuitas, não. Há um projeto de poder que as organiza. E este projeto está em curso – na verdade, já é uma realização.

Fiquemos com o caso dos controladores de vôo. Não, eu não creio, é certo, que Lula tudo fez para que a crise chegasse a esse ponto, até ser levado a desautorizar o comandante da Aeronáutica. O descalabro não resulta de uma conspiração, mas de uma consideração tipicamente da esquerda: as instituições são entraves para se chegar à solução, e não seus instrumentos – que é o que pensa a direita democrática.

Ora, ora, ora... Há, sim, esquerdistas, petistas ou não, que sabem muito bem o nome do que praticam. Se forem de cepa legítima, desprezam a democracia porque tal modelo não coexiste com a crença de que uma classe ou grupo detém a verdade histórica. A rigor, alguém que se diz esquerdista e, ao mesmo tempo, democrata só está plantando antíteses no jardim. Se realmente consciente daquilo que é, ou será uma coisa ou outra. Mas há, admito, os que confundem impulsos de generosidade, seu desejo de justiça social, com o que imaginam ser um país ou um mundo governado pela esquerda. São ingênuos a serviço de uma causa cujo alcance desconhecem.

O PT continua, sim, a ser de esquerda, em especial no entendimento que tem da política e na forma como imagina organizado o poder. Os inocentes ou muito interesseiros gostam de afirmar a existência de um Lula que contraria grandes interesses e que, por isso, é detestado pelas elites – aquela bobajada que se encontra, com freqüência, nos blogs dos anões. Alguém seria capaz de citar uma briga importante, uma que seja, que Lula tenha comprado com os "poderosos" (como eles gostam de dizer)? Vamos lá. Uma me basta. Não há. Lula é de uma subserviência exemplar.

Mas não é inocente. Não é bobo. Não é um qualquer. Sabem o que há em comum entre o mensalão e a desmoralização do comandante da Aeronáutica?* A convicção plena, clara, exercida com desassombro, de que as instituições estão aí para ser superadas; de que as instituições são tabus, que devem ser quebrados; de que as instituições são vontades manifestas dos "inimigos" e precisam, pois, ser reformuladas, mudadas. É claro que Lula e o PT, ainda que fiquem cem anos no poder, não vão construir o socialismo porcaria nenhuma. Mas podem, sim, construir um modelo autoritário, para o qual a tradição esquerdista do partido é utilíssima.

Repetindo, então, o já bastante citado Polônio, de *Hamlet*: o que Lula fez com a Aeronáutica é, sim, uma loucura. Mas tem método.

O POVO É DE "DIREITA", REVELA O DATAFOLHA [08/04/2007]

A *Folha* publicou ontem uma pesquisa com a opinião dos brasileiros sobre vários assuntos – entre eles, o aborto. O resultado não me surpreendeu: 65% dos entrevistados querem que a legislação continue como está – permissão apenas em caso de estupro e risco de morte para a mãe. Isso significa uma esmagadora maioria da população contra a chamada legalização do aborto. Em 1993, 54% tinham essa opinião. Apenas 10% defendem a prática sem qualquer restrição – há 14 anos, eram 18%. E 16% querem ampliar as situações em que a interrupção da gravidez seria possível – naquela primeira pesquisa, eram 23%. Essa e outras opiniões dos brasileiros, de que trato abaixo, demonstram a anemia dos políticos conservadores no Brasil. Há eleitores aos milhões que estão sem representação.

Antes que continue, uma observação importante. Sou contra a "plebiscitização" da democracia brasileira. Acho isso uma bobagem ditada pela demagogia e pela ilusão da intervenção direta. Continuo achando que não se inventou ainda mecanismo de governo mais eficiente, a despeito das ineficiências, do que a democracia representativa. Os amantes de plebiscitos e referendos, curiosamente, acham a consulta interessante apenas quando ela revela o que eles gostam de ouvir. Veja-se o caso da pena de morte, a que me oponho. Nada menos de 55% dos entrevistados se dizem favoráveis, e 40% se dizem contrários. Essa consulta não seria feita porque esbarraria nas chamadas cláusulas pétreas da Constituição.

* No dia 30 de março de 2007, o presidente Lula desautorizou Juniti Saito, comandante da Aeronáutica, que havia decretado a prisão dos sargentos que atuavam no controle de vôos. Os efeitos da insubordinação e da desordem no setor persistem ainda hoje.

Mas o número indica, evidentemente, que a população está assustada e quer mais dureza no combate ao crime.

A chamada agenda progressista leva uma ducha de água fria do povo brasileiro. Mesmo a eutanásia, que costuma ser apresentada sempre numa versão adocicada, como se seus defensores ou promotores fossem anjos da anunciação, merece a reprovação dos brazucas: 57% não querem saber dessa conversa, contra apenas 36% que se dizem favoráveis. A questão é indiferente para 2%, e 5% não sabem. A pesquisa ouviu a população sobre duas outras questões. Disseram-se contra a união civil de pessoas do mesmo sexo 49% dos entrevistados, e 42% são favoráveis. Para 7%, é indiferente, e 2% não sabem. Opõem-se à adoção de crianças por casais homossexuais 52% das pessoas, e 43% a defendem – 4% são indiferentes, e 2% não sabem.

Então por quê?

Acho interessante – e, até certo ponto, sintoma de uma perigosa banalização – que temas como aborto, eutanásia e pena de morte, que dizem respeito à vida, sejam metidos no mesmo balaio de temas tipicamente comportamentais, como a união gay. O que uma coisa tem a ver com a outra? Mas entendo: a clivagem que se estabelece é entre o que seria o voto progressista, "de esquerda" (pró-aborto, pró-eutanásia, contra a pena de morte, a favor do casamento gay e da adoção de crianças por homossexuais), e o voto conservador, "de direita" (oposto a tudo o que vai acima). Vá lá. A leitura tem sua utilidade, mas é reducionista.

É útil especialmente aos partidos que têm um corte ou viés não-esquerdista ou mesmo antiesquerdista. Vejam só: um político que tivesse rigorosamente as opiniões do povo brasileiro em todos esses assuntos seria chamado de "direitista" pela esquerda, certo? Quem sabe até de reacionário... E isso estaria a indicar que o povo brasileiro é, então, majoritariamente, "de direita". Ora, se ele é de direita, por que, então, estamos sendo governados pela esquerda – ainda que essa "esquerda" seja a petista, com seu fanatismo recém-adquirido pelo financismo? A resposta é simples: questões como as apresentadas acima simplesmente estiveram ausentes do debate eleitoral. E os politicólogos brasileiros, quase todos de esquerda, acham que isso é um sinal do nosso amadurecimento. Essas clivagens aparecem nos confrontos eleitorais dos Estados Unidos e da Europa – sabem?, eles são os bárbaros... Já os civilizados brasileiros preferem não entrar nesse mérito porque acham que esse é um debate grosseiro.

Alhos e bugalhos

E olhem que, na minha opinião, se misturam alhos e bugalhos nesses levantamentos. Já fiz aqui há dias a minha distinção entre "direita" e "esquerda". Para mim, o ponto de ancoragem dessas definições é a lei democraticamente instituída. Um direitista não aceita solapar a lei democrática em nome de uma causa considerada legítima; o esquerdista, sim. E por isso me considero identificado com a direita, embora seja, por exemplo, contrário à pena de morte, prática geralmente associada aos direitistas – ainda que executada, de forma industrial, ao longo da história, mais pela esquerda.

Já a questão da união civil de homossexuais, por exemplo, é, entendo, de uma espantosa irrelevância. Se um casal gay quer celebrar um contrato, o que os não-gays têm com isso? A minha pergunta é: por que temos de nos meter na vida alheia? Reparem: aborto, eutanásia e pena de morte envolvem questões de Estado e, em dois dos casos, políticas públicas de saúde. A outra, não. Também acho uma besteira impedir casais homossexuais de adotar crianças. O razoável, em nome apenas do que é o corriqueiro, é que se esgotem as possibilidades de um casal heterossexual fazer a adoção. Quanto menos explicações o garoto ou a garota tiverem de dar aos coleguinhas sobre sua família, melhor.

É uma estupidez afirmar que uma criança estará melhor num orfanato do que num lar com dois pais ou duas mães? De resto, ninguém escolhe ser homossexual ou se torna homossexual por pressão do meio. Qualquer psicanalista sabe disso – ou não haveria gays em lares heterossexuais. Um gay ou lésbica se torna aquilo que é. O que vai acima, evidentemente, tem limites. Alguns gays querem casar na igreja. Bem, cabe à hierarquia religiosa decidir. Isso nada tem a ver com leis. Não vejo como as Igrejas cristãs, a Católica ou quaisquer outras, possam vir a conceder com a prática. De todo modo, notem que só 49% são contra a união gay (não muito longe dos 42% a favor), mas 65% não querem a legalização do aborto.

Voltando ao ponto

O antigo PFL agora se chama Democratas (DEM). O PSDB está em vias de fazer um encontro ou coisa parecida para tentar, sei lá, se aproximar mais do povo. De certo modo, esses partidos sonham uma coisa impossível: mimetizar a prática partidária petista, o que é impossível. O PT busca ser uma espécie de corrente iluminista – por mais obscurantista que seja – das corporações sindicais, com as quais deve viver, daqui a pouco, um conflito se realmente levar adiante a idéia de regulamentar o direito de greve para servidores. De todo modo, essa união está dada. As outras legendas não vão disputar esse espaço porque tratam de interesses mais difusos.

DEM e PSDB cometem, a meu ver, dois erros crassos: não conseguem ter um discurso organizado sobre economia para confrontar o PT e renunciam a fazer o que chamo de guerra de valores com a esquerda. O Datafolha esfrega no nariz das duas legendas o óbvio: o povo brasileiro é conservador e, vejam só, não tem, no Parlamento, quem o represente a contento.

"OS DISCÍPULOS DE UM HOMEM CHAMADO NAIR" OU "ESTAMOS NA SARJETA" [31/04/2007]

Tenho aqui em mãos uma preciosidade. Trata-se do que poderia ser definido como a carta de princípios de uma estrovenga chamada "O Direito Achado na Rua". Foi publicado pela Editora UnB e elaborado pelo Núcleo de Estudos para a Paz e Direitos Humanos. Paz? *Si vis pacem, para bellum*, já ensinava adágio latino. Se queres a paz, prepara a guerra. E foi o que os valentes fizeram. Se bem se lembram, comentei o artigo de um sujeitinho, ligado a essa corrente, que decidiu me atacar num texto energúmeno, reproduzido no site oficial da Universidade de Brasília. Sei lá quem é ele, e não me interessa. O que me importa é que ele é uma espécie de *apparatchik* de José Eduardo Elias Romão, diretor do Departamento de Justiça, aspirante a censor, que também partilha dos princípios do tal "Direito Achado na Rua".

Mas que diabo é isso? Trata-se de uma formulação teórica, que aspira a uma corrente do direito, inspirada num troço chamado NAIR, pomposamente traduzido por "Nova Escola Jurídica Brasileira", de que o grande mestre foi Roberto Lyra Filho (1926-1986). De tal maneira se encantou com a sua obra, que ficou conhecido no meio como "o homem da NAIR", até que virasse simplesmente "o Nair".

"O Direito Achado na Rua", conforme é definido por seus adeptos, busca combater o que consideram o "legalismo". Entenda-se por isso o conjunto das leis que aí estão, que estes bravos, a exemplo do ministro Eros Grau, avaliam ser vincado pelas desigualdades de classe. Daí que se ocupem, na prática, de combater esse formalismo, digamos, classista em benefício de um "verdadeiro direito", que seria aquele formulado pelas lutas sociais. Já contei isso aqui. Mas as crias da NAIR acharam que eu estava sendo simplista. De certo modo, é verdade. O conjunto da obra é bem pior do que eu imaginava.

A cartilha que tenho aqui dá o caminho das pedras. Lyra, por alcunha "o Nair", não brincava em serviço. Informam-me, por exemplo, que era versado na obra de Gramsci, o pai do totalitarismo perfeito. Gramsci, como sabem, é o teórico comunista italiano que deu o caminho das pedras: forneceu o instrumental teórico para que a esquerda açambarcasse as instituições da "sociedade burguesa" e as usasse a serviço de sua causa.

"O Nair" era um verdadeiro guru, um mestre. Num texto de sua autoria, que está no manual, ele ensina como devem agir seus gafanhotos. Reproduzo um trecho para que continuemos. Vejam como ele se dirige ao jovem estudante de direito:

> Vocês devem, inclusive, aproveitar as lições de seus mestres conservadores. Se o ceguinho remói as suas fontes, se o catedr'áulico [*sic*] irrita com a arrogância do cortesão, se o nefelibata dá sono com os seus discursos, onde há pérolas de erudição sem um fio que as reúna em colar de verdadeira cultura – todos eles, sem querer, trazem milho para o nosso moinho.
>
> A questão é não comer o milho (não somos galinhas agachadas diante dos falos de terreiro pedagógico) e, sim, "moer" o milho, isto é, constituir com ele o nosso "fubá" dialético, acrescido com outras matérias que os ceguinhos catedr'áulicos e nefelibatas ou não conhecem ou deturpam, e, em todo caso, não usam porque eles são do Planalto, e nós somos da planície, democrática, popular, conscientizada e libertadora.

O diabo é que, olhem que ironia, a turma "da planície", finalmente, chegou ao "Planalto", e o tal Romão, a quem quero pagar um Chicabon, se fez diretor do Departamento de Justiça, aquele a quem caberá, a permanecer a estúpida portaria 264, reinstalar a censura prévia no país. Observem que "o Nair" fala a agentes subversivos, que devem aproveitar o "milho dos conservadores" para produzir o "fubá dialético". Atentem também para a elegância revolucionária da linguagem e para o estímulo ao que não passa de delinqüência intelectual contestadora. "O Nair", vê-se, gostava mesmo de jovens topetudos, ousados, malcriados quem sabe... Não estranho que tanto garotão que mal saiu dos cueiros, que mal sabe articular a inculta e bela, se atreva a dar lições de direito, de moral, de ética e, por que não?, de censura. Devem achar que chegou a hora de a gente passar pelo teste do fubá dialético.

Doutor Nair falava também umas coisas um tanto estranhas – e, às vezes, fica parecendo que o público-alvo de sua revolução eram só os rapazolas. Num outro momento de seu artigo, depois de desancar o direito, digamos, tradicional, ele escreve:

> Não à toa, o "direito" que se adapta a esse esquema, dito apolítico (isto é, político de direita) só pode ser um "direito" examinado segundo a teoria "jurídica" de um positivismo (capado) ou de um jusnaturalismo (brocha).

Eu, hein, Rosa... "A direita", como vêem, apanhava demais, coitadinha. E urgia não ser capado (ah, tudo menos isso!) nem brocha (uma decepção, certo?). Era um homem maduro falando aos jovens, era o Sócrates do "direito achado na rua". Os partidários dessa corrente, nem capada nem brocha, hoje se dizem muito preocupados com as criancinhas.

E aonde ele queria chegar? Ele responde:

> Dialeticamente, direi que política é tornar "possível" o "impossível", isto é, o objetivo final de toda ação, mediante a "evolução revolucionária", constituída por sucessivas aproximações, que pressionam e dilatam as barreiras da reação e do conservantismo, com vista à transformação do mundo e não à adaptação ao mundo da dominação instituída.

Trata-se de um pastiche gramsciano, com intenção muito clara. A receita acima, que já usei para convencer algumas moças a ceder aos meus encantos ("Que é isso... Temos de romper barreiras etc. e tal"), aplicada ao direito, resulta num esforço sistemático e continuado de subversão da ordem.

Sim, este blog tem muitos correspondentes na Universidade de Brasília. Eles me informam que esse negócio se espalhou por lá feito PRAGA – sem deixar de ser uma CHAGA –, especialmente no curso de direito, que teria se tornado um samba de uma nota só. Ora, compreende-se por quê: seu Nair julgava que seu pensamento – e a doutrina que ensinava a seus rapazes – não era uma entre várias leituras; não era uma entre várias interpretações; não era uma entre várias possibilidades. Não! Ele tinha grandes ambições revolucionárias: como todo revolucionário, via-se como a própria encarnação da evolução. Ele defendia "a verdadeira cultura" – os outros tinham apenas pérolas esparsas de erudição. Aqueles que não se alinhavam com seu pensamento eram "catedr'áulicos, nefelibatas". O livro tem 156 páginas e é um verdadeiro show de horrores. Mas, acreditem, nele está a explicação de boa parte dos descalabros que vivenciamos.

Formalização

O que a turma do seu Nair – na verdade, toda a tal escola jurídica – faz é tentar dar uma expressão legal (!?) à subversão da ordem e à transgressão da lei. Muito "dialeticamente", como diria o mestre... Já falei dessa gente aqui e lhes pedi que pensassem, por exemplo, na invasão da reitoria da USP. Ilegal? E daí? O manual que tenho aqui me diz que ela pode ser legítima. E, se é assim, a legalidade que se dane. Direitos individuais estão sendo desrespeitados? Calma lá: "individuais" de quem? É perfeitamente possível concluir que existe um direito coletivo à greve, que àquele se sobrepõe. Assim como os interesses dos invasores do MST fundam uma nova demanda de direito que se sobrepõe ao da propriedade. Quem, na imprensa, passou a mão na cabeça dos comuno-fascistinhas da reitoria está endossando isso: a formalização da barbárie

Olhem para a Venezuela. O tirano mantém dezenas de estudantes na cadeia, fechou um canal de televisão, ameaça um outro e mandou prender o oposicionista que liderou os protestos. Chávez fez tudo isso com o direito que foi encontrando na rua, aniquilando a ordem legal "tradicional", "catedr'áulica", "conservadora", de "direita" e impondo a "evolução revolucionária". Na aparência, agiu segundo o mais estrito formalismo. Porque essa gente também sabe enganar, não é? Vai moendo o milho para produzir o seu "fubá dialético". Não é outra coisa que o PT tem feito desde que chegou ao poder: submeter as instituições a uma pressão que "dilata as barreiras da reação".

Vocês saberão mais a respeito disso tudo. Volto ao ponto. Temos no Departamento de Justiça um sectário dessa corrente: José Eduardo Elias Romão. Tanto se orgulha disso que faz constar a filiação intelectual e ideológica de sua curtíssima biografia. E é ele quem se apresenta para pôr ordem na televisão brasileira. Com qual direito? Com o que ele julga ter achado na rua?

Não achamos a democracia na sarjeta.

FALA, QUE EU TE ESCUTO [10/05/2007]

Um petralha, indignado comigo, pergunta:

– Como você consegue dormir em paz?

Respondo:

– Com Stilnox.

Por isso eu defendo os laboratórios, as patentes e a propriedade intelectual.

O PAPA É UM CÃO; MARCOLA, UM INTELECTUAL [15/05/2007]

Eu os desafio a fazer uma pesquisa no Google ou no arquivo dos jornais. A conclusão é inescapável: Bento XVI apanhou mais do jornalismo pátrio do que Marcola, o chefão do PCC. Para este, de fato, numa leitura rigorosa, o que sobra são elogios e um encantamento basbaque com o marginal que tem ambições de intelectual.

Não descarto, é claro, que ele seja mais realista do que alguns professores que foram lá dar apoio aos invasores da reitoria da Universidade de São Paulo, mas daí a ser tratado de forma quase reverencial, convenha-se, vai uma grande diferença. Façam isso que estou dizendo: selecionem os adjetivos reservados a Marcola e os reservados ao papa. Vejam as metáforas usadas para um e para outro.

Alguém se atreve a chamar Marcola de cão? De jeito nenhum! Por dois motivos. Em primeiro lugar, por covardia, medo, se me permitem o termo chulo: "cagaço". Afinal, que mal pode advir ao escriba que associa o Sumo Pontífice a um cachorro? Nenhum! Coragem inútil, desnecessária. Em segundo lugar, o termo seria considerado um preconceito, ora essa, avesso, ademais, às óbvias simpatias que o bandido desperta.

Ser crítico, na cobertura do papa, corresponde, necessariamente, a ser antipapa. Ser crítico na cobertura de Marcola e do PCC significa não cair na conversa da "lei e da ordem", contra a qual o facínora teria se insurgido, uma espécie de "rebelde primitivo" a excitar a imaginação pobremente revolucionária das Mafaldinhas e Remelentos que também estão presentes nas redações.

Bento XVI empurra o mundo para o obscurantismo medieval (quem disse que a Idade Média foi tão ruim?); já Marcola seria produto dos desarranjos da sociedade de classes, entendem?, e deve ser compreendido em sua fortuna sociológica.

O TERRORISMO ESTÉTICO DOS INVASORES [17/05/2007]

Vocês sabem. Os horários do Tio Rei não são assim convencionais. Começo a escrever ainda de estômago vazio. Ao longo da tarde, vou sentindo um desconforto. Chego a pensar que estou tendo algum frêmito metafísico. É fome. Então como. E o mundo, de súbito, parece melhor. Mas por que isso? Porque me mandaram um vídeo lá da reitoria da Universidade de São Paulo, ocupada* pelos invasores. Foi no Dia das Mães. É a

---

* Endereço do vídeo no YouTube: http://www.youtube.com/watch?v=zcZ0IszcfYg

chamada Feijoada das Mães Ocupantes. Que bom que eu estou em jejum, só com alguns, muitos, cafés pretos. Prestem atenção à música, ao poema, à locução, às vezes em que verbos coordenados, usados em cascata, lutam para significar alguma coisa profunda, demasiadamente humana, sem conseguir chegar lá. O narrador tenta tocar os nossos corações. Até uma criancinha, quase bebê – alô Ministério Público! – aparece brincando, solerte, na Comuna da Reitoria. O último neném significativo em filme é aquele de *O encouraçado Potemkim*, de Eisenstein. A mãe é morta pelas forças de repressão do capitalismo – mesmo sendo capitalismo russo... As "mães ocupantes" da reitoria, em vez disso, batem uma feijoada...

Gente cafona. Gente bokomoko (lembram-se desse adjetivo?). Gente atrasada. Foi só encher a reitoria de mulheres, e elas logo foram cozinhar. E o reacionário sou eu!!! Os machos cuidam da segurança e da poesia revolucionária, e as fêmeas, do fogão. Preparam o alimento dos seus guerreiros de Atenas – os da música dos filopetralhas Chico Buarque e Augusto Boal, claro. Também não resistem a uma vassoura. Seria atavismo ou ainda é o papel que os revolucionários do século XXI imaginam adequado às mulheres? Não são exatamente machistas ("isso é coisa de direitista"): são apenas tolos, mimados, bobocas. As mulheres do meu tempo não pagariam esse micão.

Ah, sempre terei de lamentar certos aspectos do meu passado. Também fiz aquilo ali – ao menos havia uma ditadura militar, né?, e o governador era o indireto Paulo Maluf. Contextualizo, mas não me desculpo, bem entendido. E há uma diferença importante: a gente era um tanto cretino, mas não cafona. Posso desculpar quase tudo, até a monumental ignorância política dessa gente. Mas poesia vagabunda, ah, isso não! Isso é indesculpável.

D'APRÈS DRUMMOND [21/05/2007]

Zuleido, Zuleido, vasto Zuleido,
Se você se chamasse Isidoro,
O nome, ao menos, seria inodoro

A BILIONÁRIA BOLSA-TERRORISMO PAGA PELO BRASIL [14/06/2007]

Os terroristas não sabiam, mas estavam investindo em seu patrimônio. Ou da família. Até gente que nunca atirou uma pedra com estilingue e não correu risco de levar pito nem do síndico recebeu indenizações milionárias como "vítima da ditadura". Lula é um pensionista, imaginem..

Frei Chico, seu irmão, aquele que se identifica como "Roberto" (ou seria algum "Roberto" se fazendo passar por frei Chico?) tem direito a 3.760 reais por mês e indenização de 461 mil reais. Ficou 16 dias preso. Nunca encostaram a mão em um fio de sua barba – nem na de Lula, que jamais deixou de receber salário do sindicato ou do PT. Ainda há quase 30 mil pedidos de pensão sendo analisados. O programa Bolsa-Terrorismo já soma quase 2,3 bilhões de reais em indenizações e custa 28 milhões de reais por mês em pensões. É um esculacho, uma piada grotesca.

É uma estupidez até aritmética. Com muita boa vontade, morreram 424 pessoas em razão de causas políticas ou delas decorrentes, incluindo os terroristas, em combate, de arma na mão. Nem na Argentina, onde os mortos foram 30 mil, apareceram 60 mil pessoas cobrando reparações. No Brasil, sim. Já foram concedidos 16 mil benefícios, e outros 13 mil, rejeitados. E falta analisar as outras 30 mil. Apanhei da Polícia durante a ditadura e fui perseguido por um idiota do Deops quando secundarista. É verdade. Tenho testemunhas. Qualquer hora, vou tentar saber se existe registro desse negócio. Vou pedir a minha grana. Eu tinha 15 anos e fiquei muuuiiito traumatizado. Resultado: virei anticomunista, o que só pode ser uma doença, certo? Algo como uma Síndrome de Estocolmo, sei lá. Quero a minha parte. E vocês vão pagar. Torrarei tudo em Gold Label.

O caso Carlos Lamarca, acho eu, passou da conta. Ele desertou do Exército em 1969 para integrar uma facção terrorista. Abriu mão de ser um militar. Morreu em 1971. Mas, antes, matou muita gente. Mesmo assim, a Justiça Federal já havia concedido pensão à viúva em 1993, correspondente a 9.963,98 reais, o valor pago a um coronel do Exército. Morreu como capitão, mas a pensão é sempre paga segundo o valor da patente imediatamente superior. Ontem, a comissão do Ministério da Justiça que cuida do caso resolveu "promovê-lo" a coronel – e o valor pago à viúva passou a ser o de soldo de general: 12.152,61 reais. Promoção por quê? Por relevantes serviços prestados à nação? Por ter tentado implantar no Brasil um regime que, em caso de sucesso, teria matado muitos milhões? Ah sim: a diferença é retroativa a 1988!!!

Só isso? Não, senhor! A mulher e os dois filhos receberão, cada um, 100 mil reais a título de indenização. Se Lamarca tivesse sido premiado por cadáver que fez, certamente teria rendido menos. Pelo visto, também estão pagando por aqueles que ele faria se tivesse logrado êxito em sua empreitada. Acho que chegou a hora de se fazer, com efeito, uma grande reportagem sobre esses heróis. Sobretudo, é preciso saber qual era a utopia pela qual lutavam – e que hoje nos custa tão caro.

PS: Só para registro. Defendo que se pague indenização para quem, preso pelo Estado, morreu em razão de tortura. Aí, sim. Todo o resto, incluindo a decisão de morrer com uma arma na mão, é uma questão de escolha. O Brasil não deve nada a esses caras, incluindo a democracia, que eles tanto detestavam.

ENQUETE [24/06/2007]

Daqui a pouco, enquete nova, a saber:

Comovido com a etnomatemática, Tio Rei convoca o auxílio de sua legião de leitores. Precisamos discutir, deliberar e votar: quanto é 7 vezes 9:

a – ( ) Na era do "relaxa e goza", 69!
b – ( ) Depende do contexto, "companheiro".
c – ( ) Multiplicar é uma operação típica de porcos neoliberais. A gente só sabe dividir.
d – ( ) Vamos invadir a reitoria e fazer uma assembléia de no mínimo seis horas. O movimento não tem liderança. Depende do Sindicato dos Trabalhadores da USP.
e – ( ) É uma pergunta típica da direita que urra e baba. Chamem o Paulo Arantes e o Francisco de Oliveira para debater na *Folha.*

Resultado da enquete anterior:

Vamos pensar num título e num tema para a novela das 21:00, da Globo:

- 34,61% (1.037) – *Os irmãos Karadepau* (quer que desenhe?);
- 17,26% (517) – *Um Chicabon para Romão* (uma releitura do clássico As chiquititas, censura 18 anos);
- 16,15% (484) – *O calvário da gestante* (flagrantes da vida pública brasileira);
- 16,05% (481) – *Ah, Wilson, vai!* (Lula dialogando com Hugo Chávez);
- 15,92% (477) – *Meu filho, meu tesouro* (sobre os bastidores das concessões de TV no país)

O COCORICÓ DA CLOACA [12/07/2007]

Gosto é quando Lula acorda com complexo de Schopenhauer. Só então temos a exata dimensão de nossa miséria. Nesta quinta, ele esteve em Olinda para anunciar a liberação de 1,4 bilhão de reais para obras do Programa de Aceleração do Crescimento – que é só o apelido de atos normais e corriqueiros de um governo. Ao discursar, pediu paciência para o início das obras de reurbanização e saneamento de favelas, falou das dificuldades burocráticas – coisas pelas quais o mesmo Lula, antes, culpava o governo (o dos outros) – etc. e tal. E lascou: "Isso é mais complicado do que botar ovo."

Não consta que pôr um ovo seja uma especial dificuldade para uma galinha, porquanto está em sua natureza. O máximo de complicação, na hipótese de ser uma galinha francesa, é a velha dúvida: "Quem veio antes?" No caso da galinha alemã, o problema é sempre ontológico: "Mas o que é uma galinha?" Ao que responde a galinha neoplatônica: "Uma galinha é a reminiscência da galinha." Já a anglo-saxã não se perde em considerandos: "Para que serve uma galinha?"

E há, como se vê, o galinácio brasileiro: "Ser galinha é uma coisa muito difícil."

TRAGÉDIA EM CONGONHAS [19h27 do dia 17/07/2007]

Há aproximadamente meia hora, um avião da TAM derrapou na pista, atravessou a avenida Washington Luiz, bateu num prédio da própria TAM e pegou fogo. ATENÇÃO:

A INFRAERO NÃO SABE:
- o número do vôo – talvez o 5018, vindo de Porto Alegre
- o tipo de avião – talvez um Airbus 320
- quantos passageiros estavam no avião – talvez 170

Informações extra-oficiais dão conta de que todos teriam morrido. Havia (ou há) funcionários na TAM no prédio.

A pista de Congonhas foi recentemente reformada. Os pilotos reclamavam da falta de aderência. Ontem, uma pequena aeronave já havia derrapado.

A INFRAERO É UMA PIADA MACABRA [19:57 do dia 17/07/2007]

O que é absurdo nessa história toda? O acidente aconteceu há 55 minutos, e a Infraero não consegue informar com certeza nem mesmo o número do vôo.

E depois a canalha petista ainda acha que é preciso um complô para vaiar Lula. É apenas uma questão de ter amor à vida.

É uma piada macabra. É uma irresponsabilidade absoluta. É um escárnio.

OS NOJENTOS [20/07/2007]

Asquerosa!

Deprimente!

Revoltante!

Vagabunda!

Delinqüente!

A que outras palavras se pode recorrer para definir os gestos despudorados do velho Marco Aurélio Garcia,* assessor especial de Lula, e do ainda jovem Bruno Gaspar, assessor de Imprensa? Vejam aí: a maturidade não faz o decoro. Num, a idade foi acrescentando tolice, fatuidade, arrogância. No outro, a falta dela confere jactância, fanfarrice, prepotência. E o velho, ali, era o retrato bem-sucedido do moço. Marco Aurélio é Bruno quando maduro. Bruno é Marco Aurélio quando jovem. Essa gente é uma espécie.

O Brasil ainda chora quase duzentas vítimas; enlutadas, as famílias anseiam, ao menos, pelos despojos de seus mortos, para que possam concluir suas respectivas tragédias, já que aqueles a quem amavam lhes foram arrancados, surrupiados, seqüestrados por um governo incompetente; que, quando não é só incompetente, consegue ser pior porque incompetente e corrupto. Corrupção e incompetência fartamente documentadas justamente na Infraero, especialmente na reforma do Aeroporto de Congonhas, mortalha de inocentes; picadeiro de palhaços da morte; valhacouto de assassinos.

O que tanto comemoravam aquelas duas tristes figuras? Quem Marco Aurélio achava que estava fodido? Quem estava sendo violado pelo sr. Bruno Gaspar? Quais eram seus inimigos imaginários que estavam ali sendo subjugados em seu festim patético? Por que tripudiavam, eufóricos, sobre duzentos mortos, sobre histórias interrompidas, sobre famílias moralmente destruídas, que, a essa altura, não têm de seu nem os corpos para enterrar, carbonizados que foram na pira da incúria, da loucura, da irresponsabilidade, da prevaricação? Por que festejam estes vândalos? Qual foi a grande vitória que obtiveram? Quem o assessorzinho chama de "filho-da-puta"?

A resposta é simples e chegou ao blog na pena dos acólitos, da Al Qaeda eletrônica, dos esbirros menores da ditadura da corrupção, da in-

* O vídeo está neste endereço: http://www.youtube.com/watch?v=FZxkveucV2c

competência e da vulgaridade. Para essas alimárias, a matéria de William Bonner, no *Jornal Nacional*, provando que a aeronave estava com um dos reversores desativado (e que enfrentara problema no dia anterior ao do acidente) livrava o governo de qualquer responsabilidade. Mais uma vez, a "mídia", inimiga eterna de ditadores e, por que não?, dos petistas, seria, então, acusada de conspiração. Como se a informação não tivesse sido tornada pública pela própria mídia que se procurava execrar, ferrar, violar, subjugar, submeter, humilhar.

Feios! Sujos! Malvados!

Só que não prova nada! O reversor desativado lhes saiu pela culatra. Todos os técnicos, incluindo a voz oficial da Aeronáutica, sustentam que, em pista adequada, é perfeitamente possível aterrissar sem o reversor – de fato, sem os dois reversores. Ele pode ajudar a diminuir a velocidade de um avião, mas, deixam claríssimo os especialistas, naquela situação vivida pelo Airbus, teria sido inútil. Sabem o que isso significa? Que a hipótese de problema na pista, em vez de ter diminuído, aumentou. A reportagem do *Jornal Nacional*, não obstante, é muito importante: em sua entrevista coletiva, Marco Antonio Blogna, presidente da TAM, omitira tal dado. Disse que a aeronave estava em perfeitas condições. Poderiam até ser adequadas, mas perfeitas não eram. Também omitiu que a mesma aeronave quase saíra na pista no dia anterior ao acidente. A relação Infraero-empresas-Anac vai ficando evidente a cada dia, não pode ser mais obscura, confusa, estranha. Sargento Garcia e o Tonto vibraram inutilmente.

Vocês leram; os posts estão nos arquivos. Desde a primeira hora do acidente, apontei a responsabilidade do governo, seja lá qual for a causa desta tragédia em particular. Tanto é que Lula vai hoje à TV anunciar medidas. Os três órgãos que cuidam do setor são subordinados ao Executivo: Infraero, Anac e Ministério da Aeronáutica. Lembrem-se: quase uma hora depois do acidente, não se sabia que avião ardia em chamas, não se sabia o nº do vôo, não se sabia nada. Trata-se do maior acidente aéreo no mundo em cinco anos. Na história da aviação, é a primeira vez que um país registra dois casos tão graves em prazo tão curto: dez meses. Não! Ocorre que esse governo não suporta cobranças. Como fica claro num vídeo que postei ontem, Lula ainda espera que lhe sejamos gratos por cumprir tão mal as suas obrigações.

Desde o primeiro post sobre o caso, a Al Qaeda eletrônica tenta se infiltrar aqui. A acusação estúpida, maledicente, que segue o velho princípio de acusar os adversários dos vícios que "eles" têm, é que eu estaria contente com a tragédia. A cobrança política que fiz foi tachada de exploração da dor alheia; foi chamada de insensível. O lema passou a ser, então: "Vamos parar de politizar o acidente." Revejam o vídeo de Marco Aurélio e de Bruno Gaspar. Agora respondam: quem, de fato, explora a tragédia? Quem se ocupa unicamente de sua dimensão política? Quem, com efeito, está mais preocupado com a imagem do governo do que com a dor das famílias dos mortos?

Marco Aurélio, o Dom Giovanni da ditadura do proletariado, e seu Leporello pegador, de crachá e camisa amarrotada, são mais indecorosos pelo que pensam do que pelos gestos obscenos que fazem. São o retrato de um governo mais interessado em achar uma desculpa do que uma resposta; mais interessado em se safar do juízo da opinião pública do que em resolver um problema. E poderia ser diferente? Garcia é um dos artífices de nossa política externa; foi o homem enviado por Lula à Venezuela, logo nos primeiros dias de seu primeiro mandato, para atestar a "democracia até em excesso" de Hugo Chávez. É o pensador por trás da aproximação de Lula com as ditaduras islâmicas. É, não custa lembrar, cofundador, com o Apedeuta, do Foro de São Paulo, um ajuntamento de partidos e grupos de esquerda da América Latina em que as narcoguerrilheiras Farc têm assento. Presidiu o PT durante a crise do dossiê e foi um dos formuladores da tese de que se tratava, vejam só, de uma tentativa de golpe de Estado.

Tremores e desculpa

Marco Aurélio resolveu dar uma pequena entrevista se explicando, com seus óculos redondinhos, como a anunciar que atrás daquelas lentes mora um intelectual refinado. Nós vimos. Classificou as imagens de "clandestinas" e disse que, em público, não se comportaria daquela maneira. Falo já disso. Clandestinas? Ele estava no Palácio do Planalto, na sede do Poder Executivo. Talvez ignore, mas aquele é um espaço público, e ele podia ser visto próximo à janela. Ninguém invadiu a sua casa para flagrá-lo na intimidade. Muito ao contrário. O que ele esperava? Que o cinegrafista, vendo-o ali, desligasse por pudor a câmera? Talvez sim. Os indecorosos sempre esperam que os decorosos se intimidem. Contam com isso.

Mas estupenda e reveladora é sua afirmação de que jamais faria aquilo em público. Ora, todos sabemos, não é? A frase é um emblema. Existe o petismo público e existe o petismo de corredor; existe o petismo para a massa de néscios, e existe o petismo para os escolhidos; existe o petismo oficial, e existe o petismo não contabilizado, paralelo, caixa dois. Estamos falando, afinal, desde sempre, de um esquerdista para quem, por definição, a moral está a serviço de um projeto. E, na trajetória da esquerda, nunca importou quantos poderiam ou precisariam morrer para que esse projeto se realizasse.

"A nossa moral e a deles"

Marco Aurélio não vem da banda do PT stalinista. Vem do trotskismo – e ele não se curou: ficou mais doente. Porque agora aderiu também à vida pançuda da burocracia estatal. Trótski é autor de um célebre texto em que fala da "nossa moral [dos socialistas] e da deles [dos burgueses]". Saibam, leitores: tudo aquilo que reconhecemos como escrúpulo, decência, limite, individualidade, respeito ao outro, tudo isso não passa da moral burguesa, a ser descartada liminarmente em nome de uma outra moral, uma doutrina aberta que, supostamente, se vai construindo na história, mas que, de fato, atende exclusivamente aos interesses do partido encarregado da revolução. No caso, a revolução possível: essa porcaria que o PT vem fazendo.

Para realizar seus objetivos, temos outros exemplos, essa gente já demonstrou não ter limites e não se intimidar jamais. Nas suas explicações, ao ajeitar os seus óculos redondinhos, Marco Aurélio tremia feito uma gelatina. Era alguém acostumado, como se viu, a gestos bastante eloqüentes nos bastidores obrigando-se a fingir uma civilidade que, com efeito, não tem. Pelo menos, vá lá, é um medalhão do partido. E aquele outro coitado? E o Robin ideológico do Batman pançudo do socialismo?

Acusam seus adversários daquilo que eles próprios fazem. Não! Eu não celebrei a morte de ninguém. Lamentei. Lamentei todas elas e uma em particular, a do deputado Julio Redecker (PSDB-RS), e já expus aqui os motivos. Ah, eles sim. Eles tentaram comemorar o que seria a vitória sobre os adversários. Na entrevista, Marco Aurélio teve o mau gosto adicional de citar os mortos, que seriam a causa original de sua indignação. Conversa! Ele julgou, junto com o seu "Menino Prodígio" rompedor, que a fatura estava liquidada. Para ele, Lula havia ganhado mais essa. Para ele, Lula havia derrotado os duzentos mortos.

Mas não derrotou. Eles lhe pesam sobre os ombros, junto com os 154 do avião da Gol. Hoje o demiurgo fala. Embora "não tenha nada com isso", vai anunciar medidas. Se não der um pé no traseiro do Batman Gorducho e do Robin matusquela, estará repetindo ele próprio o gesto de seus subordinados. E, aí, para todo o povo brasileiro. Nunca uma gente tão baixa chegou tão alto. E, por isso, morremos assim: esturricados na fogueira de sua incompetência.

E saibam: eles sempre podem ir um pouco mais longe.

REVANCHISMO E MITOLOGIA ESQUERDOPATA QUEREM REVER LEI DA ANISTIA [29/08/2007]

> Está previsto para hoje, em cerimônia no Palácio do Planalto, com a presença do presidente Lula, ex-preso político, e de vários ministros, o lançamento do livro *Direito à memória e à verdade*, cujas páginas registram o perfil dos mortos e desaparecidos sob a ditadura militar brasileira. A obra resulta de cuidadoso trabalho da Comissão Especial sobre Mortos e Desaparecidos Políticos, presidida pelo advogado Marco Antônio Rodrigues Barbosa. Editada pela Secretaria Especial dos Direitos Humanos da Presidência da República nesta gestão do ministro Paulo Vannuchi, é, com certeza, o mais importante documento histórico sobre os anos de chumbo desde a publicação de *Brasil: nunca mais*, assinado pelo cardeal dom Paulo Evaristo Arns, hoje arcebispo emérito de São Paulo, e o reverendo Jaime Wright.

Assim começa frei Betto o seu artigo na *Folha* desta quarta. Opinião é como intestino: todo mundo tem. E a democracia, onde há democracia (não é o caso da Cuba de Fidel Castro... e de Betto), garante a sua expressão, o que é ótimo para o regime de liberdades públicas, mas nem sempre a verdade sai ganhando. Tá bom. Podemos pagar o preço de uma impostura ou outra para ter um regime democrático. Mas elas precisam ser denunciadas.

Uma das mentiras esquerdopatas que costumam triunfar é a de que a história é sempre contada pelos vencedores. Não é regra. Às vezes, sim; às vezes, não. Leiam, por exemplo, *Os doze césares*, de Suetônio. Os mandatários romanos não aparecem ali fazendo, necessariamente, um bom papel. Nem *A ilíada*, que é literatura (e, pois, também história), é sempre airosa com os gregos – Heitor, o vencido, é uma grande personagem. Muitas vezes, a crítica vem embutida no próprio elogio. David, o pintor, puxando o saco de Napoleão, fala muito mais do temperamento do baixinho invocado do que seus inimigos. Essa conversa de que é preciso contar a história dos vencidos é pura mistificação submarxista. Marx, aliás, um quase-helenista, morreria de rir dessa tolice. Até porque o discurso histórico também é história. Supor que haja dois pontos de vista apenas

– o do vencido e o do vencedor – é flertar com a tentação de haver um juiz da história, que venha desempatar a contenda. Coisa de mulas intelectuais e de totalitários.

Pedem-me que comente a iniciativa da Secretaria Nacional de Direitos Humanos de publicar o tal livro, mais um, com o relato dos horrores da tortura durante o regime militar. É coisa do secretário Paulo Vannuchi. Um anterior, Nilmário Miranda, tem a sua própria obra a respeito: *Dos filhos deste solo*, em parceria com o jornalista Carlos Tibúrcio. Quem sabe o próximo se dedique à mesma iniciativa... Vejam só: se há fato histórico em que a versão vitoriosa é a dos vencidos, é este. A esquerda perdeu a batalha, mas ganhou a guerra de propaganda. Escrevi um artigo sobre isso na extinta *Primeira Leitura*. No blog, tratei do assunto no dia 18 de julho de 2007. Essa tese é minha. No caso do golpe militar de 1964, até agora, só os vencidos deram a sua versão porque amparados, olhem que coisa!, em sua suposta superioridade moral.

É o habitual

É o único caso em que o vencido é o vencedor? Não. No Ocidente, especialmente depois que a academia e os meios de comunicação foram ocupados pela cultura da contestação, isso é uma constante. O aparato analítico da esquerda, no entanto, fazia-se presente na história das idéias muito antes. Já escrevi aqui também: até hoje, os assassinos liderados por Robespierre são exaltados como verdadeiros heróis dos direitos do homem. As melhores conquistas da chamada Revolução Francesa foram obra de conservadores, o que é solenemente omitido tanto na França como no Brasil. O único historiador que conseguiu furar o bloqueio da "mentira dos vencidos" com razoável sucesso foi François Furet. Parte da historiografia brasileira se dedica a resgatar a memória dos "vencidos" mesmo que sejam notórios bandidos, como é o caso do ditador paraguaio Solano López, visto como um "socialista" endêmico destruído pela brutalidade dos brasileiros. E quem diz isso? Brasileiros, ora essa. Em matéria de estupidez, a nossa academia não tem preconceitos.

Mas volto lá ao tal livro. Eu vinha evitando o assunto porque já escrevi muito a respeito. Se vocês acessarem o Google e botarem lá palavras-chave como "Reinaldo Azevedo indenização pensão esquerda terrorismo", verão quantas vezes já escrevi a respeito dessa história. Quem, comprovadamente preso, foi vítima de maus-tratos tem mesmo de ser indenizado – ou alguém da família no caso de morte. Quem optou pela luta armada ou pelo terrorismo (em suma: deliberadamente, pegou em armas para derrubar o governo) fez uma escolha consciente. Se morreu na batalha, pagou o preço de uma opção. Poderia ter matado. E alguns mataram. E também não sou sensível à falácia de que a guerrilha e o terror eram a última saída. Não eram. Ou seria preciso ignorar todas as outras formas de resistência que houve. Mais: essa hipótese se sustenta em outra mentira, combinada com a anterior: a decisão de promover a luta armada seria posterior à decretação do AI-5. Foi anterior.

Ora, qual é o sentido de se fazer um novo livro sobre os mortos, carregando agora, mais do que antes, na descrição dos horrores a que teriam sido submetidos? E fazê-lo com patrocínio oficial, quando o Estado brasileiro já admitiu, como ente legal, as suas culpas, pagando uma indenização bilionária? Sim, o que frei Betto e seus serviçais na imprensa escondem é que as indenizações às "vítimas" do regime militar já custaram quase 3 bilhões de reais aos cofres públicos. A cada mês, as pensões somam outros 28 milhões de reais. Eles quiseram implantar o comunismo no Brasil, e nós pagamos o pato. Já foram concedidas 17 mil reparações, 13 mil foram rejeitadas, e ainda há outras 30 mil na fila.

Lula, que frei Betto chama de "preso político" (esse apoiador de Fidel Castro não tem mesmo nenhum senso de ridículo), é um dos pensionistas. No mundo inteiro, é verdade, os "vencidos" de carteirinha lutam para contar a sua versão dos fatos. Só que, no Brasil, eles decidiram passar primeiro no caixa. Parênteses: o discurso da "versão dos vencidos", com que se tenta enobrecer o livro, seria um argumento muito interessante num tribunal. Não é legítimo supor que, uma vez "vencidos", usam a sua narrativa extremada como mais uma arma contra o inimigo, agora a retórica – quiçá a imaginação?

Lei de Anistia

A Lei de Anistia é de 1979. Qual foi o seu sentido? Justamente eliminar esse discurso de "vencidos" e "vencedores" e impedir, para usar uma expressão da época, o afloramento do "revanchismo". A maioria das correntes de esquerda, diga-se de passagem, endossou essa perspectiva. E notem bem: não faltou, na linha dura militar, quem alertasse para o fato de que a lei seria apenas o primeiro passo da revanche, que viria mais cedo ou mais tarde. Tais setores argumentavam – e não sem razão – que, estivessem invertidos os papéis, e as esquerdas não lhes dariam a chance do perdão. A julgar pela experiência histórica do comunismo, viria mesmo é o paredão para os que então estavam no poder e para milhões de outros brasileiros.

O livro a ser lançado hoje cita 475 casos. O de Nilmário, 424. Não li o de agora. O outro era bastante generoso nos critérios para atribuir mortos e desaparecidos ao regime militar. Nem sempre a vinculação fica clara. Seja um número ou outro, Fidel Castro, o guia moral de frei Betto, riria da brandura da ditadura brasileira. O que eu acho? Uma barbaridade, é óbvio. Com uma diferença: eu deploro as duas ditaduras; Betto, apenas uma.

Resistindo à linha dura, felizmente prosperou a corrente que propugnava em favor da abertura política, e o país pôde, então, caminhar para a conciliação e para uma transição pacífica do regime militar para a democracia. Reavivar agora aquelas contendas serve a quais interesses? Se o governo Lula patrocina um livro como esse, embalado por forte propaganda, poderia muito bem ter atuado, por meio da comissão que cuida do assunto, para tentar localizar corpos que ainda não tenham sido encontrados. Em vez da eficácia, busca-se, no entanto, a propaganda. E os promotores de tal iniciativa mal escondem a intenção de levar os anistiados "do outro lado" para o banco dos réus.

Escreve frei Betto:

> A nação, entretanto, tem o direito de resgatar a sua memória e corrigir aberrações jurídicas como a "anistia recíproca" do governo Figueiredo. Inútil querer impedir que as famílias pranteiem seus mortos e clamem por seus entes queridos desaparecidos. E, a exemplo do Chile e da Argentina, o princípio elementar do direito exige que crimes, sobretudo aqueles cometidos em nome do Estado, sejam investigados, e seus responsáveis, punidos, para que a impunidade não prevaleça sobre a lei nem se perpetue como tributo histórico.

Há, aí, dois truques sujos no que respeita à retórica e à história. "Resgatar a memória" – e os corpos – é uma coisa. Rever a "anistia recíproca" é que é uma aberração. Andaram bem, no passado, os que assaltaram bancos, promoveram o terrorismo, a guerrilha e também mataram? Até onde chega a paixão de frei Betto pela revisão da história? O segundo truque é equiparar a ditadura militar brasileira à argentina ou à chilena. A primeira matou 30 mil pessoas; a outra, 3 mil – com populações muito menores do que a brasileira. Naqueles países, a ditadura deixou uma chaga social; no Brasil, felizmente, não. Ah, claro: por mil habitantes, o campeão em mortes, prisões e exílios é o ditador Fidel Castro, o amigo de frei Betto.

Matou ou não?

Indagado pela revista *Playboy* se já matou alguém, José Dirceu não quis responder. Deixou para o futuro, para as suas memórias. Eu, por exemplo, posso dizer: nunca matei ninguém. É bem provável que quem me lê também não. E outras tantas figuras do governo e da base aliada que participaram da luta armada e de ações terroristas? Eles têm ou não as mãos sujas de sangue? Em alguns casos, é quase fatal supor que sim. Mataram em nome do quê? De uma causa? A causa do comunismo era moralmente superior à do combate ao comunismo? Ou terão a cara-de-pau de dizer que seus assassinatos ajudaram a construir o regime democrático no Brasil?

Os "vencidos" já venceram e já contaram a história do seu jeito. Partidários óbvios de um regime facinoroso, eles estão por aí fazendo as vezes de combatentes da liberdade. O livro é só uma peça a mais no proselitismo vitimista, que busca ajustar contas com o passado. E que governo o promove? Um capaz de se meter numa conspirata – não com um, mas com dois ditadores (os amigos de Betto) – para devolver dois pobres pugilistas a uma tirania; a tirania que os "heróis" de si mesmos, sem qualquer apoio popular, queriam implantar no Brasil.

Que interpretação é esta?

Este é um texto de vencido ou de vencedor? Conheci a truculência da ditadura com 15 anos, como estudante secundarista, perseguido por um agente de sobrenome "Olay". Estará vivo ainda? Isso faz trinta anos. Túlio Bulcão, meu professor então, meu amigo ainda hoje, militante do PT, conhece bem a história. Outros que me davam aula também. Eu era socialista? Ainda não exatamente, mas me interessavam as pessoas que diziam coisas que o "sistema" (usava-se muito essa palavra naqueles tempos) não deixava dizer. Quando decidiram me "pegar", era um pretexto para tentar chegar a alguns professores de esquerda – com os quais, de resto, justiça seja feita, eu nem tinha contato. Quando ingressei num grupo trotskista, cruzei com um deles na reunião, e foi difícil saber quem ficou mais surpreso.

Era 1976. Fiquei, é claro, apavorado. Mas não o suficiente para me afastar da "luta", à qual dediquei alguns anos. Até entender, ainda bem que a tempo, que aquilo que eu buscava era a democracia, não o socialismo – descoberta que não se faz sem alguma dor e sem alguma perda. Mas isso não interessa agora, e não há nenhum risco de eu me tornar um sentimental nessa questão. O que penso hoje, e já há muitos anos, da esquerda, vocês sabem. Fiz escolhas intelectuais e morais. Mas também conheço como funciona a racionalização da barbárie e da violência na cabeça de um esquerdista. Esse livro é parte de uma representação que procura entronizar santos e exorcizar demônios, contra o sentido da Lei da Anistia. Reitero: buscar corpos ou tentar saber o destino de desaparecidos é coisa diversa de rever a lei, como querem frei Betto e seus propagandistas. Em tempo: continuam a me interessar as pessoas "contra o sistema".

Finalmente...

A democracia no Brasil não morreu em 1964 porque a direita deu um golpe. Morreu porque não havia quem a defendesse, de lado nenhum. Um governante responsável não teria promovido ele próprio a subversão, como fez João Goulart, incentivado pelos nacionalistas bocós e pelos bolcheviques tupiniquins, que imaginavam que ele pudesse ser o seu Kerenski. Não podia. Era ainda mais idiota. Deu no que deu. O Brasil não merece reabrir uma ferida porque um populista meio vulgar decidiu dar as mãos a meia dúzia de "vencidos-vencedores" que não conseguem nem superar nem se livrar de suas próprias obsessões.

TIO REI TRANQÜILIZA OS "ASPIRAS" DA ESQUERDA INTELECTUAL [22/10/2007]

Capitão Nascimento, o kantiano rústico, como o chamei em artigo na *Veja*, continua a ser alvo dos foucaultianos polidos. Os "aspiras" da esquerda intelectual são mesmo idealistas. Marx olharia pra eles com desconsolo. Gastou-se mais tinta e papel com os mortos de mentirinha de *Tropa de elite* – é chato lembrar, sei disso, mas o filme é ficção, viu, pessoal!? – do que com os de verdade nos morros do Rio. Eu entendo o motivo. Acreditem: a exemplo do que acontece com o narcotráfico, também esta é uma disputa por território.

Diretor, roteiristas, atores, todos eles já foram levados a fazer um mea-culpa e a negar, de pés juntos e mãos postas, que o filme defenda a tortura ou a ilegalidade. E não defende mesmo, é claro. Se as platéias aplaudem aqui e ali – no cinema em que vi, as pessoas ficaram muito comportadas –, é porque, de fato, se cansaram da corrupção da polícia e da política, da inércia do Estado, do abandono a que estão relegadas. Sim, talvez fosse de bom-tom que essa gente não fosse tão malcriada e entendesse os motivos de nossos bandoleiros primitivos. Mas vocês sabem como esse povo está sempre muito abaixo da moralidade de nossos intelectuais.

Volto ao ponto. A despeito de todos os atos de contrição das pessoas envolvidas no filme, resta a obra. E ela, de fato, não perdoa a doce tolerância ou conivência da classe média – da Dona Zelite – com o narcotráfico. É a primeira vez que o cinema brasileiro se abre para o dissenso. Pouco me importa se seus realizadores queriam isso. É o que acabou acontecendo. E o filme é um sucesso.

A esquerda intelectual reage porque não quer esse estranho em seu ninho. Que papo é esse, agora, de lembrar que as pessoas têm responsabilidades individuais e fazem escolhas? Isso é terrível porque questiona um edifício teórico gigantesco. No dia em que o pobre ou o rico não mais forem vistos segundo as lentes da alienação ou da má consciência, o esquerdista não terá mais como entender o mundo. De fato, o seu "oprimido" não é uma pessoa, mas um dado de equação.

Queria tranqüilizar os mais nervosos, os "aspiras". Tudo voltará a seu eixo em breve. Trata-se apenas de um filme, não de uma nova era. Na história do cinema mundial, Capitão Nascimento não é o primeiro "malvado" a se tornar ídolo. O próprio José Padilha já lembrou o caso e é fato: quem não torcia por Michael Corleone, por exemplo? O Brasil fez seu primeiro filme (nos Estados Unidos, por exemplo, há milhares) em que a polícia também tem um discurso. Mas isso não mudará o padrão de resignação de Banânia.

Relaxe, 01!!! Pode voltar, como diria Drummond, a se ocupar de estrelas e outros "substantivos celestes" porque a maioria dos nossos artistas continuará a promover a justiça social nas telas, nas novelas, até nas tirinhas de humor dos jornais. Se há coisa que o Brasil produz com competência ímpar é justiça social na ficção. Com o apoio da Petrobras, da Caixa e da Lei Rouanet.

Tropa de elite é exceção – daí o espantoso sucesso. A regra continuará com os filmes "esquerdisticamente" corretos e sem público. Como diria o Apedeuta: "tranquilis". Não há a menor chance de "a direita" invadir o Morro do Alemão mental que dá as cartas na produção cultural.

REDESCOBRINDO O BRASIL COM CABRAL [26/10/2007]

Sobre as teorias do governador do Rio, Sérgio Cabral:

É evidente que ele se deixou encantar pela personagem que criou: cheia de desassombro, que diz as verdades inconvenientes, que não se intimida por consensos. No caso do aborto, conta com um estímulo e tanto de seu amigo e aliado político José Gomes Temporão, o ministro da Dengue Permanente.

Vocês sabem: os iluminados brasileiros não são do tipo que se deixam contaminar pela realidade. O país não consegue combater a dengue, mas pensa em métodos profiláticos e preventivos que passam pela redução da natalidade de pobres para combater a violência. Aliás, há também nisso uma correlação evidente: "*Menas* gente pro mosquito picar, *menas* dengue."

É o que eu sempre digo: o que atrapalha o Brasil são os brasileiros; não fosse isso, o país seria muito melhor.

Quem diria que fornecer educação e informação aos pobres viraria coisa da direita reacionária e utópica, não é mesmo? Coisa da esquerda progressista é legalizar o aborto.

Eu me pergunto por que essa gente não é mais prática. Com base em critérios objetivos e muito científicos de renda, esterilizem meninas e meninos pobres já na maternidade. Pensem: o Estado lhes fará um bem. Já não temos todo o estoque de faxineiros de que precisamos por um bom tempo? O mesmo se diga dos telemarketing para estarem nos informando do que estaremos necessitando a partir do momento mesmo em que estaremos acordando? Então. O que nos leva à breca é a timidez de propostas. Antes de tudo, ousadia!

Se bem que o teólogo e satírico Jonathan Swift tenha elaborado, no começo do século XVIII, uma proposta mais esperta do que Sérgio Cabral e a imprensa progressista: por que não passamos a comer as nossas crianças? Antes que alguns homens santos se animem ("Obaaaa!!!), ele se referia a comer em sentido literal, rasgando a carne infante com os dentes mesmo.

UMA "MODESTA PROPOSTA" PARA CABRAL, O (RE)DESCOBRIDOR DO BRASIL [26/10/2007]

> É objeto de tristeza, para quem anda por esta grande cidade ou viaja pelo interior, ver ruas, estradas e portas de casebres apinhadas de mendigas seguidas de três, quatro ou seis crianças esfarrapadas, importunando os passantes com pedidos de esmolas. Essas mães, incapazes de ganhar a vida com trabalho honesto, são obrigadas a gastar todo o seu tempo a vagar a esmo, implorando o sustento de seus desvalidos filhinhos que, ao crescerem, se tornam ladrões por falta de trabalho. (...)
>
> Essas crianças raramente conseguem ganhar a vida, roubando antes dos seis anos de idade (...) Foi-me informado (...) que uma criancinha

sadia e bem alimentada é, com um ano de idade, um alimento dos mais deliciosos, nutritivos e saudáveis, quer ensopada, assada ou cozida (...)

Uma criança dará para dois pratos no caso de um jantar para amigos e, numa refeição em família, os quartos dianteiros e traseiros serão suficientes para a preparação de um prato razoável que, se temperado com sal e pimenta, poderá ser aproveitado no quarto dia como um ótimo cozido (...)

A carne da criança poderá ser encontrada o ano todo (...). Aqueles que forem mais econômicos (como reconheço que os tempos atuais o exigem) poderão esfolar a carcaça cuja pele, artificialmente preparada, se prestará à confecção de admiráveis luvas para senhoras e botas de verão para cavalheiros refinados.

Quanto às nossas cidades, poder-se-ão estabelecer matadouros para este propósito nas áreas mais convenientes; e podemos assegurar que açougueiros não faltarão, embora eu raramente recomende que as crianças sejam compradas vivas e preparadas imediatamente após o abate (...).

A falta de carne poderia muito bem ser suprida pelos corpos de jovens rapazes e raparigas com idade não superior a quatorze anos nem inferior a doze, tamanho o número de crianças de ambos os sexos em todas as regiões que estão morrendo de fome por falta de trabalho e ocupação. Isso, é claro, a critério de seus pais, se vivos, ou, caso contrário, de seus parentes mais próximos. (...)

Esse alimento traria igualmente grande clientela para os hotéis, onde os cozinheiros certamente teriam a prudência de tentar obter as melhores receitas para o seu perfeito preparo; em conseqüência, teriam seus estabelecimentos freqüentados por todos os finos cavalheiros que se orgulham de seus conhecimentos na arte de comer bem (...)

Veríamos em breve mulheres casadas disputando honestamente qual delas poderia trazer ao mercado a criança mais gorda. Os homens tornar-se-iam tão afetuosos para com suas mulheres, durante a gravidez, como o são agora para com suas éguas e vacas prenhes ou suas porcas prestes a parir; não as espancariam ou chutariam (prática, aliás, muito freqüente) com medo de um aborto.

Muitas outras vantagens podem ser enumeradas. Por exemplo, o acréscimo de alguns milhares de carcaças a nossas exportações de carne de gado em barris, a propagação da carne suína e o aperfeiçoamento de se fazer toucinho de boa qualidade, do qual estamos tão necessitados devido ao grande extermínio de porcos – tão freqüentes em nossas mesas, mas que, de modo algum, se comparam, em sabor ou magnificência, a uma gordinha criança de um ano que, assada inteira, fará bela figura numa recepção (...) Deixo de mencionar muitas outras vantagens, pois aprecio a concisão.

(...)

Desejo que os políticos, a quem desagrada minha iniciativa, e que talvez tenham a ousadia de tentar discuti-la, perguntem antes aos pais desses mortais se eles hoje não considerariam uma grande felicidade terem sido vendidos como comida na idade de um ano, da forma que ora proponho, e dessa maneira evitado a perpétua sucessão de desgraças pela qual tiveram que passar (...).

Declaro, com toda a sinceridade de meu coração, que não sou movido pelo menor interesse pessoal ao tentar incentivar essa tão necessária tarefa, não tendo outro motivo senão o bem público de meu país (...).

*

Trata-se de um trecho de "Modesta proposta", de Swift, texto escrito em 1729. Em matéria de ousadia, deixa Sérgio Cabral e Temporão, o ministro da Dengue Permanente, no chinelo.

OUTRA "MODESTA PROPOSTA": CONTROLAR A NATALIDADE E INVESTIR NO CANTO LÍRICO [26/10/2007]

Tenho mais uma "modesta proposta" para Cabral, esta também de alcance cultural. Nasceu há pouco, numa conversa com Diogo. Os rapazes pobres poderiam ser castrados na maternidade. Isso traria também reflexo nas artes – o Brasil, mais uma vez, assombraria o mundo.

Em vez de MCs, com calçolão pelo meio do traseiro e cueca de fora, produziríamos *castratti*. Em vez do horror do funk e do rap, o florescimento do canto lírico. Vocês devem saber do que se trata: extirpavam-se os testículos dos garotos para que a voz não se tornasse grave. Eles atingiam notas verdadeiramente sublimes.

Padre Júlio Lancelotti poderia chefiar a Pastoral do Canto Lírico. Teríamos os Meninos Cantores do Complexo do Alemão em vez dos Meninos Cantores de Viena (os vienenses têm um certo complexo de alemão, mas é outra coisa). Em vez do Bonde do Tigrão, o Bonde do Cabral.

No fim da tarde, maconheiros descolados deixariam de aplaudir o pôr-do-sol em Ipanema ou Copacabana para ouvir um grupo de pretinhos entoando, com sua voz inconfundível, o *Te Deum*.

VAMOS TROCAR O AR-15 PELO OBOÉ [26/10/2007]

Com a colaboração de um leitor, dou seqüência à minha proposta de castração dos pobres e incentivo ao canto lírico. A medida teria efeitos secundários interessantes: em vez de as câmeras ocultas flagrarem o desfile de AR-15 e Uzis, veríamos os pretos das favelas carregando violinos, violoncelos e oboés. O chefe a ser reverenciado no morro não seria o que dominasse as bocas de fumo, mas o que conseguisse comprar um Steinway. O governo brasileiro doaria um Stradivarius para a Cufa (Central Única das Favelas). Em vez do AfroReggae, o AfroMozart. Quando Regina Casé quisesse tratar da cultura da periferia, teria de participar de festas em prédios da Vieira Souto, no Rio, ou de Higienópolis, em São Paulo.

TEM GENTE ESCREVENDO COM O NARIZ [07/11/2007]

É impressionante o fascínio que o Capitão Nascimento continua a despertar no jornalismo esquerdopata. A não ser por um repertório de piadas e expressões que caíram no gosto popular – "pede pra sair"; "O senhor é um fanfarrão"; "aspira" –, eu já não me lembraria mais do caso. Mas a esquerdopatia continua desarvorada. Trata-se de um caso patológico de confusão entre ficção e realidade. E de analfabetismo também: a canalha não sabe ler.

No artigo que escrevi para a *Veja* sobre o filme, observei que Capitão Nascimento incomodava, entre outras razões, porque era "violento, mas não corrupto". Isso num país em que a corrupção costuma ser mansa como os cordeiros. Imaginem: ladrões se disfarçam até de jornalistas; "propineiros" de quinta categoria, que alugam a opinião, passam por grandes moralistas da vida pública e críticos severos dos deslizes dos outros. Isso me faz lembrar uma passagem do *Sermão do bom ladrão*, de padre Vieira:

> De um, chamado Seronato, disse com discreta contraposição Sidônio Apolinar (...) Seronato está sempre ocupado em duas coisas: em castigar furtos, e em os fazer. Isto não era zelo de justiça, senão inveja. Queria tirar os ladrões do mundo, para roubar ele só.

Assim, a opinião dessa gente vale o quanto pesa. O que é preciso ficar claro no barulho que a esquerdopatia ainda faz com o filme são as suas falsas motivações. Saibam: não se trata da defesa nem de bandido nem de pobre, mas de si mesma: dos próprios hábitos e vícios. Ela está pouco se lixando se pobre é posto "no saco" ou não. Isso acontece todos os dias nas cadeias brasileiras. E ninguém foi pedir penico pra ONU. Já repararam como os valentes não criticam o "Baiano" do filme, aquele rapaz que tem o hábito de botar desafetos numa coluna de pneus e meter fogo? Quantas são as execuções praticadas todos os dias nos morros do Rio e nas periferias dos grandes centros? Traficante matar traficante? Bem, isso é lá com eles. Pobre massacrar pobre? Normal. Problema deles. Nada de Nações Unidas. Cadê os jornalistas "humanistas"?

Disse que estão pouco se lixando pra isso, certo? Expliquei a questão no meu artigo na *Veja*. Então qual é o busílis? A cena que dói na consciência dessa gente e que a deixa enfurecida é uma só: aquela em que o Capitão Nascimento enfia a cara do "estudante" de classe média no abdômen estuporado de um traficante e pergunta: "Quem matou este cara?" Ele próprio responde: "Foi você, seu maconheiro! A gente vem aqui pra desfazer a merda que vocês fazem."

A canalha não pode suportar essa acusação. Porque ela pretende, cinicamente, gozar de todos os benefícios do Estado de direito e de todas as licenças do estado da bandidagem, transitando nos dois pólos sem ser importunada – e, é claro, cobrando sempre da polícia mais segurança e mais eficiência. Em suma: quer garantias constitucionais para continuar a cheirar, a fumar e a fazer poesia com a miséria alheia. Mas também quer segurança, lei e ordem.

A sua dose de cidadania consiste numa consciência um tantinho culpada, em cobrar do governo "mais investimento em saúde, moradia e educação" e em apontar o dedo acusador contra os fantasmas "da direita"... Felizmente, esses picaretas caíram em desgraça. Por isso esperneiam.

ENQUETE DAQUI A POUCO. UM NOME PARA O JORNAL DO PT [13/12/2007]

Atendendo a pedidos, a enquete. O PT diz que vai lançar seu próprio jornal em 2008. Vamos ajudar os companheiros a escolher o nome:

( ) *Grama*
( ) *Folha Corrida*
( ) *Grana*
( ) *Prívada*
( ) *Mãos ao Alto!*

O MUNDO É UM [03/01/2008]

Vocês ficariam contentes também. Nesta quinta, entrei num barzinho escondido em algum ponto da Mata Atlântica, de onde se podia ver, plácido, o mar oceano, e lá estava um leitor do blog, Osmar, gentilíssimo, que veio falar comigo, com Dona Reinalda e as Reinaldinhas. De fato, na praia, encontrei muitos de vocês. Mas, nesse lugar, parecia improvável. É mesmo a rede global. O mundo é UM, por mais que os particularistas e multiculturalistas queiram dividi-lo em tribos cheias de "direitos", dispostas a impor aos outros a sua vontade. O Quênia está aí para servir de exemplo.

Publiquei um post, como viram, sobre a situação daquele país e lembrei o caso da África do Sul, que estendeu aos pretos o regime democrático que, antes, servia apenas aos brancos – o que fez daquele país uma democracia de fato. O apartheid era a negação dos princípios de representação e igualdade que serviam aos brancos. É evidente que houve chiadeira. Os petralhas, que não sabem ler, acusaram-me de fazer a defesa daquele regime, o que é uma tolice.

O que fiz foi reconhecer o óbvio. À medida que o apartheid não dava bola para as questões tribais e transformava cor de pele em categoria política – negando direitos aos negros, independentemente de sua origem –, o país se dividiu em duas partes: a minoria branca e a maioria negra; a primeira vivendo segundo as regras da democracia ocidental; a segunda debaixo de uma odiosa discriminação. Os negros passaram a lutar para ser reconhecidos como cidadãos plenos de direito, a exemplo dos brancos. Os discriminados não reivindicam direitos tribais, mas de cidadania.

E qual era o modelo capaz de oferecer o que pediam sem excluir do país os brancos, que formavam a mão-de-obra de elite e detinham o comando da burocracia? A democracia. Qual democracia? Aquela de "um homem, um voto". Em vez de luta tribal, representação; em vez de arranca-rabo de classes, economia de mercado.

O mundo é UM. A democracia representativa venceu a batalha e é o modelo que pode garantir a luta permanente por mais bem-estar. O resto é aposta na barbárie, como se vê na quase totalidade da África e se prenuncia na Venezuela, na Bolívia e no Equador. Até no Brasil os maluquetes tentaram flertar com a desordem em nome de uma nova ordem.

O mundo é UM. Mesmo num barzinho perdido na Mata Atlântica, onde cumprimento o leitor Osmar.

DEPOIS DAQUELA FOTO OU "O DEVER DOS DEMOCRATAS" [16/01/2008]

Antes de Fábio Luís da Silva virar um empresário milionário – o que aconteceu de 2003 para cá, depois que o pai virou presidente –, ele era monitor de jardim zoológico. O visitante queria ver a zebra. Lá ia Lulinha mostrar onde estava a zebra. "Cadê o jumento?" E Lulinha mostrava o caminho do jumento. "E a anta? Tem anta, moço?" E Lulinha demonstrava a sua intimidade com a morada das antas. Se fosse preciso, descrevia a sua dieta, hábitos, ciclo reprodutivo, tudo. Ele cansou de ver, em seu ofício original, a cena protagonizada por seu pai nos jornais de hoje: de câmera em punho, os visitantes saíam fotografando coisas que julgavam exóticas: aquele macaco que tem o traseiro colorido, o besouro vira-bosta, um bicho qualquer que se alimenta de carniça.

Foi o que fez Lula: fotografou o bicho exótico e moribundo Fidel Castro. Poderia ser o vira-bosta. Poderia ser um urubu. Poderia ser uma hiena. Mas é o vagabundo que se sustenta de carne humana. É o porco fedorento que sobreviveu no século XXI. É o ditador desprezível que fuzila sem julgamento. É o norte (i)moral por trás do terrorismo das Farc. Ao fotografá-lo, diriam os otimistas, Lula evidencia que, mais do que exótico, o moribundo – rejeitado, por ora, até pelo inferno – é um animal em extinção. Assim, a sabujice do Apedeuta, o seu deslumbramento basbaque, corresponderia a uma antecipação da sentença de morte.

Infelizmente, não é bem assim. O ato de Lula evidencia como este pobre continente ainda está tomado pela estupidez ideológica. Vocês podem não acreditar, mas há um liame entre a genuflexão lulista ao carniceiro e o "Decreto Oi", a Lei Fleury que Lula vai assinar para legalizar o negócio ilegal da venda da Brasil Telecom para a Oi. Eu explico.

A justificativa que se pretende "moral" para o ato imoral, já nos informaram seus biógrafos que dão plantão na imprensa, é criar a tal "plataforma nacional" para as teles, no melhor interesse do Brasil. Lula estaria, assim, vejam só, consoante com aquele a quem fotografa, defendendo o país dos interesses do grande capital estrangeiro, que viria aqui explorar os botocudos. Compreendem o nexo? O babalorixá de Banânia seria um resistente, da safra desses gentis homens latino-americanos que fazem tudo pelo povo – precisando, eventualmente, da colaboração de Carlos Jereissati e de Sérgio Andrade, dois ilustres patriotas do capital nacional.

Mais do que isso: Fidel é o símbolo do parasitismo esquerdofrênico ainda presente no continente. Na Colômbia, esse parasitismo encontrou na cocaína o seu sustento; no Brasil, faz tráfico com as leis de Estado. Sim, Fidel é um cadáver político, é um cadáver moral e já é quase cadáver físico. Mas ainda procria. Na Colômbia, ele seqüestra e mata; no Brasil, rouba, esbulha a lei e invade propriedades privadas; na Venezuela, constrói o fascismo bolivariano.

A foto tirada por Lula significa uma escolha. E, por isso, é um dever moral dos democratas mobilizar todos os recursos que a lei oferecer para combatê-lo: de forma sistemática, organizada, contínua, inflexível.

OS NÚMEROS DA VIOLÊNCIA E POR QUE AS ESQUERDAS FAZEM MAL AO PAÍS [30/01/2008]

Sim, os embusteiros que tomaram de assalto a política no Brasil têm de ser permanentemente identificados: porque mentem, trapaceiam e empurram o país para o buraco. São capazes de tudo. Até de torturar os números para que eles confessem as suas teses esquerdopatas. O que foi dessa vez, Reinaldo? Vocês devem ter visto que a Rede de Informação Tecnológica Latino-Americana (Ritla) e os ministérios da Justiça e da Saúde divulgaram ontem os dados do Mapa da Violência nos Municípios referentes a 2006. Entre 2003 e 2006, o número de homicídios no país inteiro caiu de 50.980 para 46.660.

São Paulo

O fenômeno que a Secretaria de Segurança Pública de São Paulo já havia percebido e apontado aparece agora nesse levantamento também. Atenção: entre o estudo do ano passado e o tornado público ontem, a capital paulista, que ocupava o 182º no *ranking* de homicídios, despencou para 492º. É isso mesmo: a cidade ganhou 310 posições. A relação do número de mortes por 100 mil habitantes (proporção que caracteriza a taxa de homicídios) na capital paulista caiu de 48,2 em 2004 para 31,1 em 2006. Os homicídios recuaram 40,4%: de 4.275 para 2.546 dois anos depois. Note-se: a tal Ritla e os ministérios da Justiça e da Saúde trabalham com uma base de dados diferente dos da Secretaria de Segurança Pública, que não considera os homicídios culposos – praticados sem a intenção de matar. Só para vocês poderem comparar: nesse levantamento, Recife tem uma taxa de noventa mortos por 100 mil habitantes.

A taxa de homicídios na cidade e no estado de São Paulo vem caindo de forma continuada e sustentada desde 1999.* "Qual será o segredo?", perguntam-se os especialistas. Eu tenho uma explicação objetiva, material, aritmética:

– São Paulo tem 40% dos presos do país – não prende demais, não; os outros é que prendem de menos;

– Existem 227,63 presos por 100 mil habitantes no Brasil; em São Paulo essa relação salta para 341,98 por 100 mil habitantes;

---

* Veja evolução ao longo dos anos neste endereço: http://www.ssp.sp.gov.br/estatisticas/_pormunicipio.aspx?codigo=565

– Em 2001, o estado de São Paulo tinha 67.649 presos; em 2006, eles eram 143.310 – mais do que o dobro.

– Entre 1996 e 2006 (ano do levantamento divulgado ontem), o número de presos aumentou dez vezes;

– Até julho de 2006, haviam ingressado no sistema prisional do estado 4.832 pessoas – oitocentos por mês ou um preso por hora.

Só eu tenho esses números. Não! São públicos. Todo mundo tem.

Não é mesmo fantástico? Mais bandidos presos, mais pessoas vivas! Quem seria capaz de negar essa evidência? Pois acreditem: a esquerdopatia militante nega, sim! E fica encontrando falsos motivos e subterfúgios para explicar o espantoso sucesso da cidade e do estado.

O que eles dizem

A *Folha* foi ouvir especialistas. A USP tem um tal Núcleo de Estudos da Violência (NEV). Jamais o vi reconhecer a eficiência da Polícia paulista. Leiam o que disse ao jornal o pesquisador do NEV Marcelo Batista Nery:

> Se você perguntar para o poder público, ele vai dizer que foram as suas intervenções, como o policiamento; outros vão dizer que foram as ações das ONGs, que melhoraram as inter-relações sociais entre as pessoas. Para mim, foi tudo isso junto.

Uma pinóia, meu senhor! Acima, eu exibi dados. E não sou "pesquisador". Quais são os seus sobre a efetividade do trabalho das "ONGs" para reduzir a violência? Quais trabalhos? Quais organizações? Onde estão os números?

Mesmo no levantamento um tanto perturbado (direi por quê) da tal Ritla e dos ministérios, as mortes na capital paulista caíram 40,4% de 2004 para 2006 – de 4.275 para 2.546. Pergunto ao pesquisador: as outras capitais também não contam com ONGs que melhoram "as inter-relações sociais entre as pessoas"? Aliás, a expressão do moço deveria lhe render algumas chicotadas para aprender a falar "enquanto gente", não "enquanto sociólogo". Como os números não lhe parecem bons o bastante para o proselitismo, ele resolve criar subcategorias:

> Os dados mostram uma queda geral em São Paulo. Mas é preciso considerar que a cidade é muito complexa. As situações de Moema [bairro de classes média e alta] e Brasilândia [periferia da cidade], por exemplo, são muito diferentes.

Ah, são. Aí a própria *Folha* escreve:

> Os indicadores do Observatório Cidadão Nossa São Paulo, lançados na semana passada, mostram essa disparidade. Enquanto na região da Subprefeitura da Vila Mariana houve 8,97 crimes violentos por 100 mil habitantes em 2006, em Parelheiros (ambos na zona sul) foram 47,88 casos.

Esse tal Observatório é um aparelho do PT dirigido por Oded Grajew, ex-assessor especial de Lula. Tão especial, que ninguém nunca soube o que ele fazia lá.

Agora leiam o que diz Paula Miraglia, diretora-executiva do Ilanud, órgão da ONU (aquela entidade de petralhas globais) sobre delitos e tratamento do delinqüente:

> Não há uma causa única para essa queda expressiva. Há uma tendência clara de queda em São Paulo desde 1999. Até agora, nenhum trabalho deu uma resposta conclusiva para esse fato.

Não deu porque a moça não quer. Porque as esquerdas adoram odiar a Polícia. Eu repito e, se ela quiser, desenho:

– o número de presos em São Paulo, entre 1996 e 2006, aumentou dez vezes;

– em 1999, no estado de São Paulo, havia 52,58 homicídios dolosos por 100 mil habitantes; em 2006, eles eram 18,39 por 100 mil;

– atenção: em 2007 (ano que está fora daquele relatório), os homicídios dolosos na capital paulista caíram outros 22% em relação ao ano anterior: de 1.984 para 1.538. Assim, em vez dos 18,39 por 100 mil, o número caiu para 15 por 100 mil;

– dos 96 distritos da capital, já há 29 com menos de dez mortes por 100 mil habitantes, um índice de país civilizado. O paupérrimo Sapopemba está entre eles;

– no estado, o número de assassinatos caiu 18%. Num universo de 645 cidades, 427 estão com índices abaixo de dez assassinatos por 100 mil habitantes. Em 2006, eram 396;

– os números acima incluem apenas os homicídios dolosos, critério que me parece melhor do que o outro como indicador de violência.

Mais besteiras

O festival de besteiras ainda não havia chegado ao fim. Julio Jacobo Waiselfisz, coordenador da equipe que preparou o mapa, afirmou o seguinte ao *Estadão*:

> A queda da mortalidade em São Paulo começou em 1999. Houve melhorias do aparato policial, mas, principalmente, uma reação da sociedade civil, com a criação dos Institutos Sou da Paz e São Paulo Contra a Violência.

É mesmo? Quais ações objetivas ele poderia apontar dessas ONGs? A moça Miraglia, aquela lá da ONU, falou também a esse jornal. Foi um pouco mais eloqüente do que com a *Folha*:

> Desde o aumento da eficiência do Departamento de Homicídios, passando pela redução da circulação de armas, aumento das prisões, conversões religiosas, hip-hop etc. Todas ajudam a compreender um fenômeno extremamente complexo.

Como se vê, no seu sarapatel de motivos, a polícia é apenas um fator. Diga-me aí, dona Paula, nas outras capitais:

– não existe conversão religiosa?;
– não existe redução da circulação de armas?;
– não existe hip-hop (ou porcaria parecida)?

Vai ver, para a moça, mais do que a ação da polícia, quem fez diminuir mesmo a violência em São Paulo foi o Mano Brown...

Concluo

Sabem por que São Paulo caminha para ter índices de homicídio considerados aceitáveis pela Organização Mundial da Saúde? Porque o Estado tem mantido, já há bastante tempo, longe do poder os cleptocratas, os populistas e as esquerdas, capazes de afirmar as porcarias que se lêem acima. E, pior de tudo, esses três grupos agora prometem caminhar juntos.

Se eles chegarem ao Palácio dos Bandeirantes algum dia, os números virtuosos regredirão, certo como a luz do dia. Negando toda a experiência nacional e internacional a respeito, tentarão combater a violência com ONGs, com hip-hop, com assembleísmo de entidades supostamente defensoras de direitos humanos... Em vez de meter bandido nas cadeias, tentarão abrir as portas dos presídios.

A maior cidade do Brasil e a terceira ou quarta maior do mundo é um exemplo no combate à violência, embora muito precise ser feito. O estado que mais prende tem ainda um déficit de 40 mil vagas nos presídios. Quando elas forem criadas e preenchidas, estaremos ainda mais seguros. Esses humanistas do pé quebrado querem fazer crer que há um fenômeno metafísico em São Paulo. Não há, não. Há uma escolha correta: bandido tem de ficar preso, e gente boa tem de andar com liberdade.

UM LAPTOP NA MÃO E O PÉ NA AREIA 1 – "VAI UM ROUBÁ-LO AÍ?"

[03/02/2008]

Ontem, eu e minhas mulheres estivemos numa comunidade de pescadores. Confesso a vocês que foi um momento realmente emocionante. O programa não era meu. Acabei, digamos, tragado pela onda (meu vocabulário está marítimo) de amor ao povo que colhe os da nossa, vá lá, "classe". Mas valeu a pena. Queria que as meninas vissem, de perto, como vive um brasileiro real, não aquela ilha da fantasia das amiguinhas da escola, todas já com deformações óbvias – e elas também – de origem. Afinal, é preciso conhecer o Brasil profundo...

Ao fim de umas três horas de convivência com a comunidade, percebi, cheio de encantamento, que não temos rigorosamente nada a aprender com os pescadores... Uma chatice infernal. Havia até um deles que já estava meio acostumado com turista e dizia coisas que supostamente agradariam aos visitantes – o seu amor pelas tartarugas, por exemplo. Era a gente se descuidar, e lá estava ele falando de tartaruga. Outro, o mais loquaz, era visivelmente um mau-caráter. O peixe que oferecia era uma porcaria. Posso apostar que ele comprava num mercadinho local.

O povo é como nós, leitor amigo. Há no meio dele gente que presta, gente que não presta, gente com caráter, gente sem caráter. Há até mascates, acreditem. Há indivíduos ali, deve haver, com uma moral bastante elevada. Mas, no geral, o povo precisa mesmo é de educação, e as "verdades" que diz não valem um tostão furado. Aí um deles, o mais larápio, chega ao poder, sem instrução ou formação que lhe indique novos relevos morais, e acaba transformando o país num bordel.

Sim, é preciso tomar cuidado com o povo. De fato, o bom é exterminá-lo. Como? Com escola. Um país bom é um país sem povo. Só com indivíduos donos de seu nariz.

– Vai um roubá-lo aí – pergunta o mascate popular.

Abaixo o povo!

UM LAPTOP NA MÃO E O PÉ NA AREIA 2 – TIO REI MUITO FELIZ

[03/02/2008]

Há uma coisinha de 11 anos aqui do meu lado (post redigido no fim da tarde deste domingo), de uma beleza que até dói – objetivamente bonita: não é coisa de pai, não. Estou sem o livro aqui, entre o mar e o mato, mas leiam *Tonio Kröger*, do grandíssimo Thomas Mann. Na edição que tenho, está apropriadamente no mesmo volume de *Morte em Veneza*. A beleza, às vezes, parece uma moral ou, então, uma forma de pensamento. Veio me perguntar se quero alguma coisa. Só me chama de "*amore*", sei lá por quê. Pode fazer qualquer conta "de cabeça" e se diverte com essa facilidade. Transformou o talento natural num jogo. Eu só peço que Deus a guarde, porque só Ele está além do que eu posso fazer pelo bem-estar do meu encanto. Aí alguém decidiu ouvir uma música que tem como refrão estas variações: "*I can't take my eyes off of you*" e "*I can't take my mind off of you*". É do filme *Closer*, de que gosto muito. A de 13 mandou ver:

– Pai, tradução nunca é exata, né? Em português, não dá pra fazer esse jogo entre "*eyes*" e "*mind*". Ficaria sem graça.

A vida me deu bem mais do que eu merecia.

Aí o petralha vem lá do blog da ratazana e escreve: "Vc é ridículo. Já morreu e não sabe. Seu câncer é apenas um detalhe técnico."

Eu o perdôo por ser tão chulo, cara!

Como disse Manuel Bandeira, referindo-se à morte, "se a indesejável das gentes" me chegar, a mesa está posta. Já fiz o meu trabalho. E você? Em que se ocupava enquanto amaldiçoava vidas alheias? Eis a nossa diferença. Eu nunca quis e não quero nada além de fazer três mulheres felizes, no limite da minha precariedade. Mas sei: você deseja a morte alheia porque, afinal, quer "mudar o mundo". E deve achar que isso é muito nobre. Eu, confesso, tenho mais ânsia de entendê-lo que de mudá-lo, invertendo a estupidez sugerida por Karl Marx. Segundo o velho cheio de furúnculos no traseiro (como ser feliz assim?), os filósofos já haviam pensado o mundo o bastante, cumpria transformá-lo. É uma formulação delinqüente, obscurantista e que só poderia resultar num regime homicida.

CHUTE CRISTO, MAS NÃO MARX [05/02/2008]

Eita! Ziriguidum, balacobaco, telecoteco!!!

Fico cá imaginando as explicações para as fantasias e alegorias das escolas de samba: os desfiles são assim como o samba-do-psicanalista-doido (já que o paciente, bem...): vai tudo na base da livre associação. Antes que reclamem: sou defensor da psicanálise e ainda um "analisando", embora fugido, hehe. Mas voltarei um dia ao divã para promover o encontro de Freud com Édipo no Reino Encantado da Mãe (sempre tem mãe no meio) das Águas, olerê, olará, baticumbum, progurundum, minha gente, é isso aí! Sim, é um porre. O Carnaval nos tira até a disposição de falar mal do Carnaval. Adiante.

Publiquei ontem alguns comentários vindos lá do mundo das trevas – fragmentos do samba-enredo dos larápios –, e alguns leitores ficaram um tanto chocados. Outros se solidarizaram comigo, alguns temendo o "câncer" que não tenho e que jamais tive, como, de resto, já afirmei aqui. Os petralhas podem sossegar o facho: é mais fácil eles me matarem de tédio. Um meliante da turma teve a ousadia de me mandar um "conselho": sempre solidário comigo, papa-defunto asqueroso, ele me pede para que me arrependa a tempo de ser admitido no mundo dos bons. Que nojo!

Outro, tentando me encostar contra a parede, disse achar muito natural que falem da minha doença, já que eu mesmo escrevi sobre os furúnculos que Marx, o Karl, tinha no traseiro. Não fui eu, não. Foi ele próprio nas suas cartas. Eu só lembrei. Há uma biografia publicada no Brasil pela Record sobre suas agruras, escrita pelo jornalista inglês Francis Wheen. Mas quem trata melhor do assunto – não dos caroços, mas das imbricações entre a vida do autor de *O capital* e sua visão de mundo – é Edmund Wilson, em *Rumo à estação Finlândia*, publicado no Brasil pela Companhia das Letras no fim dos anos 1980. Estou sem meus livrinhos aqui, como presumem. Algum leitor pode me ajudar. O homem passou boa parte da vida acometido por furúnculos e carbúnculos, além de reumatismo, dor de cabeça, crise hepática... Mas um homem é muito mais do que a sua doença, é claro. Também é sua moral, por exemplo.

Em Marx – e isso está nos magistrais ensaios curtos de Wilson sobre o indivíduo e a obra –, há por trás do pretenso Prometeu, benfeitor da humanidade, um Lúcifer que a detestava. Se não estou confundindo as bolas, acho que não (se estiver, alguém dirá, e eu me corrijo), em um de seus poemas da juventude, um músico alucinado diz que a arte deriva do inferno e que seu intento (do artista) é tocar a música da morte. Um dos filhos de Marx o chamava de "diabo". Na velhice, era conhecido por "Old Nick" – ou... "diabo". Engels, que o sustentava, lhe escreve uma carta reclamando que era obrigado a renunciar a suas aspirações intelectuais para tocar os negócios da família. Marx lhe responde que, de fato, era lamentável, mortifica-se que o outro tenha de sustentá-lo e aproveita para... pedir mais dinheiro! Era realmente um monumento.

Uma das filhas de Marx, escreve Wilson, conta que o pai falava de Jesus: o filho de um carpinteiro pobre que fora morto pelos ricos... Lixo! O "grande pensador" tinha piedade dos pobres ou apostava na remissão dos ricos? Não, é claro. Foi o autor de uma teoria, posta em prática e que ainda hoje responde por boa parte dos crimes que se cometem contra a humanidade, segundo a qual a violência pode ser, sim, um caminho para o bem. Wilson lembra que ele gostava muito de falar na "humanidade" – em trabalhar em "benefício da humanidade"... Em uma de suas cartas, o imaginoso revolucionário diz que a burguesia pagaria muito caro por suas bolotas... Como se nota, a minha referência, à parte o fato de que era só uma pitada de bom humor, tinha uma razão: não deixava de ser demasiadamente humano estar sentado sobre dores horríveis e tentar reconstruir o homem desde o fim.

Num dos textos, Wilson faz uma análise brilhante das metáforas que eram da predileção do velho furunculoso: não raro, coisas lúgubres, que sempre remetiam à idéia de tragédia, sufoco... e morte. Assim como seria tolice atribuir o que penso a qualquer doença (dentro de uns três meses, entro na faca de novo, e não creio em bruxas nem quero que a canalha venha me dar a mão, como tentou fazer um meliante), também não atribuí o, vá lá, satanismo de Marx (lá vem ranger de dentes) a seus furúnculos e a seus problemas de saúde.

Sem dúvida, a vida objetiva de qualquer homem responde, em parte ao menos, por seu pensamento, seus anseios, suas utopias. Daí o justo fascínio exercido pelos livros de biografia e autobiografia. Mas é evidente que há compromissos de natureza moral que transcendem e devem transcender a contingência – sem isso, abrem-se as portas para a justificação de atos os mais hediondos. Um dos crimes do marxismo foi – e é – supor que a reconstrução do homem, o porvir, processa a sua própria moral, numa história que, então, não tem passado. Numa escala bastante reduzida e bem mais vagabunda, chegamos a esses orgulhosos criminosos que povoam a política no Brasil: reparem como asseguram permanentemente que roubam, fraudam e mentem para o nosso bem.

Deixem a canalha delirar, a exemplo do mestre, com o que supõe a desdita alheia. Marx manga de um editor que caiu e quebrou o pescoço; lembra que a vítima tinha rejeitado a publicação de *A ideologia alemã* – parecia ver naquilo uma justa punição. Não dou a menor bola. Só a exponho de vez em quando porque é preciso evidenciar que o mal sobrevive no nosso tempo. Sem os furúnculos, o reumatismo, a dor de cabeça, a crise hepática, talvez o homem tivesse recorrido a metáforas mais solares, menos soturnas, sem tanto sofrimento. Mas não seria outra a sua utopia. Continuaria a ser o que é: um esteta da violência disfarçado de cientista social. E que tem ainda hoje os seus epígonos teóricos e seus homicidas práticos.

DE HOMICIDAS E LADRÕES VULGARES [11/02/2008]

Em horas assim, em que a moral petralha, secundada pelo jornalismo dos militantes da covardia, se torna tão explícita, sempre me vem à mente o que considero uma espécie de "Arte Poética" do pensamento dessa gente. Refiro-me a um artigo que a petista Rose Marie Muraro publicou na *Folha de S. Paulo* no dia 12 de setembro de 2006. Referindo-se ao mensalão, escreveu a iluminada:

> A boa novidade no Brasil é que essas maiorias elegeram um presidente oriundo da classe dominada, de quem não se esperava que transgredisse a lei da honestidade e da moralidade. E quando ele se viu obrigado a jogar o jogo da classe dominante para continuar no poder, houve uma grita a partir da classe média, sinceramente honesta, contra a corrupção e a fraude que esse mesmo presidente antes condenava.

Vocês entenderam direito. Para essa senhora, o fato de os petistas praticarem ilegalidades não deixa de ser um avanço... Mais: eles estariam fazendo o que sempre se fez no país, coisa típica das classes dominantes. É ou não é o mesmo pensamento do jornalismo decadente?

Ocorre que o petismo, como expressão da "mudança" – eu detesto essa palavra tomada como categoria política (e daí deriva o meu pé atrás com Barack Obama, a despeito de seu discurso) –, era portador, ao menos oficialmente, de uma mensagem que tinha no combate à corrupção um de seus pilares. Rose Marie não esconde o jogo: ela parece ver virtudes quase revolucionárias no fato de o partido ter aprendido, então, a fazer o que os outros supostamente sempre fizeram. E é bom notar que se trata de uma fraude dentro de outra: a) a esquerda nunca foi esse monumento moral, e a pregação moralista do PT sempre foi meramente instrumental; b) é mentira que todos os seus adversários são ladrões.

Não compreender isso é eleger o relativismo moral como o único critério que organiza a vida. Aí, então, essa gente projeta para o mundo da utopia, para amanhãs radiantes, o bem da humanidade (lembram-se? Marx sempre falava na "humanidade"), enquanto, no presente, escolhe enfiar o pé na lama. Assim, a sujeira de agora garantiria a limpeza do futuro.

Leninismo, stalinismo e maoísmo são isso aí. Por isso o comunismo, no que respeita ao futuro, consegue ser ainda mais nefasto do que o nazismo. O mal nazista acabou felizmente, e não subsiste senão em minorias sectárias – hoje em dia, está sendo reciclado pelo terrorismo islâmico. O mal comunista continuou entranhado em nossas almas. O nazismo foi uma forma genocida, estúpida, perversa, de tentar reformar o passado – e essa é, digamos, a essência de todo fascismo. Não se trata de uma utopia, mas de uma forma delirante de reescrever a história, daí seu reacionarismo homicida. O comunismo buscava pôr uma camisa-de-força no futuro: é o "progressismo" homicida.

Na prática, o comunismo, como foi concebido, acabou: subsistir em Cuba ou na Coréia do Norte é a melhor evidência de que é passado. Mas restou como um terrível norte moral: em nome da causa, tudo é permitido. A reforma social é uma aspiração justa e que faz avançar o mundo? É claro que sim. Mas se tornou um esconderijo de larápios, de bandidos, de ladrões – que, não obstante, falam em nome de amanhãs gloriosos.

Não há, no Brasil ou no mundo, pensadores ou partidos considerados sérios, de respeito, que usem, sei lá, Hitler como referência – ou que fundamentem seu pensamento nas teses genocidas e anti-semitas do nazismo. Na maioria dos países, e eu acho que é o certo, estão na ilegalidade. Caso se manifestem, vão para a cadeia. Ainda bem: eles querem destruir o nosso sistema de liberdades democráticas. Mas os caudatários do comunismo, ah, esses não. Os herdeiros do império do crime se transformam em verdadeiros poetas. Lembram-se da reação dos esquerdopatas à reportagem de *Veja* que pôs o facínora Che Guevara em seu devido lugar?

Os tolinhos, meros serviçais dos apologistas do crime, preferem atribuir aos que apontam essa fraude histórica uma espécie de temor paranóico ou de anticomunismo passadista. Besteira! O meu anticomunismo é, digamos, futurista. Ah, eu também sei que os herdeiros do "progressismo homicida" não querem mais a tal "revolução social". Hoje em dia, eles só querem aparelhar o Estado para bater a nossa carteira – se puder ser num regime autoritário, a exemplo do que faz Hugo Chávez, tanto melhor. A "causa da humanidade" serve apenas como pretexto para seus "roubos éticos".

Fui claro ou preciso desenhar?

A ESQUERDA MODERNA CHEIROU TODO O MARXISMO [05/03/2008]

Os petistas, de modo geral, consideram as Farc, que traficam drogas e praticam terrorismo, um exército revolucionário. Mesmo Marx sendo moralmente quem foi, fico imaginando o que diria ao ver suas idéias sendo usadas como justificativa para a venda de cocaína.

As Farc são marxistas? É, o marxismo ao velho estilo acabou mesmo, né? A esquerda cheirou tudo.

A *ECONOMIST*, SEXO, FUTEBOL E AIDS NO BRASIL [13/03/2008]

Reportagem da *Economist* diz que a Aids se espalha no Brasil. Ainda que o país tenha um dos programas mais bem-sucedidos do mundo, sustenta a publicação, de combate à doença. Com aquele olhar, vamos dizer, estrangeiro, a revista vê nisso uma proeza, já que, por aqui, o "esporte" do sexo rivalizaria com o futebol... Entendo. Os ingleses continuam a achar a indiada um tanto exótica, hehe...

A revista lembra que a doença deixou de ser preponderantemente masculina, que se espalhou entre as mulheres, especialmente AS adolescentes. Também se alastra país adentro. Como os coquetéis chegam com mais dificuldade ao Nordeste, por exemplo, os doentes da região teriam uma sobrevida menor. Então tá.

Em breve alguém se lembrará de acusar a Igreja Católica por isso, já que o Santo Padre resiste em aparecer na Praça São Pedro vestindo, sei lá eu, uma banana com uma camisinha para ensinar o melhor método de proteção. Tenho a impressão – e vocês também devem ter – de que bastaria a Igreja dizer um "Usai camisinha" para que tudo estivesse resolvido. Será mesmo?

Voltarei a um tema debatido aqui outras tantas vezes. Respondam:

– Vocês acham que falta informação aos brasileiros?

– Vocês acham que eles não sabem que o risco existe?

– Vocês acham que, a essa altura, alguém ignora como se dá o contágio?

Vá lá. Pode ser que existam um ou outro ignorantes, estatisticamente irrelevantes.

Sim, reconheço a eficiência das campanhas oficiais. Não fossem elas, em vez de uma epidemia, seria um flagelo. Sim, é claro, é preciso dizer como se contrai o vírus. Para quem vai fazer sexo potencialmente de risco, a camisinha é fundamental. Desnecessário desmontar a falácia lógica de que a Igreja colabora com a expansão da Aids, não? Ninguém contrai a doença seguindo o preceito da Santa Madre. Ou é razoável alguém afirmar que não usou a camisinha porque a Igreja disse ser pecado? Mas ela também recomendou o sexo monogâmico entre casados... Não se pode fazer apenas a metade do que recomenda o Vaticano – e justamente a metade que mata.

Adiante! Por que será que a Aids se expande mais justamente entre AS adolescentes? Quando se distribuem, sem mais delongas, pílulas do dia seguinte a meninas de 11 ou 12 anos, sem que nem mesmo seus pais sejam informados – daria um bom debate sobre as condições vitais do pátrio poder no país –, está-se incentivando sexo responsável, com camisinha que seja? Digamos que, no limite, se oferecesse gratuitamente o remédio porque, vá lá, muito pragmaticamente, ao menos se evita a gravidez. Mas quem é o adulto responsável? Haverá alguém a quem se possa dizer: "Sua filha está pondo a vida em risco"?

Nada! Pretende-se resolver tudo no território um tanto tumultuado dos "direitos", jamais dos deveres. Cansei de ver na TV campanhas de incentivo ao uso da camisinha – o Estado laico que as faça –, mas também de claro apelo à irresponsabilidade. Não faz tempo, um rapazola e uma garota "se pegavam" na calçada, no muro. Ela resiste. Ele mostra a camisinha. Então tudo bem... Outro acordava assustado com um corpo estranho ao lado. Só suspirava aliviado quando via um invólucro rompido de preservativo. É mesmo? A pessoa que não sabe nem mesmo com quem se deitou há poucas horas está seguro de que fez a coisa certa com a camisinha?

Quanto mais o sexo estiver dissociado de uma escolha moral, pior para todo mundo. Até que as campanhas oficiais continuem a dar asas àquele preconceito da *Economist* – no Brasil, só o sexo rivaliza com o futebol –, pior para todo mundo. Se a camisinha estiver à mão, ok. Se não estiver, ok também. Não são apenas os ingleses que estão afirmando que o sexo é um esporte nacional. Também nós admitimos que as coisas são assim; também nós estamos vendo os brasileiros como um povo sensualista, refratário aos apelos da razão. Lembram-se daquelas campanhas em que um grande "T", um "tezão" (este com "z"), ficava rondando as pessoas? O preservativo estava ali? Ah, então tudo bem ceder ao tesão, este com "s". Ora, se basta ter a camisinha para ceder ao tesão, então você não manda no seu tesão, mas ele manda em você – com ou sem camisinha.

Ah, não!!! Não me imaginem aqui a dizer: "Oh, o mundo está perdido! É a antecipação do apocalipse!" Nem é o fim dos tempos nem é o apocalipse. Trata-se apenas da expansão da Aids. Haveria doentes ainda que se fizesse a abordagem correta da questão (que inclui, claro, a recomendação para que se use preservativo em caso de sexo de risco). Um grupo de pessoas sempre será refratário a qualquer campanha. Há pessoas que extraem seu prazer justamente do risco. Nesse caso, nada a fazer. É uma opção. Mas é possível que houvesse menos contaminados se as campanhas passassem a fazer a coisa certa.

E isso inclui tratar o sexo como uma escolha com conseqüências, não como uma fatalidade da natureza ou do caráter nacional – que, segundo a *Economist*, também é chegadinho num futebol... Ou será que a gente não pode ver uma bola ou uns quadris que já sai correndo atrás?

TIO REI TRANQÜILIZA O MUNDO [18/03/2008]

"As crises do capitalismo trazem em si o germe da própria solução", como não disse Marx.

TARADOS PELO ESTADO POLICIAL [11/07/2008]

"O fascismo começa caçando tarados." A frase é do cineasta italiano Bernardo Bertolucci. Estaria querendo dizer com isso que devemos deixar os tarados livres para agir? Não! Está chamando a atenção para o fato de que não se pode usar a caça aos tarados como justificativa para impor um regime de terror. Aliás, a frase tem especial validade hoje em dia, quando, sob o pretexto de prender pedófilos, há quem advogue, sem qualquer cerimônia, o fim da privacidade na internet. O Brasil vive um momento muito delicado. Muito mais do que parece. Porque Daniel Dantas, Celso Pitta e Naji Nahas podem ser impróprios para consumo humano, podem estar lá no último degrau da cadeia alimentar, tenta-se usar a necessidade de puni-los por seus eventuais crimes como pretexto para instaurar no país um clima de terror. Eu não estou nem aí para os tontons-maCUTs; eu não estou nem aí para os subjornalistas que vivem de dinheiro público e de achacar pessoas – mereciam estar na cadeia; eu não estou nem aí para a patrulha que resolveu fazer plantão no blog. Não vou endossar um pastelão autoritário da Polícia Federal, patrocinado pelo sr. Paulo Lacerda.

Ora, os regimes de força sempre buscam pretextos verossímeis – e até verdadeiros. No caso, sob o pretexto de prender alguns bandidos, querem legitimar um Estado policial. É evidente que não usariam como desculpa pecados cometidos pelas virgens pálidas, não é mesmo? Porque as virgens pálidas não pecam. Usa-se como pretexto a ação deletéria de algumas notórias reputações – que, no entanto, em algum momento, serviram ao próprio poder que agora os persegue. O caso de Daniel Dantas é o mais evidente. Desde que o PT chegou ao poder, é com petistas que ele negocia, como já demonstrei aqui, e é a petistas que paga, sempre com grande generosidade, por serviços prestados.

Mas isso não quer dizer que ele e todos os outros não tenham direitos. Defender o direito das santas é fácil; difícil é reconhecer que a lei protege também as putas. Eu não tenho a menor dúvida de que a PF, desde o início do governo Lula e especialmente depois do mensalão, tem exagerado no espetáculo e tem desrespeitado os direitos dos presos. Escrevo isso há anos. No caso em particular, não tenho dúvida de que os pedidos de prisão provisória e também preventiva são exorbitantes. Mas a questão mais grave de todo esse episódio não é essa, não. A questão mais grave é o terrorismo que essa gente está tentando fazer com a imprensa.

Eu lhes asseguro, senhores leitores. Vão quebrar a cara. É evidente que não é toda a Polícia Federal que está envolvida nessa história – falo de uma facção. Apontei, no começo do ano passado, uma PF balcanizada, dividida em grupos, lembram-se? Informei que essa operação nem mesmo passou pelo diretor-geral da instituição. Foi conduzida por Paulo Lacerda, chefe da Abin, que é um órgão de Inteligência do Estado.

E é difícil saber se essa gente é mais truculenta do que incompetente ou o contrário. Qual é a acusação contra Nahas, por exemplo? Receber informação privilegiada da taxa de juros arbitrada pelo Fed? Sinto até vergonha de escrever isso. O delegado Protógenes, chamado de "doutor" por alguns jornalistas, não deve saber a diferença entre o Fed e um ovo cozido. A acusação é ridícula. Ou ainda: Nahas tinha informações privilegiadas sobre descobertas da Petrobras? Há empresas especializadas nisso, senhores. Ademais, fosse verdade, quem é o agente público que lhe passou a informação? Antigamente, no Brasil, havia corrupto sem corruptor. Agora temos corruptores sem corruptos.

Todos conheceremos o que diz o inquérito que deixou tão convencido o juiz Fausto De Sanctis. Se o padrão for o mesmo das acusações a Nahas, sabem o que vai acontecer? Nada! Nahas, Dantas e Pitta acabarão absolvidos, e a população ficará indignada com o que lhe parecerá impunidade. Não! Não será impunidade, não. Será incompetência do inquérito. Eu não recomendaria a companhia de Celso Pitta nem para tomar um Chicabon na esquina. Mas o que há mesmo contra ele? Pegava dinheiro com Nahas – "provavelmente" do que desviou da prefeitura, diz a acusação. "Provavelmente"? Mas isso basta para meter alguém na cadeia com prisão provisória?

Atenção: o sr. Protógenes, com tanto destrambelhamento, pode estar é contribuindo para a impunidade desses senhores, não o contrário. A incompetência, acreditem, é uma forma de sabotagem. E depois se jogará a culpa nas costas largas da Justiça.

Imprensa

Os jornalistas de aluguel, aqueles sustentados pelo dinheiro público, babavam o seu rancor e o seu ressentimento exultantes ontem, alimentando o boato de que alguns de seus inimigos – seus inimigos são, geralmente, pessoas mais competentes do que eles, com melhores empregos do que os deles, com uma reputação muito superior à deles – tinham finalmente sido pegos pelo tal Protógenes. É o que veremos.

Tenho pra mim – o tempo dirá – que o sr. Protógenes, sob os auspícios dessa figura conspícua em que se transformou o sr. Tarso Genro, foi além de suas sandálias, avançou o sinal. O terror que se tentou infundir na imprensa nestes três dias dará com os burros n'água e vai acabar expondo uma das piores características do governo Lula: o rebaixamento das instituições do Estado e sua transformação em mero palco para o confronto de facções.

E, espero, a imprensa sairá fortalecida desse imbróglio. Porque vai perceber que, desde a redemocratização – a rigor, desde a ditadura meia-bomba de João Figueiredo –, nunca foi alvo de tamanha e tão destrambelhada sanha autoritária. Dantas, Pitta e Nahas são figuras notórias que estão servindo de pretexto para delírios de outra natureza.

Essa gente acha que sua tarefa está chegando perto de uma conclusão. E eu asseguro que a luta pela liberdade de imprensa está apenas no começo.

Quanto a Dantas, Nahas e Pitta, se não pagarem por seus eventuais crimes, o único responsável terá sido o delegado Protógenes, que optou pelo teatro e esqueceu a investigação.

MUNDO, MUNDO, VASTO MUNDO
E SUAS CRENÇAS

A IMPRENSA MUNDIAL DETESTA ISRAEL. CLARO, AFINAL, ISRAEL É UMA DEMOCRACIA [16/07/2006]

Leitores têm-me cobrado um texto ou um comentário sobre o Oriente Médio. No segundo dia do meu blog, 26 de junho, comentei o seqüestro do soldado Gilad Shalit por terroristas palestinos. Há entre eles gente do Hamas, o grupo que governa a Autoridade Nacional Palestina (ANP). O título do post era: "Israel vai retaliar. E tem de fazê-lo." O resto vocês já sabem. Os seqüestradores querem a libertação de 1.500 presos. Gaza voltou a ser bombardeada. E o mundo, com exceção dos Estados Unidos, censura a vítima: Israel.

Numa dobradinha política com o Hamas, o Hezbollah, financiado por Síria e pelo Irã, fez o mesmo: seqüestrou dois soldados israelenses. Israel bombardeia o sul do Líbano, que abriga os terroristas. Civis acabam morrendo. E, claro, a imprensa mundial, incluindo boa parte da brasileira, faz o quê? Censura, de novo, a vítima. Na primeira página da *Folha* deste domingo, há chamada para o texto de um tal Rami G. Khouri que é de estarrecer.*

Khouri é editor-chefe do jornal *Daily Star*, de Beirute. O que isso quer dizer? Nada, é claro. Mas parece que o credencia para nos dar lições sobre como entender não apenas o Oriente Médio, mas também a política externa dos Estados Unidos. Sim, o tal Khouri, do influente *Daily Star* de... Beirute! É um resumo de todos os equívocos, quiçá malandragens, sobre a questão. Para ele, o conflito pode ser dividido num jogo de quatro duplas: Hezbollah-Hamas; governo da Autoridade Nacional Palestina–governo do Líbano; Síria-Irã e Israel-Estados Unidos. Das quatro, adivinhem qual é, para o rapaz, a mais intransigente? Não levará um foguete do Hezbollah na testa quem apostou na última. Tentando ser irônico, diz ele que Israel – "que ama a paz" – responsabiliza os governos da ANP e do Líbano pelo conflito. Que absurdo, não?

A ANP é hoje governada por um grupo terrorista. Há homens seus entre os seqüestradores do soldado. O governo do Líbano tolera a presença do Hezbollah em seu território. Ora, dirão: tolera porque é obrigado. Não teria como expulsá-lo. Então que divida o poder com ele e, pois, as dores e as delícias dessa convivência. Se é uma divisão consensual do governo do país, as conseqüências também serão divididas. Ou que vá à guerra.

---

* Íntegra do artigo neste endereço: http://www1.folha.uol.com.br/fsp/mundo/ft1607200607.htm

Khouri refaz todo o roteiro da mitologia antiisraelense, repetida bovinamente por parte da imprensa nacional. O fato de a política de segurança de Israel não ter conseguido eliminar o terrorismo seria a prova de que está errada. Ok. Admitamos que esteja. Qual era a alternativa? Negociar. Mas negociar com quem? Com o Hamas? Com o Hezbollah? Qual é a pauta de ambos? Por enquanto, é varrer Israel do mapa, o que não parece uma perspectiva com a qual israelenses devam condescender ou flertar. Negociava-se com o braço legal da Fatah. E pensar que Arafat, com Barak, poderia ter levado 95% do que pedia... A essa altura, os palestinos já teriam conquistado o resto. Não! Quando ele viu que a paz era possível, recuou.

O analista junta o par Hamas-Hezbollah não porque os veja como terroristas, mas porque seriam o abrigo de um povo sofrido e radicalizado, desconfiado da autoridade das suas lideranças moderadas. A lógica perturbada do cretino é a seguinte: eles praticam atentados contra Israel; Israel reage e acaba atingindo civis; isso só fortalece os dois grupos, o que é ruim para todo mundo. Como ele imagina romper esse círculo vicioso? Israel leva um foguete na cabeça ou seus cidadãos são assassinados em atos terroristas, mas fica quietinho, à espera do próximo alvo? Em nenhum momento, os dois bandos são chamados pelo que são: "terroristas". Em vez disso, "grupos de resistência".

O outro par, governo do Líbano-governo da ANP, merece um tratamento ridiculamente risível. Vá lá que o Líbano não consiga botar o Hezbollah para correr, mas que se reconheça que são coisas distintas. O governo da ANP não está seqüestrado por terroristas; ele É um governo terrorista.

Sobre a dupla Síria-Irã, observa o pensador que são financiadores dos "resistentes" e que travam "batalhas políticas mortais" contra Israel. Se vocês lerem o artigo, no parágrafo em que parece que vai haver, enfim, uma condenação dos dois Estados, quem leva a pior? Os Estados Unidos! Diz ele que os americanos nada mais fazem do que reconhecer o direito de Israel à autodefesa – direito, observa, negado aos civis palestinos e libaneses. Quem seriam esses "civis"? Hezbollah e Hamas?

Chega a ser espantoso, mesmo para esse padrão de jornalismo, que não se deixe claro, com todas as letras, que Israel foi, nos dois casos, vítima de uma agressão. Chega a ser espantoso que não se lembre que o país fez alguns movimentos importantes rumo à paz: deixou o Líbano (e o Hezbollah saiu dando tiros para o alto, chamando o fato de uma conquista sua); retirou, no muque, seus colonos de Gaza – emitiu, enfim, sinais de entendimento; rompeu a velha dualidade partidária entre trabalhistas e Likud, com a formação de um centro moderado.

E levou em troca o quê? Atentados, seqüestros, foguetes. O artigo do sujeito traz um absurdo lógico repetido *ad nauseam* por aqui: as reações de Israel só fortalecem os grupos islâmicos radicais. Nem mesmo se conjectura como ou onde poderiam estar os israelenses hoje se não tivessem resistido. A Guerra dos Seis Dias revelou a índole pacífica de seus inimigos...

A *Folha* dedica depois mais uma página aos "fracassos" do governo Bush, a quem se atribui a responsabilidade pela radicalização do Oriente Médio! A reportagem diz ouvir "analistas independentes". Todos os independentes, curiosamente, são anti-Bush... Aí já estamos diante de uma salada russa, em que a questão palestina e a ocupação do Iraque são servidos numa mesma cumbuca, como se fossem temas casados. E não são. Se os israelenses migrassem todos para o Pólo Norte, os radicais islâmicos se contentariam em passar o dia tentando descobrir de que lado fica Meca? Tenho a certeza de que, em seguida, tentariam derrubar os governos islâmicos laicos (ainda que ditaduras ou semiditaduras) e depois insuflariam uma intifada entre a população islâmica européia.

O pacote se fecha com um texto de Rupert Cornwell, do esquerdista *Independent*,* que mal disfarça a alegria com o "fim da *pax* americana". Leiam lá. É um texto que celebra a suposta derrocada americana e que só falta aplaudir a resistência de Iraque, Coréia do Norte e Irã. Até a Rússia, do neotsar Putin, ganha suas linhas de simpatia. Em suma: facínoras são saudados; a democracia mais importante do planeta é tratada como bandida. Os ataques de que Israel é alvo não merecem destaque – no *Estadão*, dá-se ao menos uma cabeça de página.

Israel não tem outra saída a não ser atacar. É sua única defesa. E, anotem aí: se for necessário, com muito sangue, é certo, vai reocupar Gaza para valer; vai se instalar no sul do Líbano, ampliar a zona de segurança para seus cidadãos. E tem o dever moral de fazê-lo, a exemplo de qualquer Estado atacado por forças hostis. Mais: retomará a política dos assassinatos seletivos de líderes terroristas, o que, claro, escandaliza mais o mundo do que atentados a ônibus que transportam crianças israelenses. Seus pedaços não costumam ganhar as primeiras páginas.

---

* Integra do texto neste endereço: http://www1.folha.uol.com.br/fsp/mundo/ft1607200613.htm

A seriedade de análises como a desse senhor, que pauta um setor da imprensa brasileira, se resume na expressão de um outro pensador: "Até onde chegará essa loucura? Porque por trás dessa loucura está o desejo de domínio do império [americano], um desejo que não tem limites e que pode levar o mundo a um holocausto. Deus nos livre!" Trata-se de Hugo Chávez, um palhaço internacional, disposto a apoiar a aventura nuclear iraniana.

Israel tem, sim, algumas tarefas urgentes: fazer o que estiver a seu alcance para proteger seus cidadãos e, caso os Estados Unidos não o façam por nenhuma das inúmeras razões que poderiam ser elencadas, impedir que o Irã venha a ter armamento nuclear. A exemplo do que já fez com o Iraque em 1981. "Humanistas", como o tal Khouri, vão reclamar. A última vez em que "humanistas" dessa natureza pediram calma, Hitler chegou ao poder pelas urnas e depois deu um golpe.

E uma primeira observação final: o Hamas não chegou ao poder na Palestina porque seu povo está em desespero e porque Israel desmoralizou a Fatah, de Arafat. Chegou porque os palestinos reagiram contra um dos dois governos mais corruptos de que se tem notícia. Se a família de Arafat repatriasse o dinheiro seu que está no exterior, dava para fazer um Fome Zero para os palestinos. E uma segunda observação final: enquanto Israel estava no Líbano, os foguetes do Hezbollah mal passavam a fronteira. Agora, estima-se que já possam chegar a Tel-Aviv. Se o governo do Líbano não fizer nada a não ser choramingar, Israel terá de fazê-lo. E, nesse caso, só sair quando os terroristas tiverem ido todos para o inferno.

ANTIAMERICANISMO, ANTIISRAELISMO, ANTI-SEMITISMO [18/07/2006]

E continua o espalhafato, aqui e mundo afora, com a suposta "reação desproporcional" de Israel no Líbano, que entregou a fronteira para o Hezbollah. E o Hezbollah não quer Israel ali. A Autoridade Nacional Palestina é governada pelo Hamas. E o Hamas não quer Israel ali. O Irã e a Síria armam os grupos terroristas. E o Irã e a Síria já disseram que não querem Israel ali. As coisas são terrivelmente simples, mortalmente simples. Israel vai se defender. Algumas imagens de israelenses despedaçados também poderiam correr o planeta. Com linguagem de precisão cirúrgica, mundo afora, o antiisraelismo, que é uma variante do antiamericanismo, escreve que "israelenses morrem", mas que libaneses "são assassinados". Fotos de mulheres libanesas em meio aos escombros, imprecando contra os céus (helicópteros de Israel?), têm uma óbvia eloqüência. Mas as fotos das casas destruídas por foguetes do Hezbollah não ganham o mesmo destaque.

Não, nem chega a ser exatamente anti-semitismo – a não ser por derivação. No fundo, estão todos contra Bush, que acham ser o verdadeiro responsável pela crise. Falava nesta tarde com um amigo ao telefone. Certos pressupostos têm de ficar claros na análise: somos contra ou a favor a existência do Estado de Israel ali onde ele está? Vá lá: alguns podem achar um erro; há quem diga que deveriam estar todos no Paraguai. Ou ainda no fundo do mar. Mas é preciso dizer. E se Israel estabelecesse como ponto de honra de sua política de Estado destruir o Irã e passasse a financiar ataques terroristas ao país? O Hamas tem de parar. O Hezbollah tem de parar. A Síria tem de parar. O Irã tem de parar. O resto é antiamericanismo vagabundo. Que, no caso, faz questão de não se distinguir do anti-semitismo.

LULA E DEUS [08/09/2006]

"Eu digo sempre que, se tem um ser humano que tem que olhar todo dia para o céu e agradecer a sua generosidade, sou eu. Deus foi bem generoso."

É Lula falando aos evangélicos da Assembléia de Deus, no Rio. Ele recebeu nesta sexta apoio público dos pastores dessa denominação religiosa na Catedral das Assembléias de Deus, em Santa Cruz, na Zona Oeste. No melhor espírito cristão, afirmou: "Se tivermos um segundo mandato, com a experiência e aprendizado que tivemos, podemos fazer infinitamente mais, incomodando aqueles que vocês sabem que estamos incomodando."

Considerando que falava ao pessoal da Assembléia, vai ver estava se referindo aos católicos... Num dado momento do discurso, misturando cristianismo falsificado com macumba, disparou: "Estamos aprendendo que Deus escreve certo por linhas tortas, atento para tudo, e que as coisas acontecem quando têm que acontecer." De que coisas será que ele está falando? Vai ver o mensalão estava nos planos do Senhor e não passou de uma atribulação – à sua maneira, Lula teria sido um Jó – para que o Apedeuta saísse ainda mais fortalecido. É claro que Deus não tem nada com isso, não é? Aliás, Ele deve olhar para os católicos do Brasil e pensar: "Eta gente mole! Deixa-se enganar facilmente pelo capeta, hehe." Deus faz "hehe" porque é Aquele do Novo Testamento, sabem? Um pouco mais bem-humorado do que O do Velho – que, obviamente, já teria fulminado Lula com um raio. Acusação: misticismo, curandeirismo e magia.

ESTADOS UNIDOS – ELES, NÓS E A IDEOLOGIA ALEMÃ... DOS IRMÃOS MARX [8/11/2006]

Aconteceu o que se esperava: os democratas ganharam a maioria da Câmara dos Estados Unidos pela primeira vez em 12 anos. E, até quando escrevo, também havia a possibilidade de fazerem a maioria no Senado. A dupla derrota de George W. Bush teria um efeito mais moral do que outra coisa. Mas é claro que se trata do ensaio geral para os democratas tentarem reconquistar a Presidência da República. Se eu votasse nos Estados Unidos, seria republicano, mas não vejo com maus olhos um Congresso de oposição. Um Parlamento oposicionista no Brasil conteria os ímpetos dos petistas. Deve fazer bem aos Estados Unidos também. Aquele país é sábio. Vejam que eleições parlamentares colhem o presidente no meio do mandato. Vale dizer: o povo tem como mandar seu recado. Não precisa esperar quatro anos.

Segundo pesquisa da CNN, quatro coisas pesam quase igualmente no voto: corrupção (42%), terrorismo (40%), a economia (39%) e a guerra no Iraque (37%). Ah, os americanos... Ô povo severo aquele!!! Vai ver são o que são por isso. Vejam só: há um lobista chamado Jack Abramoff, ligado aos republicanos, que aparece envolvido numa tramóia de construção de cassinos em terras indígenas. Para padrões brasileiros, é um amador. Outro caso momentoso é o do Mark Foley, então deputado republicano, que renunciou depois que se descobriu que enviou mensagens pornográficas a rapagões menores de idade que trabalhavam na Câmara. São os dois casos, digamos, nacionais. No Brasil, aqueles protestantes moralistas – os petistas os chamariam de "udenistas" – ateariam fogo às vestes.

Mesmo com o país vivendo sob a pressão permanente do terror – e a promessa dos terroristas de um grande atentado a qualquer momento – e na vigência de um pós-guerra desastroso no Iraque, os americanos não dão mole para bandidos e hipócritas. Por aqui, Foley arrumaria um adversário que também assedia rapazes para provar que todo mundo é igual. E Bush daria um jeito de arranjar algum pilantra do Partido Democrata que tivesse agido como o tal Abramoff. E o povo cairia no conto-do-vigário. Por isso eles são o que são, e o Brasil é o que é.

Mas isso não impediu Lula, anteontem, de se referir de forma deselegante a Bush – tanto mais porque foi oblíquo, sem citar o nome. Como o Apedeuta falava na condição de presidente, representava o povo brasileiro. Era mais uma lição que a democracia brasileira dava ao mundo...

A ideologia alemã

Em tempo: os politicamente corretos, por aqui, babam de prazer ao ver Bush derrotado. Para o Brasil, um Congresso democrata é pior. Porque mais protecionista. A burrice me remete a um gracejo de Marx no livro *A ideologia alemã*. Ele é pai original do horror, mas tinha sacadas geniais. Alemanha e França disputavam a região da Alsácia-Lorena. Marx, criticando o "idealismo" da Alemanha, diz que o país, em vez de roubar o Estado francês, preferia roubar a filosofia francesa; em vez de germanizar as províncias francesas, preferia tentar germanizar sua filosofia. Cito de memória, mas é mais ou menos isso. Assim fazem esses gênios no Brasil: em vez de indagar que governo é melhor para nós, um republicano ou um democrata (já que ambas são saídas democráticas), estão mais preocupados em ver seu suposto humanismo de pé quebrado com maioria no Congresso... dos Estados Unidos! Ainda que isso seja pior para o Brasil. Ah, sim... É a nossa "ideologia alemã". A dos irmãos Marx.

PS: Depois de idas e vindas, a Alsácia-Lorena ficou mesmo com os franceses.

A PRODUÇÃO SOCIAL DA IGNORÂNCIA [08/11/2006]

Não adianta. Eles não desistem nunca. Agora chegaram os petralhas de canudo – ou quase. Referi-me, abaixo, à "Teoria do Valor, de Marx (uma referência a como ele a entendia e como agregou à teoria a mais-valia)", e logo eles apareceram para me dizer que não foi Marx que inventou a Teoria do Valor, mas Ricardo, Adam Smith, a Mãe Joana (eu disse que foi Marx?). Como se ele não tivesse feito a sua própria leitura do assunto. Trata-se de uma ignorância googleceânica. O cretino digita as bobagens do Google, cai num mar de referências, fica mareado e vem vomitar no meu blog.

Todo o Livro I do *Capital* – "O processo de produção do capital" – é destinado ao entendimento ou à releitura que Marx faz da Teoria do Valor, sim, senhores. Ou, ainda, se quiserem, à sua subversão, especialmente a partir da Parte Terceira: "A produção da mais-valia absoluta". Na minha edição (Difel, 1984), começa na página 201 do volume 1. E há, sim, no texto encantamento descritivo com o mercado, com o capitalismo, e, ao mesmo tempo, horror:

> O trabalho na fábrica exaure os nervos ao extremo, suprime o jogo variado dos músculos e confisca toda a atividade livre do trabalhador, física

> e espiritual. Até as medidas destinadas a facilitar o trabalho se tornam meio de tortura, pois a máquina, em vez de libertar o trabalhador do trabalhado, despoja o trabalho de todo interesse. Sendo, ao mesmo tempo, processo de trabalho e processo de criar mais-valia, toda produção capitalista se caracteriza por o instrumental de trabalho empregar o trabalhador e não o trabalhador empregar o instrumental de trabalho ("A maquinaria e a indústria moderna", capítulo XIII, do Livro I, p. 483-484).

Assim, vão estudar e parem de encher o meu saco. Peçam uma bolsa no ProUni do Menas. Nem marxistas mais o marxismo produz? Não é de estranhar que o petismo chame Emir Sader de "um dos maiores intelectuais brasileiros".

POR QUE "VOTO" NOS REPUBLICANOS [09/11/2006]

Há leitores que ficaram um tanto escandalizados porque eu disse que votaria nos republicanos se fosse americano. Sim, votaria. O, vá lá, ideário geral – mais indivíduo e menos Estado – me agrada. Mas sei que isso é escrever com a cabeça nas nuvens. Então escrevo com os pés no chão. Acho essa história da inexistência de armas de destruição em massa no Iraque uma rematada tolice. Bush e Blair mentiram, criaram um falso pretexto, para a invasão? É bem possível. Embora se deva destacar que os próprios generais de Saddam Hussein tenham se surpreendido quando descobriram que ele não tinha nenhuma carta na manga – ou arma química escondida. Até em conversas que se supunham secretas (que ele sabia estarem sendo acompanhadas pelos serviços de Segurança americano e britânico), ele induzia o mundo a pensar que tinha o arsenal. E, não custa lembrar, criou todas as dificuldades que pôde para as inspeções da ONU. Mais: ele nem precisava fabricar as armas. Podia tentar comprá-las.

Com ou sem elas, Saddam tinha de ser derrubado porque era um homicida em massa, um genocida, um potencial aliado do terrorismo mundial. O regime que implementou no Iraque era, provavelmente, o mais violento do planeta. Por muito menos o mundo aplaudiu como ação humanitária a correta intervenção euro-americana nos Bálcãs. Só Noam Chomsky ficou com Milosevic.

Os Estados Unidos estão sinceramente empenhados em criar instituições democráticas no Iraque. "Ah, mas democracia não se impõe." Sei disso. Mas qual é a alternativa? E qual era a alternativa antes? Há um tanto de missionário no discurso de George W. Bush? É provável. E o que há de cínico no dos democratas? "Votamos a favor da invasão porque achávamos que eles tivessem as armas, e isso nos ameaçava." Como elas não apareceram, então vem a reclamação: "Oh, não havia; por que nossos soldados tiveram de morrer naquele fim de mundo? Eram só iraquianos esmagando iraquianos."

Saddam não durou cinco minutos, mas o pós-guerra tem sido, de fato, desastroso para os Estados Unidos. Mas calma lá: quem mata quem no país? A quase guerra civil do Iraque é uma guerra no interior do próprio Islã. Se o Ocidente está chocado com as mortes civis, e eu também estou, não deveria ficar menos chocado com o que acontecia antes no país. É duro falar assim, mas necessário: quer dizer que os nossos humanistas sensíveis não podem aceitar as vítimas de uma tentativa de construção da democracia, mas aceitam de bom grado as da tirania em nome da autodeterminação dos povos? Perguntem aos curdos o que eles achavam do regime de Saddam.

Na militância contra a guerra do Iraque, há mais cinismo do que humanismo. E, nesse particular, com a devida vênia, confio menos nos democratas. A Al Qaeda não cresceu sob as barbas de George W. Bush, mas de Bill Clinton. A Coréia do Norte só se tornou o rato que ruge, agora com artefato nuclear ao menos, porque a Casa Branca dos democratas aceitou passivamente que o país fosse um satélite sob o suposto controle da "China de mercado". E, agora, há pela frente a ameaça iraniana: quando toda a hipocrisia européia esgotou seu repertório de procrastinações, então olhou para papai Bush, o "pato manco", o "bobalhão", o "fundamentalista", e perguntou: "O que fazer?"

Leitores fizeram ironias, algumas leves (publicadas), outras pesadas (ignoradas), outras ainda muito burras (idem), quando afirmei que a guerra ao terror vem sendo bem-sucedida. E não vem? Houve algum outro ataque depois do 11 de Setembro? Que medidas Bush tomou – e tirem a guerra contra o Iraque daqui – que não seriam tomadas pelos democratas? É justamente por temer a resposta que continuo achando os republicanos mais confiáveis.

É uma falácia autocomprovada a história de que o mundo pré-Bush era um lugar mais seguro. O ataque de 11 de Setembro é a melhor evidência disso. Entre o falcão e um bando de andorinhas assassinas, já escolhi com que ave eu vou. Também não acho que os Estados Unidos subestimaram, como se lê à farta, inclusive na imprensa americana, a "resistência iraquiana". Podem ter subestimado a mistura de vários terrorismos, unidos, ocasional e episodicamente, numa Central Única do Terror Internacional (CUTI). Mas essa guerra a CUTI vai travar mundo afora.

Chegará o dia, e talvez nem demore tanto assim (é coisa para vermos), em que ela tentará levantar o Ocidente contra o Ocidente.

Temo que a primeira coisa que um democrata faça seja entrar na fila para pôr o turbante. Aliás, não temo. Estou convicto de que é isso que faria. Em nome da paz. Mas ok. Os democratas deram uma lavada, não foi? E isso é ensaio geral para 2008. Terão a chance de mostrar como governam depois do 11 de Setembro. Eles só conhecem a opção anterior. E, antes, era muito mais fácil.

RELIGIÕES [29/01/2007]

É preciso ler o que está escrito. Não o que a gente pretende que esteja. NÃO ataquei indiscriminadamente os pentecostais. De fato, fiz uma distinção entre o "pentecostalismo" e o "neopentecostalismo". Embora não seja a minha praia, nada sei, no que concerne à vida civil, que desabone denominações pentecostais tradicionais, como a Congregação Cristã ou a Assembléia de Deus. O problema não está na crença, ainda que eu a considere, pessoalmente, uma distorção da mensagem cristã – e o mesmo digo do Movimento Carismático, da Igreja Católica. Meu ponto, está claríssimo abaixo, é outro.

Acho absolutamente legítimo que pessoas se reúnam em templos, onde quer que seja, e saúdem o que consideram presença ativa do Espírito Santo em suas vidas, operando milagres. A crença é e deve continuar a ser livre no Brasil, fora do alcance de qualquer intervenção estatal. Se fosse mergulhar em dissensões teológicas, eu lembraria que a manifestação explícita do Espírito Santo ocorreu uma única vez, aos apóstolos. Não saberia explicar por que acontece todo dia em certos templos, mas vá lá... Cada um na sua.

Se você realmente acredita que seu pastor, seu "apóstolo" ou sua "bispa" – por favor: "episcopisa"!!! – são capazes de intermediar mais milagres num único culto do que Jesus Cristo ao longo de sua vida inteira, problema seu. Acho que é, digamos, falta de senso de proporção. Mas, de novo, você está plenamente amparado pela liberdade.

O que é inaceitável é que seitas neopentecostais, surgidas na esteira de uma certa Teologia da Prosperidade, cuja profundidade propriamente teológica se esgota num carnê bancário, ganhem do Estado concessões públicas de rádio e TV e fundem partidos políticos. Aliás, sou contra facilidades fiscais e congêneres a qualquer religião, também à Católica. A seriedade de princípios não altera a natureza do Estado laico.

Certas seitas neopentecostais querem continuar a propagar seus milagres fajutos? Que o façam. Mas sem patrocínio oficial. A César o que é de César, entendem? Falei em "milagres fajutos"? Falei. Façam um na minha frente. Eu quero ver. Sou favorável às leis de mercado. Até mesmo o mercado do divino. Mas tirem o Estado dessa equação.

Igreja Católica

Mantenho a crítica à Igreja Católica. Acho que, ao longo do tempo, se foi tornando excessivamente laica, transformando-se mais num norte moral do que num guia espiritual. E nem sempre de boa moral. Já relatei a vocês: na missa de sétimo dia do meu pai, tive de ouvir uma cascata sobre as desigualdades sociais do Brasil. Numa procissão de Corpus Christi, os padres resolveram fazer um comício em favor do MST e dos povos atingidos por barragens. Isso não é catolicismo. É petismo de batina. Bento XVI tarda a enquadrar os óbvios desmandos da hierarquia católica no Brasil. Um bispo como dom Tomás Balduíno tem é de ser contratado como marqueteiro do MST. Um padre como Júlio Lancelotti tem mais uma idéia na cabeça do que caridades à mão.

O AQUECIMENTO GLOBAL E VIRGÍLIO, O POETA. OU "PPC: PUM PANTAGRUÉLICO DA CIVILIZAÇÃO" [02/02/2007]

Consta que a ExxonMobil está pagando 10 mil dólares por artigo desqualificando o relatório do Painel Intergovernamental de Mudanças Climáticas (IPCC, na sigla em inglês). Eu logo fiz como aquele jacaré da piada, que quer entrar na festa do céu, e exclamei: "Obaaaaaaaa!!!" Mas aí li que eles querem só cientistas e economistas. E eu fechei o bico: "Coitadinhos dos jornalistas...!" Abelhudo como eu não serve. Fiquei tentado a aderir imediatamente a essa onda formidável de condenação ao, como é mesmo?, "ser humano", que sempre estraga tudo... É sério. O mundo ia bem, ali, naquele seu ritmo, sabem?... Uma explosão ou outra de vez em quando, um maremoto, um meteorito, mas tudo muito natural. Aí apareceu este ignóbil, detestável, verdadeiro lixo das esferas celestiais: o ser humano, doravante grafado "serumano". E fez o quê? O serumano ficou emitindo o PPC (Pum Pantagruélico da Civilização), esses gases do efeito estufa. E agora estamos nós assim: por culpa do serumano, a coisa vai esquentar.

Ok. A ExxonMobil faz bem em não me pagar. Eu não entendo nada desse assunto. Mas os que andaram redigindo o apocalipse nos últimos dois ou três dias, depois da divulgação do relatório, também não entendem. Mas sei perceber quando estou diante de uma causa política. E esse é definitivamente o caso. Releia, leitor amigo, o que foi publicado a respeito: onde houver honestidade, haverá a ressalva de que tudo o que se tem são hipóteses – ainda que plausíveis, mas hipóteses.

Devemos, por isso, ficar de braços cruzados? Não, é claro. Mas calma lá com o apocalipse. Ponham ao menos alguns anjos tocando trombetas – e que não tenham a cara do Kofi Annan ou daquele coreano que agora é secretário-geral da ONU, cujo nome ainda não tive tempo de decorar. Há um sujeito no *Estadão* de sábado afirmando que as guerras mundiais são "fichinha" perto do que se pode ver. Ele inclui o holocausto, as duas bombas atômicas e os milhões de mortos de algumas "guerras" políticas localizadas, como China ou União Soviética?

Não, eu não entendo nada de clima. Mas os que andaram produzindo boa parte das toneladas de informação sobre o aquecimento global (o que, é claro, aumenta o aquecimento global) também não entendem. Tanto é assim que a versão não tem contraditório. Sim, há quem não concorde com essas previsões. Mas o pacote já vem completo: ou você começa a se descabelar junto com os seiscentos cientistas do IPCC ou você é um capacho da ExxonMobil...

Como ignorar que a estrutura simbólica dessa história segue rigorosamente a das religiões apocalípticas? Reparem que os efeitos realmente dramáticos do aquecimento, aqueles que, parece, ameaçam com o fim da civilização humana, virão dentro de quinhentos anos. É isso aí: nunca um crente em religiões apocalípticas conseguiu ver o apocalipse. Ele permanece como o evento escatológico, finalista, que dá sentido à crença e aos rituais presentes. Nenhum de nós terá como cobrar o resultado das previsões. Tenho guardada em algum lugar aqui de casa uma reportagem da década de 1970 – eu estava no colégio – que tratava do fim da floresta amazônica no ano 2000. Quem afirmava eram os cientistas. Tudo aquilo iria virar um deserto. Que eu saiba, até hoje, apenas 13% da floresta foram "devastados". E ela ainda engoliu a Transamazônica...

Agora vou escrever um parágrafo inútil, porque não lhe darão bola. Mas vá lá. Eu acredito, sinceramente, que se devem tomar providências para inibir a emissão de gases poluentes. Ainda que não houvesse o efeito estufa, parece-me que é melhor para a saúde das pessoas, dos animais, da natureza etc. e tal. Sim, Santo Deus!, sou um homem bom como qualquer um de vocês ou dos cientistas do IPCC!!! É justo e prudente que os governos se preocupem com isso. O que me causa irritação é essa bobagem de "a culpa é nossa"; "a culpa é do serumano". Que culpa, cara pálida? Eu não peço desculpas pela invenção do antibiótico, do carro, do vaso sanitário, da informática, do vinho, do ácido acetilsalicílico, do omeprazol, do Chicabon...

Vocês acreditam que eu nem mesmo acho que o mundo já foi melhor um dia, quando era mais fresquinho – 0,7 grau centígrado mais fresquinho, mas era. Ora, vejam vocês: nunca fomos tão felizes. Refiro-me, claro, à espécie. As infelicidades individuais, se têm cura, curam-se com amor, analista, Prozac, as três coisas somadas mais uma dose de uísque (não junto com o Prozac...). Mas também não exagerem nas ambições. Esse negócio de que você tem de ser feliz a qualquer custo é pura falta de imaginação, leitor amigo. Só um idiota é plenamente feliz. Mas isso fica para outra hora. Eu retiro do tribunal, para onde querem mandá-la, a "nossa civilização". Uma banana para esses apocalípticos!

Eu conheço essa conversa. A resposta ao aquecimento global, vocês podem não saber, mas já estava em Virgílio (70-19 a.C.). Sim, o poeta latino. Leiam lá a Quarta Écloga, das *Bucólicas.* Ele anuncia a Idade do Ouro, que viria substituir o vale de lágrimas que é o mundo. Do presente e passado, dizia com infinita mais graça o mesmo que dizem os cientistas:

Se o nosso crime deixou traços, nada valem eles
que de um terror perpétuo livrar-se-ão todas as terras.
Terá a vida dos deuses o menino, que os verá
No meio dos heróis, e será visto em meio a eles,
Regendo com as virtudes de seu pai um mundo em paz.

A "saudade do futuro" é um traço de várias culturas. É especialmente forte na nossa. Desnecessário dizer que os cristãos tentaram fazer de Virgílio uma espécie de iluminado, que teria antevisto a vinda do Cristo. Besteira. A sua poesia pertence à mais legítima cultura pagã. Mas também ela tinha suas dissensões com a, digamos, civilização. E sem efeito estufa. Apocalipses e redenções estão entranhados na nossa memória cultural. Assim, é claro que essa onda de calor intelectual vai passar. Só é necessário algum cuidado porque já se fala até numa espécie de polícia planetária para vigiar o meio ambiente... Huuummm. Não há totalitário no mundo que não sonhe com um governo mundial – e não é para buscar a paz perpétua kantiana, não. É para impor ditadura mesmo. Sim, eu sempre tomo muito cuidado com quem gosta mais de baleia que de gente.

Vocês não me pegarão propondo uma espécie de *ashura* (aquela autoflagelação xiita), lastimando os desvios da nossa civilização. Se é que aqueceu mesmo – e há opiniões respeitáveis, censuradas aqui e no mundo, dizendo que não é bem assim –, o que dizer? "Lamento!" Pagamos um preço até pequeno. Em cem anos, a expectativa média de vida do serumano aumentou quase 50%.

Sim, que os governos se preocupem, busquem energia limpa (os ecochatos vão parar de patrulhar a energia nuclear, por exemplo?), plantem árvores a mancheias para ampliar a capacidade de absorção de carbono, sei lá. Eu, definitivamente, estou fora desse papo obscurantista de que a Terra era bacana, mas o serumano estragou tudo com a sua ambição.

PS: E, é claro, não custa observar: com o fim das suas ilusões, as esquerdas resolveram se juntar ao extremismo islâmico. Agora, chegou a vez do aquecimento global. É como se uma predição estivesse se realizando: "Estão vendo? O capitalismo só poderia dar nisto aí: autodestruição."

QUANDO O *ESTADÃO* ANUNCIOU A NOVA ERA GLACIAL [05/02/2007]

Era um domingo. 30 de junho de 1974. O *Estadão* tornava menos tranqüila a macarronada. Não havia dúvida. Os cientistas haviam descoberto o que os seres humanos comuns ignoravam em sua inocência: "A Terra caminha para a nova era glacial." Para sustentar o texto principal, um outro, detalhando um aspecto da matéria geral: "Os invernos serão cada vez mais frios." Faz pouco mais de três décadas. De lá pra cá, ocorreu uma verdadeira revolução, creio, nos instrumentos de medição, e a era glacial prometida virou um forno. Vocês sabem. Estamos lidando com cinema-catástrofe. Lembrem-se de todos os filmes do gênero que vocês já viram. Descarnando a fita de diálogos inúteis, temos o seguinte na estrutura:

1) Há sempre um cientista maluco ligado a um empresário ambicioso querendo brincar de Deus;

2) O cientista maluco faz isso porque sua ciência não tem ética, entendem? E o empresário porque quer lucro. Vocês sabem como são os empresários... É uma gente que não é de confiança. Não fossem os comunistas para nos salvar, a gente já teria sido posto num saco por algum andarilho e virado sabão, como nas histórias de terror infantil;

3) Há sempre um cientista ético combatendo o cientista que pensa que é Deus;

4) Alguns morrem. Mas, no fim, o mundo é salvo pelos éticos, e o cientista herói dá um beijo na loura.

Não estou em campanha contra quem aposta no "aquecimento global" – eu também sou contra o aquecimento. Só estou combatendo uma estrutura mental.

VALE A PENA LUTAR POR ISSO? [06/02/07]

Se você tiver uma boa base genética, comer bem pouco, e só alguns alimentos saudáveis, não beber quase nada, não fumar... Se você, enfim, não fizer nenhuma extravagância, parece que, salvo algum acidente alheio à sua vontade, aumentam enormemente as chances de viver muito, muito mesmo. Quem sabe demais...

Li na *Veja* outro dia uma reportagem em que um casal narrava a sua ceia de Ano-Novo, acho: salada de trigo integral e outras frugalidades, um matinho, um tomatinho-cereja, mas não muito. Aí pensei: "Vale a pena lutar por isso?" São questões individuais. Eles devem estar felizes. Eu morreria de tédio. E também não recomendo meu estilo de vida a ninguém.

Fazemos trocas, claro. Ganha-se aqui, perde-se ali. Como civilização, no geral, o saldo é extremamente positivo. Nunca vivemos tanto e tão bem. Assim, sempre que alguém propõe mudar nosso estilo de vida, cabe fazer a pergunta: "Vale a pena lutar por isso?"

Esta é só uma introdução para recomendar uma leitura. Você quer se inteirar sobre temas que estão na fronteira entre a ciência e a política e, como disse o leitor que fez a sugestão, livre da misantropia? Há uma revista eletrônica inglesa chamada *Spiked* (www.spiked-online.com). Há três artigos interessantes sobre o aquecimento global – ou, mais precisamente, sobre o discurso do aquecimento global. Dois deles observam que, na Inglaterra (e mundo afora), se recorre à palavra "guerra" quando se quer falar das medidas necessárias para evitar a catástrofe. O articulista Rob Lyons encerra assim o seu texto: "Se a retórica da guerra crescer, teremos, sim, uma mudança de clima: um clima de aumento do autoritarismo, da censura e do empobrecimento inútil. Vale a pena lutar por esse mundo?"

UMA VERDADE INCONVENIENTE [12/02/2007]

Mais virulentos que petralhas, segundo percebo, são os ongueiros. Estão furiosos comigo. Compreendo. Por mim, estariam todos desempregados, quem sabe fazendo malabarismo em farol, já que a maioria resistiria a pegar no pesado e nem mesmo se esforçaria para vender chiclete, uma atividade ao menos produtiva, que faz circular o dinheiro...

Há ONGs sérias? Deve haver. No Brasil, a sua força avassaladora corresponde aos últimos, creio, dez anos. Reparem como o Brasil melhorou nesse período... Bastou uma década de militância ativa dessa gente para que, por exemplo, a favela deixasse de ser alguma coisa que precisava acabar para se tornar uma produtora de valores alternativos. Sem dúvida, uma conquista e tanto!

A seriedade das ONGs, pra mim, se traduz numa evidência: quantas vítimas fatais vocês conhecem do alimento geneticamente modificado? Repito a pergunta: quantas pessoas já foram prejudicadas por milho ou soja transgênicos? Mostrem-me uma única reportagem relatando um caso. Agora procurem saber – eu não sei: estou propondo uma pauta aos jornais e revistas – quantas são as ONGs existentes destinadas a combater os transgênicos. E depois tentem investigar quantas são as organizações não-governamentais voltadas ao combate da diarréia infantil, a principal causa da morte de crianças pobres no Brasil. Eu sou capaz de jurar que há mais ONGs preocupadas com tartarugas do que ocupadas em combater a tuberculose, que mata muito mais do que Aids e recebe bem menos recursos de entidades tanto públicas como privadas. Eis uma verdade inconveniente.

Eu me converti

Eu não creio no fim do mundo, não neste que anda por aí, químico. Leiam o Apocalipse de João. Vocês vão adorar, além de encontrar a fonte original de boa parte do catastrofismo científico: cientista, quando quer ser literato, apela à Bíblia. Mas adiante. Como medidas serão tomadas para conter o aquecimento global, todas as tragédias que adviriam do dito-cujo não se realizarão por causa das medidas... Entenderam o círculo? Depois das profecias que se auto-realizam, temos aquelas pensadas para não acontecer.

UM POUCO DE DURKHEIM E *SUMA TEOLÓGICA* [26/02/2007]

Só um esclarecimento, a pedido de leitores. No que diz respeito à eutanásia e aborto – a que também me oponho –, a diretriz da Igreja Católica vale para seus fiéis. E, claro, expressa a sua opinião tentando influenciar governos. Só. Se o Brasil legalizar a eutanásia – e eu gostaria de ver uma pesquisa séria entre médicos: aposto que a maioria é contra –, restará à instituição fazer o que faz em outras matérias: recomendar a seus seguidores que a recusem. E ponto.

Na *Veja* desta semana, escrevo um artigo sobre religião. O gancho, como se diz em jornalismo, é a canonização de frei Galvão. Não trato do assunto em particular, que é matéria de capa da revista – escrita com correção e pertinência, vejam lá. Falo da religião como um dado da cultura e uma das teorias do conhecimento. E me fixo numa das teses do sociólogo francês Émile Durkheim no livro *As formas elementares da vida religiosa*, um clássico sobre o tema, de leitura obrigatória para quem quer falar de religião. A propósito: as pessoas são livres, é óbvio, para tratar do assunto sem terem lido esse livro ou outro qualquer. A ignorância propositiva pode ser falta de delicadeza, mas não pode ser proibida...

O livro é um estudo de caso – "o sistema totêmico da Austrália" –, mas, sociólogo que é, ele está em busca de entender as estruturas de funcionamento do pensamento religioso, de qualquer religião.

A primeira sacada importante de Durkheim diz respeito à relação da religião com o fato extraordinário. Ele demonstra, com elegância, que "as concepções religiosas têm por objeto, acima de tudo, exprimir e explicar não o que há de excepcional e anormal nas coisas, mas, ao contrário, o que elas têm de constante e regular". Num outro momento, com grande senso irônico, lembra que muitos legisladores acreditam que se pode mudar um sistema social da noite para o dia "assim como tantas religiões admitem que a vontade divina criou o mundo do nada". E emenda: "No que concerne aos fatos sociais, temos ainda uma mentalidade de primitivos."

Durkheim morreu em 1917, ano da Revolução Russa, quando alguns senhores acharam que poderiam mudar a natureza da sociedade e dos homens por um ato olímpico da vontade – mais olímpico do que Deus.

O que quero dizer com isso? Tanto o pensamento religioso como o pensamento científico fazem parte da cultura. Opô-los de maneira inelutável é flertar com a estupidez, o que santo Tomás de Aquino percebeu no século XIII. Se você vir o tamanho da *Suma teológica*, leitor amigo, vai inferir que ainda não tive tempo de lê-la toda. E é verdade. Mas sempre um pouco por dia. E a cada dia mais convencido de que ou fé e ciência se instruem mutuamente, ou estaremos sempre roçando o pensamento totalitário. Com uma ligeira diferença: a fé não estúpida se sabe uma construção humana; a ciência, no mais das vezes, se pretende uma imposição da natureza. Foi quando esse "naturalismo" tentou se impor, também, nas ciências sociais que se fizeram as teorias totalitárias do mundo moderno.

AINDA UM POUCO DE RELIGIÃO COMO CULTURA [26/02/2007]

Gilberto Freyre (1900-1987) escreve em *Casa-grande & senzala* que

> (...)o próprio sistema jesuítico, no que logrou maior êxito no Brasil dos primeiros séculos, foi na parte mística, devocional e festiva do culto ca-

tólico. (...) na cristianização dos caboclos pela música, pelo canto, pela liturgia (...), festas, danças religiosas, mistérios, comédias (...). Elementos, muitos desses, embora a serviço da obra de europeização e de cristianização, impregnados da influência animística ou fetichista vinda talvez da África.

O sociólogo pernambucano lembra que os próprios Exercícios Espirituais, de autoria de santo Inácio de Loyola (1491-1556), fundador da Ordem dos Jesuítas, parecem ter sido assimilados "de originais africanos". Escreve:

O céu jesuítico, como o purgatório ou o inferno, cujas delícias ou horrores o devoto que pratique os Exercícios acabará vendo, sentindo-lhes o cheiro e o gosto, ouvindo-lhes os cantos de gozo ou os ai-jesus de desespero – esse céu, esse purgatório e esse inferno ao alcance dos sentidos (...) aproxima-os o estudo comparado das religiões de antigos sistemas de mística muçulmana.

Por que tais lembranças? A religiosidade define uma parte de nossa formação. E, sinceramente, dado o que vai acima, nem creio que seja a pior parte – talvez seja até a melhor: a tolerância com o outro. Tolerância essa que nada tem a ver com a condescendência com a corrupção e com o desmando. Aí, claro, o departamento é bem outro. A justificativa da intelligentsia universitária brasileira dos desmandos petistas, em nome de uma suposta causa dos oprimidos, fez em favor da corrupção muito mais do que qualquer herança que tenhamos recebido.

Mas já me desviei. Lembrei-me aqui de Gilberto Freyre porque ou se fala de religião como um elemento ativo de nossa vida e de nossa formação, ou vamos começar a achar que ela só remanesce entre nós como um traço do atraso – precisando, pois, ser extirpada da vida social em nome da racionalidade científica. Como fez Mao na China. Como fez Stálin na ex-União Soviética. Dois grandes humanistas, sem dúvida...

ALIÁS, O PENSAMENTO VERDE ESTÁ DIANTE DE ALGUNS DILEMAS [05/03/2007]

O movimento ecológico, hoje em dia, consegue impedir a construção de uma hidrelétrica por causa de dois macacos e um minhocuçu. Os minhocuçus excitam a imaginação ecológica de promotores, que conseguem embargar as obras. A energia gerada pelas hidrelétricas é limpa. Não aquece o planeta. Vive-se, então, um dilema: salva-se o glossoescolecídeo que há, tomado em sua individualidade ("minhocão também é ser humano", diria Magri), impedindo a construção da usina, ou se salvam os glossoescolecídeos do futuro? É uma escolha moral difícil.

A propósito do aquecimento: as queimadas da Amazônia, fiquei sabendo outro dia, são consideradas o quarto maior fator de produção do dióxido de carbono, o que põe o Brasil na vanguarda (!!!) dos países que mais aquecem o planeta.

Se forem transformar o país num enorme canavial, não custa ter cuidado. A grande Dois Córregos (minha terra natal), que compreende cidades como Jaú e Bauru, é uma região canavieira. No período da safra, o ar fica quase irrespirável. Ainda hoje, queima-se primeiro o canavial para depois fazer o corte. Isso é necessário porque é impossível a colheita manual sem destruir primeiro as folhas. Já existem máquinas que fazem o serviço, mas há três problemas: a) não se adaptam a certos tipos de terreno; b) provocam muita perda; c) causam desemprego rural. O mundo não presta. O Bem está mesmo escondido na Caverna...

É por isso que também resolvi aderir à religião do aquecimento e só vejo uma saída: "Mudar o nosso estilo de vida", como dizem os profetas. Não sei o que é. Mas deve ser bacana. Sobretudo porque se parte da premissa, sempre, de que quem tem de mudar é o outro. Trata-se de uma daquelas causas em que a simples adesão moral ao princípio já aplaca a consciência. É como jornalista diante de um banco de praça no qual não se pode deitar. Alguns acham o assunto irrelevante e tendem a considerar que banco é pra sentar. É a frieza reacionária. Mas há os ternos e igualitaristas. Denunciam que o banco é "antimendigo" e já se sentem dando a sua cota de contribuição a um mundo melhor. Afinal, trata-se mesmo, sabem?, de ter um "novo olhar" diante das coisas. Você até pode ser um beneficiário do aquecimento global, como qualquer um. O importante é ter a alma despoluída.

ROSA, ROSAE, ROSAM... [13/03/2007]

Opa! Finalmente um pouco daquele Bento XVI que eu estava esperando desde que Josef Ratzinger se fez papa. Ele tornou pública nesta terça uma exortação intitulada Sacramentum Caritatis. Há algumas orientações que, vocês verão abaixo, vão gerar protestos mundo afora. Compreende-se. Quando o papa fala, imagina-se que está falando para todo mundo. Não! Está apenas orientando os católicos. O que mais me encantou foi o seguinte: ele convocou todos os padres a "compreender e celebrar a missa em latim" e a cantar o canto gregoriano em parte da liturgia. É claro que os sacerdotes poderão pregar em língua nativa, mas a parte, digamos, universal da missa terá de ser na língua de Cícero. Ou quase. O latim eclesiástico é bem mais simples, com menos inversões da ordem sintática, do que o clássico. Mas será um ganho. Por quê?

Será porque pobre precisa ouvir reza em latim para chegar ao céu? Não. Acho que a orientação, caso se torne mesmo uma exigência, obrigará os padres a uma formação mais sólida. Tenho falado aqui de educação nesses dois dias por causa do resultado ruim das escolas em São Paulo. A crise chegou aos seminários. Também ali substitui-se a formação – no caso, a teologia – pela pregação ideológica. Há o risco, como diria Bocage, de o padre só "engrolar alguns *subvenites* em voz alta" sem saber o que está dizendo, decorando falas? Há. Mas também se abre a possibilidade de que os melhores aprendam alguma coisa. O canto gregoriano é outra boa idéia. Hoje em dia, ensinam até o "Funk do Senhor" em aulas de catecismo. Sem contar os órgãos de churrascaria, guitarra, bateria...

Vejam a que coisas me apego... O papa não ficou só nisso. Também declarou que a família, formada pelo homem e pela mulher, é um valor inegociável, declarou a inviolabilidade da vida da concepção à morte (o que exclui aborto e eutanásia), defendeu o celibato para os padres e chamou o segundo casamento, depois do divórcio, de uma "verdadeira chaga". O papa falou em "*una vera piaga*", que é uma palavra de forte apelo religioso. Vai acabar virando "praga" na imprensa... Convocou ainda os políticos católicos a darem "testemunho de sua fé", não votando leis que contrariem os "valores fundamentais" do homem. É isso aí. O papa falou aos católicos. E ninguém é obrigado a ser católico. Isso, sim, felizmente, é uma escolha.

OS JORNAIS BRASILEIROS E AS "PRAGAS DE CRISTO"... [14/03/2007]

Cantei a bola ontem na nota "Rosa, rosae, rosam", das 21:30, e batata! Os três grandes jornais do país devem uma correção a seus leitores. Atribuíram ao papa Bento XVI o que ele não disse e deixaram de informar o que ele disse. O erro não teria se espalhado de maneira uniforme não fosse o preconceito de que são vítimas o próprio papa e a Igreja Católica.

Explico-me. Conforme se podia ver no site do *Corriere della Sera* já no começo da noite, Bento XVI havia dito que o segundo casamento era "*una vera piaga*" para os cristãos. "*Piaga*" quer dizer "chaga", "ferida", e não "praga", como se traduziu no Brasil. Manchete da *Folha*: "segundo casamento é uma praga, diz papa" – não diz. "Papa chama segundo casamento de praga social", afirma o *Estadão* na primeira página – não chama. "Para Bento XVI, segundo casamento é 'praga'", informa *O Globo* na página 29 – não é. Uma das orações de são Bernardo para alcançar uma graça diz assim: "*Dilettissimo Signore mio Gesù Cristo, mansueto Agnello di Dio, io povero peccatore Ti adoro e considero la dolorosissima piaga* (...)" É uma referência à "dolorosíssima chaga" de Jesus Cristo, jamais à sua "dolorosíssima praga". O que não ficaria nem bem...

É claro que erros acontecem. Não estou satanizando ninguém. A minha suposição, no entanto, é que a instituição e a personagem ajudaram a induzir os jornalistas ao erro. Da Igreja Católica, o laicismo espera sempre as piores coisas. De Bento XVI, "um reacionário", como eles dizem, idem. Se o papa disse "*piaga*", só pode ter querido dizer "praga".

"*Piaga*" – a chaga – é um termo que tem peso religioso específico. A indissolubilidade do casamento, para a Igreja Católica, remete à inquebrantável união de Cristo com a sua Igreja. Por isso, diz o papa, o segundo casamento, posterior ao divórcio, é uma "*piaga*", uma chaga, um suplício, um tormento, um sofrimento para os cristãos. A exemplo do que foram para Cristo as chagas que o mataram.

Não descarto que as pessoas achem tudo isso uma besteira. Cada um na sua. Mas não custa ouvir, por razões puramente jornalísticas, com um pouco menos de preconceito o que afirma o papa. Quando menos, para que ele possa responder pelo que disse, não pelo que não disse.

"ELES" QUEREM UM CHICOTE PRA CHAMAR DE SEU [15/03/2007]

A história da "praga do papa" ainda rende. Não! Ele não disse que o segundo casamento é uma "praga". Se tivesse se expressado em português, teria dito "chaga". Mas "praga" não deriva da palavra latina "*plaga*" (chaga), empregada pelo Sumo Pontífice? Deriva, sim. Mas, na hora da tradução, é preciso escolher o vocábulo que ao menos se aproxime do que foi dito no original. Volto ao meu gracejo: Cristo não tinha "pragas" – não como a palavra existe na nossa língua. Tinha "chagas", "feridas". As chagas e as feridas que o papa vê na cristandade com a dissolução do casamento.

Vejam o post em que tratei disso segundo a tradução autorizada pelo Vaticano nas várias línguas. A inglesa e a italiana, por exemplo, eliminaram a chance de qualquer dúvida, de qualquer ambigüidade. O primeiro sentido de "*plaga*", diga-se, é "golpe", "pancada" e, por metonímia, "chaga", "ferida" – isto é, toma-se a conseqüência (ferida) pela causa (a pancada). "*Plaga*", em "cristianês", é palavra cara: refere-se a suplício, sofrimento, dor. Mártires chegaram a pedir a Deus que lhes enviasse "plaga" para poderem sofrer como Cristo sofreu. Pediam "chagas", não maldições, gafanhotos ou piolhos. Então a tradução oficial do Vaticano para o português está errada? É uma tradução porca. Quem escolheu "praga" no lugar da "*plaga*" original ou desconhece o latim ou desconhece o português. Ou as duas coisas. É claro que, sendo Bento XVI quem é, seria preferível ao pensamento anti-religioso, especialmente anticatólico, que tivesse dito "praga". Seria muito mais agressivo, muito mais duro, muito mais político. Afinal, parece não combinar com Josef Ratzinger a admissão da chaga, da dor, do sofrimento.

Se o papa ou Jorjibúchi deixam de ser os opressores, o que as vítimas de plantão vão fazer com o discurso do oprimido? Elas não podem viver sem um chicote pra chamar de seu.

PENSEM NO FIM DO MUNDO POR MIM [04/04/2007]

Vocês viram, né? Segundo pesquisa da BBC, o povo brasileiro é o que mais teme o aquecimento global. Faz sentido. A imprensa brasileira quase não trata de outro assunto. Há mais indignação cívica com o derretimento de geleiras do que com roubo do dinheiro público, o que mostra que este continua a ser um país do futuro.

Uma explicação bem plausível é que a ecologia é uma das línguas faladas pelo esquerdismo e pelo antiamericanismo. E a imprensa é a gaiola dos loucos... Pensando bem, por que brasileiro iria se preocupar com os próximos vinte anos? Prefere planejar o mundo para daqui a duzentos... Corresponde a uma renúncia ao presente pelas próximas dez gerações. Assim, um mundo ecologicamente correto vira a nossa fantasia edênica, a nossa utopia.

Ainda ontem vi uma reportagem na TV. A "pegada" da matéria era a seguinte: os Estados Unidos respondem por um quarto dos gases do aquecimento, mas rejeitam tomar as medidas para combatê-los (como eles são maus!). Na seqüência, informava-se que o aquecimento seria positivo para a agricultura dos países ricos, mas devastador para a África, que só contribui com 3% do aquecimento (como eles são inocentes!). Como se vê, existe uma espécie de luta de classes também quando o assunto é o clima. Depois pretendem que eu leve a sério esse troço. Deixo esta tarefa para vocês, irmãos: pensem no fim do mundo por mim, tá? Eu continuarei a rezar contra as tentações do capeta...

BENTO XVI E KARL MARX [05/04/2007]

"Karl Marx descreveu de maneira drástica a alienação do homem. Mesmo que não tenha atingido a verdadeira profundidade da alienação – porque raciocinava apenas em âmbito material –, forneceu uma imagem clara do homem vitimado por bandidos." É um trecho do livro *Jesus de Nazaré*, do papa Bento XVI, que será lançado no dia 13. Um monte de gente já mandou comentários: "O papa elogiou Karl Marx." Cadê o elogio?

Ele fez um comentário num capítulo em que aborda a Parábola do Bom Samaritano – que eu sugiro que vocês leiam. Na história narrada por Cristo com o objetivo de encarecer a caridade, um homem é feito vítima de "bandidos", severamente espancado e largado ao relento. Tanto um religioso como alguém de sua própria comunidade passam por ele e nada fazem. Até que um estranho, o Bom Samaritano, o socorre. História simples para exemplificar "o amor ao outro como a si mesmo".

A lembrança de Marx se explica porque ele é o grande pensador – goste-se ou não – da revolta contra o que se considera injustiça social. Mas Bento XVI deixa claro: ele não atingiu a verdadeira profundidade da alienação. E, pois, o papa não endossou Marx coisa nenhuma. Nem o elogiou. Vamos com calma. Uma coisa é citar um autor num contexto pertinente; outra é assinar embaixo. Eu leio Marx ainda hoje com muito prazer. Não fazê-lo, como se fosse um satã, é só obscurantismo. Ou agora Bento XVI deveria pôr fogo nos livros marxistas? Deixem o terrorismo para "eles". Ler não é acatar.

Em seguida, o papa fala da África, de como o continente seria vítima da exploração dos países ricos etc. e tal. Bem, há, sim, um certo viés anticapitalista e antiliberal na Igreja, meus caros. Conformem-se com isso. O que não quer dizer que o teólogo Josef Ratzinger flerte com o comunismo. Isso é besteira. E suas ações dão testemunho de sua convicção. A Santa Sé acaba de fazer uma advertência (ainda não é punição), justíssima, a Jon Sobrino, um jesuíta espanhol especialista em Cristologia. Expoente da Teologia da Libertação, é dado a tratar a figura de Cristo com sotaque revolucionário, menosprezando a sua dimensão divina. É ridículo supor qualquer flerte de Bento XVI com o marxismo.

Tenham uma coisa em mente: a crítica da Igreja Católica (a séria, não a Escatologia da Libertação) ao capitalismo sempre será feita pelo viés da censura ao hedonismo e às injustiças sociais – que existem mesmo. Ou não? A Igreja nem sempre acerta nos diagnósticos, acho eu. Mas não se atribua ao papa, de novo, o que ele não disse.

APOCALIPSE [07/04/2007]

Os cientistas do IPCC (Painel Intergovernamental sobre Mudança Climática) apresentaram ontem, em Bruxelas, a segunda parte do Quarto Relatório de Avaliação. Quando li a respeito, por alguma razão, aquilo não me parecia inédito. E então me dei conta de que eu estava revisitando o "Apocalipse de são João". Teólogos, místicos e exegetas os mais diversos têm suas interpretações do texto. As hipóteses costumam ser mais fantasiosas do que o original. Para mim, está tudo resolvido. Todas as escatologias, a partir daquele livro, tentam imitá-lo em acontecimentos maravilhosos e finalistas.

As conclusões do tal relatório estão em todos os jornais e *sites*, não preciso repeti-las aqui. Aumentou sobremaneira o catastrofismo. Cientistas não estão certos de que o aquecimento global verificado seja mesmo fruto da ação humana e conseguem antecipar o futuro – ou a falta dele – com impressionante imprecisão. Mas que será terrível, ah, isso será!

O que chamou a minha atenção dessa vez é que o aquecimento global, vejam só, será pior para os pobres. Até havia pouco, o apocalipse parecia colher a humanidade de forma mais ou menos homogênea – estávamos ameaçados como espécie. Acho que essa hipótese, ou ameaça, começou a parecer um tanto, como direi?, apolítica, pouco mobilizadora. Isso mudou: os países ricos, que respondem por metade da emissão dos gases do aquecimento global, podem ter a sua agricultura até beneficiada; já a África, que emite apenas 3%, viverá dias ainda mais difíceis. Também o aquecimento tem características de uma luta de classes. Seguem trechos do "Apocalipse de são João", em itálico, e o seu real sentido, em redondo.

E, havendo aberto o sétimo selo, fez-se silêncio no céu quase por meia hora.

E vi os sete anjos, que estavam diante de Deus, e foram-lhes dadas sete trombetas.

E veio outro anjo, e pôs-se junto ao altar, tendo um incensário de ouro; e foi-lhe dado muito incenso, para o pôr com as orações de todos os santos sobre o altar de ouro, que está diante do trono.

E a fumaça do incenso subiu com as orações dos santos desde a mão do anjo até diante de Deus.

E o anjo tomou o incensário, e o encheu do fogo do altar, e o lançou sobre a terra; e houve depois vozes, e trovões, e relâmpagos e terremotos.

E os sete anjos, que tinham as sete trombetas, prepararam-se para tocá-las.

Os anjos são os cientistas reunidos em Bruxelas. Deus, no caso, é uma referência a Al Gore, que foi vencido, numa primeira batalha, por um demônio chamado Jorjibúxi, que fez um grande mal ao planeta. Mas agora chegou a hora de o *çerumano* pagar o preço da sua estupidez.

E o primeiro anjo tocou a sua trombeta, e houve saraiva e fogo misturado com sangue, e foram lançados na terra, que foi queimada na sua terça parte; queimou-se a terça parte das árvores, e toda a erva verde foi queimada.

Referência às queimadas da Amazônia e à savanização da floresta.

E o segundo anjo tocou a trombeta; e foi lançada no mar uma coisa como um grande monte ardendo em fogo, e tornou-se em sangue a terça parte do mar.

E morreu a terça parte das criaturas que tinham vida no mar; e perdeu-se a terça parte das naus.

Trata-se da revelação do aquecimento da água do mar, é claro. Simples e direto. Antecipa-se também a mortandade de peixes. O peixe, como sabem, é o símbolo do alimento. Os cientistas do IPCC antecipam a grande fome mundial por causa do aquecimento global. Prevê-se a desertificação de áreas do Nordeste brasileiro. Se bem que os cientistas não contam com a nossa astúcia: faremos a transposição do São Francisco...

E o terceiro anjo tocou a sua trombeta, e caiu do céu uma grande estrela ardendo como uma tocha, e caiu sobre a terça parte dos rios, e sobre as fontes das águas.

E o nome da estrela era Absinto, e a terça parte das águas tornou-se em absinto, e muitos homens morreram das águas, porque se tornaram amargas.

O Apocalipse antevê que grande parte da humanidade padecerá com a falta de água doce potável. O absinto é uma metáfora. Trata-se da poluição dos rios, nascentes e lençóis. Tudo culpa do *çerumano* que não respeitou a natureza. Na África, 250 milhões ficarão sem água. No mundo, 1 bilhão.

E o quarto anjo tocou a sua trombeta, e foi ferida a terça parte do sol, e a terça parte da lua, e a terça parte das estrelas; para que a terça parte deles se escurecesse, e a terça parte do dia não brilhasse, e semelhantemente a noite.

Nos anos 1970, afirmava-se que a Terra iria congelar, e se tinha nessa passagem uma evidência desse risco. Mas agora os especialistas em clima explicaram tudo. Trata-se, obviamente, de uma referência à concentração de gases demoníacos.

E olhei, e ouvi um anjo voar pelo meio do céu, dizendo com grande voz: "Ai! ai! ai! dos que habitam sobre a terra! por causa das outras vozes das trombetas dos três anjos que hão de ainda tocar."

Isso quer dizer que o mal está apenas começando. Vem mais por aí.

(...) *E da fumaça vieram gafanhotos sobre a terra; e foi-lhes dado poder, como o poder que têm os escorpiões da terra.*

E foi-lhes dito que não fizessem dano à erva da terra, nem a verdura alguma, nem a árvore alguma, mas somente aos homens que não têm nas suas testas o sinal de Deus.

Gafanhotos, como sabem, são uma praga agrícola. Mais uma alusão à fome decorrente do aquecimento do planeta. Os escorpiões simbolizam a punição para aqueles que não tinham a testa assinalada: isto é, os que não acreditavam no aquecimento global. Leio que alguns cientistas ainda acharam otimista a segunda parte do relatório e acusam pressões políticas para suavizá-lo. É um sinal de que o *çerumano* não aprende mesmo.

O que mais me fascina nessa história é tentar entender por que diabos alguns "facínoras" insistiriam em destruir o mundo. Vocês não ficam curiosos? Reparem: nenhum outro debate, acho, opõe de forma tão nítida o Bem e o Mal. Todas as outras causas têm matizes. Esta não tem. Qual é a minha hipótese? A mesma que explica que o radicalismo islâmico tenha virado uma "causa libertária": a militância anticapitalista, de esquerda, migrou para a ecologia e a transformou numa ideologia.

O pior desse debate é que, até agora, são bem poucas – se formos ser rigorosos, inexistem – as soluções ou respostas possíveis. Como em qualquer escatologia, por enquanto, vivemos a fase da crença no fim dos tempos. Só nos resta olhar do lado em busca de culpados. E os Estados Unidos são o mais forte candidato ao banco dos réus. Pode sair algo de positivo disso tudo? Se o mundo superar a fase dos lamentos, sim. Se medidas forem tomadas para diminuir a emissão de gases e o desperdício de matéria-prima ou de água potável, tanto melhor.

A história da civilização tem sido, até aqui, a da resolução de problemas que ela mesma se propõe à medida que vai avançando. E só por isso passamos dos 6 bilhões. Talvez tenhamos aquecido um tantinho o planeta. Foi o preço de criar vacinas, de produzir proteína animal em escala para alimentar toda essa gente, de fazer a revolução comercial, de ter Leonardos e Rafaéis...

Eu confesso que, depois da perda do Éden – aquele, sabem? –, eu não esperava nada muito melhor do que isso que está aí. A alternativa talvez fosse um paraíso sem homens, cheio de escorpiões, elefantes e ararinhas-azuis.

FANÁTICOS: À ESPERA DOS BÁRBAROS [07/04/2007]

Como não sou um fanático do aquecimento global, alguns bobalhões acham que nego o fato ou que considero tudo isso irrelevante. O aquecimento existe. O que não está provado – e não está – é que ele seja provocado pelo *çerumano*. E nenhum cientista aposta a sua reputação (se tiver uma) numa afirmação peremptória. Isso não quer dizer que o mundo não deva se preocupar com a questão. Ainda que a elevação da temperatura média do planeta seja um fenômeno natural, é bom trabalhar com algumas hipóteses para que possamos nos adaptar, certo?, antecipando medidas que minimizem, então, o que seria inexorável.

Bem, não havendo a certeza absoluta de que "somos os culpados", certamente diminuiria muito o tom pobremente milenarista desse debate. E os militantes parariam com essa besteira de condenar "o nosso estilo de vida", como se a história da humanidade, até agora, não passasse de uma montanha de lixo moral, especialmente feita para agredir o planeta. Como o progresso humano está corretamente associado ao capitalismo, cessaria também a militância antiamericana que vem embutida na questão.

Até onde tenho tempo de me ocupar dessas coisas – e, como não sou nem motorista e detesto sair de casa, aqueço pouco o mundo, hehe; só os corações –, é claro que me preocupo também e coisa e tal. A idéia do fim do mundo me parece bem pouco auspiciosa. Prefiro uma alternativa, como todo mundo. E, porque me preocupo, observo que os cientistas estão exagerando. Reparem que eles deram para afirmar a inexorabilidade da catástrofe. Bem, se é inexorável, devemos, então, fazer como os romanos do poema "À espera dos bárbaros", de Kafávis: sentar e esperar que a tragédia se consume.

O que estou dizendo é que, nesse ritmo, daqui a pouco, ninguém mais dará bola para esse assunto. A *Folha* deste sábado traz uma entrevista com o economista cingalês Mohan Munasinghe, vice-chefe do IPCC. Reparem neste trecho:

> *Folha* – O que se deve fazer?
> Munasinghe – Para os países em desenvolvimento, que já têm problemas sérios de pobreza, a principal prioridade é aumentar a renda da população e a qualidade de vida. Afinal, se não resolvermos os problemas de desenvolvimento hoje – má nutrição, falta de saúde, de habitação – as pessoas não vão viver o suficiente para sentirem os efeitos das mudanças climáticas. E o modo de fazer isso é combinando melhorias de renda e erradicação da pobreza com redução de emissões.
>
> Combater as mudanças climáticas e criar estratégias de adaptação a elas não significa que precisamos abrir mão do desenvolvimento.

Sei. E como é que se reduz a desigualdade sem, em princípio, aquecer ainda mais o planeta e consumir ainda mais água, que também vai acabar? Já há jornalista no Brasil ganhando a vida calculando quantos litros de água são necessários para você comer um bife, leitor amigo. Como é que vamos aumentar a quantidade de proteína consumida pelos africanos ou seu bem-estar sem contribuir para a catástrofe? Que fatalismo é este que opõe uma vida melhor aos mais pobres à sobrevivência do planeta? "Ah, mas os ricos é que terão de abrir mão de regalias." Quais? Aquelas que lhes permitiram desenvolver as vacinas que fizeram com que a humanidade não entrasse em extinção?

Mais adiante, o mesmo cingalês que conhece o futuro da humanidade observa:

> As pessoas verão que as mudanças não vão acontecer da noite para o dia. Até 2030 veremos alguns efeitos modestos, centrados principalmente nos ciclos hidrológicos e no derretimento das geleiras. Até 2050 os efeitos serão maiores e crescem daí por diante, mas nossos poderes de previsão não são tão apurados a partir dessa data. A informação mais dramática é que eventos extremos, como furacões, vão ficar mais comuns.

Pois é. Eis um problema grave. Estamos em 2007. Nos próximos 23 anos – uma geração! –, ele admite que os efeitos serão "modestos". Só mais tarde, naquele longo prazo em que boa parte de nós já terá morrido, é que virá o pior (toda escatologia é assim: não pode ser vivenciada pelos crentes). Pois, então, leitor, contraste o terrorismo que hoje toma conta do mundo com os "efeitos modestos" de que fala Munasinghe. Não tardará e crescerá a sensação de que essa coisa toda não passa de conversa, ainda que o futuro do planeta possa mesmo estar ameaçado, seja por culpa nossa, seja em razão de alguma verdade inescrutável das esferas.

Os fanáticos do aquecimento estão prestando um enorme desserviço à sua própria causa.

VOCÊ É UM HOMEM OU É UM URSO-BRANCO? [11/04/2007]

Na aparência banal de certas ocorrências, no recorte, temos, muitas vezes, a manifestação de um sintoma. Confrontados com o aparentemente tolo, banal, deixamos passar, com freqüência, o que é sinal de uma época. Antes que eu me inteirasse do assunto, leitores enviaram comentários ao blog sobre ativistas alemães que exigem que um filhote de urso-branco seja sacrificado. Nota: eles pertencem a entidades defensoras dos animais. Knut é o nome do bichinho. Ele nasceu no zoológico de Berlim e foi abandonado pela mãe. Publiquei os comentários, não sem antes dizer cá pra mim: "Esses meus leitores têm cada uma..."

Pois é. Meus leitores são a minha salvação. À medida que me inteirava do assunto, confesso que tinha até receio de ler a razão dos tais "militantes". E era justamente aquela que eu temia: segundo esses sábios, o ursinho, criado em cativeiro, não pode mais ser considerado um urso, já que ele acredita (!) que os tratadores é que são seus pais. Assim, que seja sacrificado – já que eles estão lá para defender, como posso me expressar?, "ursos ursos", e não "ursos humanizados" pelo nosso amor doméstico.

A primeira implicação é filosófica – também de filosofia da linguagem. Talvez seja necessário recuperar categorias do platonismo e do neoplatonismo para que se chegue a uma definição mais precisa: "Mas, afinal, o que torna urso um urso?" Serão as quatro patas? Não só. No caso, a pelagem branca (é um ursinho-polar)? Não só. Os hábitos de urso? Um urso que nascesse sem uma das patas dianteiras continuaria urso para além dessa imperfeição?

Entendi: há um urso na cabeça desses militantes, o urso ideal, o "urso-como-idéia", de que o urso real, este que conhecemos, é uma sombra. Se ele nega uma característica, que eles consideram essencial, dadas suas teses sobre o urso, não pensam nada mais razoável do que a solução final:

mate-se aquela coisa, que, na sua imperfeição, conspurca o seu "mundo como idéia". A propósito não de ursos, mas do Mundo Como Idéia, leia um dia livro com esse mesmo título do grande poeta Bruno Tolentino.

Incrível que esse idealismo assassino de ursos mate também pessoas. Lembram-se de Terry Schiavo, a americana que levava uma vida dita vegetativa? Acharam que ela não era um urso digno de continuar vivo. Seu ex-marido, já em segundas núpcias (a sua "chaga" foi bem outra...), entrou na Justiça para que fosse desligado o aparelho que a alimentava. Tinha ainda a responsabilidade legal sobre Terry. Os pais da moça a queriam. Dispensavam o ex-marido (e seu direito legal) de quaisquer cuidados. Católica, a família se opunha a que o aparelho fosse desligado, o que acabou acontecendo. Ela demorou 13 dias para morrer. Seca como as flores de um cemitério.

À época, perguntei por que eles não podiam, então, cultivar seu "vegetal", assim como quem rega gerânios à janela. Ah, não podiam porque os cultores do "mundo como idéia" tinham conceitos muito definidos do que é uma vida. Gente não é gerânio. Vida, para eles, é aquela idealmente estabelecida. Alguns saíram às ruas com cartazes pedindo o desligamento do aparelho. Que gente era aquela que se mobilizava em favor da morte de "vegetais" com nome, sobrenome e história? Que gente é essa que se mobiliza para matar um urso-branco?

Os platônicos acreditavam que se pudesse chegar a algumas idéias puras. Esses de hoje forjam a sua pureza de um consenso que é histórica e socialmente determinado. E, como tal, claro, sujeito a controvérsias. O diabo é que não aceitam a contradição; temem o dissenso; acusam-no de reacionário. Rejeitam, no fundo, as imperfeições e as precariedades da vida em nome do reconhecimento das identidades puras. Um urso tem de reproduzir as características todas "daquele" urso; uma vida humana tem de apresentar as características todas "daquela" vida humana. Nada aceitam além do que consideram ser a "verdade integral".

Há dias, militantes homossexuais foram presos nos Estados Unidos. Protestavam, com agressividade, contra a política vigente nas Forças Armadas do país conhecida por "*don't ask, don't tell*", algo como: "Não pergunte; não conte". Vale dizer: homens e mulheres não são obrigados a revelar a sua condição sexual ao comando, que também está proibido de perguntar. Nada disso! Urso é urso. Vida é vida. Gay é gay. Preto é preto. Mulher é mulher. É preciso dizer, deixar claro, eliminar todas as zonas de ambigüidade, estabelecendo, assim, todas as diferenças, de maneira que cada coisa seja exercida na sua pureza absoluta, reivindicando seus "direitos". Se possível, é preciso ter uma lei específica que a proteja, vejam só, do risco da universalidade. É a barbárie da verdade.

Madame Roland, pouco antes de perder a cabeça na guilhotina jacobina, teria dito: "Liberdade, liberdade, quantos crimes se cometem em teu nome!" Duvido um pouco que tenha tido espírito para tanto em hora tão difícil. Mas o achado é bom. Não é por acaso que a Revolução Francesa é considerada um símbolo da revolta contra a tirania – e, a meu juízo, matriz das tiranias modernas. Ela leva para a teoria e para o pensamento a certeza de que as reformas são impossíveis; de que o mundo só se move pelo confronto e pela ruptura. O corolário óbvio é o de que o "outro" tem de ser eliminado porque ele me impede – como classe ou grupo – de ser plenamente o que sou.

A política, é certo, foi ganhando domínios novos nestes tempos. E foi, de certo modo, despolitizando a política propriamente dita – as disputas pelo poder – para politizar outros campos da experiência. À medida que aquele sonho de ruptura se foi mostrando impossível, a militância foi-se deslocando para o feminismo, as identidades sexuais, a ecologia, a proteção aos animais, o "direito" de morrer e até o "direito" de matar...

Não aceitamos mais os homens impuros, imperfeitos, pecadores, indecisos, precários – esses a quem o papa vive aplicando puxões de orelha (quem ele pensa que é?). Cada um tem de dizer e ser o que é de forma absoluta, plena, total, inquestionável. Como um urso-branco saído de alguma ilustração.

ESTADOS UNIDOS: QUANDO UM PAÍS É VÍTIMA DE SUAS VIRTUDES [20/04/2007]

Se a Al Qaeda ataca as Torres Gêmeas, a culpa, como sabemos, é dos americanos. Se os terroristas iraquianos matam centenas de outros iraquianos, a culpa, é óbvio, é dos americanos. Se um psicopata sul-coreano mata 32 pessoas numa universidade, a culpa, é inescapável dizer, é dos americanos. Um americano sempre sabe por que está morrendo, ainda que os homicidas possam não saber direito por que os estão matando. Um massacre como o ocorrido na universidade de Virginia Tech, diz-se com a maior ligeireza do mundo, seria "típico" da sociedade americana, como se fosse a expiação de uma falha moral, um castigo aplicado por causa de algum pecado, uma vingança da natureza contra aquele povo por sua, sei lá eu, ousadia, arrogância, prepotência. Sempre que um maluco invade algum ambiente e sai matando pessoas, é como se houvesse a punição da personagem má da história; boa parte do mundo sente a tragédia como a revolta de um oprimido contra o opressor.

Esse é o fundo regressivo, quase místico, subjacente a boa parte das reportagens que tentam entender por que fatos como aquele acontecem. E as perguntas não param, muitas delas enviadas, de boa-fé, para meu blog: "Mas por que esse tipo de ocorrência é mais comum nos Estados Unidos?" Isso me lembra uma vaga noticiosa muito influente no fim dos anos 1970 e início dos anos 1980: dava conta de que o número de suicídio nos países nórdicos era proporcionalmente muito maior do que em outros países. E não faltava quem visse naquilo uma espécie de tédio da abastança. Era como se, não tendo mais com que se ocupar, aquela gente se voltasse, então, para misérias íntimas. À frieza nórdica, não faltava quem opusesse o calor do nosso Carnaval. O corolário era o seguinte: "Brasileiro é pobre, mas, ao menos, é feliz." É o orgulho que temos do nosso ziriguidum, do nosso balacobaco, do nosso telecoteco.

Cada povo vive e morre à sua maneira. Em que medida os nossos psicopatas se confundem com a nossa pobreza? Não sei. Todas as tentativas de explicar o que seria a gênese dos massacres nos Estados Unidos esbarram naquela esfera de preconceito e antiamericanismo rombudo a que me refiro no primeiro parágrafo. Peguem os adolescentes assassinos de Columbine. Sua história em nada se parece com a de um imigrante sul-coreano que decide matar colegas e professores – a não ser pelo quase metódico planejamento da ação, o que é próprio de psicopatas. A história do estrangeiro desintegrado parece fácil demais, não é mesmo? E falsa. Lá estava ele, dividindo a universidade com aqueles que, no fundo, repudiava. Discriminado?

Se um traço da cultura americana tem relevância na tragédia, se alguma antropologia deve ser evocada em socorro daqueles que pretendem encontrar algum porquê além da óbvia psicopatia dos assassinos, um bom começo é pôr de lado o rancor. Eu diria que em poucas sociedades, e isso me parece relevante, crimes como o da universidade de Virginia Tech chocariam tanto e teriam tamanha repercussão. Um presidente brasileiro, por exemplo, não é convocado a falar quando 19 pessoas são assassinadas num só dia – porque o dia seguinte reservará outras 19; num prazo de dez anos, são perto de 500 mil assassinados só com armas de fogo. Ficamos um pouco chocados, mas logo passa. Porque vamos nos habituando à tragédia, racionalizando os seus motivos: violência urbana, impunidade, pobreza, narcotráfico etc. Causas e conseqüências vão-se misturando no nosso discurso, e vamos ficando calejados, achando tudo, de algum modo, normal.

Nada mais fere a nossa individualidade. Nada mais fere a nossa família. Nada mais fere a nossa cultura. Nada mais afronta o nosso padrão. Nada mais mancha o nosso estilo de vida. Não o temos. Comportamo-nos como sobreviventes de uma guerra civil. Felizmente para eles, com os americanos, a coisa não se dá assim. Nos Estados Unidos, a inviolabilidade da individualidade é um dado da vida cotidiana. Isso a que se chama, de forma crítica, caricata até, "egoísmo americano", é um dos pilares da sociedade. Uma ocorrência bárbara como as 32 mortes choca, constrange, deixa o país em transe.

E tem início, então, uma reação – aí, sim – que é o paraíso do psicopata em busca de notoriedade, ainda que póstuma. A tragédia mesmeriza a sociedade e enfeitiça a imprensa. No caso de Cho Seung-hui, tanto pior. Ele havia preparado um verdadeiro espetáculo para ser apresentado depois da carnificina. E, vejam só, a sua vontade foi, em boa parte, cumprida. Até que o bom senso tomasse conta sobretudo das televisões e se percebesse que o roteiro mórbido do assassino estava sendo meticulosamente seguido. Entendam: não estou advogando nenhuma forma de censura. O que me pergunto é se era mesmo necessário levar ao ar as gravações feitas por Seung-hui. Não colaboram com a investigação (afinal, o material é de interesse da polícia, que tem acesso a ele); não ajudam a sociedade a se proteger de casos semelhantes; não servem para responder às indagações de uma população perplexa.

Essa sociedade agredida no que tem de mais virtuoso – a sua crença no futuro e, por que não?, na racionalidade, no progresso e no individualismo – fica especialmente exposta a esse tipo de ação. Na medida em que reage, dando ao escândalo humano a dimensão que ele de fato tem, expõe-se ainda mais. Portanto, se houver alguma razão tipicamente americana que explique um massacre como o que se viu (ou uma série deles), ela é, estejam certos, evidência de uma virtude.

Discurso

"Para mim, há uma só França. Serei o presidente de todos os franceses", afirmou Sarkozy quando ficou clara a sua vitória. Foi ainda mais explícito: "Não é a vitória de uma França contra a outra." O recado tem destino certo: o terrorismo eleitoral feito por madame Royal, que chegou a prever distúrbios nos subúrbios caso o adversário vencesse. Pouco antes de receber uma ligação de George W. Bush o felicitando pela vitória, Sarkozy já havia declarado que os americanos podem contar "com a amizade da França".

Eis aí. Sem ambigüidades. Na disputa e na vitória. Para vencer, é preciso correr o risco de perder, também sem ambigüidades. Eis uma lição que os tucanos brasileiros precisam aprender – que já havia sido dada pelo México, diga-se de passagem.

Se você consegue se virar em francês, leia a cobertura do *Le Figaro*, sem aquele tom entediado do *Le Monde* ou do *Libération*, que estão tristes.

O QUE NÃO SUPORTAM NA IGREJA CATÓLICA? A LIBERDADE E A CONSCIÊNCIA [09/05/2007]

Comento a saudação de Bento XVI. Excelentes palavras. Quem viu teve tempo de perceber que o português do cardeal Ratzinger é melhor que o de Lula, hehe. Coisa própria de quem estuda, de quem se dedica, de quem tem claro que a sabedoria se adquire com esforço. Vejam só: nem Bento XVI acha que faz download do divino. Não é o caso de Lula, naturalmente, que sempre fala sobre tudo com a certeza de quem mergulha no pote da ancestralidade a cada juízo que expressa. Diferenças de temperamento e de vaidade. Ratzinger pode envergar as vestes da humildade.

O discurso diz bem mais do que parece, em sua simplicidade. Além da já aludida condenação ao aborto e à eutanásia, há a defesa clara dos valores da família. Não. A Igreja Católica não vai abrir mão de nenhum dos seus postulados morais porque eles não são valores instrumentais. Muito pelo contrário: a crítica leiga não se cansa de apontar que os católicos não fazem o que o papa recomenda, e esta seria uma das razões da fuga de fiéis, o que é bobagem, mas não vou tratar disso agora. Então por que ele não muda? Porque se trata de aspectos de uma doutrina, que não se vão vendendo, aos poucos, aos pedaços, na pia da modernidade. A Igreja sabe como sobreviver, não se preocupem.

Li, hoje, um tantinho espantado, um texto do colunista Marcelo Coelho, da *Folha*. É uma tentativa de tratar o papa com ironia, embora leve, como é de seu estilo. Conclui que é até desejável que a hierarquia católica seja tão supostamente obtusa nas suas proibições porque isso descola a massa de fiéis de seu líder, o que não deixa, segundo Coelho, de ser positivo. Isso, parece, nos livraria de fundamentalismos de massa. Trata-se de um juízo de quem acha que a Igreja, em si, não é lá grande coisa. Mas o que me intrigou no seu artigo foi outra coisa. E só trato do assunto porque ele não é o único a expressar tal inconformismo.

Escreve ele:

> Sou dos muitos que não se conformam com o conservadorismo do Vaticano em questões de sexo, saúde e vida familiar. Condenar o divórcio e o uso de preservativos, para citar casos mais extremos de intransigência, parece-me não só uma agressão ao bom senso, mas quase uma futilidade hoje em dia. É como se os padres insistissem em andar de batina pelas ruas, ou fizessem questão de que ninguém coma carne na Semana Santa. Pontos como esses foram abandonados da pauta eclesiástica. Por que não flexibilizar um pouco o resto também? Nestes últimos dias, contudo, fui mudando de opinião. Pode ser que a rigidez do papa nessas questões termine até trazendo algum efeito positivo. Pelo menos, a julgar pelo que acontece no Brasil.

Por que será que Coelho, que não é católico, e outros tantos, aqui e alhures, não se incomodam com as restrições impostas pelo islamismo, judaísmo, budismo, hinduísmo ou outro orientalismo qualquer? Ao contrário até: por que será que as imposições das outras crenças devem ser acatadas como variantes culturais, a desafiar a nossa inteligência e tolerância? Por que será que a Igreja Católica é alvo de tanto interesse, e todos acham que têm algo a dizer sobre suas interdições? A resposta é óbvia: porque ela, de muitas maneiras, é a criadora do Ocidente e, com efeito, foi também poder temporal durante muito tempo. Assim, todos se sentem mais ou menos no direito de dizer o que a Igreja "deve" fazer. O curioso é que costumam dizer o que ela "deve" fazer para justamente deixar de ser Igreja. Trata-se de um paradoxo formidável.

Coelho tem a humildade intelectual daqueles que acham que podem ser benevolentes com o papa, assim como um gerente de restaurante, com o olhar entre piedoso e entediado, tolera um cão vadio à espera dos restos. Acaba reconhecendo que o papa desempenha também um "papel positivo". Bento XVI ficará muito grato por esse pedaço de pelanca que Coelho lhe joga do balcão. Segundo o articulista, a "clamorosa inatualidade" do conservadorismo de Bento XVI "serve para atrair, como um ímã, todas as pequenas aparas de ferro que ainda nos prendiam a um mundo de obscurantismo e repressão". Coelho se deixou fascinar pela idéia de que o papa é uma espécie, assim, de Cristo redivivo, pós-moderno, um cordeiro que, em vez de tirar os pecados do mundo, os chama todos para si. É uma besteira monumental. Mas isso é o de menos. Eu só não sabia que a Igreja Católica ou o cristianismo eram as fontes contemporâneas do obscurantismo e da repressão.

Para ele, o papa e – na sua associação de idéias – o Cristo não são os cordeiros de Deus que tiram os pecados do mundo, mas os bodes expiatórios que pagam pelas culpas coletivas. Bem, ele lide lá com as suas ignorâncias, assim como deploro as minhas. Mas qual é o "obscurantismo e repressão" da moderna Igreja Católica? Falar aos seus? Apelar à consciência de cada homem? Censurar o pecado, mas acolher o pecador? Pregar a dignidade humana, seja a de homens, mulheres, crianças, enfermos? Fazer a defesa intransigente do princípio da vida? Defender radicalmente esses postulados tendo claro, sempre, que fala aos católicos?

No fim das contas, sei bem o que não suportam na Igreja Católica: é o primado da liberdade. É a afirmação tácita de que você é livre para escolher o seu destino, o seu caminho. E que toda escolha acarreta conseqüências. Isso a que chamam constantemente "culpa", que vem associado à Igreja, eu costumo chamar de consciência. Não é fácil ser católico. O culto à religião propriamente talvez seja hoje, como sempre foi, obra de uma minoria abnegada. Para a maioria, a religião permanece como um norte ético. Eu mesmo não me digo católico sem uma ponta de constrangimento. Porque não me acho bom o bastante pra isso.

Mas sei que o mundo é bem melhor com a Igreja Católica. E saúdo a palavra de seu primeiro pastor. Onde quer que a instituição esteja hoje presente, se não foi tomada pela heresia – outra constante de sua história –, está levando uma mensagem de paz, de esperança, de aposta na vida. De fato, isso parece ser uma coisa insuportável. Sob certo ponto de vista, ninguém deveria ter a ousadia de querer ser tão bom.

Se há coisa que jamais faltou ao demônio – eu o tomo aqui como uma metáfora –, é o culto à desconfiança. Se um dia tiverem tempo e oportunidade, leiam *Les Cahiers de Monsieur Ouine* – ou simplesmente *Monsieur Ouine*, do escritor católico francês, que morou no Brasil, Georges Bernanos. "*Ouine*" é uma soma de "*Oui*" (sim) e "*Non* – que tem a variante gramatical "*ne*" (não). O demônio é justamente a indistinção entre o Mal e o Bem, ou é o Mal que é Bem, ou o Bem que é Mal. É, em suma, a empulhação disso que chamam por aí de "dialética" – quando querem convencê-lo a abrir mão de seus princípios para o seu próprio bem.

É a tentação do deserto.

SOBRE A UTILIDADE DE ESCREVER. NO DIA DA CHEGADA DE BENTO XVI [9/05/2007]

É inútil escrever contra a invasão da reitoria da USP ou contra a militância anticatólica de boa parte da imprensa, para ficar em dois temas polêmicos? Em certo sentido, é inútil escrever sobre qualquer assunto. A possibilidade de três, dez ou cem textos mudarem a realidade de forma perceptível é muito pequena. Sei disso. Então por que o faço? Sentido missionário? Não. Um missionário se dá por satisfeito quando convence almas. Eu não me ocupo de convencer ninguém.

Escrevo o que escrevo porque acho ser o certo. Tenho, sei disso, um estilo um tanto amistoso no trato da língua, mas um pouco hostil nos argumentos. Não escrevo para ganhar adeptos. Quem discorda tende a se sentir agredido; quem concorda se vê um tanto vingado, e os moderados se assustam um pouco: "Também não precisava exagerar." Em suma, não sou exatamente um educador de almas. O verbo "educar" deriva do verbo latino "*duco*", que significa "conduzir". Os professores que foram falar na reitoria são, sem dúvida, educadores, condutores. Aparentemente, falam o que a platéia quer ouvir; de fato, são eles que a levam para onde querem. Essa pilantragem me enoja.

Ora, o que vocês acham que espero? Que uma Mafaldinha ou um Remelento leiam o meu blog lá na reitoria e digam assim: "Pô, é mesmo, né? Essa conversa de agressão à autonomia universitária foi desmoralizada pelos fatos. Vamos embora daqui. Ou, ao menos, vamos arrumar outro pretexto." É claro que não. Ao contrário até: sentem-se combatendo poderosas forças da mídia. "Tá vendo? Até aquele blog lá da *Veja* tá falando da gente." De certo modo, presto um favor à irrelevância dos invasores e de seus professores esquerdopatas – estes, sim, missionários.

Será que esses militantes do anticatolicismo tendem ao menos a ser razoáveis depois de um texto meu? Vamos imaginá-los ponderando: "É verdade. Não dá para acusar a Igreja de ser responsável pela expansão da Aids já que ela prega a abstinência e a fidelidade." Será que aposto nisso? Creiam: não perderei meu mindinho nisso. Ora, se o sujeito não admite, de saída, que possa haver uma moralidade e uma ética religiosas; se, antes mesmo de se acercar da realidade, ele considera que a religião é um ponto vencido na evolução das idéias, que chance há de ele reconhecer como legítima uma apreensão do mundo não condizente com a postura que ele pretende ser moralmente superior porque "científica"?

"Então você escreve por quê?" A minha tentação é fazer uma frase de efeito, assim, paradoxal: "Para que as maiorias sejam menos solitárias." E o que quero dizer com isso? Vivemos – e não é só no Brasil – sob a ditadura de um iluminismo obscurantista, que entrega às minorias radicalizadas os instrumentos do Estado para a elaboração de políticas públicas que, com freqüência, afrontam o senso comum e desafiam qualquer noção de eficiência. Sim, muitas vezes é preciso rejeitar as soluções fáceis e erradas. Dou um exemplo: eliminar um criminoso tão logo flagrado num ato bárbaro é eficiente do ponto de vista da segurança; ele não voltará a delinqüir. Mas é potencialmente destruidor da sociedade: o passo seguinte será a organização de milícias, que logo serão instrumentalizadas pelos poderosos da hora. E voltaremos ao estado da natureza, à barbárie, a exemplo do que acontece nos morros do Rio ou na periferia de São Paulo. O linchamento é simples, eficiente em sua exemplaridade e errado.

O fato de um juízo apressado estar associado à tragédia não absolve a despótica elite iluminista brasileira, cegada pelo politicamente correto, corroída por algumas teses abandonadas até pelas esquerdas mundo afora. Peguem o caso da segurança pública. A maioridade penal aos 18 anos, acreditem, é uma exceção no mundo. Em países de inquestionável padrão civilizatório, ela varia dos 12 aos 16; na Cuba do PT, naquele regime em que não haveria, segundo eles, motivos sociais para o delito, é 16. Entre nós, no entanto, a maioridade aos 18, independentemente do crime cometido, torna-se uma espécie de ponto de honra do pensamento "progressista". Inventa-se até mesmo a falácia de que o Brasil prende demais. Ora, há mais de 250 mil mandados de prisão não executados. Uma das causas da violência está num fato óbvio: o Brasil prende de menos.

Ontem, postei a fala de um certo Luiz Martins, professor da ECA, que foi lá insuflar os duzentos Remelentos e Mafaldinhas que invadiram a reitoria da USP. Esse senhor – me dizem que já é um coroa – defendeu a eleição direta para reitor com o voto de funcionários, alunos e professores. Quem entrou na instituição para aprender teria nas mãos o seu destino. Ele, está claro, confunde os mecanismos de poder da sociedade democrática – esta em que vivemos – com os que devem viger numa instituição em que o mérito deve vir em primeiro lugar em benefício do que se faz ali: ensino e pesquisa. Que universidade importante, em qualquer lugar do mundo – digam-me uma só – escolhe assim os seus dirigentes? Que instituição de ensino com o orçamento bilionário da USP está desobrigada, neste vasto mundão, de prestar conta da aplicação dos recursos?

Retomo o fio. Podem me detestar à vontade, mas não subestimem a consciência que tenho dos meus limites. Se achar que estou certo, brigo até com uma tradução do Vaticano – briga bem-sucedida –, mas anotem aí: não vou para o confronto com a finalidade de ganhar. Porque, às vezes (e é freqüente), a gente perde. Se o objetivo era vencer, o que vem é frustração. Conseguirei convencer a militância anticatólica de que a Igreja foi a instituição que assegurou a unidade do Ocidente e, na prática, inventou o conceito que temos hoje de "humano"? Não. Eles acham que essa é uma conquista do helenismo, aquele que permitia até o infanticídio (e é óbvio que não resumo a tanto aquela grande civilização). Conseguirei tirar o professor Martins das trevas, já que ele confunde um modo de governo e organização da sociedade com um método administrativo? Não.

Mas sei que muitos não concordam com as imposições dessa minoria despótica, supostamente iluminista. E estão em silêncio porque intimidados pela ruidosa militância que os cerca. A ditadura de opinião no Brasil – que aponta para um poder despótico, embora cumprindo os rituais da democracia – se faz justamente dessa intimidação. Até a este blog, que é privado, que é meu, que escrevo para os que acham que tenho algo a dizer, eles comparecem, vejam só, cobrando o que chamam de um "direito": o contraditório. Direito que jamais concedem a seus adversários. Quando se decreta uma greve na USP, os alunos contrários estão proibidos de assistir às aulas porque o caminhão de som não deixa. Um orador, professor ou aluno, jamais teria a chance de expor um ponto de vista contrário à invasão do Palácio de Inverno da reitoria. Os que me enviam comentários pedem expressamente: "Não publique meu nome."

Um professor do IME, Chico Miraglia, em sua fala aos estudantes, disse que um dos apanágios da universidade é a "negação do princípio da autoridade". Claro: entenda-se por autoridade, aí, aquela funcional, burocrática ou mesmo intelectual, porém firmada em algum saber convencional, superado por um outro que se alevantasse. Será que foi essa a mensagem que passou? Curiosamente, o discurso de Miraglia só era relevante porque, afinal, a sua condição lhe confere, vejam só, uma "autoridade". E é sempre simpático, quando não é demagógico, ver a autoridade que contesta a autoridade. Escrevo porque essas minorias radicalizadas ditam a pauta do jornalismo, das entidades da sociedade civil, das ONGs, das universidades, da Igreja... São os ditadores de uma doxa – em nome da democracia...

Escrevo porque não gosto delas. Escrevo porque acho que é um dever. Como quem põe os óculos e acende a luz (nessa ordem) logo depois de acordar.

ALENCASTRO E A DISLEXIA ARGUMENTATIVA [07/05/2007]

Certa antropologia e certa sociologia nativas tentam sempre captar o que eu chamaria de "exceção brasileira", algo que faria com que sejamos o que somos: onde estaria essa particularidade? Não tenho paciência para essas coisas, como sabem. A minha inclinação é bem outra: interessa-me mais o que, no Brasil, é traço universal. Deixo particularismos por conta dos vegetais – só o Brasil tem jabuticaba – e eventos da natureza: a nossa pororoca é a maior do mundo... Mas adiante. Um amigo me manda um link da UOL News (acho que é só para assinantes), em que o professor brasileiro Luiz Felipe de Alencastro, diretor do Centre d'Études du Brésil et de l'Atlantique Sud, afiliado ao Centre Roland Mousnier, da Universidade de Paris-Sorbonne, analisa as eleições francesas.

Vale a pena ouvir. A chamada da UOL News é interessante: "Vitória de Sarkozy é revanche da direita, diz Alencastro." O apresentador entrevista o professor. A conversa é precedida de uma vinheta que mal esconde a pretensão: "Felipe no Mundo." Uau! Fotos suas são levada ao ar, ora com a mão no queixo, ora com os olhos voltados para o alto, como quem faz download do divino: "Venham idéias puras, tomem este corpo."

O mais curioso é que a entrevista desmente a chamada. Num dado momento, ele é indagado se o *Le Monde* está certo quando afirma que a vitória de Sarkozy é a revanche da direita. Ele diz um "Oh, sim..." Mas, curiosamente, na seqüência, seus argumentos nos levam a crer que não. É um caso típico não do que Olavo de Carvalho chama de "paralaxe cognitiva" (pesquisar a respeito), mas de dislexia argumentativa. Ele diz "sim" e dá exemplos que provam o "não". Não, diz ele, Sarkozy não poderá revogar algumas leis que datam lá de 1968 e tem poderes limitados para legislar sobre certos assuntos, porque são decisões tomadas no âmbito do Parlamento Europeu. Quando trata da mudança da aposentadoria, Alencastro deixa claro que ela é necessária porque a expectativa de vida aumentou muito no país.

Vale dizer: Sarkozy não é a revanche da direita coisa nenhuma, mas um intelectual brasileiro, claro, tem de ser progressista e precisa demonstrar que suas simpatias estão com a esquerda mesmo quando nem ele próprio consegue dizer os motivos. É um troço formidável. Note-se o sotaque afrancesado do brasileiro. O francês é para Alencastro o mesmo que o inglês é para Mangabeira Unger. E, na entrevista em questão, quase se igualam também na glossolalia. Ao falar da aposentadoria, num dado momento, Alencastro solta um "nós..." (referindo-se aos franceses) e depois se corrige. Entendo. Há um mito de que a França é a pátria coletiva dos sonhos. Mas não é. Ainda existem os franceses.

REÇIPROSSIDÁDI: "ÇI O PAPA NUM ÇI AJOÊLIA PRA MIM, EU NUM ÇI AJOÊLIO PRA ELE" [11/05/2007]

A palavra "detestável" não define a contento o comportamento do governo Lula, até agora, durante a permanência do papa Bento XVI no Brasil. A ela, outras devem ser agregadas. Tem sido um espetáculo de vulgaridade, de grosseria, de burrice. No que respeita às relações internacionais, destaque-se a insólita presença da cidadã Marisa Letícia da Silva no encontro privado do chefe de Estado Luiz Inácio Lula da Silva com o chefe de Estado Bento XVI. O que ela fazia lá? Tinha a dizer o quê? Qual a justificativa? O núncio apostólico, gentil, observou que era uma ocorrência inédita no mundo. O representante do Vaticano afirmou que o papa aprovou o fato, o que estaria a indicar o apreço do presidente Lula pela família. Mas se trata, é óbvio, de uma resposta bem-educada. Dona Marisa foi eleita por Lula, mas não pelos brasileiros. Participar das cerimônias oficiais, fora da reunião de trabalho, é até uma obrigação. Mas isso foi o de menos.

Se o papa leu os jornais ou recebeu um clipping preparado por sua assessoria, teve a chance de saber que o ministro da Saúde, José Gomes Temporão, considerou "descabido" o apoio dado por Sua Santidade aos bispos mexicanos que querem excomungar os políticos que apóiam o aborto naquele país. Notem bem: Temporão, ministro da Saúde do Brasil, acha que pode opinar sobre o que a Igreja de Roma tem a dizer aos bispos do México. O governo Lula perdeu completamente o limite, o juízo, a razão, o semancol, o senso de ridículo. A pergunta tem de ser feita: quem ele pensa que é? Se estivesse se referindo apenas ao Brasil, com o papa em solo pátrio, já seria uma grosseria inaceitável. Temporão foi mais longe: "Você não pode apenas prescrever dogmas e preceitos de determinada religião para um conjunto da sociedade. Me parece descabido." Quem está prescrevendo o quê para quem, meu senhor?

O chefe da Igreja Católica fala aos católicos. O Estado faça o que acha que deve se tiver condições política para tanto. Mas já volto a esse ponto. Quero me referir antes à terceira bobagem em tão pouco tempo. Ao falar à imprensa sobre o encontro privado de Lula-Marisa com o papa – pô, a porta-voz deveria ter sido a primeira-companheira –, Vera Machado, embaixadora do Brasil no Vaticano, disse que Lula reafirmou que o Estado é laico no Brasil. Deus do Céu! Lula é agora o usurpador dos proclamadores da República. Voltamos a 1889. Não sabia que o Brasil está prestes a se tornar uma teocracia, o que justificaria a afirmação da condição laica do Estado. Nem a Turquia, sob permanente ameaça de se transformar numa ditadura islâmica, precisa chegar a tanto.

Ah, é que Lula, vocês sabem, acredita na "reçiprossidade". Lembram-se quando passamos a dar aos americanos o tratamento que os americanos davam a qualquer estrangeiro quando entrava em seu país por causa das leis antiterror? Como o papa, na quarta, reafirmou que a Igreja é contrária ao aborto logo na chegada – o que ele fala em qualquer país do mundo –, o Apedeuta se sentiu agravado. "Çi o papa mi provoca, intão eu provoco o papa." É isso aí, sabichão. Lula também não fez a genuflexão que muitos chefes de Estado fazem mundo afora diante do Sumo Pontífice – FHC fez diante de João Paulo II, por exemplo. Ah, não: ou o papa se ajoelha aos pés de Lula, ou ele não se ajoelha aos pés do papa. Numa cerimônia de lava-pés, o babalorixá enfiaria o pezão na cara do primeiro que lhe aparecesse à frente. Imaginem esse homem lavando os pés dos humildes...

É claro que tudo isso é vergonhoso, vexaminoso para nós, e expõe o grau de primitivismo político em que estamos nos atolando. O setor da imprensa que faz o papel de porta-voz do governo nem mesmo se ocupa de indagar de onde vêm os números que o governo põe na praça sobre os abortos clandestinos. Seriam mais de 1 milhão por ano. Como são coletados esses dados? O serviço público de saúde teria 220 mil intervenções por ano decorrentes de abortos feitos em condições precárias. De onde vêm essas notificações? Há distinção entre espontâneos e provocados? O sistema público de saúde tem condições de absorver essa demanda de 1 milhão? Quanto custaria? Mais: uma vez legalizada a prática, não é razoável pensar que cresceria o número de solicitações? Todos os médicos que trabalham na rede oficial de saúde aceitariam fazer a intervenção? Eles poderiam alegar a exceção ética, religiosa ou de consciência?

Temporão diz ainda que o aborto só não é legalizado porque não é o homem que engravida. Notável juízo! É ele nada menos do que o maior defensor de que se faça um plebiscito no país para decidir a questão. Os homens vão votar, ou a sua participação nessa escolha já estaria marcada pela ilegitimidade? Temporão lê meu blog. Se quiser, pode me enviar as respostas. Eu as publicarei aqui. Reitero o que já disse: que se faça o plebiscito, ora essa. Se o governo acha isso tão necessário, que tenha a coragem de assumir a proposta. Uma vez definido – só não vale manipular a pergunta –, a campanha terá início. Se a causa é tão justa e popular, estou ansioso para ver a cara dos seus defensores na televisão. Temporão vai falar? Lula vai falar? Até agora, eles não disseram o que pensam. No programa *Roda Viva*, perguntei se Temporão era contra ou a favor. Ele não me disse. Eu iria lhe fazer outra pergunta, mas não houve tempo: já que ele é médico, faria um aborto ou deixa a tarefa para seus colegas? Essa resposta ele também pode me enviar se quiser.

A quem fala o papa

O argumento mais vulgar a favor da mudança da lei sustenta que ela facultará o que chamam de "direito", mas não obrigará ninguém a nada. É verdade. Ora, adiante com a luta, rapazes. A Igreja Católica é contra. Por que vocês precisam do aval do Vaticano para uma prática contrária a um fundamento da instituição? Não terão. Uma campanha poderá mudar a opinião de mais de dois terços dos brasileiros? Tentem a sorte. Se esse é o argumento central no que concerne à liberdade de escolha, permitam que a Igreja também faça a sua. Afinal, como disse aquela embaixadora, Igreja e Estado, no Brasil, são independentes.

Notei também o escândalo de certos setores com a aprovação de Bento XVI à excomunhão no México. O deputado José Genoino (PT-SP) – aquele que já tentou fazer guerrilha no Brasil e que presidia o PT no tempo dos "recursos não-contabilizados" de Delúbio (irmão do outro cujo assessor usa a cueca como casa de câmbio) – é autor de um projeto que dá à mulher o direito de decidir se aborta ou não. Olhem que coisa: Genoino não é católico, mas considera essa posição de Bento XVI "intolerante". E reflete, com a mesma fineza teórica de sempre: "Defendo o Estado laico. A Igreja tem de ser tolerante com os que têm opinião divergente de seus preceitos." Perfeitamente, deputado. Porque o Estado é laico, independente da Igreja, ela aceita nos seus quadros apenas os que estão de acordo com seus princípios.

Excomunhão

Ninguém é obrigado a ser católico, é? Se estivéssemos, por exemplo, na Arábia Saudita, seria chato não querer ser islâmico. Mais do que chato: seria perigoso. Se alguém tivesse tal intenção, teria de ficar bem quietinho. Ou, no mínimo, iria levar umas varadas da polícia religiosa, que pode atacar qualquer mulher desacompanhada ou cujos trajes não sejam considerados adequados – ainda que na companhia do seu "dono".

Ninguém nasce católico também. A pessoa se torna católica pelo batismo. Tem, ao longo da vida, a chance de reafirmar ou não a sua fé. Pode deixar o rebanho da Igreja. Para permanecer nele, há alguns preceitos fundamentais a seguir. Ora, se o catolicismo está, como querem, em declínio; se seus fundamentos morais são considerados incompatíveis com a vida moderna; se alguém pretende fazer proselitismo do que, para a Igreja, é abominável, que a deixe então – ou que seja deixado por ela. Quando o papa acena com a excomunhão para os que fazem a defesa do aborto, lembra que o católico tem um conjunto de princípios.

Trata-se por acaso, deputado Genoino, de tolher a cidadania ou os direitos de alguém? Qual é o prejuízo objetivo do "cidadão"? Fiquem tranqüilos: a excomunhão não é pior do que a perda da vergonha na cara ou a exposição da moralidade no estágio da cueca – especialmente para quem demonstra sinais explícitos de inconformidade com os "preceitos".

Onde estão os intolerantes?

A presença suave, mas muito firme, de Bento XVI no Brasil está evidenciando onde estão, de fato, os intolerantes. O papa reafirmou todos os princípios da Igreja, inclusive no seu encontro com jovens no Pacaembu – sim, disse quais são as interdições que constituem a moralidade católica –, sem deixar de lado (veja mensagem adiante) o aspecto acolhedor da Igreja Católica, que também abraça os pecadores. Para um católico, o arrependimento não é uma pena, mas uma forma de liberdade. Porque há a chance do perdão – e convém que o cristão não se transforme num pecador contumaz, que faz do perdão uma graça viciosa.

Intolerantes são aqueles que querem proibir o chefe da Igreja Católica de dirigir a sua palavra de fé aos... católicos! Intolerantes são aqueles que pretendem que o líder de uma religião troque seus princípios pelo tubo de ensaio de um cientista ou pela moral da conveniência de certa política. O governo que tenha a coragem de fazer o que achar melhor. Os católicos dirão o que pensam. Acho que isso, ao menos, eles podem, não? Nem que seja por enquanto.

AGORA É O PRÓPRIO PAPA QUEM DIZ [11/05/2007]

Leia trecho da fala do papa aos bispos na Catedral da Sé:

> (...) justificam-se alguns crimes contra a vida em nome dos direitos da liberdade individual; atenta-se contra a dignidade do ser humano; alastra-se a ferida do divórcio e das uniões livres.

Pronto! Agora não é Reinaldo Azevedo falando. Agora é o papa. Em bom português. Ele disse que o divórcio é CHAGA, não PRAGA. Fui satanizado em muitos blogs. Alguns tentaram me ridicularizar, afirmando que eu estava corrigindo o papa. Os jornais brasileiros, até agora, não fizeram a correção. Continuam a afirmar que o papa disse "praga", que, obviamente, tem outro sentido em português. É evidente: o que o Sumo Pontífice apontou como um sofrimento do corpo da Igreja tinha de ser lido como uma espécie de censura ranzinza, quase maledicente. Registre-se: a revista *Veja* foi O ÚNICO veículo que empregou a palavra certa.

Não. Não espero que os malcriados se desculpem. É bem provável que continuem a escrever que o papa disse "praga".

Pô, quem é o papa para dizer o que disse o papa, não é mesmo?

PARTE DA MÍDIA TENTA RIDICULARIZAR OS CATÓLICOS [11/05/2007]

Desrespeitosa, agressiva, tola, fátua, ignorante. Esses são alguns adjetivos que podem ser usados perfeitamente para qualificar a cobertura de boa parte da imprensa escrita – incluindo sites e blogs – da visita do papa Bento XVI ao Brasil. Na TV, por incrível que pareça, a coisa vai melhor porque só conta, mesmo, uma emissora: a TV Globo. E ela tem sido exemplar nesse caso.

As coisas são assim: se os jornalistas são escalados para cobrir um show de rock ou de, sei lá como chama aquilo que fazem os Racionais MC's, qualquer menção ao comportamento de exceção – em relação à maioria dos brasileiros – do público seria logo considerada um preconceito inaceitável. Ao contrário: tome extremo cuidado para não associar a violência às letras do grupo ou ao público. Ou você não terá o atestado da tolerância. Ainda que um show dos Racionais que reúne 5 mil pessoas termine em pancadaria, e 40 mil católicos no Pacaembu ou 800 mil no Campo de Marte não gerem nenhuma ocorrência grave.

O que é o politicamente correto em jornalismo? É o juízo que antecede o fato. Qual é a sua diferença em relação ao que conhecemos como preconceito? A existência de uma bula dizendo o que pode ou o que não pode. O objeto da generalização indevida de um preconceituoso varia: pode ser mulher, gay, negro, judeu, muçulmano, jovem etc. Os preconceituosos militantes costumam se reunir em grupos, quase pequenas seitas, e sua obtusidade logo sobressai. Com o politicamente correto, a coisa é diferente. A sua primeira e mais importante característica é acreditar que ele não tem preconceito nenhum. Sente-se um libertário.

Ele considera, por exemplo, a Igreja Católica uma instituição velha, decrépita, passadista, medieval, atrasada. E, obviamente, os católicos, por extensão, ou são tão passadistas quanto a sua Igreja ou são hipócritas. Descarta-se a possibilidade de que possa haver um católico, sei lá, racional, ilustrado, razoável – em suma, um católico que seja "normal". Por isso, os repórteres que são escalados para cobrir o evento no Campo de Marte vão com os mesmos instrumentos teóricos e retóricos de alguém que vai cobrir um show de rock: o primeiro passo é separar os fiéis em "tribos". Só que, nesse caso, ele tem liberdade para ridicularizar, julgar, condenar.

Observem que nem mesmo estou tratando da coleção de bobagens – algumas monumentais – que se dizem sobre a religião. Falta, é visível, um conhecimento histórico (que nada tem a ver com crer ou não em Deus) da religião. Falo de outra coisa. Se uma "tribo" qualquer tem como hábito mutilar partes do corpo ou prender anéis de metal na ponta da língua ou na sobrancelha, trata-se de uma variante cultural, de uma manifestação legítima como qualquer outra. Ok. Pra mim, tá bom. Mas por que os católicos têm de ser tratados como idiotas?

Livrar-se do preconceito – a tarefa primeira do jornalismo quando se trata de cobrir as manifestações da diversidade cultural – ganha um sinal invertido quando o objeto de atenção são os católicos: só se é isento quando se consegue esculhambá-los.

Ah, sim: estou criticando a imprensa. Devemos censurá-la? Claro que não. Devemos guerrear. Quem entende de censura é o PT.

O PAPA SE FOI. MAS ESTÁ NO MEIO DE NÓS [14/05/2007]

Todos os jornais devem noticiar nesta segunda com destaque a afirmação do papa, feita na sessão inaugural da V Conferência Geral do Episcopado da América Latina e do Caribe, em Aparecida, de que nem o marxismo nem o capitalismo são respostas adequadas aos dramas humanos. Dito assim, parece que os igualou como males equivalentes. Nada mais falso. Falo disso mais adiante. Antes, pretendo tratar de algumas outras questões. Boa parte dos leigos e agnósticos da imprensa vê as suas próprias práticas denunciadas pelo Sumo Pontífice e sente um medo profundo de ir para o inferno. Não tenho procuração de Bento XVI ou de Deus para garantir, mas me atrevo: fiquem tranqüilos! Vocês podem não perdoar a eventual existência de Deus e a inquestionável existência do papa, mas ambos os perdoam. Até vocês vão para o céu, hehe...

É evidente que faço uma pequena ironia, mas me parece que só este "sentir-se denunciado" (e o conseqüente temor) explica tamanha aversão a quem, afinal de contas, veio ao Brasil reafirmar princípios da fé de que é o pastor máximo. Fosse um líder do hinduísmo, reafirmaria convicções hinduístas; fosse um rabino, lembraria os princípios do judaísmo; fosse Mãe Menininha do Gantois, falaria de seus deuses. Mas por que o papa não pode? Já repararam que os mesmos que o tratam a tapas são os primeiros, em nome da isenção e do equilíbrio, a preservar de qualquer crítica o megaempresário (e também dono de uma igreja) Edir Macedo? Há nisso, é verdade, certo cálculo. Alguns iluministas de meia-tigela vêem o homem como o contraponto do poder da Rede Globo. Como levar isso a sério?

Ah, a intolerância dos tolerantes! Ah, os crimes que se cometem em nome da liberdade! É admissível que a Sociedade Protetora dos Animais recorra à Justiça para impedir o sacrifício de um bode num culto de origem africana? Ou que se faça uma campanha na Índia para que aquele povo responda a seu óbvio problema de déficit de proteína animal comendo carne de vaca? Quem não ousa defender um miserável cabrito ou uma galinha em nome da diversidade cultural e da liberdade religiosa – e eu também as defendo – quer impedir o papa de fazer a sua defesa da vida humana? "Ah, mas um feto não é vida humana." É o começo de um debate, não de uma interdição. Mas querem calar a Igreja.

Bento XVI, o papa da Igreja Católica Apostólica Romana, aquele que, segundo a história de sua religião, é o sucessor de Pedro – que foi investido pelo próprio Cristo da missão de criar a sua Igreja –, veio ao Brasil e, pasmem!, defendeu os princípios do cristianismo, sem fazer qualquer concessão. Ele nem havia chegado, e as notícias já estavam prontas. Aguardavam apenas uma circunstância ou outra a conferir atualidade às reportagens. O chamado *lead*, no entanto, estava definido. A acusação fundamental que se faz à Igreja é sua trevosa inatualidade.

Curioso. O presente, quem diria?, estaria livre das trevas. É compreensível que o comunismo tenha matado tanta gente – nada, no mundo, matou igual e de forma tão determinada –, e a esquerda goze, ainda hoje, de prestígio. No mundo, está em decadência, mas não no Brasil, onde ainda é o "ópio dos intelectuais" (by Raymond Aron). Ou a cachaça da intelligentsia. Por que é compreensível? Porque se aplica ao pensamento uma certa lógica evolutiva: não exatamente a evolução darwinista (que não tem ponto de chegada) aplicada às idéias, mas uma outra, que, vejam só, vislumbra o fim da história.

Assim, o presente seria necessária e forçosamente melhor do que o passado. Talvez eu nem discorde exatamente disso, mas pretendo que esse otimismo instrumental não se transforme numa ferramenta obscurantista. Eu não estou convencido, como parecem estar os críticos do papa, de que a Igreja deva apoiar a descriminação do aborto. Acho que o país será pior se isso acontecer, ainda que o SUS tivesse condições de arcar com a demanda, o que não tem. Acho que a banalização do procedimento empurraria a sociedade para outras banalizações – e reparem que nem toco aqui na questão de princípio. Mas os engenheiros sociais estão certos de que seríamos melhores. Ok. Quem os impede de fazer a defesa de suas idéias? A Igreja? Não mesmo. Mas por que ela também não pode falar?

Queriam o papa a propagandear o uso e a distribuição de camisinha? Mas o entendimento da Igreja sobre a sexualidade humana exclui essa escolha. Ninguém é obrigado a compartilhar esse ponto de vista. Digam-me: alguém realmente acredita que haveria uma diminuição nos casos de Aids ou aumento do consumo de preservativos se a Igreja Católica atuasse como uma das ONGs dedicadas ao assunto? Calma lá: para a instituição, o sexo, no que diz respeito ao comportamento, é uma escolha individual, moral. E há a questão religiosa, da santidade do corpo. Pode-se discordar, é certo, mas é uma rematada tolice acusar a Santa Sé de crime porque supostamente "proíbe" a camisinha. O preservativo é só um dado da questão. A orientação é de outra natureza, e, estejam certos, quem a segue não contrai Aids por meio do sexo.

"Deus não é grande"

O ensaísta inglês Christopher Hitchens, ex-trotskista, hoje satanizado pelas esquerdas por causa de seu apoio à guerra do Iraque, polemista de primeira, acaba de lançar um novo livro: *God is not great.* Não li. Tudo indica que chegarei à conclusão de que o acho melhor falando de política. Não tratarei, claro, do livro. Lembro Hitchens porque ele, ao menos, fez o favor de romper também com a doxa comunista (o que os nossos ateus não fizeram) – embora, como lembrou Diogo Mainardi, subsista muito de trotskista em quem escreve um livro contra ninguém menos do que... Deus!

Não sei se percebem: quando se fazem as cobranças ao papa e à Igreja, tem-se como certo, parece, que o mundo sem a Igreja Católica seria muito melhor. Ou parece haver a suposição, dos mais ousados, de que, sem a religião, ele seria muito melhor e mais pacífico – e temo ser esta a tese de Hitchens. Mas que novidade haveria nisso? Essa utopia já foi realizada, e seus resultados são conhecidos: União Soviética, China, Camboja, Coréia do Norte, Cuba... Vale a pena repetir a experiência? Ou se dirá, também nesse caso, a exemplo do que se dizia do socialismo, que esses modelos ainda não são "o verdadeiro ateísmo"?

Em entrevista ao *Manhattan Connection*, Hitchens fala na volta ao "verdadeiro Iluminismo". Eu já havia discordado de aspectos de outros textos seus, mas, pela primeira vez, achei que o excesso de exposição midiática o está deixando meio burro. Se Hitchens não reconhece no Iluminismo a semente do totalitarismo de esquerda, então continua essencialmente um esquerdista, acometido, nos últimos quatro anos, por uma mera brotoeja de arrependimento. De todo modo, nem o percurso crítico do polemista Hitchens os nossos iluministas fizeram. Detestam com força a Igreja e sua moral, mas continuam a ser suaves com o autoritarismo de Estado.

As reações, reparem, são contidas, mas não disfarçam a fúria. E resultam, por intolerantes, até em mau jornalismo. Entendo que o ministro Temporão, por exemplo, gostaria de oferecer o aborto como um serviço do SUS. Mas antes mesmo de garantir leitos suficientes para as doenças da pobreza? E daí? Nessa hora, a mídia dita progressista dá uma banana para o pobre. Afinal, ele está defendendo uma tese moderna, contra o medievalismo da Igreja. E pensar que o catolicismo, nos seus primeiros dias, conquistou antes as mulheres justamente porque se opunha ao aborto e ao infanticídio... Isso é história.

Não! A Igreja Católica talvez fique menor. E há uma boa possibilidade de que fique melhor. Ninguém precisa ser católico – pode-se, disse o próprio papa, ter uma moral elevada fora da Igreja. O catolicismo é um humanismo, oferece uma resposta moral para o indivíduo e um norte ético para as sociedades. Sugere, não impõe; convive com a diferença (exige disciplina dos seus, mas quem não exige?), não a exclui; combate o pecado, não o pecador. Parece que é essa tolerância que a faz insuportável para os que têm tanta certeza de para onde caminha o mundo.

Marxismo e capitalismo

O que, afinal, disse o papa na sessão inaugural dos trabalhos da V Conferência Geral do Episcopado da América Latina e do Caribe? Leiam um trecho:

> Tanto o capitalismo como o marxismo prometeram encontrar o caminho para a criação de estruturas justas e afirmaram que estas, uma vez estabelecidas, funcionariam por si mesmas; afirmaram que não só não teriam tido necessidade de uma precedente moralidade individual, mas também que fomentariam a moralidade comum. E essa promessa ideológica demonstrou-se falsa.
>
> Os fatos o comprovam. O sistema marxista, onde governou, deixou não só uma triste herança de destruições econômicas e ecológicas, mas também uma dolorosa opressão das almas. E o mesmo vemos no Ocidente, onde cresce constantemente a distância entre pobres e ricos e se produz uma inquietante degradação da dignidade pessoal por causa da droga, do álcool e das sutis ilusões de felicidade.
>
> As estruturas justas são, como já disse, uma condição indispensável para uma sociedade justa, mas não nascem nem funcionam sem um consenso moral da sociedade sobre os valores fundamentais e sobre a necessidade de viver esses valores com as necessárias renúncias, inclusive ao interesse pessoal.
>
> Onde Deus está ausente – o Deus do rosto humano de Jesus Cristo –, esses valores não se mostram com toda a sua força, nem se produz um consenso sobre eles. Não quero dizer que os não-crentes não podem viver uma moralidade elevada e exemplar; digo somente que uma sociedade na qual Deus está ausente não encontra o consenso necessário sobre os valores morais e a força para viver segundo a pauta desses valores – também contra os próprios interesses.
>
> Por outro lado, as estruturas justas têm de ser procuradas e elaboradas à luz dos valores fundamentais, com todo o empenho da razão política, econômica e social. São uma questão da *recta ratio* e não provêm de ideologias nem das suas promessas. Certamente há um tesouro de experiências políticas e de conhecimentos sobre os problemas sociais e econômicos, que evidenciam elementos fundamentais de um Estado justo e os caminhos que devem ser evitados.
>
> Contudo, dadas as situações culturais e políticas diversas e as mudanças progressivas das tecnologias e da realidade histórica mundial, as respostas adequadas devem ser procuradas de maneira racional, e se deve

criar, com os compromissos indispensáveis, o consenso sobre as estruturas que devem ser estabelecidas.

Este trabalho político não é competência imediata da Igreja. O respeito a uma sadia laicidade, junto com a pluralidade das posições políticas, é essencial na tradição cristã. Se a Igreja começasse a se transformar diretamente em sujeito político, não faria mais pelos pobres e pela justiça; ao contrário, faria menos porque perderia a sua independência e a sua autoridade moral, identificando-se com uma única via política e com posições parciais. A Igreja é advogada da justiça e dos pobres, exatamente por não se identificar com os políticos nem com os interesses de partido.

Somente sendo independente, a Igreja pode ensinar os grandes critérios e os valores inderrogáveis, orientar as consciências e oferecer uma opção de vida que vai mais além do âmbito político. Formar as consciências, ser advogada da justiça e da verdade, educar nas virtudes individuais e políticas, essa é a vocação fundamental da Igreja nesse setor. E os leigos católicos devem estar conscientes da sua responsabilidade na vida pública; devem estar presentes na formação dos consensos necessários e na oposição contra as injustiças.

As estruturas justas jamais serão completas de modo definitivo; hão de ser sempre renovadas e atualizadas pela constante evolução da história; hão de estar sempre animadas por um ethos político e humano, por cuja presença e eficiência se trabalhará cada vez mais. Em outras palavras: a presença de Deus, a amizade com o Filho de Deus encarnado e a luz da sua Palavra são sempre condições fundamentais para a presença e eficiência da justiça e do amor nas nossas sociedades.

Por se tratar de um Continente de batizados, convém preencher a notável ausência, no âmbito político, da comunicação e universitário, de vozes e iniciativas de líderes católicos de forte personalidade e de vocação abnegada, que sejam coerentes com as suas convicções éticas e religiosas. Os movimentos eclesiais têm aqui um amplo campo para lembrar aos leigos a sua responsabilidade e a sua missão de levar a luz do Evangelho para a vida pública, cultural, econômica e política.

Comento

O papa não condenou igualmente capitalismo e marxismo, como interpretarão alguns nos próximos dias. Disse que a justiça nasce do consenso moral da sociedade, fazendo a ressalva de que existe uma escolha precedente: a individual. Há alguns séculos do melhor humanismo possível aí.

A condenação ao marxismo não poderia ser mais explícita, feita a partir de seus resultados, mas também de sua essência: exclui a existência religiosa de seu horizonte. Que sociedade capitalista se fez oficialmente sem

Deus? A reprovação a aspectos do modelo ocidental também está presente. E nem poderia ser diferente numa Igreja que vê com grande preocupação o hedonismo moderno. É da sua natureza.

O valor fundamental da Igreja não é o livre mercado – ainda bem, ou ela seria outra coisa –, mas está claro que o papa entende que o homem moral e a sociedade ética só podem existir onde houver liberdade, o que supõe, também, a econômica. Na seqüência, vem a reprovação óbvia à Teologia da Libertação. Mais: era desnecessário ao governo brasileiro reafirmar a laicidade do Estado. O próprio papa o fez. E, está claro, não quer a Igreja Católica metida com partido político. Estão desautorizados, de novo, os dublês de padre e petista.

Bento XVI iluminou o debate sobre a função da religião, os princípios do cristianismo e, mais especificamente, os do catolicismo. Há quem diga, com prazeroso sarcasmo, que nem mesmo os católicos fazem o que ele recomenda. Em muitos casos, muitíssimos, é fato. Há quem não possa conviver com a idéia de que a disciplina também pode ser libertadora; há quem veja como manifestação de atraso qualquer interdição; há quem acredite firmemente que estar sujeito à ditadura das vontades é estar livre.

O papa fala a quem reconhece limites, a quem sabe que nem sempre o permitido é conveniente, a quem tem a coragem de dizer a si mesmo: "Posso, mas não devo."

Essa é a pauta "autoritária" de algumas fantasias libertárias.

AMOR DE SALVAÇÃO [11/08/2007]

Eu não me sinto apto a decidir quando uma vida merece ser vivida e quando ela tem de ser interrompida. Inexiste um "humanômetro" que nos ajude a votar: "A partir daqui, tudo bem, pode viver." *Veja* desta semana traz uma reportagem de Adriana Dias Lopes sobre a menina Marcela de Jesus Galante Ferreira. Aos nove meses, ela sobrevive sem cérebro. Chegou a essa idade por causa do tronco encefálico, que garante algumas funções mínimas. É evidente que o caso se torna o centro de uma polêmica. Leiam o texto. O que me interessa aqui é saudar a grandeza moral da família Galante Ferreira, especialmente dos pais da menina, Cacilda e Dionísio, lavradores pobres. São exemplos de moral e de fé católicas – aliás, uma convocação: acorde, Igreja! Ajude essa família! Poucas pessoas foram tão dedicadas à defesa incondicional da vida. É assim, e assim deve ser: o amor incondicional dos pais por suas crias – ao menos enquanto elas dependem de nós. Eis o amor que salva o objeto amado e também salva aquele que ama.

ENTRE O TRIUNFO DA VIDA E O DA MORTE [11/08/2007]

Alguns leitores ficaram contrariados com o que escrevi no post "Amor de salvação". Vivemos dias realmente muito interessantes. E nem entrei no mérito do que fazer com um feto anencéfalo. Dei relevo ao amor incondicional do casal Cacilda e Dionísio. Eles não exigem nada da pequena Marcela. Antes, dispensam-lhe todos os cuidados que se tomam habitualmente com uma criança saudável. E isso faz de ambos dois gigantes morais. De qualquer moral? É certo que não. São dois cristãos – no caso, dois católicos. São gigantes morais do catolicismo.

Na mesma *Veja* em que se conta essa história, em reportagem absolutamente imparcial (observem que, em nenhum momento, se acena com a esperança de que a menina possa sobreviver, segundo ao menos o que se sabe da ciência), há a reportagem sobre o infanticídio praticado por tribos indígenas no Brasil. Ainda que se possa piscar um olho ao relativismo cultural – "esses são os costumes deles; não temos nada com isso" –, o que choca, aí sim, é a conivência de antropólogos e indigenistas da Funai, que se fazem, então, tutores do assassinato.

Se esses índios estivessem internados na floresta, sem qualquer forma de contato com a nossa civilização, não seria um caso de condescendência dos "brancos", mas de ignorância. Estando, no entanto, ao abrigo das leis que regem o Estado brasileiro (e eles estão), fazer vistas grossas diante do crime ou, pior, criar obstáculos a seu impedimento constitui, a um só tempo, ato imoral e também criminoso. É o momento em que o relativismo cultural se torna homicida. São menos os índios a matar aquelas crianças do que os "brancos" dispostos a condescender com aqueles hábitos.

Eis aí. Vocês já me conhecem o bastante para saber que não sou tipo que acredita que todas as culturas se igualam. Eu, de fato, defendo a superioridade da nossa, a ocidental e cristã. De que superioridade falo? Aquela traduzida no reconhecimento dos direitos individuais e da inviolabilidade do corpo – o modelo econômico que consegue dar maiores garantias de que isso se realize, está demonstrado, é o liberalismo –, apesar, como sempre, de suas mazelas.

Sim, sou cristão. Mesmo quando, admito, a minha crença fraqueja (e isso acontece: sou humano), afirmo que foi o cristianismo que inventou o homem universal: eleitos são aqueles que se convertem ao, vá lá, dogma do amor ao próximo. E, é evidente, não ignoro todas as barbaridades que se cometeram em nome desse princípio. Nem sempre a história da Igreja Católica foi edificante. Mas nos multiplicamos, de fato, mais do que a areia da praia e as estrelas do céu porque apostamos na vida, não na morte; na vida intransitiva, sem pré-requisitos. Negar o caráter civilizador do cristianismo é praticar obscurantismo. Não menosprezo nem as violências praticadas pela Igreja nem as praticadas pelas muitas "religiões" da razão – só uma delas, o comunismo, matou mais de 100 milhões em menos de um século. Não é páreo para nenhuma crença metafísica desde que o mundo é mundo.

A minha aposta – e duvido que o meu mundo possa ser pior que o dos que definem pré-requisitos para que um homem seja considerado, enfim, um homem – é na vida intransitiva, sim, senhores. Ainda que a menina Marcela venha a perecer daqui a pouco, o que torna a humanidade melhor, entendo, é o estoque de amor que seus pais terão acumulado em seu período de vida. Eis aí: é uma das distinções, das boas distinções, entre a alimária e o ser humano.

Não é de hoje que enrosco com o pensamento – ou a moral – dos que pretendem falar em nome da ciência, sempre muito ocupados em definir quem pode nascer e quem pode morrer. Alguns dirão: "Mas é a ciência que mantém Marcela respirando; na natureza, estaria morta." Ocorre que, no ambiente da natureza, acredito que não apenas ela estaria morta, mas talvez muitos de nós – quem sabe todos nós. O apreço à vida, à inviolabilidade da vida, é a nossa mais cara conquista. Demorou para que chegássemos aqui. Mas chegamos, a despeito de todo o horror.

Vocês se lembram de Terri Schiavo. Escrevi, então, a respeito. Podia entender a ressalva dos médicos ("ela é um vegetal; não sente nada") e o desejo do marido de se livrar daquele peso etc. Entendia, enfim, todas as humanas questões – e fraquezas – envolvidas no caso. Só não entendi, e não entendo até hoje, que os pais da moça tenham sido privados do direito que tinham, então, de regar o seu gerânio. Eu realmente não sei o que ganhamos, como espécie e como cultura, com o assassinato, determinado pelo Estado, de Terri. Sei o que perdemos: o amor incondicional, que não requer resposta nem mesmo do objeto amado, foi violentado pela força da lei. Uma lei que tinha e tem, também, um aparato moral e um aparato ético – no caso, não-cristão, é óbvio. Ora, à medida que os pais foram impedidos de cuidar de sua filha, tiveram violada a sua religião. Qual religião? Aquela que conformou o Ocidente.

Mas eu não tenho a menor dúvida de que os que defenderam que os aparelhos que a mantinham viva fossem desligados são capazes de defender, agora, que os ianomâmis sigam intocados, praticando o infanticídio, tudo em nome da sua cultura. Mundo formidável este! Contra a moral profunda que nos rege, advogou-se, no caso de Terri e mesmo da menina Marcela, o desligamento de aparelhos. Em nome da moral profunda... dos ianomâmis, defende-se o seu direito cultural ao infanticídio.

O que se passa com a nossa cultura? Por que sabemos defender com mais denodo a morte – ainda que a "boa morte" – do que a vida, mesmo que uma vida nem tão boa? Gostaria de viver mais plenamente o cristianismo do que vivo – não sou lá grande coisa como crente. Mas sinto algo parecido com uma paz profunda quando percebo que ele me dá um norte, um princípio, uma direção que não me permite hesitar um só instante diante de escolhas como essas.

O "DEUS" DE EDIR MACEDO PERDOA CORRUPTOS, MAS NÃO PERDOA OS FETOS [12/10/2007]

Há uma entrevista na *Folha* com Edir Macedo, o auto-instituído "bispo" da Igreja Universal do Reino de Deus, de que é dono. Quem assina o texto é Daniel Castro, e quem responde pode ser a "legião", já que foi feita por e-mail e intermediada pela cúpula, digamos assim, religiosa da seita. Há alguns dias, postei aqui um texto dizendo que o petismo é a Universal da política, e a Universal, o petismo da religião. Quem me dá razão é Macedo. Leiam uma pergunta e uma resposta:

> *Folha* – Alguns políticos então da base da Igreja Universal, como o bispo Rodrigues, foram atingidos em cheio pelos escândalos do primeiro mandato de Lula. A corrupção não é um pecado imperdoável?
>
> Macedo – Jesus ensina que o único pecado imperdoável é a blasfêmia contra o Espírito Santo. Para os demais, há perdão se houver arrependimento.

É a "igreja" de que o PT precisa. Se Deus censura a safadeza, os petistas podem ficar tranqüilos: o "deus" de Macedo perdoa. A sua "teologia" é bastante elástica pra isso. Tão elástica que ele encontra uma justificativa teológica para o aborto. Se havia desconfianças sobre a filiação da tal Universal ao cristianismo, não há mais. Leiam:

Sou favorável à descriminalização do aborto por muitas razões. Porém, aí vão algumas das mais importantes:

1) Muitas mulheres têm perdido a vida em clínicas de fundo de quintal. Se o aborto fosse legalizado, elas não correriam risco de morte.

2) O que é menos doloroso: aborto ou ter crianças vivendo como camundongos nos lixões de nossas cidades, sem infância, sem saúde, sem escola, sem alimentação e sem qualquer perspectiva de um futuro melhor? E o que dizer das comissionadas pelos traficantes de drogas?

3) A quem interessa uma multidão de crianças sem pais, sem amor e sem ninguém?

4) O que os que são contra o aborto têm feito pelas crianças abandonadas?

5) Por que a resistência ao planejamento familiar? Acredito, sim, que o aborto diminuiria em muito a violência no Brasil, haja vista não haver uma política séria voltada para a criançada.

Trata-se de uma formidável coleção de asneiras. Se Macedo acredita até mesmo na remissão do corrupto, por que não na das crianças que vivem nos lixões? Se opta pelo aborto como saída menos dolorosa, por que não por outras práticas igualmente homicidas que trariam mais controle social? A Igreja Católica é contra o aborto e conta com milhares de entidades espalhadas mundo afora para cuidar de crianças abandonadas. E o que Macedo tem feito? Se o aborto diminuiria em muito a violência no Brasil, há de se supor que diminuiria também em muito o número de seus fiéis, não é mesmo?, já que é evidente que boa parte da força de sua "igreja" se concentra entre os miseráveis. Existe também lixão religioso no mundo.

Santo Edir Macedo! Seu "deus" perdoa corruptos, mas não perdoa os fetos!

A sua citação do Eclesiastes para "santificar" o aborto é das coisas mais estúpidas que já li. Procurem vocês mesmos o trecho a que ele alude. É fácil. É evidente que o "aborto" é citado ali em sentido figurado, como extremo da fealdade humana. Diz-se preferível o aborto ao homem sem fé. É MENTIRA QUE SE TRATE DE UMA DEFESA DO ABORTO, ESTE QUE CONHECEMOS. Ao contrário: não há como justificar, segundo o Novo ou o Velho Testamentos, a prática.

Mas essa é a tática de sempre desse tipo de neopentecostalismo: trata-se de uma mistura de falso fundamentalismo com interpretação rasteira. Pegam-se palavras que estão na *Bíblia*, desprezam-se contexto e simbologia, e se lhes dá o sentido que interessar. Pode-se usar a *Bíblia* pra justificar qualquer coisa quando você é um rematado picareta: até o assassinato. Há passagens que permitem, então, uma "bíblia abortista", uma "bíblia gay", uma "bíblia racista", uma "bíblia de trapaceiros".

– Que tal usar Jacó para legitimar o engodo, a tramóia, o passa-moleque no irmão ou o roubo de gado?

– Que tal usar Ló para defender o incesto?

– E que tal justificar o homossexualismo com Samuel 18, 1-4:

> Ora, acabando Davi de falar com Saul, a alma de Jônatas ligou-se com a alma de Davi; e Jônatas o amou como à sua própria alma. E desde aquele dia Saul o reteve, não lhe permitindo voltar para a casa de seu pai. Então Jônatas fez um pacto com Davi, porque o amava como à sua própria vida. E Jônatas se despojou da capa que vestia, e a deu a Davi, como também a sua armadura, e até mesmo a sua espada, o seu arco e o seu cinto.

Macedo deve estar entre aqueles que julgam que Salomão estava tentando mesmo ser justo, e não astuto, quando propôs dividir a criança ao meio...

Justificar o aborto com o Eclesiastes é, de todas as bobagens que esse empresário já disse, a mais formidável. E dá conta de sua absoluta falta de limites. Segundo Macedo, "alguns mortais têm pensado que estão acima do bem e do mal. Mas, depois de mortos, o máximo que lhes resta é uma placa na praça onde os cães fazem xixi."

Tá combinado. Já convoquei Lolita e Pipoca, as minhas cadelas, para a tarefa tão logo Edir Macedo ganhe a sua placa.

É RELIGIÃO? – A TEOLOGIA ACHADA NA RUA [18/10/2007]

Só existe uma coisa mais esfarrapada do que as explicações do padre Júlio Lancelotti: a sua teologia. Ontem, na *Folha*, ao tentar explicar por que, afinal, se deixou "extorquir" por tanto tempo pelo seu "correria" de estimação, saiu-se com esta: "Se Jesus tivesse tomado muito cuidado, não teria morrido na cruz, né? Teria morrido idoso numa cama."

Trata-se de uma tolice monumental, mesmo para quem não é cristão, e de uma heresia para quem é. Jesus sempre soube o seu destino, que estava, como poderia dizer padre Vieira, decidido na "Mente Divinal". Ou ele não seria "o cordeiro de Deus que tira os pecados do mundo". Cordeiro porque oferecido em sacrifício.

Dizer que Cristo não "tomou cuidado" – e, pior, comparar-se a ele numa história de *vaudeville* de cortiço – é motivo para levar na testa um silêncio obsequioso. É o mesmo que dizer que o Filho de Deus era um tonto fanfarrão, que não media as conseqüências de seus atos. Cadê a

CNBB? Cadê dom Odilo Scherer? Até quando esse tipo de ignorância militante vai continuar a nos assombrar? A distorcer a religião?

Num dos jornais de hoje, nem me lembro qual, Lancelotti, irritado, pergunta a um jornalista se queriam que ele ateasse fogo às vestes em frente à Catedral da Sé. Não seria má idéia, dado o ridículo a que submete a Igreja Católica no Brasil – e, vá lá, ela também se deixa submeter.

Até onde seus pecados são de consciência, ele que se vire. No que respeita à hierarquia católica, tudo caminha para um arranjo vergonhoso. Mais um. No que concerne à teologia, a sua frase sobre Cristo explica a sua atuação. Já tinha lido muita coisa duvidando da eficácia, digamos, política da atuação de Cristo. Mas nunca tinha lido nada que tratasse a figura como um cretino imprudente.

Insisto: Lancelotti ignora, com a sua frase torpe, a essência da religião de que ele é sacerdote. E aceito que ele tente me provar que estou errado. Mas a Igreja Católica silencia. Por isso perde fiéis e é, a cada dia, menos relevante.

NOJO [19/12/2007]

Se os narcoterroristas das Farc cumprirem o combinado com o seu aliado Hugo Chávez e libertarem mesmo três reféns, entregando-os ao ditador da Venezuela, o meliante moral vai se transformar em estrela da mídia mundial. Os valores estão um tanto do avesso, não é? A abordagem que vi mundo afora é, na prática, simpática ao coronel bufão, como se ele estivesse prestes a conseguir algo que o presidente da Colômbia, Álvaro Uribe, não conseguiu. A imprensa politicamente correta é um lixo, sem dúvida. E não é só a baixa qualidade que a torna perversa. É também a sua moral vagabunda. A questão é muito simples: e se outros chefes de Estado resolverem ser os porta-vozes e negociadores do terror? E se Bin Laden escolher um braço legal por meio do qual negociar, apresentando as suas condições? Por que não? Qual é a diferença?

OS COMPANHEIROS DAS FARC [26/12/2007]

O Brasil vai participar das negociações para libertar reféns das Farc? O "nosso" homem será Marco Aurélio Garcia? Procurem no arquivo. Eu já o havia recomendado para a tarefa. Ele é um dos fundadores do Foro de São Paulo, aquele organismo que junta entidades de esquerda e que reúne o PT e as Farc. No Foro, Lula e Marco Aurélio são parceiros dos narcoterroristas. Nada mais justo do que ter o homem na negociação, falando de companheiro para companheiros.

COLÔMBIA, VENEZUELA, BRASIL: O DELÍRIO COLETIVO [27/12/2007]

Não. Não é a primeira vez que a estupidez toma conta do mundo, de vários atores ao mesmo tempo, das mais variadas tendências e com moralidades as mais diversas. Refiro-me à "concertação" internacional (como diria Tarso Genro), liderada por Hugo Chávez, para libertar os reféns feitos pelas Farc. Comecemos pelo óbvio: todas as hostilidades do bufão de Caracas, até hoje, foram dirigidas contra o governo constitucional da Colômbia; jamais contra a guerrilha. O ditador venezuelano diz querer conversar com o líder dos narcoterroristas. Chávez é aliado dos bandidos, não é negociador coisa nenhuma. Ao governo da Colômbia, dada a pressão internacional energúmena, bucéfala, estúpida, não restou outra saída a não ser aceitar essa "negociação", que contará com observadores de outros países, inclusive do Brasil. Fazer o quê?

Mas é um absurdo sem medida. As Farc, que vivem do tráfico de drogas, do seqüestro, do assassinato, da chantagem, da violência, tornam-se, assim, vejam só, interlocutoras de governos legalmente constituídos. Ora, a negociação só caminhou para esse terreno porque os bandidos, incluindo Chávez, viram no episódio um momento excepcional para fazer seu proselitismo. E é justamente a apologia da bandidagem política que Chávez pretende fazer.

Sim, já se cometeu antes o Tratado de Munique para ver se Hitler deixava a Europa em paz. Mas como? Só foi preciso o pacto porque ele era expansionista. Depois foi Stálin, o bigodudo, a fazer um acordo com o bigodinho. Deu no que deu. Estamos vivendo um daqueles momentos em que vários governos erram em cascata ao aceitar participar da pantomima de um ditador e de bandoleiros. Ou melhor: não é erro, é má-fé. Exceção feita à França, os demais países são aliados de Chávez – e isso inclui o governo Lula, que, acreditem, mais do que amigo do coronel palhaço, é parceiro dos narcoguerrilheiros. Se estão juntos no Foro de São Paulo, é porque julgam que um tem o que dizer ao outro e que ambos podem aprender com a experiência alheia, certo?

Chávez deu uma coletiva ontem. Fez pouco-caso de Lula e de Marco Aurélio Garcia, o brasileiro metido na história. Os jornalistas se divertiram a valer. O Apedeuta agora é motivo de pilhéria do chavismo. O vagabundo se referiu ao "portunhol" de Lula, que, segundo ele, está melhorando. Chegou a afirmar que, antes, pouco entendia o que falava o brasileiro. Lula se nega a aprender inglês (ou não consegue) porque quer impor a língua portuguesa... Menos diante de Chávez. Como já afirmei aqui, o lulismo só agüenta ser humilhado por gente inferior...

Eu não tenho dúvida de que estamos diante de um formidável delírio coletivo. Ainda olharemos espantados para estes dias, a menos que se generalize a prática de os terroristas seqüestrarem pessoas e depois exigirem uma junta de governos para libertar reféns. Isso só está acontecendo por causa de Hugo Chávez. Em algum momento, será preciso parar esse delinqüente. Por bem ou por bem – no caso dele, vale dizer: na eleição ou no porrete.

O que está em curso é um flerte descarado com o terrorismo. Imaginem se a moda pega... Não por acaso, a Al Qaeda já estuda a possibilidade de ter um braço legal. Por que não? Reitero: exceção feita a Sarkozy – que, nesse caso, erra gravemente –, os demais "observadores" são aliados de Chávez ou, pior, da narcoguerrilha mesmo. É o caso do Brasil. Por que Lula não mandou como representante Fernandinho Beira-Mar, que já fez negócio com os narcotraficantes? O único risco era elevar o quociente de inteligência do grupo. Na moral, não mudaria muita coisa.

Estou sendo muito severo? Não estou, não. Garcia é aliado político das Farc no Foro; Beira-Mar, na venda de drogas. Acho que o bandido que está preso está mais perto da natureza do negócio.

UM HOMEM RIDÍCULO NO CORAÇÃO DAS TREVAS [01/01/2008]

A delinqüência moral das Farc e de Hugo Chávez, nesse episódio da libertação que não houve dos reféns, está à altura dos trajes de Marco Aurélio Top Top Garcia para visitar o coração das trevas. Parecia um desses caudilhos latino-americanos do século passado, com seu ar enfatuado, conferindo-se ares de grande negociador de causas mundiais. O ridículo desse senhor não conhece limites. É mais um desses trastes sem superego que superpovoam o governo Lula. É nojento. Sim, certas coisas são de dar medo. O mundo assiste, impassível, a um espetáculo degradante, que transforma a vida de três pessoas – e também a dos demais reféns, que não entraram nessa "negociação" – em matéria do mais vagabundo proselitismo. Sabemos o que fazem nesse meio o Brasil e a Argentina, por exemplo. Mas não a França. Para proteger uma cidadã que também tem nacionalidade francesa, Nicolas Sarkozy comete um erro grave, indigno de sua trajetória até aqui.

Essa "negociação", por enquanto calculadamente emperrada, é uma barbaridade: trata-se de um assalto à legalidade, ao bom senso, ao Estado democrático de direito, à civilidade. Os países que aceitaram ser "observadores" dessa pantomima estão legitimando o terrorismo e igualando narcotraficantes ao governo legal e constitucional da Colômbia. É o que faz, por exemplo, uma nota do Itamaraty ao lamentar o insucesso da operação.

"Insucesso"? Depende. O que se queria? Libertar os reféns? Não necessariamente. Isso é mero pretexto. A vida dessas pessoas é apenas instrumental. O objetivo do ditador venezuelano é retirar autoridade de Álvaro Uribe, presidente da Colômbia, transformando-o, vejam que ironia, num REFÉM POLÍTICO EM SEU PRÓPRIO PAÍS. Por que afirmo isso? Observem que o coronel amigo dos terroristas atribuiu ao outro o insucesso da operação. O presidente teria de ficar trancado em palácio e dar livre trânsito às Farc, que passariam, então, a governar a Colômbia em parceria com... Chávez. Só assim três – e apenas três – pessoas seriam libertadas, restando, ademais, a dúvida se o garoto Emmanuel, filho de Clara Rojas, nascido em cativeiro, está mesmo entre elas.

Chávez tripudia sobre o desespero dos familiares, que se agarram, como seria de se esperar, à sua mediação. Nunca – notem bem: nunca – um governante usou de instrumento tão sujo, tão asqueroso, para, "pacificamente", se meter na política interna de um outro país. Isso quando a Venezuela é, na América Latina, o segundo país com o maior número de reféns – perde justamente para a Colômbia, onde há a guerrilha. Caracas é a capital mais violenta do continente, com o maior número de assassinatos por 100 mil habitantes. E o meliante se atreve a enfiar o nariz em assuntos alheios!

Ao comentar o "insucesso" da negociação, além de atacar Uribe, o ditador da Venezuela afirmou que pode recorrer a outros métodos para libertar os reféns se os pacíficos falharem. O que terá querido dizer o bandido? Vai criar alguma força de assalto para invadir um país estrangeiro? Vai entrar em confronto armado com seus coleguinhas narcoterroristas?

Nem o Irã, que é a matriz do terrorista Hezbollah, que atua no Líbano, assumiu, em relação àquela força, o papel que Chávez se atribui nas "conversações" com as Farc. Sob o silêncio cúmplice e abestalhado do mundo. Pobres reféns! Para arremate de todos os males, ainda contam com a clarividente colaboração de Marco Aurélio Top Top Garcia, a ilustração bufa do coração das trevas.

DOIS EXEMPLOS: QUÊNIA E ÁFRICA DO SUL [02/01/2008]

Cobram-me que fale sobre a tragédia que se seguiu ao resultado eleitoral no Quênia. Dizer o quê? É o produto da falta de democracia. Nada além. Qual democracia? Ora, aquela vigente na África do Sul, por exemplo: um homem, um voto. O Quênia, como boa parte da África não-islâmica, está envolvido numa guerra tribal, pré-democrática, em que as questões étnicas, tão valorizadas pelos multiculturalistas, se sobrepõem aos valores universais da democracia. Não é o que tanto prezam esses gênios? Não é o que vêem como a expressão da mais genuína vontade popular na Bolívia?

Hoje, na África, qual é a única nação que vive, a despeito de todas as dificuldades e problemas, a democracia plena? A África do Sul. E por quê? Porque se universalizaram, para toda a população, as regras que só vigiam para os brancos. Sim, o apartheid, vejam que interessante, era "democrático" para os que eram acolhidos por ele. Eliminado, o que passou a proteger o conjunto dos sul-africanos não foram as regras tribais dos negros, mas a democracia dos brancos. Como se trata de um regime político que independe de cor, está dando certo. Os zulus reivindicaram e obtiveram leis especiais. Mas não podem impor aos outros a sua vontade.

O que estou dizendo, sim, com todas as letras é que a democracia de perfil ocidental já havia chegado e se consolidado entre os brancos da África do Sul. E foi adotada como modelo de governo pelos negros, com todos os seus problemas, com todas as suas deficiências. As demais nações africanas resolveram "inventar" seus próprios meios, adaptando o regime democrático às culturas locais, sobrepondo questões étnicas aos valores universais do regime democrático. Deu no que deu: em morticínio.

Aliás, esse contraste entre a África do Sul e seus vizinhos – que, volta e meia, protagonizam carnificinas – deveria servir de exemplo aos neo-racistas brasileiros, que pretendem transformar cor de pele em categoria política. Vejam lá: na democracia sul-africana, brancos e negros aprenderam a conviver; nos demais países, negros não conseguem se entender com negros.

CADÊ O "HOMEM BRANCO" DEMOCRATA? [07/01/2008]

Vamos lá. Vou percorrer caminhos um tanto perigosos, especialmente porque haverá os detratores de sempre, às margens da pista, com pedras e ovos nas mãos, dispostos a atacar antes mesmo de ouvir os argumentos. Mas é preciso correr algum risco nessa profissão também se não se quer apenas repisar – PISAR DE NOVO – as trilhas habitualmente percorridas.

Que diabo se passa com o Partido Democrata americano, que tem como favoritos uma mulher e um negro com nome islâmico e nenhum homem branco para enfrentá-los?

"Machista!"

"Racista!"

"Machista e racista!"

"Joguem pedras de bons sentimentos no Reinaldo, esse preconceituoso!"

Besteira! O meu "político" predileto da segunda metade do século XX é uma mulher, Margaret Thatcher. Ela, definitivamente, fez a boa diferença. Há até uma quase-piada tornada célebre, quando Ronald Reagan, o rei da gafe – até ser superado por George W. Bush –, a chamou de "o melhor homem da Inglaterra". É evidente que haver um negro e uma mulher como candidatos viáveis dos democratas é uma demonstração das virtudes da democracia americana. Mas não haver um "homem branco", enquanto encarnação dupla do establishment, na disputa é sintoma de algum mal-estar. Ou melhor, há um: John Edwards. Ocorre que ele grita, um tanto histericamente, contra as corporações e o statu quo americanos de um modo que as moças e os negros já não fazem. O "homem branco" dos democratas é a prova de que não há homens brancos entre os democratas...

Para bom entendedor: tomo o par "homem branco" como apelo simbólico à tradição e à conservação de um modelo que, inegavelmente, deu certo e fez a maior, mais importante e mais rica democracia do mundo, que venceu, por exemplo, o embate civilizatório com o comunismo. Esse sistema pode – e, quem sabe?, deve – ser renovado por mulheres, negros, islâmicos, sei lá o quê? Acho que sim. Mas quem encarna, no Partido Democrata, a reiteração da tradição e da conservação? A que chega mais perto desse figurino é Hillary – e parece, vejam só, ser essa a sua fragilidade maior.

Há nisso tudo, curiosamente, um possível efeito Bush. O atual presidente dos Estados Unidos levou tão longe a agenda dita conservadora que seus adversários não criaram um espaço de diálogo e interlocução com os republicanos, mas apenas de rompimento. Quem tem uma agenda que parece conciliar as duas Américas, a da renovação e a da tradição, são dois republicanos não comprometidos com Bush: John McCain e Rudy Giuliani, dois "homens brancos".

Vamos ver. Dado o fim um tanto melancólico do governo Bush, o jogo jamais esteve tão favorável aos democratas como agora. O que me pergunto é se o partido saberá aproveitar a fantástica oportunidade que se abre. Talvez não. Não existe renovação virtuosa se há a desconfiança de que ninguém vela pela tradição.

QUEM É OBAMA? UM FAROLEIRO OU UM REPUBLICANO GUERREIRO?
[09/01/2008]

Em agosto do ano passado, Barack Obama fez uma conferência no Woodrow Wilson International Center for Schollars, em Washington.* Vale a pena ler. Seria interessante se Obama vencesse as eleições. Essa miríade de pacifistas, contestadores e "jovens" que se juntam à sua candidatura talvez se surpreendesse, não é?

Claro, claro, ele deita falação contra George W. Bush. Como tem o currículo "limpo" (não era senador quando o Senado, em peso, autorizou o uso da força no Iraque), ele o critica com veemência e diz que a guerra foi um erro. Tá. Vá lá: um candidato democrata tem de falar mal da guerra. O que Obama diz essencialmente?

Ele quer tirar os soldados do Iraque, mas deixar na região uma força "suficiente" para combater a Al Qaeda. Ah é, Dedé? Eu também. E quantos são os homens necessários para enfrentar os terroristas? Isso ele não conta. E nem pode. Também tem planos para o Afeganistão: aumentar as tropas no país. Concordo. Contava com um republicano para fazê-lo. Se Obama promete...

No que diz respeito ao Paquistão, seus planos parecem temerários. Diz que "atuará fortemente" no país. Se o presidente Musharaf não atacar os assassinos de 3 mil americanos, escondidos nas montanhas, ele próprio o fará. Ou seja, Obama, como presidente, pode atacar o Paquistão. Macho à beça. Se Bush dissesse isso, o mundo cairia sobre ele.

---

* Íntegra do discurso neste endereço: http://www.americanrhetoric.com/speeches/barackobamawilsoncenter.htm

As promessas de Obama vão adiante:

1. Vai desenvolver capacitações e parcerias para tirar do terrorismo as mais mortíferas armas. Legal! Tudo o que Bush vem falando há anos. Isso significa caçar e matar terroristas onde eles estiverem. Muito bom!

2. Vai fazer com que o mundo se empenhe para secar o apoio ao terrorismo e ao extremismo. É o sonho de Bush. Tomara que Obama consiga, né?

3. Vai tentar restaurar os valores americanos no mundo. Que beleza!

4. Vai aumentar a segurança interna. Na pinta!

Das duas, uma: ou Barack Obama é um faroleiro irresponsável ou é o mais guerreiro dos republicanos. Ou ele não cumpre o que diz, se eleito, ou cumpre e bota fogo no planeta. Boa sorte, progressistas do mundo!

JAMAIS CAÍMOS NO 171 HOMICIDA DE CHÁVEZ [14/01/2008]

É, tenho certo orgulho da relação que mantenho com meus leitores. Não caímos no truque aqui, certo? Em nenhum momento, no blog, pôs-se uma vírgula na frase para engatar uma conjunção adversativa e condescender com um "mas" para Hugo Chávez, reconhecendo que, afinal, ele estava sendo eficiente. O que se disse aqui desde o começo é que ele se tornava sócio dos seqüestros – e, agora se vê, ele é parte da cadeia da ação das Farc: elas roubam as pessoas de sua vida numa ponta do processo e, na outra, o coronel se oferece para "libertá-las".

O que o caso de Clara Rojas e de seu filho, espetacularizado até o limite da indecência mundo afora, faz é cobrir a ação terrorista com o véu diáfano da fantasia humanista. Não se percebia – ou se percebia – que, ao se dramatizar excessivamente essa história em particular, outras 799 aguardavam detalhamento no campo de concentração mantido pelos terroristas. Cansei de ler nos jornais e sites brasileiros e estrangeiros a "vitória de Chávez". Alguns, vá lá, faziam tal constatação com uma nota de lamento; outros exultavam mesmo: era, diziam, uma lição de "diálogo" dada ao "direitista" Álvaro Uribe.

Tudo isso é só engano, inocência? Também é. Mas se trata de alinhamento ideológico mesmo. Sim, a América Latina é hoje uma espécie de museu das utopias regressivas que matam. Observem como dificilmente se lê um texto em que as Farc são condenadas sem restrições e "poréns" Ainda hoje, o vagabundo moral sente a inevitável necessidade de, primeiro, criticar as injustiças sociais da Colômbia e o conservadorismo de

Uribe para, só então, condenar os métodos dos terroristas. Mais ainda: censuram-lhe a forma de "luta", mas acham a causa justa.

IMPRENSA AMERICANA E "NOVIDADE" [04/02/2008]

Acabei não comentando aqui. Mas vocês devem ter lido que o *New York Post*, de Rupert Murdoch, fez um editorial em apoio a Barack Obama. Atacou severamente o *déjà vu* e o que classificou de uma "volta ao oportunismo, aos escândalos sem fim e moralmente questionáveis da autoindulgência dos Clinton". O *The New York Times*, só pra lembrar, expressou em editorial apoio a John McCain, entre os republicanos, e a Hillary Clinton, entre os democratas. Ao falar de McCain, o jornal lembrou suas históricas divergências com o seu partido. Logo, deu apoio explícito a Hillary.

Destaco o que considero o saudável hábito da imprensa americana de evidenciar os seus apoios. É, entendo, o correto. Deveria ser assim no Brasil? Acho que sim. É possível que venha a ser? Vai demorar. Alguns larápios se aproveitariam. Explico-me: nos Estados Unidos, a denúncia contra um político pesa. Não raro, leva-o a desistir de um pleito, e pouco importa se o caso diz respeito à vida pública ou à vida privada. Os nossos indecentes são mais criativos, não é? Imaginem se *Veja*, *Folha*, *Estadão* e *O Globo* defendessem, em editorial, o nome deste ou daquele. A primeira reportagem negativa que fosse publicada contra o preterido, por mais verdadeira que fosse, seria considerada peça de propaganda eleitoral. Os nossos vagabundos descobriram os prazeres da negação e da tergiversação:

– Eu não sabia.

– Ninguém me avisou.

– Não fui eu.

– Era só caixa dois.

– Fiz, mas todo mundo faz.

– É uma armação contra a *craçe* operária.

Hoje, mesmo com uma imprensa que, no geral, acaba igualando desiguais para tentar se mostrar imparcial, há a grita das esquerdas lulo-petistas para "denunciar" o que seria oposição da mídia. Imaginem se houvesse a defesa explícita de um nome, por mais que o noticiário fosse "isento"...

Novidade

Mas quero voltar ao editorial. O jornal diz que Obama não foi ainda testado, mas "é um novo começo". Não sei se notam, mas a melhor característica de Obama seria o fato de ele ser "novo" e não ter experiência. Para comandar os Estados Unidos? Até grupos de rock que já se separaram em razão dos infindáveis motivos pelos quais os roqueiros se separam voltam a se reunir para apoiar a "novidade". Uma campanha adversária competente consegue transformar, sem muito esforço, tanto ineditismo em um risco, em uma aposta no indeterminado.

O DEBATE ESQUENTA – JÁ NÃO É MAIS TÃO SOLITÁRIO... [02/03/2008]

Eu cansei de apanhar no meu blog, inclusive de muitos leitores que costumam gostar dos meus textos e não são petralhas, por causa do tal "aquecimento global". Há dias, vocês viram, o roqueiro Arnaldo Antunes resolveu escrever um artigo contra Nelson Ascher – sim, era contra o autor, já que não contestava o seu texto – porque este ousou questionar a Igreja dos Santos dos Últimos Dias do Aquecimento Global.

"O que você entende disso?" Nada. Sempre lembrei, no entanto, que havia especialistas sérios acusando o alarmismo e afirmando que as conclusões de que o homem é responsável pelo aquecimento são, para dizer pouco, apressadas.

Na viagem recente de Lula à Antártida, ninguém se atrevia a fazer previsões meteorológicas além das duas ou três horas seguintes. Por quê? Porque é inútil. Observei, então, com ironia, que não se dispõe de instrumentos confiáveis para saber que temperatura fará num dos extremos gelados do mundo em horas, mas se tem a ousadia de definir, com precisão matemática, o nível dos mares daqui a cem anos. Claro, acusaram a minha ignorância específica.

Pois é. Os céticos saíram da toca. Ainda bem. Afinal, o planeta está mesmo condenado é a uma nova era glacial... Abaixo, há dois posts relativos a matérias que o *Estado* deste domingo publica a respeito. Um deles é uma entrevista com o climatologista americano Richard Lindzen, do MIT. Os leitores do blog já o conhecem. Falei dele num post no dia 6 de fevereiro de 2007, que reproduzo abaixo.

Entrevista no *Estadão* de hoje:

> "Faria bem a todos um pouco de humildade"
> O climatologista americano Richard Lindzen, do MIT, é chamado de o "cético dos céticos" e aclamado até mesmo pelos adversários.

O IPCC tem um time de 2.500 cientistas renomados. Como duvidar do que eles dizem?

Essa afirmação é pura propaganda. Há cerca de trezentos cientistas envolvidos realmente no trabalho. O IPCC lista qualquer pessoa que é questionada sobre uma informação como "contribuinte", o que acrescenta outros quinhentos nomes. Por fim, há os revisores, que somam mais de mil pessoas. O engraçado é que muitas dessas pessoas são parte do grupo "cético" e não concorda com o que está escrito. Não existe esse tal de consenso.

Qual o argumento mais poderoso contra o alarmismo ambiental?

Períodos mais intensos de aquecimento do planeta ocorreram em outras épocas, mesmo sem o CO_2. Os glaciares dos Alpes, por exemplo, avançaram no passado. Desde o século XIX, eles recuam.

Há algum aspecto do alarmismo em torno do aquecimento que preocupa o senhor?

O alarmismo deixa as pessoas transtornadas. Isso leva à adoção de políticas erradas, com impactos negativos na economia, cria espaço para a corrupção e diminui os recursos para a resolução de problemas reais.

Estamos em um caminho sem volta para uma era glacial?

A ignorância sobre o clima é muita para dizer que é inevitável, mas a história de 800 mil anos sugere nova era glacial em 10 mil anos.

Há quem diga que vamos perder a guerra contra a natureza.

Não há evidência de que podemos destruir ou salvar a Terra. Isso é balela. Um pouco de humildade nos faria bem.

ISRAEL – E LÁ VEM A CONVERSA MOLE DA REAÇÃO DESPROPORCIONAL [03/03/2008]

É sempre assim, não é? Assim tem sido ao longo das décadas. O mundo já se acostumou com a rotina. Os terroristas palestinos – e, hoje, Gaza está sob a guarda do terror – jogam foguetes em Israel ou praticam alguns atentados, os israelenses reagem, os agressores dizem que a força usada no contra-ataque não corresponde à do ataque, e boa parte do mundo censura a, como é mesmo?, reação desproporcional. Desde quarta-feira, o número de palestinos mortos é superior a cem, talvez metade deles civis. É o habitual. Os bandoleiros se escondem entre inocentes justamente para depois poderem culpar a vítima original: Israel.

Sempre que alguém fala em "reação desproporcional", fico cá pensando nos desdobramentos disso que pretende ser um primado moral. Deixe-me ver se entendo direito: o Hamas usa Gaza para disparar foguetes contra Israel. Os israelenses, então, deveriam, segundo a lei da proporcionalidade, jogar alguns foguetes em Gaza – e, claro, estrovengas parecidas àquelas que chegam. Se, digamos, morre um israelense, o contra-ataque deveria matar, também, um palestino.

Assim, sempre, tudo segundo a lei da proporção! Israel, nesse caso, deve ser sempre reativo, limitando-se a fazer ao outro aquilo que o outro lhe faz. Só à medida que o potencial de ataque palestino fosse aumentando, é que o alvo fixo poderia ir também ampliando a força de sua reação.

Entenderam? Seria, assim, a dança permanente da morte.

Eis aí uma estupidez influente. Sabem quem são os responsáveis pelas mortes de civis na Faixa de Gaza? Os terroristas palestinos, o Hamas. Vocês acham o quê? A essa altura, a linha-dura israelense, por bons motivos, está se perguntando se foi mesmo uma boa idéia a retirada total de Gaza. A chuva de foguetes faz crer que não.

Volto àquela reportagem publicada na extinta revista *Primeira Leitura*, em seu penúltimo número, em maio de 2006: os palestinos terão a coragem de afundar o seu navio do terror, como fez Israel em 1948? Até agora, não tiveram. Numa luta sangrenta, o presidente da ANP (Autoridade Nacional Palestina), Mahmoud Abbas, do Fatah, foi banido de Gaza. Sim, nas eleições, não custa lembrar, os palestinos puseram no poder um grupo terrorista.

Não duvidem: os líderes do Hamas estão felizes. Os mortos dos ataques israelenses, para eles, são o sal da terra. E, porque esses mortos lhes são úteis, alguns manés afirmam, então, que Israel está lhes fornecendo aquilo de que precisam. Olhem, é evidente que as mortes são lamentáveis – tristes tempos em que isso tem de ser enfatizado.

Às vezes, parece-me que os críticos de Israel gostariam que os governantes daquele país agissem mais ou menos assim: "Ah, eles estão lançando foguetes contra nós esperando que a gente reaja, certo? Não lhes daremos o que esperam. Seremos vítimas passivas e inteligentes. Ficaremos aqui quietinhos, tomando bomba na cabeça. Somos alvos muito sagazes."

Então tá. Isso não vai acontecer. Nunca. Com esse comportamento, Israel já teria sido banido do mapa.

OS TERRORISTAS E A CARICATURA [03/03/2008]

As Farc são parte da Internacional do Terror que opera hoje na América Latina. Ela junta duas drogas: o "socialismo", de que são entusiastas os presidentes Hugo Chávez (Venezuela), Rafael Correa (Equador) e Evo Morales (Bolívia), e a cocaína dos narcoterroristas. Toda essa gente está submetida a uma orientação política, que lhe é dada pelo Foro de São Paulo, fundado por Lula e Fidel Castro, integrado por movimentos e partidos de esquerda do continente. Ali têm assento, vejam vocês, tanto as Farc de Raúl Reyes, o pançudo morto, como o PT. Sim, o PT. O silêncio cúmplice de parte da imprensa brasileira é uma vergonha que grita.

A loucura da canalha narcocomunista acaba de produzir mais um capítulo. Na operação das forças colombianas que resultou na morte de Reyes, foram apreendidos três computadores que deixam clara a colaboração entre as Farc e o governo equatoriano. É isto mesmo que vocês leram: Rafael Correa, que se faz agora de agravado, colaborava com os narcoterroristas. O principal contato é Gustavo Larrea, ministro do Interior do Equador. Num dos documentos, fala-se da disposição do governo do país de ajudar efetivamente os bandidos na área de fronteira ocupada pela guerrilha; em outro, o próprio Reyes informa que "Larrea, em nome do presidente Correa, tem interesse em oficializar suas relações com as Farc".

O governo do Equador, ora, ora, nega tais relações. É mesmo? Correa foi à TV, chamou o presidente da Colômbia, Álvaro Uribe, de "mentiroso", e acusou a violação de território. Deslocou soldados para a fronteira e classificou a ação de ato de guerra. É mesmo? Não seria também um "ato de guerra" abrigar terroristas que atacam o vizinho? O aspecto mais patético da fala do delinqüente equatoriano é a afirmação de que os terroristas mortos estavam de pijama. Como se vê, a tranqüilidade era tal, não é?, que eles podiam se despir daqueles uniformes de camuflagem para vestir, sei lá eu, ceroulas de bolinhas. A idéia de que o pançudo, seqüestrador e assassino morreu vestindo uma ceroula de bolinhas deve alimentar o nosso senso de justiça contra esses homicidas.

O cerco de que o presidente Uribe é vítima é de uma canalhice formidável. Recomendam-lhe prudência. Mais: é tratado com visível má vontade, como se demonstrasse intransigência ao não ceder às chantagens do terror. Tem de suportar as censuras de "estadistas" como o também "forista" Daniel Ortega, aquele das orelhas grandes e idéias curtas. "As orelhas do outro agora são uma categoria política, Reinaldo?" Não! São uma caricatura, assim como a ceroula de bolinhas do pançudo ou os arroubos do Beiçola de Caracas.

Deus do céu! Estamos num teatro de horrores. Forças comprovadamente terroristas são tratadas por governos latino-americanos e por pelo menos um europeu – o da França – como um grupo com o qual se pode dialogar e negociar.

Uribe fez bem. Ao abrigar terroristas, fornecer-lhes apoio e manter com eles um "entendimento", quem declarou guerra à Colômbia foi o Equador. É isto mesmo: é para buscar os facínoras onde eles estiverem. Com suas ceroulas de bolinhas.

TODO APOIO A URIBE: EM NOME DO PRINCÍPIO E DA LÓGICA [05/03/2008]

Já disse mais de uma vez: o segredo das esquerdas é usar os instrumentos da democracia para solapar a democracia. É o que faz Hugo Chávez na Venezuela, Rafael Correa no Equador e Evo Morales na Bolívia. É o que o PT tenta fazer permanentemente no Brasil, embora encontre grande resistência.

Tal prática pode ser transportada para as relações internacionais. Vejam lá: escudado pela inviolabilidade do território sem uma declaração formal de guerra, o Equador acoitava e apoiava terroristas colombianos, o que é uma declaração informal de guerra.

Permitam-me citar trecho do meu primeiro artigo na revista *Veja*: "Não devemos permitir que os inimigos da democracia cheguem ao poder, negando-nos, uma vez lá, em nome dos seus princípios, as liberdades que lhes facultamos em nome dos nossos."

Traduzo o princípio para a causa em trânsito: em nome da inviolabilidade do território, um princípio da boa convivência internacional, não se pode permitir que um país abrigue terroristas do país vizinho. E por que isso? Quando menos, por uma questão lógica. Vamos pensar com o Tio Rei?

– A inviolabilidade do território, se posta em prática, protege tanto um Estado legalista quanto um ilegalista, certo?

– Não abrigar o terrorismo é um princípio inviolável para o governo legalista, mas não é para o ilegalista.

Vejam, então, que formidável:

– Porque respeita as leis, a Colômbia não abriga terroristas equatorianos ou venezuelanos, certo?

– Porque o Equador e a Venezuela não respeitam, então eles abrigam.

Assim, a inviolabilidade do território, nesse caso, protege os delinqüentes e deixa o governo legalista de mãos amarradas. Se a inviolabilidade do território é usada como defesa das atividades terroristas, o bom princípio se perverte, e ele passa, então, a proteger bandidos.

Assim, a minha defesa da ação do presidente Álvaro Uribe não é apenas de princípio (o combate ao terrorismo justifica), é também uma questão lógica, como vêem. Sempre que a ilogicidade me ronda, eu a afasto, como se fosse uma tentação do capeta.

ROMPENDO O CERCO 1 – É A DEMOCRACIA, ESTÚPIDO! [05/03/2008]

Desde 2000, Olavo de Carvalho tem tratado do Foro de São Paulo, diante do silêncio quase unânime da imprensa. Como deixo claro em meu artigo de janeiro na *Veja*, o Foro está nos discursos presidenciais – o babalorixá foi a uma reunião do grupo já como chefe da nação –, no material de propaganda do PT, no site do partido. Como se vê num post abaixo, a legenda é a dona do domínio do Foro na internet.

E por que raios se faz de conta que o Foro não existe? Durante anos, ao menos desde 2000, o caso foi tomado como mero discurso paranóico de Olavo – e também meu quando passei a tratar do assunto. Aqui e ali, ainda hoje, mesmo diante de todas as evidências de que existe uma articulação das esquerdas latino-americanas que não descarta o terrorismo, tenta-se fazer chacota da verdade e de quem a revela: "Ah, isso é delírio do Olavo." Sim, é delírio, sim, mas não dele; trata-se de um delírio totalitário das correntes e partidos de esquerda abrigados no dito-cujo. Ali estão as Farc, comprovadamente terroristas. Ali está o Partido Comunista Cubano, comprovadamente tirano. Ali está o PT, que dispensa apresentações.

Pois bem: eu lhes proponho o seguinte exercício: imaginem um "Foro" internacional de grupos de direita a que fosse vinculado um partido brasileiro. Não! Não me refiro, é claro, às organizações internacionais que reúnem partidos socialdemocratas ou partidos de inspiração cristã. Não, senhores! Falo de direita armada, que vai pro pau, que organiza guerrilha, que seqüestra pessoas, que as tortura, que as executa a sangue-frio, que assalta vilarejos, que rapta crianças e adolescentes para lhes dar treinamento militar, que trafica drogas e armas... Imaginem um grupo com esse comportamento compondo um "Foro" a que comparecesse um eventual presidente brasileiro de... direita!

Ah, o mundo viria abaixo, não é? Os editoriais dos jornais fariam sangrar a sua vocação democrática; os nossos acadêmicos sairiam às ruas, como no desfile das vestais. E ANOTEM AÍ: EU ESTARIA NO PRTOTEXTO. OLAVO ESTARIA ENTRE OS QUE PROTESTAM. Porque queremos democracia, não ditadura – seja ela de esquerda ou de direita.

Mas, como o Foro é de esquerda, como as Farc praticam terrorismo de esquerda, então todos silenciaram diante do óbvio: o Foro de São Paulo é uma entidade paraterrorista. No vídeo que preparou para o seu III Congresso, o PT exalta o avanço das forças que a ele estão subordinadas. Em discurso, o presidente Lula já demonstrou satisfação com o avanço dos "filiados" à causa.

Olavo não precisa de desagravo; tem é de ser lido. Ninguém precisa concordar integralmente com ele, comigo ou, sei lá, com santo Tomás de Aquino, que era melhor do que nós dois... Mas o fato é que o delírio, o deles, está rendendo frutos, sim. Se o Foro passa a ser tratado como coisa comum, corriqueira, então se está dando o sinal verde para uma entidade armada, de caráter fascista, apresentar as suas "reivindicações".

Nesse ponto, os babaquaras vão tentar ironizar: "Façam você e Olavo a entidade fascista." Não. Sabem por quê? Porque os fascistóides, nos anos 1960, o meteram na cadeia. Em 1976, aos 15 anos, eu estava fugindo deles. O nosso papo é democracia.

ROMPENDO O CERCO 2 – COMO ELES TENTAM NOS DESMORALIZAR [05/03/2008]

Os idiotas, os preguiçosos e, claro, os esquerdistas ironizam: "Imagine se o Foro vai propor luta armada no Brasil, Reinaldo!" Encontre um único texto meu em que afirmo essa sandice, sobre o Foro ou sobre o PT, e eu paro de escrever: vou vender pipoca com queijo pra Marilena Chaui lá na USP. No Brasil, é claro que não. Lançar essa questão é só uma forma de desmoralizar o oponente. Luta armada ainda é a pauta deles lá na Colômbia, não aqui.

No Brasil, eu sei que o PT está mais ocupado com a fusão das teles do que com a luta armada, ora essa. Boa parte dos petistas, hoje em dia, faz negócios. É que há uma distorção infantil nesse debate que nos impede de reconhecer as coisas como são: imagina-se, tolamente, que direitistas gostam de dinheiro, e esquerdistas, só de ideologia. Não! Eles são chegadões a uma bufunfa. Esse cretinismo é irmão gêmeo da crença ingênua de que esquerdistas sempre estão preocupados com a justiça social. Nada disso!

Que fique claro pelo amor de Deus: o primeiro ódio de um esquerdista é dirigido contra a democracia, entendem? Ela é seu verdadeiro inimigo, Lênin deixou isso claro mais de uma vez. Dêem-me um só exemplo de socialismo democrático – já passei da idade, sim?, de alguém entrar aqui para chamar a Suécia, por exemplo, de socialista...

Atenção: a pauta que une os foristas, cada um segundo a realidade local, é a desmoralização da democracia representativa. Só assim eles podem impor a sua agenda. Aí, sim: aí vamos encontrar o PT nadando de braçada. É claro que o partido não quer o levante do Capão Redondo; é claro que o partido não quer uma revolução camponesa (já lhe basta o MST mamando nas tetas do Estado); é claro que o partido não quer, em suma, a luta armada. Além de saber que seria inviável, isso atrapalharia os negócios.

Não! A pauta dos foristas é outra. Eles querem é manter o Congresso sob permanente desmoralização; eles querem é um Judiciário encabrestado e timorato – vejam os petistas tentando desmoralizar o ministro Marco Aurélio de Mello; eles querem uma imprensa acuada, com medo, reproduzindo passivamente as suas mentiras.

ROMPENDO O CERCO 3 – OS TERRORISTAS PRATICAM ATENTADOS CONTRA A IMPRENSA [05/03/2008]

A mídia ocupa lugar central na preocupação dos foristas. Enquanto houver liberdade de imprensa – PRATICADA, E NÃO APENAS RESGUARDADA NA LEI –, eles não terão vencido. O PT, a seção brasileira do Foro de São Paulo, vocês sabem, tentou censurar formalmente o jornalismo com o tal "conselho". Apresentaram-se para a tarefa de censores nada menos do que burocratas, disfarçados de jornalistas, incrustados na máquina sindical. Formam um dos muitos tentáculos da legenda. A tentativa se frustrou. Agora, há aí a estrovenga da TV pública, que também vai naufragar por falta de telespectadores. Mas eles ainda não acabaram.

Alguns vagabundos que estão por aí posando de grandes moralistas da imprensa estão fazendo o serviço sujo do oficialismo e do partido do poder. Se você encostar o ouvido ao peito (by Ivan Lessa) dos delinqüentes, ouvirá a batida do coração da esquerdopatia, embora os arruaceiros se apresentem para a pistolagem por dinheiro, não necessariamente por convicção. Por isso, reparem, eles não condenam o terrorismo das Farc, não; por isso, reparem, eles se alinham com "o" partido e acusam a truculência da vítima, a Colômbia. Por isso, em suma, estão justificando os atos terroristas.

Tentar desmoralizar a chamada grande imprensa, usando instrumentos secundários, como seitas religiosas ou pistoleiros aposentados, é o ato de desespero de quem tem como pauta permanente contaminar todos os controles de que dispõem a democracia e a sociedade civil para expressar uma vontade independente da vontade "do" partido. Que luta armada o quê, mané! No Brasil, a luta que eles fazem é outra: estão envolvidos com a guerra gramsciana de valores. É claro que este ou aquele pistoleiros mal sabem quem foi Gramsci. É coisa complexa demais para eles. Eles são apenas os Coriscos do cangaço oficial. Não precisam ser letrados – na verdade, seu analfabetismo chega a ser constrangedor.

Mas os que financiam a sua atividade, bem, esses sabem o que fazem. Esses estão empenhados em aplicar, na prática, a teoria gramsciana de transformar o partido num "imperativo categórico", que dará a verdade última sobre todas as coisas. De modo que, queria Gramsci, até para se opor ao partido será preciso ser do partido...

A imprensa livre é o grande entrave dessa gente. Mas advirto: para que seja livre, ela precisa exercitar essa liberdade; de nada adianta tê-la resguardada apenas no papel. E estamos, de algum modo, de volta ao começo, ao primeiro post destes três "Rompendo o cerco".

Por que a grande imprensa silenciou, até agora, sobre o Foro de São Paulo, embora os próprios foristas proclamem a sua glória? Em primeiro lugar, é claro, porque está infiltrada pelo esquerdismo de um modo como vocês não imaginam. Mas não é só isso: os esquerdistas ainda gozam da prerrogativa de serem tratados, mesmo pelos democratas, como seres investidos de uma ideologia redentora, santificados pela aura do desejo de justiça social. Mesmo conspirando contra a democracia e se juntando a terroristas, ainda lhes é atribuída uma espécie de vocação original para o bem.

A vocação para o bem das Farc é terem criado um campo de concentração na selva. E os petistas sentam-se à mesa com essa gente para debater o avanço da "democracia" no continente. E todos, com raras exceções, silenciam a respeito. E os que não silenciam elegem a grande imprensa como inimiga, fazendo, por outros meios, o trabalho dos terroristas – aliás, diga-se, são terroristas até contra a língua portuguesa.

O ABISMO MORAL A QUE NOS LEVOU O TERRORISMO [06/03/2008]

Dois iluministas das utopias redentoras do extremismo islâmico, pensando apenas no bem da humanidade e movidos pelo sacrossanto (ops!)

direito de reagir ao expansionismo sionista – vocês sabem, né?, a velha conspiração judaica revelada pelos Protocolos –, invadiram uma escola judaica de Jerusalém e resolvem fazer justiça, matando ao menos sete pessoas e ferindo, estima-se, outras quarenta. Ouvirei Marco Aurélio Garcia a respeito. Seria a ação um ato terrorista? Seria a ação um ato beligerante? Seria a ação apenas uma forma um tanto enfática de construir a paz? Ah, sim: o Brasil não reconhece o Hamas, o Hezbollah e outras ONGs humanitárias da mesma espécie como terroristas.

Como os israelenses são péssimos em propaganda, os corpos não serão exibidos como troféus pelas ruas de Jerusalém. A tendência é que façam cerimônias fúnebres discretas. Mas vocês sabem: Israel tende a reagir, o que é uma coisa muito feia. Eu agora mudei: também virei esquerdista, anti-sionista, palestinista, "saidista", o diabo que nos carregue: acho que os judeus deveriam apenas ficar imprecando no Muro das Lamentações, enquanto os democratas iluministas do Islã os vão empurrando em direção ao mar.

Mal de nossa era

Então não é assim que a esquerda deveria dar a notícia acima? Ora, vejam que maravilha: os culpados pela existência de vítimas do terror, agora, são as vítimas do terror!!! As Farc seqüestram pessoas? Cumpre a Álvaro Uribe, presidente da Colômbia, ceder às exigências dos seqüestradores – mais as da Venezuela, Brasil, França e idiotas menos cotados. Os terroristas islâmicos matam estudantes? Cumpre a Israel não reagir e proteger os palestinos.

Cabe a Israel, inclusive, vejam que fantástico, pensar na população civil de Gaza, onde o terror usa crianças e mulheres como escudo.

Então fica combinado assim: os terroristas de Gaza ou mesmo da Cisjordânia dedicam o seu tempo a fazer vítimas civis em Israel – e notem que toda a política de segurança do país busca distinguir civis de militares. Mas não basta ao país proteger apenas os seus civis. Tem de proteger também os civis de quem o ataca, de sorte que a segurança do povo palestino também é uma obrigação israelense.

Se prestarmos atenção ao detalhe do que diz essa gente, chega-se facilmente ao Holocausto. E o corolário é este: um povo que passou por isso não tem o direito de matar ninguém nem sob o pretexto de se defender.

É verdade, gente! O único direito do povo judeu é continuar a morrer.

CHÁVEZ, O TERRORISTA E LULA. TODOS JUNTOS [06/03/2008]

Há um vídeo no YouTube* em que Hugo Chávez fala a seus bolivarianos sobre a morte do terrorista – que ele chama de "revolucionário" – Raúl Reyes. Como não poderia deixar de ser, começa dando lições sobre como a imprensa deve se comportar. Os nossos esquerdistas devem ficar exultantes, não é mesmo? Abaixo, algumas indicações do que vai no vídeo:

2min16s – Chávez diz que, quando saiu da prisão, em 1994 (ele foi preso porque tentara um golpe militar em 1992) recebeu um convite (*2min33s*) para participar do Foro de São Paulo.

3min – Diz que, da turma do Foro, conhecia Lula, entre outros. Vocês entenderam: Chávez, o golpista de 1992, preso até 1994, já conhecia Lula.

3min17s – Chávez diz que estava na "mesa de trabalho" do Foro, e Reyes chegou para falar com ele.

6min51s – Chávez diz que "o Ayacucho deste século é a Colômbia". Ele se refere à guerra de 1824, que opôs os espanhóis aos independentistas peruanos. Todo o pronunciamento prega a necessidade de depor o governo da Colômbia. E, nesse novo "Ayacucho", é preciso enfrentar os "americanos", não mais os espanhóis.

O VERDADEIRO, O VEROSSÍMIL E O TERROR [06/03/2008]

Vou ligar para o meu amigo Gerald Thomas para conversar sobre a representação. Desde Aristóteles, vocês sabem, estão devidamente categorizados, para o drama, o verdadeiro e o verossímil. Não são a mesma coisa. Às vezes, são até contraditórios e excludentes.

Em arte, o que é o verossímil? Em última instância, é uma narrativa convincente, que acreditamos possível, ainda que seja essencialmente mentirosa. Mas é mais complexo do que isso, conforme ficará claro. Já o verdadeiro... Bem, por mais que se possa argumentar que a verdade é sempre relativa, é evidente que há dados da experiência que não podem ser contestados. Fiquemos no absolutamente óbvio: duas laranjas mais duas laranjas somam sempre quatro laranjas. A partir de uma certa dose, mínima, o arsênico mata. Isso não comporta controvérsia.

De maneira geral, a arte trabalha com o verossímil, com a impressão da verdade – mesmo que seja uma verdade não realista – ou não naturalista, como queiram. Há um filme de que gosto muito que leva essa

* O vídeo está neste endereço: http://www.youtube.com/watch?v=DzxOK21kXms

questão para o centro do "palco": *Dogville*, de Lars von Trier, estrelado por Nicole Kidman, num desempenho formidável. Todas as verdades ali são demasiadamente humanas, mas tudo é feito para evidenciar a "mentira": está claro, desde sempre, que aquilo tudo é "só" cinema (o correto, vejam o filme, seria dizer é "só" teatro). Nesse caso, a mentira serve gloriosamente à verdade.

A vida, esta nossa, ou as realidades políticas são íntimas da representação. E precisam, desesperadamente, ser verossímeis. Precisam, em suma, ser mais convincentes do que propriamente verdadeiras. Por que este longo preâmbulo?

As autoridades do Equador afirmam que até dez mexicanos podem ter morrido no ataque que a Colômbia fez ao acampamento dos terroristas das Farc. Seriam estudantes e professores que estavam lá... "estudando". Até esta manhã, haviam sido identificados dois membros da Faculdade de Filosofia e Letras da Universidade Autônoma do México: Lucía Morett Álvarez, ferida, e Juan González del Castillo, que morreu. O site do jornal *El Tiempo* chegou a noticiar que eles poderiam estar fazendo um curso de explosivos. Segundo o pai de Lucía, ela estuda "arte dramática". É mesmo? Lá no mato?

Vamos ver. Quem passou a "informação" à imprensa mundial foi Gustavo Larrea, ministro da Segurança do Equador, justamente aquele que aparece nos computadores de Raúl Reyes como o principal contato das Farc no governo. Olhem: é bem possível que seja verdade. Essa presença é necessária para compor uma história verossímil.

Fazer o quê? Admitir que países legalmente constituídos, como Venezuela e Equador, dão abrigo e/ou financiam um movimento terrorista? Ora, admiti-lo tem suas implicações, certo? Ou esses países passam a ser considerados também terroristas ou se admite o terror como forma legítima de luta.

Então se cria a fantasia da "resistência humanitária ao imperialismo", recobrindo as atividades das Farc – que seqüestram, torturam, matam e traficam drogas – com o mito de um velho novo humanismo parido no coração da selva – ou das trevas. Para que isso seja convincente, como deve ser toda obra verossimilhante, é preciso criar algumas fantasias que confiram "verdade" à mentira.

E a mentira verossímil, nesse caso, consiste em transformar o acampamento dos terroristas numa espécie de Meca ideológica de um modelo alternativo de sociedade, que deve ser acolhido, estudado, entendido.

E, no entanto, sabemos que o único sistema que garante aquela pluralidade que eles vão lá buscar é este nosso – vale dizer: os estudantes mexicanos foram procurar no acampamento dos terroristas aquilo que eles já tinham em seu próprio mundo: a liberdade de escolha que só a democracia garante. Uma liberdade que permite, inclusive, que se odeie a democracia.

O DISCURSO FILOTERRORISTA DO ITAMARATY E O PAPO-FURADO DE AMORIM [17/03/2008]

É inegável que Celso Amorim, o ministro das Relações Exteriores, está aprendendo muito com Lula. Em vez de, sei lá, ensinar rudimentos de inglês ao presidente, é o presidente que lhe dá lições de lulês. No episódio da crise Equador-Farc-Colômbia – coadjuvado pela Venezuela –, a política externa brasileira saiu humilhada em tempos de conflito. Pior do que isso: ficou evidente a sua irrelevância em tempos de paz. Numa reportagem de Eliane Cantanhêde na *Folha* de hoje, temos lá o ministro falando: "Está chegando o dia... Aliás, já chegou o dia de discutir a fundo essa questão." Entenda-se por "essa questão" as Farc. O que será que Amorim quer "discutir a fundo"?

Há um dado que está claríssimo da base à superfície: a Colômbia vive um regime plenamente democrático, com um presidente eleito e reeleito com amplo apoio popular, e um grupo narcoterrorista tenta desestabilizar esse governo. É fato. Não é matéria de julgamento. E é narcoterrorista porque, na parte "narco", controla, assumidamente, o plantio de coca e a venda de drogas. Na parte "terrorista", faz vítimas civis – no momento, tem, em seu poder, setecentos reféns.

"Discutir a fundo" essa questão passa por reconhecer, então, que o governo brasileiro tem sido leniente com as Farc e, pior do que isso, tem emprestado apoio incondicional a governos que colaboram com o terror: Venezuela e Equador. Amorim vem agora com a cascata de que as Farc são um "problema regional". São, mesmo. Espalham-se pelas fronteiras de Venezuela e Equador, onde são bem-vindas, e do próprio Brasil. Se a questão tem dimensão regional, então que os governos da região as combatam, em vez de colaborar com elas.

Era o que deveria ter sugerido desde sempre o líder do subcontinente: o Brasil. Em vez disso, o partido do poder, o PT, é aliado dos terroristas no Foro de São Paulo, fundado por Lula. Quando as Farc foram admitidas no grupo, ninguém ignorava o seu caráter.

Cara-de-pau

O que mais impressiona é a cara-de-pau dessa gente. Antes do chamado Plano Colômbia, que conta com a ajuda dos Estados Unidos, o governo colombiano tentou uma negociação com as Farc, cedendo à exigência de manter uma área desmilitarizada. E o que foi que aconteceu? Ampliou-se brutalmente o número de seqüestros. Em vez de, vá lá, tentar negociar sua reintegração à legalidade, os bandoleiros recrudesceram a sua "luta".

Não fosse o Plano Colômbia, as Farc estariam em Bogotá. Teríamos um Estado narcoterrorista no continente, com o patrocínio de Chávez, diante de um Brasil inerme. O que Amorim quer dizer com esta fala, por exemplo:

> Os Estados Unidos têm o direito de dar sua opinião e, certamente, darão. Mas, quanto mais formos capazes de tratar esse assunto dentro da América Latina, mais capacidade teremos de consolidar soluções pacíficas e construtivas.

Ficasse a coisa no âmbito da América Latina, que realidade viveríamos hoje?

A impostura não tem limites. Na conversa com Cantanhêde, ele continua a chamar o ataque da Colômbia à base terrorista de "preventivo". Preventivo é o escambau! Foi reativo, senhor ministro. Ali onde estavam, os bandidos preparavam ataques contra o governo democrático da Colômbia. E nada menos do que o segundo homem do terror estava acoitado no esconderijo.

Amorim quer fazer a sua leniência passar por prudência e a sua hostilidade óbvia à Colômbia, por bom senso. Ok. Caia na lábia quem quiser. Isso não muda o fato nem altera a derrota vexaminosa do Itamaraty.

CELSO AMORIM NÃO CONHECE OS LIMITES DO RIDÍCULO [18/03/2008]

O Itamaraty não cansa de nos envergonhar. Também pudera! Sua incompetência é um grande sucesso!

Nos primeiros dias da crise Colômbia-Farc-Equador, o Brasil oficial, aquele em nome do qual fala Celso Amorim, ministro das Relações Exteriores, tentou afetar algum equilíbrio e sangue-frio. As opiniões delinqüentes ficavam a cargo de Marco Aurélio Top Top Garcia, um dos fundadores do Foro de São Paulo, aquela Mini-Internacional Comunista da América Latina, que tem grupos terroristas como membros – entre esses, as Farc. Agora, Amorim não disfarça mais: ontem, quem liderava o cordão na OEA pedindo a condenação da Colômbia era ele, este gigante moral chamado Celso Amorim.

Explica-se a desenvoltura. Ganhou o apoio de boa parte da mídia brasileira, que se limita a reportar seus pontos de vista. "Fronteira", para Amorim e para esses setores do jornalismo, virou um fetiche. Em nome da sua inviolabilidade, todos os absurdos são permitidos, o que inclui abrigar um grupo que tem a finalidade declarada de praticar terrorismo no país vizinho. E que, declaradamente, vive no narcotráfico. "Ah, mas o Brasil não reconhece as Farc como terroristas." É mesmo?

Sabe o que é impressionante? Nenhum dos entrevistadores de Amorim se lembra de lhe perguntar o que é preciso que um grupo faça para que seja, então, considerado "terrorista" pelo Brasil. Dia desses, eles tentou se safar afirmando que o país só põe a Al Qaeda nessa condição, porque esse é o reconhecimento da ONU. É? E por que não exigir, então, de Venezuela e Equador o cumprimento da Resolução 1373, de que já tratei aqui, que impõe aos países membros o combate às ações terroristas? O Brasil pratica antiamericanismo barato, o que está, ademais, adequado àquela que deve ser a mais reles diplomacia da nossa história.

Pesquisem, leitores. Não acreditem no que andam lendo por aí. Não precisam acreditar nem no que escrevo. Fiem-se no levantamento que vocês mesmos podem fazer:

– Amorim tentou emplacar Luís Felipe de Seixas Corrêa na Organização Mundial do Comércio em 2005. Perdeu. Sabem qual foi o único país latino-americano que votou no Brasil? O Panamá!!!

– Também em 2005, o Brasil tentou emplacar João Sayad na presidência do BID (Banco Interamericano de Desenvolvimento). Deu errado outra vez. Dos nove membros, só quatro votaram no Brasil – do Mercosul, apenas um: a Argentina.

– O Brasil tenta, como obsessão, a ampliação (e uma vaga permanente) do Conselho de Segurança da ONU. Quem não quer? Parte da resistência ativa à pretensão está justamente no continente: México, Argentina e, por motivos óbvios e justificados, a Colômbia.

– Sob o reinado dos trapalhões, Lula fez um périplo pelas ditaduras árabes do Oriente Médio. O babalorixá deixou de visitar a única democracia da região: Israel.

– Em maio de 2005, no extremo da ridicularia, o Brasil realizou a cúpula América do Sul–Países Árabes. Era Lula estreando como rival de George W. Bush, se é que vocês me entendem. Falando a um bando de ditadores, alguns deles financiadores do terrorismo, o Apedeuta celebrou o exercício de democracia e de tolerância...

A política externa brasileira tem sido de um ridículo sem fim. Em 2006, o país votou contra Israel no Conselho de Direitos Humanos da ONU, mas, no ano anterior, negara-se a condenar o governo do Sudão por proteger uma milícia genocida, que praticou os massacres de Darfur. Por que o Brasil quer tanto um vaga no Conselho de Segurança da ONU? Que senso tão atilado de justiça exibe para fazer tal pleito?

E tudo isso por quê? Antiamericanismo tosco; complexo de inferioridade vertido em arrogância de gente recalcada. O governo que tem a pretensão de dar lições ao mundo não consegue ter uma voz minimamente ativa num conflito que está naquela que deveria ser a sua área de influência. Pior do que isso: é descaradamente leniente com o terrorismo.

Por que Amorim não se cala?

E LÁ ESTÃO ELES MORALIZANDO A CRISE DO CAPITALISMO... [18/03/2008]

Ó, Deus!

O capitalismo, mais uma vez, está no banco dos réus. E vai ser condenado. Para se reorganizar ainda mais forte, organizado e resistente a crises. Tem sido assim, deixe-me ver... desde a Revolução Comercial no século XV, quando essa natural propensão dos indivíduos para minimizar o esforço e maximizar o lucro nem tinha ainda esse apelido: "capitalismo". Mas os moralistas estão de plantão e apontam com um certo ar vitorioso: "Viram só o que acontece quando se entrega o destino da humanidade às leis de mercado? A culpa é dos neoliberais!"

Como se diz nas praias do Rio (e eu ainda não entendi a genealogia da expressão, mas vá lá): "Que mané culpa o quê!" De fato, a cada pouco, forma-se uma bolha aqui e outra ali. Na trajetória, ganhamos – como humanidade, se me permitem – um pouco. Ou muito. O sistema que estão insistindo em mandar para o banco dos réus deve ter tirado da miséria, nos últimos vinte anos, uns 500 milhões de pessoas. Acham pouco? Quando e com que instrumentos se fez mais do que isso?

O esgar de desprezo dos "estatistas" vem na forma de uma sentença moral: "Ah, mas agora que o sistema está em crise, apelam ao Estado; vejam lá os Estados Unidos queimando 200 bilhões de dólares para salvar os bancos." Para salvar os bancos uma pinóia! Para salvar as pessoas. Se temos de agüentar o Estado, é justamente para que ele entre na arbitragem quando o sistema tende a entrar em colapso. A comparação é quase pedestre, mas pretendo ser mesmo didático: a inspetora de alunos deve intervir na brincadeira quando as crianças começam a enfiar o dedo umas nos olhos das outras. No mais, deixa a meninada brincar à vontade, porque assim crescem os infantes.

Queriam o quê? Que o sistema fosse mesmo para a breca só para moralizar a alma dos banqueiros cúpidos, demonstrando que agiram muito mal? Tenham paciência! A crítica é energúmena e remete, de fato, àquela conversa mole do petismo que censurou o Proer no Brasil, o programa de reestruturação dos bancos. Até hoje alguns mequetrefes petralhas dizem que foi dinheiro para ajudar banqueiro. Não foi. Era dinheiro para reestruturar o sistema financeiro, que, sólido, permite hoje ao Brasil enfrentar a crise com razoável galhardia.

Ademais, por que reclamam os "estatistas"? Deveriam deixar, então, a chiadeira para aqueles que chamam "neoliberais", não é? Ora, proclamem a sua vitória intelectual: "Eu sempre disse que o Estado era necessário" – com se alguém tivesse dito, alguma vez, o contrário. A questão é: "Ser necessário em quê?"

De resto, a razoável tranqüilidade do Brasil – que não passará, certamente, imune à crise – se deve ao fato de o Brasil não ter contrariado, na condução da economia, justamente as regras de mercado.

E QUEM RESGATA OS NOSSOS POBRES ALUNOS, SEQÜESTRADOS PELOS SELVAGENS IDEOLÓGICOS? [02/07/2008]

E quem resgata os nossos pobre alunos, seqüestrados pelos selvagens ideológicos?

Eu não sei se a chamada academia brasileira, a universidade, tem salvação. Acho que não. A máquina de fabricar idiotas é poderosa. Refiro-me, em particular, à área de ciências humanas. O opinionismo, pura expressão da ideologia, não se ocupa nem mesmo de ser lógico. Vamos ao caso.

A Globo News tem a mania de chamar professores para opinar sobre temas momentosos, especialmente quando se está diante de ocorrências inesperadas. E os acadêmicos vão falando. Há pouco, Francisco Carlos Teixeira, professor de história contemporânea da Universidade Federal do Rio de Janeiro, comentava a libertação de Ingrid Betancourt, uma operação coordenada pelo presidente Álvaro Uribe. Ao ouvir o moço, pensei: "E quem resgata os pobres alunos que foram seqüestrados por Francisco Carlos?"

Sabem quem é o principal derrotado com a libertação de Ingrid segundo o nosso acadêmico? Ganhou um doce quem respondeu "Álvaro Uribe". Dá pra acreditar? Ingrid só foi resgatada porque o governo colombiano eliminou a cúpula das Farc. Em menos de uma mês, seus principais dirigentes foram eliminados. Na versão oficial, Tirofijo, a múmia narcoguerrilheira, morreu do coração – se é a guerrilha que diz, não acredito. Acho que ele também levou um pitoco na testa.

Não sabemos ainda detalhes da operação. Tenha sido mesmo um resgate com confronto, tenha ele decorrido da negociação, isso só aconteceu porque as Farc estão ficando sem saída. E isso, é evidente, é uma vitória histórica de Uribe. Teixeira, que é ideológico, mas não é burro, afirmou que o evento é uma derrota para Hugo Chávez. Entenderam? A derrota de Chávez seria também a derrota de Uribe... Não dá, né?

E por que ele afirma essa sandice? Porque Ingrid, claro, é popular e pode vir a se candidatar para a presidência da Colômbia, o que contrariaria os planos continuístas de Álvaro Uribe. Ela vai se candidatar mesmo? Estará em condições físicas e psicológicas para tanto?

Uma pergunta da jornalista revelou o substrato da tese de Teixeira. Indagado sobre a redução da violência na Colômbia, o homem teve a coragem de dizer que caiu o número de batedores de carteira, mas que o Plano Colômbia fracassou, já que cresceu a produção de cocaína no país. Data vênia, é um misto de mentira com delinqüência teórica. Os assassinatos – e não carteiras roubadas – caíram mais de 70% em cidades como Bogotá e Medelin. A Colômbia legal vive um momento de notável estabilidade econômica. O chamado Plano Colômbia quebrou a espinha da guerrilha. A produção de drogas cresceu na Bolívia, por exemplo – onde não existe Plano Colômbia. Ademais, no meu esforço de resgatar os alunos de Teixeira, indago, de braços dados com a lógica: se a produção de drogas cresceu com o Plano Colômbia, como seria sem ele?

Afinal, qual é o busílis? O busílis é que Uribe não é "um deles". Não fica repetindo esses mantras idiotas dos esquerdopatas – aquela patacoada que se viu ontem na reunião do Mercosul. E, por isso, mesmo quando vence, declara-se a sua derrota.

Não custa lembrar que o Brasil, junto com a Venezuela, liderou o esforço para demonizar a Colômbia por conta da "invasão" do território equatoriano, na operação que matou o terrorista pançudo, Raúl Reyes, o primeiro do núcleo duro da guerrilha a morrer. Quem não se lembra de Marco Aurélio Top Top Garcia, com seu chapéu Panamá, na mata colombiana, para resgatar reféns, naquela pantomima armada por Hugo Chávez?

Uribe nunca caiu na conversa. E está vencendo os terroristas como o terrorismo deve ser vencido: com armas – e inteligência militar. Os nossos "progressistas" não suportam isso. Eles querem as Farc, como é mesmo?, integradas à legalidade.

E encerro observando: a Globo News chama acadêmicos porque, em tese, conseguiria análises mais profundas do que os canais abertos de TV. Besteira! O expediente só acrescenta suposta autoridade intelectual a mentiras as mais deslavadas. Daqui a pouco, o *Jornal Nacional*, com notável objetividade, dirá tudo o que é preciso saber sobre o assunto, sem o descaramento ideológico.

E depois os telespectadores assistirão à novela *A favorita* – que civiliza muito mais do que a maioria dos nossos acadêmicos. Na novela, ao menos, dizem-se algumas verdades morais por meio da ficção. A academia está se tornando notável por afirmar mentiras grotescas manipulando os fatos da vida real.

GOVERNO LULA DIVULGA NOTA RIDÍCULA [02/07/2008]

Patética a nota divulgada pela Secretaria da Presidência da República do Brasil. Observem que Lula se refere apenas aos reféns – e não diz uma miserável palavra ao presidente Álvaro Uribe.

Mais ainda: o texto fala em "reconciliação da Colômbia" – vale dizer: para o Planalto, existem duas forças atuando lá, entenderam? Uma é a legal; a outra é aquela que o governo brasileiro se nega a classificar de "terrorista". Como diz Marco Aurélio Top Top Garcia, o Brasil é "neutro" sobre o real caráter das Farc.

Uma nota preguiçosa. Leiam a íntegra:

NOTA À IMPRENSA

"O Presidente da República tomou conhecimento da libertação da Senadora Ingrid Betancourt e de outros 14 reféns que se encontravam seqüestrados pelas FARC.

Ao enviar seu abraço fraternal aos reféns hoje libertados e a seus familiares, o Presidente Lula manifestou satisfação com essa notícia tão aguardada pela comunidade internacional. Expressou a esperança de que tenha sido dado um passo importante para a libertação de todos os demais seqüestrados, a reconciliação de todos os colombianos e a paz na Colômbia."

Brasília – DF, 02 de julho de 2008

Secretaria de Comunicação Social da Presidência da República

SOBRE CARTAS DE SEQÜESTRO E NOTAS DE RESGATE [03/07/2008]

Franklin Martins, escrevendo carta anunciando um seqüestro, como aquele do embaixador americano, é bem mais animado do que quando escreve uma nota saudando o fim de um seqüestro. Entendo. A nota que o governo brasileiro divulgou no dia da libertação de Ingrid Betancourt, assinada por sua secretaria, é pífia, quem sabe ressentida (ver texto anterior).

Que falta de ânimo, hein, Franklin? Cadê os parabéns a Álvaro Uribe? Cadê a veemente condenação às Farc? Que papo é esse de "reconciliação de todos os colombianos"? Quer dizer que é uma briga de família? Ingrid não deixava de estar entre os seus, é isso? Os que hoje estão nos campos de concentração das Farc estão entre irmãos, embora rompidos?

Quanta delinqüência intelectual, não? É que o governo brasileiro e o PT estão convencidos de que os terroristas têm uma importante colaboração a dar à Colômbia. Leiam a nota do partido (em itálico):

1. O PT soma-se à comemoração pela libertação de Ingrid Betancourt e de outras 14 pessoas seqüestradas pelas FARC, notícia recebida com alegria por pessoas, partidos e governos das mais diferentes orientações políticas.

2. Reiteramos nossa condenação aos seqüestros, conclamamos a guerrilha a libertar imediatamente os demais seqüestrados e reafirmamos nosso apoio a uma saída pacífica negociada para este conflito que dura décadas, com raízes sociais e políticas profundas; negociação que permita a inserção dos guerrilheiros e de seus simpatizantes na vida pública, bem como a construção de instituições democráticas profundamente renovadas, livres da contaminação do narcotráfico e do crime organizado.

3. Reafirmamos nossa solidariedade ao Pólo Democrático Alternativo (PDA) e a todas as forças políticas e sociais, dentro e fora da Colômbia, comprometidas com a democracia, a paz e a justiça social.

Viram só? Segundo os petistas, as Farc participam de "um conflito com raízes sociais e políticas". O partido e o governo brasileiro – o que está subentendido na nota de Franklin – vêem legitimidade na ação dos narcoterroristas. Apenas lhes reprovam os métodos.

Atenção: tal reprovação é verdadeira. Lula voltou a falar ontem sobre o assunto – e finalmente deu os parabéns a Uribe. O Foro de São Paulo não aprova mais a luta armada em moldes tradicionais. A ordem é chegar ao poder por meio de eleições. E foi o convite que Lula fez ontem às Farc, suas companheiras de Foro: que se integrem à política. Mais um pouco, ele diria: "Como fez o PT."

Uribe tem feito um convite para que terroristas deponham armas. Mas, em nenhum momento, sugeriu que as Farc, como organização, seja admitida no processo político. E a razão é simples: sendo o que são, estamos falando, na prática, de soldados do narcotráfico. E o que há de, digamos, teoria política no grupo reproduz o credo das ditaduras comunistas. Integrar-se como?

Uribe é considerado um "estranho" numa América do Sul varrida pelo esquerdismo bocó e pelo populismo. Querem, a todo custo, desestabilizá-lo. Quem é o sujeito indeterminado da frase? Lula, Chávez e companhia. O terrorismo das Farc, na prática, acaba fortalecendo a posição de quem se dispõe a vencê-lo. Daí a conclamação para que os valentes se convertam em "força democrática".

Não se enganem: a luta dos esquerdistas latino-americanos contra Uribe e o que ele representa está apenas no começo.

Finalmente, note-se que a reação muito pouco entusiasmada de Chávez, Lula, Evo Morales e Rafael Correa – este, então, lamentou a operação, o vagabundo! – decorre do óbvio: a esquerdalha latino-americana tinha conseguido subverter o óbvio: Uribe, pasmem!, era tratado como o responsável pelos seqüestros – porque, dizia-se, recusava-se a negociar. A família de Ingrid Betancourt deixou-se manipular e colaborou bastante para a farsa, com a ajuda, é preciso dizer, de Nicolas Sarkozy, que procurou faturar com o evento, com o qual ele não estava minimamente envolvido, mais do que o próprio Uribe.

Todo mundo queria ser o "libertador" de Ingrid – Lula inclusive, acreditem! Uribe espantou os urubus.

A IMPRENSA ESQUERDISTA E URIBE [03/07/2008]

Sempre que alguém diz que a esquerda dá as cartas em boa parte da imprensa no Brasil e no mundo, aparece alguém – de esquerda, naturalmente – para acusar de paranóicos os que apontam essa hegemonia. Ok. É do jogo: quem não está com eles e ainda ousa denunciar o que vê só pode estar doente, não é mesmo? Notaram a dificuldade de boa parte da imprensa, seguindo a cartilha de Lula e do PT, de dizer com todas as letras que a liberdade de Ingrid Betancourt é uma vitória inequívoca de Álvaro Uribe? Um dos grandes portais da internet chegou a dar como manchete anteontem o agradecimento de Ingrid a... Hugo Chávez!!! Respondendo a uma pergunta específica, ela, de fato, agradeceu retoricamente os esforços do bandoleiro e também os de Rafael Correa, presidente do Equador, destacando, no entanto, que qualquer ação deveria estar subordinada à política de Álvaro Uribe. Porque, disse Ingrid, ele foi eleito presidente pelos colombianos, não as Farc.

Desde que Chávez decidiu se apresentar como "mediador" para a libertação dos reféns – na verdade, ele se tornou porta-voz dos terroristas –, Uribe passou a ser alvo de uma campanha internacional como raramente se viu, a que não faltou, é evidente, a colaboração do Brasil e de seu governo. Não custa lembrar que o principal assessor de Lula para assuntos internacionais é Marco Aurélio Top Top Garcia, aquele que já meteu na cachola um chapéu Panamá e foi brincar de resgatar reféns na selva colombiana, na operação liderada por Chávez.

Uribe, no entanto, não se abalou. Seguiu firme na sua política de combate ao terrorismo, praticamente eliminou o secretariado das Farc e, agora, organizou com o Exército uma operação perfeita de resgate. Isso em meio às pressões que chegavam do mundo inteiro. As Farc plantaram a mentira da morte iminente de Ingrid – versão endossada por reféns que os terroristas escolheram libertar há algum tempo – para forçar Uribe a negociar. Ocorre que ele tinha informações seguras que vinham do seio da guerrilha. E não se abalou.

Terceiro mandato

Não! Eu não acho que Uribe deva tentar um terceiro mandato – e o referendo que ele propôs para repetir o pleito de 2006 me pareceu só uma resposta aos porras-loucas da Suprema Corte que ameaçaram cassar o seu mandato. Se os juízes tivessem insistido no absurdo, aí só lhe restaria o confronto. Afinal, a ninguém é legítimo dar um golpe de Estado – tampouco ao Judiciário. Ou será que os togados colombianos pretendem fazer o que os terroristas não conseguiram: depor Uribe? Para tanto, teriam de enfrentar os 80% de colombianos que o querem no comando do país. Aliás, caberia investigar se o narcotráfico não se infiltrou em tão egrégio conselho. Algo me diz que sim.

De todo modo, superada a questão da legitimidade da reeleição, o melhor que o presidente tem a fazer é se esforçar para eleger seu sucessor e continuar como um dos homens fortes do país – quem sabe no Ministério do Interior, respondendo pelo combate à guerrilha. Qualquer outra saída que passe por uma alteração *ad hoc* da Constituição, ainda que conte com a vontade da esmagadora maioria dos colombianos, significa um contrato com a crise.

Prestem atenção: condeno a mudança da Constituição para reeleger Uribe, mas é pura delinqüência querer compará-lo a Chávez, um liberticida. A Colômbia legal vai muito bem, com a democracia, incluindo a liberdade de expressão, em plena vigência. A Venezuela é uma protoditadura. Chávez e Uribe pegaram as instituições de seus respectivos países em frangalhos. A Venezuela continua a viver um caos legal; a Colômbia está organizada. Por isso mesmo, creio que o presidente não deva correr riscos.

Uribe venceu um mito que ainda assombrava e assombra a América Latina: o da insurreição. Que os soldados colombianos tenham enganado os terroristas vestindo camisetas com a famosa foto de Che Guevara não deixa de ser uma ironia da história.

Pela primeira vez, Che, o porco fedorento, serviu à causa da liberdade.

POR QUE LULA NÃO OFERECE UM "PLANO DE DESMOBILIZAÇÃO" PARA BEIRA-MAR E MARCOLA? [04/07/2008]

A posição do governo brasileiro em relação ao banditismo da Colômbia é vagabunda!

Por que Lula não oferece um plano de desmobilização para Fernandinho Beira-Mar?

Por que Lula não oferece um plano de desmobilização para Marcola?

Falar, como faz o Brasil, em pacificação da Colômbia como se forças homólogas, porém adversárias, estivessem em luta é coisa de tarados ideológicos.

Um país de 45 milhões de habitantes, que vive uma democracia plena, tem de negociar com alguns poucos milhares de bandoleiros, armados até os dentes, dedicados ao narcotráfico?

Por que se fala tanta bobagem no Brasil? A pergunta não é só retórica. Há resposta! Porque boa parte da elite política brasileira – que é de esquerda – sustenta que se trava lá uma luta com "profundas raízes sociais", como disse a nota do PT, com seus laivos de filoterrorismo. Setores da imprensa vocalizam essa farsa porque é isso que alguns "acadêmicos", fãs das Farc e do que elas produzem, estão dizendo em sala de aula. Um deles não chegou a dizer na Globo News que Uribe era o principal derrotado com a libertação de Ingrid? E quem era Uribe naquele momento? O libertador de Ingrid!!!

Com exceções, claro, como sempre, a universidade brasileira é um hospício de iletrados.

É isto: quem está cobrando que Uribe ofereça vantagens aos bandidos para que deixem de ser bandidos deve cobrar que Lula faça o mesmo com os seus narcotraficantes.

A ARTE DA POLÍTICA
E UM POUCO DE POLÍTICA COM ARTE

SOBRE RUGAS NA TESTA E SHAKESPEARE* [23/08/2004]

Alguns acontecimentos servem para que reflitamos sobre a origem de determinadas palavras ou expressões. Aconteceu comigo depois que José Dirceu sugeriu aos repórteres, em tom de ironia, que olhassem as rugas em sua testa. Bem entendido: a dita-cuja é lisa "como bumbum de bebê" (só recorro à comparação para homenagear um verso de rara poesia de outro ministro, Gilberto Gil). Assim procedendo, o sem-rugas queria deixar claro que a cara lisa era a melhor prova de que o problema a que se referia a pergunta não tinha a menor importância e que ele seguia tranqüilo. Noto que não é a primeira vez que ele convida os jornalistas à leitura dos sinais de sua face, como se os instigasse a interpretar augúrios. Embora, de fato, ela pareça sempre impassível – às vezes, com uma palidez algo ameaçadora.

Mas e aquela história de pensar sobre o sentido de palavras ou expressões? Pois é. Quando alguém se dedica aos atos os mais disparatados, com desfaçatez ímpar, sem que lhe notemos qualquer alteração de humor ou temperamento, costumamos chamá-lo "cara-de-pau", não é? Na origem, suponho, associou-se o dono desse comportamento caradura a um rosto que fosse feito de pau justamente porque este não estamparia ou deixaria transparecer motivações, emoções ou vontades dissimuladas. Permaneceria impassível. O cara-de-pau, portanto, é dono de uma máscara permanente. Não é raro, pois, que lhe sejam atribuídas algumas virtudes associadas ao ardil e à trama. Se a cara é sempre a mesma, supõe-se haver algo de inteligente, de rocambolesco, de secreto, por trás da expressão impassível.

Estou propondo aqui, quem sabe?, uma ligeira torção no que usualmente percebemos como um cara-de-pau. Paulo Maluf, por exemplo, que muita gente costuma premiar com esse epíteto, não me parece um clássico do gênero. Não! No caso do ex-prefeito de São Paulo e novamente candidato a tanto, são tão evidentes a dissimulação e as diatribes retóricas que seu rosto conserva, em verdade, um certo esgar de ironia e de cinismo permanentes, o que o impede de ser um legítimo cara-de-pau.

Vejam o caso que o opôs a dom Cláudio Hummes. Ele esteve com o religioso. Filmou o encontro e usou a imagem no horário eleitoral sem o consentimento de dom Cláudio. O bispo reclamou. Maluf, como resposta, exaltou a tolerância religiosa no Brasil e afirmou não estar magoado

* Texto originalmente publicado no site *Primeira Leitura*.

(?) com o padre. Seu rosto, no entanto, se mostrava incongruente com sua fala, como se acometido de uma distonia. De algum modo, Maluf é um ator brechtiano (daí que um diretor de teatro já o tenha colocado entre os melhores atores brasileiros). O seu texto o obriga de tal sorte a uma performance *over acting* que só pode ser falado com certo distanciamento involuntariamente crítico.

Pensemos um pouco: Maluf fala, e todos nós o associamos imediatamente a um "político", pouco importa se estamos entre os que o repudiamos ou entre seus fãs incondicionais. Em suma, não é um cara-de-pau. Na verdade, só acredita nele quem quer. Diga-se o que for do político paulista, a verdade é que não engana ninguém. Até a freqüência com que seus admiradores destacam a sua competência como tocador de obras funciona como constatação compensatória de defeitos sabidos e evidentes. Segundo acusam os procuradores e algumas autoridades suíças, Maluf custa muito caro aos cofres públicos, mas, curiosamente, em sua versão pós-ditadura, é inofensivo à democracia. Já um cara-de-pau, na forma como começo a esculpi-lo aqui, é coisa mais perigosa e pode custar muito mais caro.

Talvez seja o caso de começarmos a ler sinais, rostos, esgares. Shakespeare, na peça *Júlio César*, se detém algumas vezes em expressões faciais. Brutus e Cássio dão largada às primeiras palavras que resultarão na conspiração para matar César com digressões sobre as feições pesadas do primeiro, suas preocupações. É o próprio Brutus quem fala de suas "paixões contrárias", de seu "ar atormentado". Estava dividido entre o amor que devotava ao líder e aquela que considerava a sua missão: contê-lo. Então, sofria. Certamente algumas rugas se divisavam em seu rosto, daí o ar que ele reconhece "sombrio". César, por sua vez, chama Marco Antônio e ordena: "Quero homens gordos e de cara lustrosa à minha volta. Ali está Cássio, com um aspecto magro e esfaimado. Pensa demais. Tais homens são perigosos."

Shakespeare é um precursor da investigação de rostos, o que se tornará sistemático com o romance – refiro-me ao gênero literário. Deixo aqui aos acadêmicos uma dica de investigação, já que integro a grei dos "covardes do jornalismo", como diria o presidente Lula, e não terei tempo para me dedicar a essas delicadezas. Não há feições, a não ser por detalhes ligeiros e muito genéricos, nas épicas de Homero. Não há variação de expressões faciais porque não há psique. Mesmo em *A divina comédia*, de Dante, o mais demasiadamente humano dos textos pré-modernos, cada homem é o próprio fardo que carrega. Sem modulações. A expressão, o rosto afogueado ou lívido, as contrações do desespero ou o ar numinoso da alegria, as sutilezas do olhar e os discretos movimentos da comissura dos lábios ou das pálpebras, tudo isso é a base de detalhes sem os quais não pode haver prosa romanesca. O que seria de Dostoiévski, Proust, Graciliano ou Machado só com rostos que se orgulhassem de ser infensos à realidade, sem nem mesmo os "olhos de ressaca" que traíssem a máscara de cera dos impassíveis, dos que jamais têm rugas na testa?

Como o César de Shakespeare, também desconfio dos temperamentos que se orgulham de ser frios. Há neles, creio, um pouco daquele fel que o mandatário de Roma identificava no conspirador. De resto, convenhamos, a toxina botulínica – o Botox! – está aí para destruir toda uma base de percepção antes útil tanto para entender a reação de homens públicos como para fazer romances! Não ter rugas, não afetar surpresa, permanecer com o rosto impassível diante das maiores catástrofes, manter-se numa espécie de exílio, infenso a qualquer reação de espanto, pouco importando o que haja ao redor, tudo isso ficou mais fácil com o auxílio de injeções. A cara-de-pau como expressão originalmente metafórica ganha, agora, uma base material. Lembram-se do poema "Mal secreto", de Raimundo Corrêa? "(...) Se se pudesse o espírito que chora/ Ver através da máscara da face,/ Quanta gente, talvez, que inveja agora/ Nos causa, então piedade nos causasse (...)" Essa máscara já está ao alcance de quase todos.

Mas acabei fazendo digressões. O que me interessava, na origem, era justamente a expressão "cara-de-pau", pensar nas motivações das pessoas que houveram por bem recorrer a tal metáfora para designar um temperamento, um comportamento, uma prática. A rigor, quem se orgulha de jamais ser traído por uma ruga de preocupação ou de ter a tranqüilidade subtraída pelo peso dos fatos costuma igualmente se orgulhar de ser dotado de uma vontade de ferro, que jamais se verga, que será imposta a fogo se preciso. A ruga está para o seu rosto como "o outro" está para o mundo. Não havendo ruga, não existe "o outro", que é a encarnação do limite. Em psicanálise, costuma-se dizer que o sujeito resiste à "castração" e não pode nem imaginar, a exemplo de um garoto agarrado ao seio de sua mãe, que alguém, em algum tempo, por qualquer razão, possa não lhe fazer as vontades ou possa vir a disputar o seio. Ocorre que a civilização só existe porque somos tolhidos em nossos desejos. Em suma, perder às vezes é rigorosamente parte do jogo. E a testa, nesses casos, enruga, sim. E é bom que enrugue porque se está diante de um sinal de humanidade.

Um temperamento avesso a qualquer noção de limite vai se dedicar, incontinente, à tarefa de eliminar adversários que não lhe façam as vontades ou que percebam aptos a disputar aquele seio essencial – que pode ser um partido, um ministério, um governo ou um país. É e será sempre um risco à convivência. Não faz amigos, mas vítimas adiadas. Toda a sua escala de valores, afetos e afinidades, seja na vida pessoal, seja na vida pública, se subordina ao império de um desejo narcisista. É por isso que pessoas com esse perfil vivem em permanente guerra pessoal, pouco importando se o clima à volta é ou não favorável às causas públicas que abraçam. Se vivem um ambiente de conflagração, logo se oferecem para liderar o confronto; se percebem a ameaça da paz, temem ver brotar lideranças mais aptas ao entendimento e à concórdia. Passam a se comportar, então, como sabotadores da ordem que presuntivamente deveriam defender. Inseridos num sistema que lhes permita o pleno exercício dessa vocação, podem se tornar facínoras: num partido ou num governo, viram Stálins; num morro, chefes do tráfico; nos negócios, mafiosos; na guerra, homicidas em massa; na relação amorosa, tiranos egocêntricos.

É por isso que, com freqüência, diante de alguns estragos e desastres provocados por temperamentos como esse que descrevo acima, tendemos a perguntar: "Por que ele foi fazer isso justo agora, quando tudo ia tão bem para o lado dele?" Faz porque jamais haverá leite que jorre o bastante para a fome de um apaixonado por si mesmo. Qual foi, afinal, o destino de Narciso? As sucessivas ondas de terror iniciadas por Stálin na extinta União Soviética prescindiam de crise. Ele as liderava simplesmente porque queria. E sobretudo porque PODIA. Jamais passaria por sua cabeça que é mais livre quem consegue renunciar a alguns desejos do que quem se sente compelido a realizá-los a todos.

O ASNO, O REI E EU [01/07/2006]

Um bom poema de um mau poeta é sempre um acontecimento interessante. Porque é preciso atravessar a ruindade do que ele escreve para encontrar, entre os escolhos, algo que preste. Assim é com *Chanson du mois de mai*, do antigamente popularíssimo Jacques Prévert. E não é o poema todo que presta, não. Tem uma estrofe final de uma idiotia rara. Mas as duas primeiras são encantadoras – e talvez ele jamais tenha sabido por quê. Vejam aí: há um fatalismo banal nos versinhos que pode nos ajudar.

L'âne le roi e moi
Nous serons morts demain

L'âne de faim
Le roi d'ennui
Et moi d'amour

Un doigt de craie
Sur l'ardoise des jours
Trace nos noms
El le vent dans les peupliers
Nous nomme
Âne Roi Homme

Fica assim:

O asno o rei e eu
Estaremos mortos amanhã
O asno de fome
O rei de tédio
E eu de amor

Um dedo de giz
Sobre a lousa dos dias
Escreve nossos nomes
E o vento nos álamos
Nos denuncia
Asno Rei Homem

O resto é baboseira. A última estrofe é a catástrofe:

La vie est une cerise
La mort est un noyau
L'amour um cerisier

A vida é uma cereja
A morte é um caroço
O amor uma cerejeira

Não é impressionante? Tivesse parado lá em cima, havia uma pequenina jóia da poesia popular. Não! Em vez disso, bom francês, foi se meter a filosofar. Deu no que deu: "O amor é uma cerejeira"... Deveria ter feito como Zidane: nem mais nem menos. Só o essencial.

O AVANÇO DA DEMOCRACIA, SEGUNDO RIMBAUD [01/07/2006]

Rimbaud pode ser superestimado, mas tinha grande valor. Veja o texto "Democracia", que está em *Iluminações*. Para bom leitor, o que aí vai basta. Se você ficar tristinho com o que o garoto dizia sobre a democracia e a civilização, sempre resta combater as palavras abaixo com Walt Whitman... O texto original e uma tradução tão literal quanto possível.

Démocratie
Le drapeau va au paysage immonde, et notre patois étouffe le tambour.
Aux centres nous alimenterons la plus cynique prostitution. Nous massacrerons les révoltes logiques.
Aux pays poivrés et détrempés! – au service des plus monstrueuses exploitations industrielles ou militaires.
Au revoir ici, n'importe où. Conscrits du bon vouloir, nous aurons la philosophie féroce; ignorants pour la science, roués pour le confort; la crevaison pour le monde qui va. C'est la vraie marche. En avant, route!

Democracia
Avança a bandeira na paisagem imunda, e nossa fala bárbara abafa o tambor.
Nos centros, alimentaremos a prostituição mais cínica. Massacraremos as revoltas lógicas.
Aos países apimentados e inundados – a serviço das mais monstruosas explorações industriais e militares.
Adeus aqui, não importa em que lugar. Recrutas de coragem, nós teremos a filosofia feroz, ignorantes da ciência, fustigados pelo conforto; o mundo que se arrebente. É a verdadeira marcha. Adiante, a caminho!

SILÊNCIO EM BANÂNIA, COM ROJÕES DE DESESPERO [01/07/2006]

Baixou o silêncio em Banânia. O Brasil perdeu da França. Alguns rojões de desespero explodem no céu como uma espécie de desaforo. A alegria represada é engolida, e um súbito vazio toma conta das consciências. Falei com Diogo Mainardi enquanto a *Marselhesa* era tocada. Liguei para provocar:

– Há um revolucionário adormecido em mim; não deixo de me emocionar com aquele banco de sangue em versos.

Ele riu:

– Vamos perder. Somos fregueses da França.

Eu me despedi dizendo qualquer coisa como um "Tomara que não!". Ainda comentei a faixa contra o racismo aberta em campo. Achei um mau presságio. Protestos dessa natureza mobilizam sentimentos de solidariedade dos que estão historicamente por baixo e açula o complexo de inferioridade. Não se vai para uma disputa sem sentir gosto de sangue na boca. Thierry Henry fez o gol. Negro. É aquele que disse que o Brasil é bom no futebol porque, em vez de ir pra escola, fica jogando bola na rua, na chuva, na fazenda ou numa casinha de sapé. Ele estudou oito horas por dia. Os nativos reagiram indignados. A gente não consegue deixar de ser escravo. E isso não tem nada a ver com a história. É complexo de vira-lata mesmo.

Thierry sabe a diferença entre a civilização e a quase barbárie em que vivemos, de que o futebol pretende ser a única ilha de excelência. A chamada "crônica" especializada, que já havia nomeado Kaká o comandante em campo (*pfui*...), vai cair de pau em Parreira. Besteira. Esses babacas acham que nos faltou mais ginga. Não! Faltou Zidane, alguma herança cartesiana (mesmo o homem sendo um *pied noir*, vindo da colônia). Mas sabem cumé... Os franceses oprimiam os povos distantes com sua escola. Depois eles foram expulsos, e os nativos preferiram o confronto tribal. Dava para ver o geômetra em campo, jogando sozinho, como que protegido por um campo de força. Não havia nada de místico: pura racionalidade, ocupação dos espaços vazios. É assim que funciona. Ah, sim: se eu vir Ronaldinho Gaúcho fazendo malabarismo com bola em sinal de trânsito, não dou a ele um tostão. Fecho o vidro.

DIÁLOGOS NO NEVOEIRO [9/07/2006]

Um leitor, Eduardo Levy, fez o seguinte comentário a respeito de um post em que faço alusões ao filme *Casablanca* e ao fato de que o pensamento livre, na rede, vence as tentações totalitárias:

> É isso aí, Reinaldo. Na blogosfera, a coisa é pau a pau, eles não podem suprimir um lado, pôr duas pessoas que pensam a mesma coisa e chamar de "debate" como o usual da mídia. (...)
>
> OBS: O Rick é um idiota, ele deveria ter ficado com a Ilse, e o outro, a causa do outro e o mundo que se danassem! Na hora em que ele deixou de ser uma pedra de gelo, o filme perdeu a graça...

Comento

Tudo absolutamente certo, Levy: na política, no humor e no Rick. Se bem se lembra, eu disse que meu blog se preocupa com "punhados de feijão" – com indivíduos. Aquele fim politicamente correto de *Casablanca* é de lascar. O negócio era pegar Ilse pela cintura e mandar Victor Lászlò caçar sapo com suas causas. O Rick bacana é o que manda Ilse atirar (quando ela quer os passes, lembra?): "Você estará me fazendo um favor." Um tanto solene, mas ok. Aquele altruísmo final em nome da causa...Tsc, tsc, tsc. É isso aí, derreteu. Só volta a ganhar um tanto de densidade e frieza quando dá início àquele diálogo, no nevoeiro, com Louis, o corrupto chefe de Polícia. O mundo volta a ser cínico, e cessa o heroísmo pueril. Que filme hoje em dia é feito para quem tem mais de 12 anos?

MUSIL ERA CONTRA AS ONGs E O MILITANTISMO [20/07/2006]

> Nada o deixava mais espantado que o número de associações existentes. Apresentavam-se associações terrestres e marítimas; associações de bebedores e de abstêmios, em suma, associações e antiassociações. Elas estimulavam os esforços de seus membros e perturbavam os dos outros. Tinha-se a impressão de que toda pessoa pertencia pelo menos a uma associação.

É Musil, um crítico precoce do onguismo, do militantismo e da burrice em *O homem sem qualidades.*

LEITOR HOJE ESTÁ COM TUDO [21/08/2006]

Hoje é dia dos leitores. Esta é do "Mineirim Tristim", bem engraçada, depois de um comentário que fiz sobre Guimarães Rosa:

> Reinaldo não gosta de Riobaldo
> por achá-lo filósofo
> de passarim.
> Não devia. Como ser assim
> ingrato com quem tem
> seu melhor amigo
> em Reinaldo-Diadorim?

Huuummm... Inda bem que não tenho aqueles "zóio", hehe. Sei não. Até hoje uma dúvida me assalta. Vocês não acharam que o Riobaldo ficou meio decepcionado quando descobriu que Diadorim era "mulher-fêmea"?

VARIAÇÕES GOLDBERG, *O NÁUFRAGO*, GRANDEZAS... [26/08/2006]

Um leitor, cearense creio, falou de seu desconsolo com o que as urnas apontam e disse que, para compensá-lo, chegará em casa e ouvirá as *Variações Goldberg*, de Bach. E eu me lembrei de como a vida pode não ser mesquinha. Refiro-me ao romance *O náufrago*, de Thomas Bernhard, de que o mítico pianista Glenn Gould, intérprete exímio das *Variações*, é personagem. Seu talento e entrega à arte são de tal sorte superiores e além do humano, que isso acaba tendo um efeito moralmente devastador sobre dois colegas com os quais convive. E disso Bernhard faz um belo, civilizado e doloroso romance. Anda sendo muito plagiado por aí. Mas essa é uma briga que comprarei outra hora. Leiam *O náufrago*. É tarefa de algumas poucas horas e vale muito.

UM FILME DE SZABÓ E MERDA PARA PAULO BETTI! [6/09/2006]

O ator Paulo Betti escreve nesta terça, na *Folha*, um texto intitulado "A ética da hipocrisia". Ele tenta se defender de supostos ataques de que estaria sendo vítima e acaba enfiando ainda mais a mão na merda. Não sei quem escreveu o artigo para ele. Andou muito mal quem o fez. É quase sempre decepcionante quando um ator, um músico ou um cineasta falam. Em períodos de normalidade democrática, a voz de um ator deveria ser a de suas personagens; a de um músico, a de sua música. E assim por diante. Por que eles precisam filosofar também? Bem, adiante, com uma pausa com uma dica cultural – sempre ressaltado que Betti não decepciona...

Quem não viu deve ir à locadora mais próxima e alugar um filme extraordinário chamado *Mephisto*, dirigido pelo cineasta húngaro István Szabó. Trata-se da história real de um ator (Gustaf Gründjens) da Alemanha pré-nazista que representa de forma soberba a personagem Mefistófeles, da obra *Fausto*, de Goethe. Com o golpe nazista, Gustaf, que circula no meio teatral berlinense, majoritariamente antinazista, cai nas graças do ministro da Cultura e vai sendo, pouco a pouco, cooptado pelo regime.

O paralelo é óbvio, mas Szabó o torna soberbo: assim como o diabo seduz Fausto, o Mal seduz o ator, até que ele se torna um deles. Numa das frases emblemáticas do filme, depois de um encontro clandestino com uma ex-namorada, que está na resistência, e de ser severamente cobrado por sua adesão ao nazismo, o ator indaga, antes de descer uma escadaria e entrar, literalmente, num túnel: "Liberdade para quê?"

O filme é premiadíssimo. E é um desses raros casos de merecimento. Enquanto o ator, representado de forma impecável por Klaus Maria Brandauer, vai se tornando um deles, vamos sendo apresentados à estética nazista, a versão alemã do realismo socialista. No caso nazi, tratava-se de uma espécie de realismo naturalista, uma volta às origens bucólicas de uma Alemanha sem pecados, sem sujeira, sem estrangeiros, sem poluição, sem nada. Neoclassicizante. O resto era considerado decadência. Os nazistas foram os primeiros ecologistas do mundo em larga escala...

Vejam o filme. Ele se baseia no livro homônimo de Klaus Mann (*Mefisto*, com tradução em português, só não sei se em catálogo), um dos filhos de Thomas. Gustaf, o real, era seu cunhado (casado com Erika, sua irmã) e também seu amante. Confusão das boas. A família Mann fugiu do nazismo, e Gustaf foi seu fiel servidor. Homossexual mal resolvido, Klaus mantinha com o pai uma relação tumultuada, o que se revela em cartas – parecia, ademais, esmagado pelo importância da figura paterna –, e acaba se matando em 1949, aos 42 anos.

Desculpem-me a digressão. Volto a Paulo Betti, inferior, é claro, a toda essa gente. Às vezes, apelo a certos emblemas apenas para deixar clara a natureza do que está sendo tratado. O filme, muito melhor do que o livro, dá conta dos muitos encantos que o poder exerce sobre as pessoas, mormente sobre um ator, que seria outra coisa na vida não fossem a sua vaidade e a coragem de ser quem não é, ainda que por um breve tempo. E há, claro, no que respeita à dinâmica material do mundo, as facilidades que o poder oferece. Betti faz de conta que lida com categorias puras. Conversa! O Estado brasileiro, especialmente por meio das estatais, é o grande patrão da cultura brasileira. Por essa razão, produtores de cinema, por exemplo, o defendem com unhas e dentes. A Petrobras produz mais metáforas cinematográficas do que petróleo...

Paulo Betti tenta emprestar grandeza à sua filosofada e nos conclama a deixar de ser hipócritas. À maneira de Gustaf, pergunta: "Ética para quê?" Ele nos convida, como o outro, a ser práticos. Sua glossolalia não difere da sem-vergonhice petista: o PT errou porque acabou fazendo o que todos os outros fizeram. E não se dá conta da cilada – porque quem escreveu o texto deve ser, além de imoral, um tanto burro: o partido só fez assim porque, de outro modo, não seria possível implementar suas mudanças. Ora, tal impossibilidade, então, a outros também estava dada. Logo, de onde advém a diferença, que tornaria o PT especialmente talhado para nos trazer um novo amanhecer? Num dado momento, diz o homem: "O PT caiu nesse antigo alçapão. Nem por isso se deve negar o direito da maioria dos eleitores de reeleger o presidente." E quem está negando esse "direito", meu senhor? A questão é outra: poderiam as instituições ter mantido o direito de Lula de se recandidatar? Não se a Constituição tivesse sido evocada a tempo.

Betti acusa ainda oportunismo. É mesmo uma coisa muito feia... Vejam só o que a *Folha de S. Paulo* noticiava no dia 14 de julho de 2001 (uma das coisas de que me orgulho, Betti, é de minha memória):

> Militante devotado do Partido dos Trabalhadores desde os anos 1980, o ator e diretor Paulo Betti, 48, admite votar no candidato tucano à sucessão do presidente Fernando Henrique Cardoso. Sem constrangimento aparente, Betti integrou a comitiva presidencial que ontem visitou a metalúrgica Bardella, em Sorocaba, cidade natal do ator. Betti, que capta recursos para rodar o filme *João de Camargo*, foi convidado pelo cerimonial do Palácio do Planalto.

Dou um conselho a Paulo Betti: fechar a boca. E, como se diz no teatro, digo ao ator, em sentido amplo: "Merda pra você!"

SUNGA, DECORO, MANN E MUSIL [3/11/2006]

O general João Batista Figueiredo foi o primeiro presidente a se deixar fotografar de sunga. A ditadura já tinha virado uma pantomima. Certo, dirão, melhor ficar pelado do que comandar um governo de torturadores, a exemplo de ditadores anteriores, tão mais sóbrios, tão mais vetustos. Vistas as coisas por esse ângulo, o melhor rei seria o que governasse nu.

Lula sabe que está sendo fotografado, mas se expõe de uma forma que eu, um senhor conservador e bem mais jovem do que ele, considero um tanto indecorosa. Falo de "decoro" em sentido, vá lá, literário: seguir as regras da harmonia, da proporção, do recato. Não, não acho que só corpos olímpicos devam se exibir. De fato, com tamanho desassombro, nem eles. As belezas guardadas me atraem mais. Ainda hoje, encantam-me as pessoas que ficam coradas. As praias, nesse sentido, são lugares um tanto indecorosos.

Mesmo a educação da moderna classe média me parece, por notícias que tenho, espantosamente "liberal". No ponto extremo do simbolismo, lembro-me da punição bíblica a quem vê a nudez do pai. Meu mundo ainda tem um eixo formado de interdições que acho absolutamente necessárias: na relação entre amigos, na relação entre marido e mulher, na relação com os filhos (no meu caso, filhas), nas relações de trabalho. Por que você deve ver quem você ama escovando os dentes? Pra quê? Há intimidades que degradam. Evitemo-las.

A exemplo de são Paulo, o meu predileto da *Bíblia*, na Primeira Epístola aos Coríntios, "tudo me é permitido, mas nem tudo me convém"

(I Cor 6,12). Volto, dia desses, a falar de literatura e das coisas que realmente me comovem. O poeta latino Horácio está entre os meus prediletos: porque tinha, ao escrever, uma moderação, um recato, uma economia, que são admiráveis. Coisas que, infelizmente, não tenho. Sei que sou barroco às vezes; outras vezes, borrascoso mesmo. Espero que o tempo me confira serenidade, amanse a minha fúria. Nem que seja já ali, bem perto do fim. A esperança, a minha, há de morrer comigo.

Numa conversa com Contardo Calligaris – e não estou dizendo, com isso, que ele endossaria este texto –, ele me contou uma passagem admirável. Ele, Contardo, um jovem comunista, indagou severamente seu pai:

– Como o senhor pode ser um militante antifascista e não ser comunista?

O pai lhe respondeu:

– Sabe o que é? Eu era contra os fascistas porque eu os achava tão vulgares!

A resposta é encantadora. Trata-se de uma aposta na civilização. A sunga de Lula, ainda que ele fosse o nosso Péricles, é vulgar. Nenhuma outra palavra a define. Nesse estrito sentido, sem que ela seja causa de nada, torna-se um emblema de uma falta mais geral de decoro, de harmonia, de proporção. Na novela *Tonio Kröger*, o grande Thomas Mann escreve: "A beleza engendra o pudor" – cito de memória, mas deve ser isso. Em nome de uma suposta reparação social, tornada magnífica pelos "intelectuais do regime", o país está ficando a cada dia mais vulgar, feio, despudorado.

Ladrões descarados evocam em sua defesa uma espécie de amor à causa; querem que sejamos cúmplices morais de sua concupiscência.

Um contemporâneo de Mann, Robert Musil, o meu predileto, vocês sabem, define uma nova era:

> Algo imponderável. Um presságio. Uma ilusão. Como quando um ímã larga a limalha, e esta se mistura toda outra vez. Como quando fios de novelos se desmancham. Quando um cortejo se dispersa. Quando uma orquestra começa a desafinar. (...) Idéias que antes possuíam um magro valor engordavam. Pessoas antigamente ignoradas tornavam-se famosas. O grosseiro se suaviza. (...) havia apenas um pouco de ruindade demais misturada ao que era bom, engano demais na verdade, flexibilidade demais nos significados (...)

Está em *O homem sem qualidades*.

Então, queridos, é isso. Acordei no dia 2, Finados, e ainda não fui dormir. Vou daqui a pouco. Pensei no meu pai, morto há quase sete anos. Na lógica dele, homem que era homem não perdia "um dia de serviço" alegando qualquer mal que considerasse menor: dor de cabeça, diarréia, indisposição, sei lá. Não era patrão. Era empregado. Alguns diriam que ele houvera assimilado a lógica do dominador. Não. Era senhor de suas necessidades. E não aceitava, de jeito nenhum!, depender da boa vontade de estranhos.

Os homens só existem para que, ao fim da vida, possam honrar seus pais. Pensem nisso. Até mais tarde.

MALAISE DA ABASTANÇA, *MAGNÓLIA* E *BELEZA AMERICANA* [9/11/2006]

Confesso que sinto certa inveja dos democratas americanos... Vocês devem ter assistido a filmes como *Beleza americana* e *Magnólia*, não? Repararam como eles adoram se detestar, enquanto nossos progressistas, os nossos esquerdistas, agora deram para cantar a riqueza de nossas matas. Em breve, sairão por aí cometendo a incorreção ecológica de fazer, a exemplo de Gonçalves Dias (um bom poeta), sabiá cantar em palmeira (quem estava fora do lugar?). Antes, a esquerda se dedicava à autocomiseração, à estética famélica, que pretendia ser a estética da fome. Agora, é a da abastança, com grana das estatais. Os americanos, não. Seu "*malaise*" não é a da carência triunfante, mas a da abastança. Há um quê de sofisticação num povo que aprende a se detestar. Eu só não queria, como vai acontecer, que essa gente chegasse ao poder porque, julgo eu, tem o miolo meio mole. Prefiro a turma do "Deus salve a América", sabem cumé? Mas é certo que os democratas "deles" têm mais senso de humor – e de pudor – do que os nossos.

POVO GOSTA É DE DITADURA; QUEM PREFERE DEMOCRACIA É DONA ZELITE [20/12/2006]

Vão por mim: povo gosta é de ditadura; quem prefere a democracia é Dona Zelite. Aceito o contra-argumento de sociólogos e historiadores. Já a partir do plebiscito mais famoso da história, quando foi que a massa escolheu direito? Tá certo que, naquele caso, o resultado fazia parte do plano divinal. Imaginem, então, quando estamos sujeitos apenas às humanas precariedades... A história da democracia é a história da mediação institucional. Se ela desaparece, abre-se caminho para o horror: terror revolucionário francês, bolchevismo, fascismo...

Os prosélitos dos plebiscitos e referendos sabem disso. Mas fingem ignorar. Tanto sabem que ninguém propõe, por exemplo, fazer uma consulta popular para decidir sobre a pena de morte. Alguém duvida do resultado? "Ah, mas é cláusula pétrea da Constituição", dizem. E quem fez a cláusula pétrea? Foi esculpida por Deus? Desconfio que a massa, na sua sabedoria ancestral e telúrica, também apoiasse linchamentos, mutilações etc. Deixe-me provocar um pouco mais: o povo é monstruoso (esta é daquelas que vão parar nos site e blogs de esquerda...). Precisa ter suas paixões controladas por discursos humanistas e generalistas que jamais entenderá direito.

A esquerda e os anarquistas acreditam que a democracia é só um truque para controlar os apetites populares. Cesse toda a desconfiança. É mesmo! Eles têm razão. Só estão errados numa coisinha: acreditam que as massas construiriam o céu na terra. Eu estou certo de que fariam o inferno. Como já fizeram.

UMA SAUDAÇÃO DE NATAL DE WALT WHITMAN AOS BRASILEIROS [24/12/2006]

Walt Whitman (1819-1892) dedicou um texto à então recém-nascida República brasileira pouco antes de morrer. Chama-se "Uma saudação de Natal (de uma Constelação do Norte a uma do Sul, 1889-90". Trata-se de um daqueles seus textos cheios de entusiasmo pela democracia, plenos de fé no futuro. Era uma saudação de Natal. Segue uma tradução que fiz (não poética) com algumas licenças – traduzir "throe" como "dor do nascimento", por exemplo (pareceu-me o mais adequado ao sentido do texto) ou "impedimentas" como "próprio fardo". De qualquer modo, o sentido geral é o que segue lá. E sempre será o caso de termos saudade do que o poeta americano da democracia anteviu para nós. Acho que ainda não aprendemos direito a "verdadeira lição" de uma nação que brilha no céu. Um tanto taciturnos, como diria o nosso Drummond, seguimos tendo grandes esperanças. Bom Natal, queridos! Voltem sempre aqui, que apareço a qualquer momento.

> ***A Christmas greeting (From a Northern Star-Group to a Southern. 1889-1890)***
> *Welcome, Brazilian brother – thy ample place is ready. A loving hand – a smile from the North –, a sunny instant hail! (Let the future care for itself, where it reveals its troubles, impedimentas. Ours, ours the present throe, the*

democratic aim, the acceptance and the faith). To thee today our reaching arm, our turning neck – to thee from us the expectant eye. Thou cluster free! thou brilliant lustrous one! Thou learning well the true lesson of a nation's light in the sky (More shining than the Cross, more than the Crown.). The height to be superb humanity.

Bem-vindo, irmão brasileiro! – teu vasto destino está dado. A ti, a nossa mão amiga – um sorriso vindo do Norte –, uma saudação cheia de sol! (Que venha o futuro, com suas dificuldades e seu próprio fardo. É nossa, é nossa a dor do nascimento, a busca da democracia, a aprovação, a fé.) A ti estendemos hoje nosso braço, voltamos nosso pensamento – a ti, nosso esperançoso olhar. Tu te juntaste aos livres! Tu passaste a ter brilho próprio! Tu aprendeste direito a verdadeira lição de uma nação que brilha no céu. (Mais brilhante do que a Cruz, mais brilhante do que a Coroa.) O apogeu da suprema humanidade.

CHICO BUARQUE: O CRETINISMO POLÍTICO ROTINEIRO [30/12/2006]

Chico Buarque é o principal pensador da esquerda brasileira. O que é de gargalhar e dá uma idéia da miséria a que chegou a dita-cuja. A dimensão do seu cretinismo político e da decrepitude pequeno-burguesa de seu, vá lá, pensamento pode ser percebida na *Folha* deste sábado. Ah, sim, ele comentou a famosa frase de Lula sobre continuar esquerdista depois dos sessenta, o que é o seu caso; disse discordar quase sempre de Caetano Veloso – vocês sabem: no Brasil, artista é pensador –, e analisou a explosão de violência no Rio. Ou melhor: ele ignorou o fato e preferiu atacar a classe média. "O sujeito aqui corre risco de ser atropelado mesmo na faixa da segurança. Ficam falando em violência e violência, mas é violência também quem dirige um carro e avança o sinal." Ah, sim: ele não se sente em perigo. É mesmo? E por que se sentiria? Os de sua classe estão imunes à violência aqui, no Haiti ou em Paris.

CHICO É O HOMEM CORDIAL IDENTIFICADO POR SEU PAI [31/12/2006]

Chico Buarque continua a render. Quanto menos o sujeito entende o que está escrito, mais se indigna. Não critiquei a obra de Chico como compositor ou letrista. Ataquei a sua análise política, que é estúpida, preconceituosa e cruel. Não há dúvida de que, intelectualmente, ele é um comunista. Posso falar também sobre as suas letras se o problema é esse. Mas antes trato um pouco mais da questão política.

Quem sabe o que penso já percebeu que não aceito a violência como instrumento para fazer política. Os extremistas, sejam de direita, sejam de esquerda, costumam tratar a eliminação de adversários como coisa corriqueira, emprestando-lhe um aporte supostamente racional. Não é a minha praia. É a de Chico Buarque, o amiguinho do facínora Fidel Castro, por exemplo.

Chico respondeu a indagações que são de natureza política. Se tivesse feito digressões sobre os sonetos petrarquianos, talvez eu o tivesse deixado de lado. Em meio ao caos e ao medo espalhado por terroristas no Rio, esse senhor vem com a conversa mole de que responsável mesmo pela violência é a classe média? É a análise de um imbecil ou de um mau-caráter.

Mas é uma imbecilidade e um mau-caratismo das quais talvez nem ele próprio se dê conta. Seu pai, Sérgio Buarque de Holanda, de certo modo, estudou as opiniões do filho em *Raízes do Brasil*, um dos livros mais citados e não lidos do país, embora pequenino. Lido, muitas vezes não é entendido. Quando Sérgio aponta a cordialidade como um traço característico e negativo da nossa formação, refere-se justamente à ausência de fronteiras nítidas entre os mundos público e privado, entre o ambiente da família e o ambiente da rua, o que mascara as diferenças sociais em nome de um pacto de convivência que legitima e "naturaliza" as desigualdades.

A análise de Chico sobre a violência traz o viés da casa-grande – para citar um outro contemporâneo de Sérgio e ainda maior do que ele, Gilberto Freyre. Ele olha para os miseráveis que matam e morrem, vítimas do crime organizado, e diz: "Isso é lá coisa deles." O branco integrado vê a carnificina com um olhar amoroso, compreensivo, condescendente, compassivo. Como uma sinhazinha dos olhos glaucos, ele tem mesmo é ódio dos burguesotes, da classe média que tenta ascender na vida, que tenta conquistar no braço alguns benefícios que ele, Chico, recebeu de graça. Chico é reacionário e não sabe.

O "poeta"

Chico é um bom letrista, às vezes excelente. Especialmente ou apenas quando trata da questão amorosa. Tem uma cultura literária superior à da maioria dos artistas da chamada MPB, com a provável exceção de Caetano Veloso, este também dado a arranques filosóficos. Embora Caetano seja mais falastrão e saiba usar a mídia baba-ovo a seu favor, prefiro o baiano. Seu "programa" me parece mais voltado para o mundo das artes & espetáculos que o de Chico Buarque, metido a analista político. Caetano não justifica ditaduras.

Chico é um bom letrista? Quando não põe sua arte a serviço da questão política, é. Se você conhece Camões, impressiona-se menos com ele... De todo modo, para um compositor de MPB, está de boníssimo tamanho, vai muito além da conta. Mas tem ambições muito maiores, também de romancista. Aí o bicho pega. Comete um pecado mortal para um prosador: não sabe ser simples e fazer as palavras terem uma fluência que, sem ser a fala, não lhe seja estranha. É questão de gosto? Claro que é. Meu preferido do modernismo é Graciliano Ramos, não Guimarães Rosa. Chico é um ótimo intelectual da classe média que ele tanto deplora, embora assuma aquele ar distante, meio afetado, de reizinho baudelairiano de um país chuvoso.

Reconheço-lhe, pois, qualidades de letrista, especialmente a parte de sua produção não contaminada por sua utopia totalitária. Mas é uma besta política. E ele falou foi de política. E minha resposta foi política.

Quanto à petralhada que me diz, como se fosse insulto, que Chico não sabe quem sou e não está nem aí para o que escrevo, não dou a menor bola. Um dos meus textos de que mais gosto trata da obra de Fernando Pessoa. Também ele não sabe e jamais saberá quem sou... Não escrevo para chamar a atenção dos objetos de minha análise. Escrevo porque quero e porque posso. De todo modo, fiquem calmos: ele sabe quem sou. E isso para mim é de uma irrelevância oceânica.

OS NEOPENTECOSTAIS DO CHICO BUARQUE ESTÃO BRAVOS [04/01/2007]

Ué... Os neopentecostais do Chico Buarque estão revoltados por quê? Quando fiz aqui a primeira crítica à idiotice que ele dissera sobre a violência no Rio, não afirmaram a irrelevância da minha observação, já que Palas Atena não me daria bola? Pois é... A Deusa dos Olhos Glaucos do Esquerdismo de Butique teve de se corrigir. Afinal, aqueles que ele considera similares aos terroristas do Rio vão ter de pagar caro para assistir a seu show. E, voltando para casa, é certo que vão varar algum sinal vermelho para não levar um trabuco na cara em algum cruzamento. Pensem bem. Nesse caso, o que faria a odiosa classe média, por quem o cantante tem tanto desprezo? Já sei. Poderia começar a cantar: "Olhaí, é o meu guri, olhaí..." Com lágrimas nos olhos. Sem essa. Se a minha crítica ao nosso seresteiro do comunismo do Leblon é mesmo irrelevante, então não tem por que haver reclamação. Ou será que Chico só falou ao *Jornal da Globo* para dizer que não é tão tímido quanto dizem? Isso eu já sabia. O Leblon inteiro sabia, hehe...

BRUNO, ATÉ BREVE! [28/06/2007]

Hoje, aquele que era o nosso maior poeta, Bruno Tolentino, foi enterrado. Ficou sua obra gigantesca. É uma perda que será maior a cada dia: para a poesia, para o pensamento, para mim, que o amava tanto. Não consegui ir ao hospital, ao velório, à missa. E estou hoje um pouco pior do que ontem. Tenho aqui ao meu lado *A imitação do amanhecer*, que li, a eito, soneto após soneto, e que abro, aleatoriamente, como quem telefona para um amigo para falar sobre quase nada, em busca de algum conforto, de alguma indignação, da partilha de algum bem.

Reproduzo abaixo o último soneto do livro – III-165. Leiam em silêncio, algumas vezes, para criar intimidade com as palavras. Depois façam uma leitura em voz alta, obedecendo às pausas mínimas ao fim de cada verso. Depois repitam a operação, mas aí obedecendo ao ritmo da sintaxe. E então percebam a sobreposição de melodias: uma música que se faz gratuita, quase alheia ao sentido, e outra, rigorosa, racional, na medida.

Música e composição. "*Ut pictura poesis*", recomendava o poeta latino Horácio: a poesia como pintura. Isso significa aderir ao rigor da composição: a escolha do vocábulo apropriado, cujo sentido se vai desdobrando verso após verso, com o pincel fazendo a opção certa da cor, do volume, do detalhe, do gesto. As rimas e as assonâncias revelam o sentido numa forma em que nada é gratuito.

O que foi que perdemos nesses anos, com certo prosaísmo distraído, infantil, confessional? Perdemos a experiência da poesia como uma construção, um labor. Não a gratuidade da forma, mas a sua intencionalidade, esta que se percebe em Bruno Tolentino. O que é que havíamos perdido na era da ditadura concretista? A noção de que fazer versos é mais do que distribuir no espaço alguns truques espertos. *Ut pictura poesis*, mas sempre sabendo que a linguagem do verso é o verbo.

Vai lá, Bruno! Na lógica do tempo, até breve!

III-165
Ó Via Láctea, ó luminosa irmã – segundo
Apollinaire – dos fios brancos da água vã,
a água furtiva que visita o chão do mundo
e vai-se evaporando também, ó minha irmã
mais ancestral, mais nebulosa, ó vaga lã
dos vãos novelos em que eu ando, um moribundo
no intemporal, sinal apenas de que o fundo
de tudo e de mim mesmo é a solidão pagã
da alma febril que se evapora e historiciza,

ó ampliação de Alexandria, ó via branca
e tenebrosa, é tudo a rosa que se arranca,
pétala a pétala, às profanações da cinza,
ó Via Láctea, ó minha irmã que pões a tranca
da imensidão no coração do que agoniza...

A DISSONÂNCIA NO CORAÇÃO DAS COISAS [01/07/2007]

Alguns leitores que não conheciam a obra do poeta Bruno Tolentino me perguntam por que falo tanto dele, se ele era assim tão importante. Era, sim. Bruno era um dos poucos representantes de um país que já chegou a ter hierarquia de valores e que conseguia distinguir o Bem do Mal, o certo do errado, o legal do criminoso. Seu ofício era a poesia, mas ele era também um pensador. Estamos nos perdendo numa zona cinzenta de relativismo, que é, em certa medida, o oposto da civilização. O homem se faz, como espécie e como indivíduo, de escolhas. A cada vez que dizemos um "sim" ou um "não", pagamos o preço de algumas perdas. Bruno sabia disso.

Como já lhe disseram sua mãe e seu pai em algum momento, leitor amigo, não se pode ter tudo, ainda que o ser, em sua consciência, abrigue todas as possibilidades e goste de imaginar uma vida sem limites. Por isso somos todos tão sujeitos ao erro (para os que não crêem) e ao pecado (para os que crêem). Por isso somos tão falíveis. Por isso, no caso do catolicismo (falo mais daquilo que conheço, mas certamente não é a única religião a fazê-lo), Deus perdoa aquele que está sinceramente arrependido. Porque Ele conhece o fundo de nossa fraqueza.

Mas não podemos ser fracos profissionais ou fazer profissão de fé dessa tibieza, reiterando no erro, vivendo sempre da oportunidade. A má consciência é um risco que nos espreita sempre, tanto aos que têm como aos que não têm fé; tanto aos que fazem as suas escolhas pensando num homem transcendente como aos que o vêem como uma construção cuja verdade é revelada pela história. Em suma, falo de princípios, de alguns pilares sobre os quais está construído o edifício da nossa vida e que nos permitem dizer: "Isso eu faço; isso não." Operar essas escolhas é, quero crer, amadurecer, crescer, envelhecer com dignidade, tornando o nosso coração a cada dia mais paciente para tudo o que vamos perdendo – e não é pouca coisa – pelo caminho.

Falo de indivíduos, de mim – em certa medida, sempre que escrevemos, falamos de nós mesmos –, mas falo também do Brasil. Vocês sabem que Céu e Inferno são simbologias fortes e ainda presentes no catolicismo. Se me perguntassem como imagino o inferno, a minha resposta seria mais ou menos assim: é onde não há nenhuma hierarquia ou senso de prioridade; é onde as verdades são todas horizontais; é a selva escura dantesca onde a luz não pode mais definir contornos, e todas as distinções se anulam; é o lugar onde a razão não incide para distinguir valores; o inferno é o lugar da igualdade absoluta, em que todas as vontades podem ser exercidas; o inferno é o reino da plena liberdade – e, portanto, da imposição da lei do mais forte; é onde não há interdição nem proibição; é o Reino da Morte.

Primeiro caso: o Senado

A política brasileira se tornou, assim, maligna, infernal, no sentido que abordo aqui. Muitos dos que falam hoje em nome de uma causa pública – seja no Congresso, seja na imprensa, para citar dois palcos importantes – começam por não permitir que a luz da razão distinga as diferenças. Não oferecem a seus "oprimidos" um mundo estruturado em noções de certo e errado. Ao contrário: toda interdição, toda tradição, toda hierarquia são tratadas como ídolos que podem – e, sobretudo, devem – estar sujeitos às vozes das maiorias, que se tornam, em si mesmas, um valor, pouco importando o que queiram ou digam. O universal vai cedendo lugar ao particular, ao restrito, ao mesquinho. Vejam lá o Senado Federal. O que é aquilo senão o triunfo do relativismo, da moral de ocasião, que serve aos assaltantes do Estado e que é tratado por certo pensamento cínico como realismo político? Reparem que a imprensa, ainda que seja, de fato, quem se dedica à investigação, tem sido comedida, tímida.

O Mal nos contaminou e está mudando a natureza das instituições. Chamo, aqui, de "Mal" justamente essa incapacidade de evocar uma tradição abstrata, puramente valorativa, para dizer: "Isso não!" Quando é que jornais, TVs, vozes que representam correntes significativas da opinião pública dirão a Renan Calheiros: "Basta, meu senhor!"? Os gregos não tinham pena prevista para o parricídio porque era considerado um crime inconcebível: era o nefando! Qual é o nefando da sociedade brasileira? Não há. Somos tolerantes com a nossa própria desgraça, com o nosso próprio destino infeliz.

Segundo caso: expedição à favela

Querem outro exemplo escandaloso? A operação policial no chamado Complexo do Alemão nem havia terminado, e previ aqui a grita de boa parte da imprensa brasileira. Contra os traficantes? Claro que não! Contra a Polícia! Há uma boa chance de que alguns de seus homens tenham cometido e cometam excessos, e eles devem ser noticiados, denunciados, apurados, punidos. Mas leio os jornais, sobretudo os de São Paulo, e o que vejo é 80% das narrativas dedicadas à demonização da ação policial. Como a imprensa não sobe o morro a não ser nessas circunstâncias, pouco ou nada se sabe do cotidiano das favelas entregues ao crime organizado, ao narcotráfico. Na prática, na hora da escolha, esses setores da imprensa optam pela zona cinzenta. A polícia é vista como uma interventora.

Por quê? Porque o valor que organiza a intervenção da Polícia no morro está *sub judice* – um juízo que é ideológico. No fundo, considera-se que ela é a força de repressão de uma sociedade que cria exclusões – como se a isso se dedicasse o tempo inteiro, sem nada a ser defendido. A um repórter do *Estadão* (neste domingo), um garçom diz que saiu da favela para trabalhar. Quando voltou, seu videocassete havia sumido, e uma granada havia explodido dentro de sua casa. Vizinhos juram que foram os policiais. "Como isso poderia acontecer se quem tem granada são os traficantes?", indagou o jornalista. Eles não sabem... Alguém acredita que homens da PM, da Polícia Civil ou da Força Nacional de Segurança subam o morro com granadas escondidas? Isso faz sentido? E os relatos se estendem. Tudo tão convincente que o repórter do *Estadão* não resistiu e escreveu: "O tom de conversa entre vizinhos reforçou a impressão de que os depoimentos eram verdadeiros."

Pronto! É uma "impressão", ele diz. Mas é também uma pequena derrota da polícia, convenham. E como ele teve acesso ao morro? Uma ONG, o AfroReggae, facilitou as coisas. Segundo se entende, ela se encarregou de anunciar a presença da reportagem. A informação chegou aos pombos-correio do tráfico, que a levaram aos chefes. Para evitar qualquer problema, o jornalista passou a circular com uma camiseta da ONG, respeitada, informa a reportagem, tanto pela Polícia como pelos bandidos. Vejam aí: é o país imoral, da zona cinzenta. O AfroReggae, suponho, deve ser respeitado pela Polícia porque não atrapalha o seu trabalho. Mas deve merecer o respeito dos traficantes pela mesma razão...

Parece não ter ocorrido ao repórter que ficou com a "impressão" de que os relatos sobre os desmandos da Polícia eram verdadeiros que sua amostra estava viciada. O seu ouvido tinha deixado de ser independente no momento mesmo em que pôs a camiseta. Terá ele pensado, em sua expedição, que os moradores que se opõem aos traficantes – suponho que seja a larga maioria – ficaram quietos em seu canto, intimidados, com medo justamente dos donos do lugar, os mesmos que lhe cobraram envergar um uniforme para andar no morro? Parece que não. Observem: se a condição para entrar lá era aquela, havia duas opções: aceitar ou não. Feitas as ponderações, se ele optou por entrar, que ao menos deixasse de lado a sua "impressão", chamando a atenção do leitor para o fato de que estava ouvindo apenas depoimentos "autorizados". Se era proibido, porque era, dizer o contrário do que se disse, que peso tem o que foi dito?

Caminhando para a conclusão

Vivemos dias um tanto infernais. Não se trata de uma convulsão revolucionária, porque a revolução não cabe mais no mundo contemporâneo. Os valores foram seqüestrados pelos depredadores da ordem e da hierarquia. E eles têm, sim, à diferença do que se possa pensar, uma agenda. Renan Calheiros, por exemplo, é quem é: em muitos sentidos, nada é tão antigo no Brasil quanto ele; Renan é o Brasil reacionário. Mas não nos esqueçamos de que a força em que ele hoje se apóia é o PT, a quem interessa um Parlamento liquidado. As correntes políticas que poderiam representar a renovação dos, vá lá, valores conservadores estão aparvalhadas, inermes, incapazes de reagir a essas várias frentes de depredação da lei e da ordem.

Volto ao começo. Lamentarei sempre a morte de Bruno Tolentino. Pela nossa amizade, pela poesia, por um Brasil que chegou a saber o que era valor, hierarquia, Bem e Mal. A cada dia faz um pouco mais de escuro. Então encerro com o poema III-56 de *A imitação do amanhecer*:

Se eu quisesse fazer que soluçassem as flautas,
bastaria pedir ao Orfeu sempre-vivo
que imitasse na lira o seu rosto festivo
e ininterrupto como o riso das cascatas.
Ou rogar à Artemisa que o trouxesse das matas,
dos bosques da inocência, aquele corpo altivo
e dócil que eu amei, meu pássaro cativo;
que o exibisse outra vez, nudez entre as incautas
matas virgens do sonho... Ah, mas as velhas lousas
na terra inteira iam chorar bem mais ainda,
mais do que as flautas todas, cuja música é linda,
mas vem da dissonância no coração das coisas,
as pobres coisas que soluçam quando pousam
a glória ao lado delas, a glória do que finda...

ATÉ A VOLTA. OU A QUALQUER MOMENTO. E UM FILME [20/07/2007]

Caros,

Faço as malas daqui a pouco. Fica combinado que volto só no dia 31. Vou levar meu laptop, que pretendo usar bem pouco, pra me inteirar das notícias e, tá bom!, para publicar os comentários de vocês. Se quiserem continuar em contato com o blog, lerei e publicarei as mensagens. O que prometi às minhas mulheres é que não vou ficar escrevendo o tempo todo. Na verdade, tentarei não escrever. Mas eis uma promessa que não estou certo de conseguir cumprir. Se vocês passarem por aqui, há sempre o risco de haver um texto novo... Há dias em que escrevo 20, 22, 25 posts... Que trabalho dá fazer unzinho, né?

Não é o melhor momento para o descanso. Mas tudo já estava combinado com as minhas moças e com a *Veja*. O país, é certo, dá sempre motivos novos para a gente se escandalizar. Há muitos anos, nem sei quantos, li *A morte de um apicultor*, do sueco Lars Gustafsson. Trata-se de um homem comum, pobre (pobre sueco), um tipo vulgar, precocemente envelhecido, que descobre que vai morrer. A obra passa a ouvir seu fluxo de consciência, reminiscências, mesquinharias de uma vida banal. Uma sensação – muito sueca? – de que nada à volta acontece ou vai acontecer.

Tudo se volta para paisagens íntimas, mas também sem grandes anseios. Um livro, enfim, que não poderia ser escrito no Brasil. Aqui, trezentas pessoas morrem numa pira macabra numa terça, provocada por um acidente aéreo, e, na sexta, as autoridades responsáveis pelo setor recebem a medalha Santos Dumont: por seu "Mérito Aeronáutico". O Brasil está proibido de ter uma vida banal. E isso não é bom. Aqui, o pobre apicultor teria de arrastar seu tumor em alguma fila imunda, (mal) atendido por burocratas preguiçosos e sindicalizados. Essa gente moralmente miserável quer nos proibir de ter uma alma, de cultivar nossas intimidades, de guardar nossas pequenas coisas ridículas, que só a nós mesmos interessam.

Se querem saber melhor do que falo, procurem na locadora – os que não viram – o filme *Os vivos e os mortos* (*The dead*), de John Huston, baseado num dos contos ("Os mortos") de *Dublinenses*, de Joyce. Anjelica Huston (Gretta Conroy) e Donal McCann (Gabriel Conroy) têm uma atuação primorosa. É o meu filme predileto. Tudo acontece na ceia do Dia de Reis, 6 de janeiro. Ali se entrelaçam afetividade, pudor familiar, memória, afetos – tudo o que torna particular a vida de cada homem. Prestem atenção ao momento em que a câmera passeia pelo quarto das tias velhas, as irmãs Morgan: Julia (Cathleen Delany) e Kate (Helena Carroll), também soberbas. Trata-se de uma cena devastadoramente delicada.

Uma música – *The lass of Aughrim* – evoca em Gretta um amor da adolescência, e o marido, Gabriel, se dá conta de que ele tem um rival, o passado dela, que não tem como ser vencido. A cena que consegui no YouTube* é o exato momento em que Joyce escreve estas palavras: "Perguntou-se a si mesmo o que simbolizaria uma mulher, imóvel na penumbra de uma escada, ouvindo uma distante melodia. Se fosse um pintor, retratá-la-ia naquela postura." E temos uma cena que é, de fato, uma pintura. Ousaria dizer que é de uma casta sensualidade. Huston, já à beira do fim, faz uma obra monumental. A seqüência final em que a neve se transforma numa personagem é rara. O diretor morreu em 1987, ano de lançamento de *Os vivos e os mortos.*

Assim termina o conto, assim termina o filme:

> Leves batidas fizeram-no voltar-se para a janela. A neve tornava a cair. Olhou sonolento os flocos prateados e negros, que despencavam obliquamente contra a luz do lampião. Era tempo de preparar a viagem para o oeste. Sim, os jornais estavam certos: a neve cobria toda a Irlanda. Caía em todas as partes da sombria planície central, nas montanhas sem árvores, tombando mansa sobre o Bog of Allen e, mais para o oeste, nas ondas escuras do cemitério abandonado onde jazia Michael Furey. Amontoava-se nas cruzes tortas e nas lápides, nas hastes do pequeno portão, nos espinhos estéreis. Sua alma desmaiava lentamente, enquanto ele ouvia a neve cair suave através do universo, cair brandamente – como se lhes descesse a hora final – sobre todos os vivos e todos os mortos.

E é nesse filme magistral que o sr. Grace declama parte da letra de uma canção islandesa do século XVIII, chamada *Donal Og* (Jovem Donald). É uma versão cortada da tradução de Lady Augustus Gregory. Seguem o trecho que está no filme (mas não no livro) e uma tradução:

It is late last night the dog was speaking of you
The snipe was speaking of you in her deep marsh.
It is you are that lonely bird throughout the woods;
And that you may be without a mate until you find me.

You promised me and you said a lie to me,
That you would be before me where the sheep are flocked;

* No YouTube, neste endereço: http://br.youtube.com/watch?v=I1CP5Lz2iHE

I gave a whistle and three hundred cries to you
And I found nothing there but a bleating lamb.

You promised me a thing that is hard for you,
A ship of gold under a silver mast,
Twelve towns and a market in all of them,
And a fine white court by the side of the sea.

You promised me a thing that is not possible,
That you would give me gloves of the skin of a fish;
That you would give me shoes of the skin of a bird,
And the suit of the dearest silk in Ireland.
(...)
My mother told me, not to be talking with you today
or tomorrow, or on the Sunday.
It was a bad time she took for telling me that,
It was shutting the door after the house was robbed.
(...)
You have taken the east from me, you have taken the west from me,
You have taken what is before me and what is behind me;
You have taken the moon, You have taken the sun from me,
And my fear is great that you have taken God from me.

Era tarde a noite passada. O cão falava de você.
O pássaro cantava no pântano, falava de você.
Você é o pássaro solitário na floresta.
Que você fique sem companhia até achar-me.

Você prometeu e mentiu. Disse que estaria junto a mim
Quando os carneiros fossem arrebanhados.
Eu assoviei e gritei cem vezes
E não achei nada lá, a não ser uma ovelha balindo.

Prometeu-me algo difícil:
Um navio de ouro sob um mastro prateado,
Doze cidades e um mercado em todas elas
E uma branca e bela praça à beira-mar,

Você prometeu algo impossível:
Que me daria luvas de pele de peixe
E sapatos de pele de ave.
E roupa da melhor seda da Irlanda.

Minha mãe disse para eu não falar com você.
Nem hoje, nem amanhã nem domingo.
Foi um mau momento para dizer-me isso.
Como trancar a porta depois da casa arrombada.

Você tirou o Leste de mim, tirou o Oeste de mim,
Tirou o que existe à minha frente, tirou o que há atrás,
Tirou a lua, tirou o sol de mim,
E o meu medo é grande. Você tirou Deus de mim.

Só isto, de fato, tem importância: a nossa individualidade, a nossa vida privada, a nossa família, os nossos amores, os nossos amigos, a nossa memória, a nossa lenda pessoal, os objetos dos quais nos tornamos íntimos – sim: os nossos leitores! Tudo isso que um país coalhado de canalhas, de idiotas, de incompetentes, de truculentos, de "utopistas" da desgraça, de demiurgos matusquelas, de messiânicos chinfrins, insiste em nos roubar. Tudo isso que foi roubado daquelas trezentas famílias, vitimadas pelos medalhados prepotentes.*

Vejam *Os vivos e os mortos.* Resistam à pulhice dominante com a afirmação da individualidade, neste país de anões morais puxa-sacos, sempre dispostos a servir de bobos da corte. Deixem aqui as suas impressões. Essa é uma das formas que temos de resistir ao príncipe das trevas, ao rei do Tártaro.

Temos a tradição: os nossos mortos. Temos o presente e o futuro: os nossos vivos.

Até a volta. Ou a qualquer momento.

O ULTIMATO BOURNE [08/09/2007]

Abandonei vocês por um tempo ontem, não? Pois é. Fui ver *O ultimato Bourne.* Gosto dos filmes da série e acho Matt Damon o melhor ator de sua geração. Tem o que costumo chamar de "interpretação suja". O que quero dizer com isso? Tem cara de gente de verdade, que é tudo o que um grande ator deveria ambicionar, de sorte que, por mais inverossímeis que sejam as peripécias da série Bourne, a gente acaba sendo levado pela trama e, depois de algum tempo, está mesmo torcendo para o mocinho. Quase sempre durmo no cinema, o melhor sonífero depois de Stilnox.

---

* Refiro-me às vítimas dos acidentes aéreos e às autoridades da Anac, que receberam medalhas da Aeronáutica, no que foi um acinte.

Não dormi dessa vez. Acho que o filme é bom. Nos Simpsons, tentei resistir, mas fui traído. Apaguei com Homer sendo caçado pela malta e acordei quando ele já tinha sido reabilitado. Minhas mulheres me fizeram um resumo.

O esteio da trama de *O ultimato Bourne* é o de sempre, como sabem: as maldades do serviço de Inteligência dos Estados Unidos, o que não deixa de ter um caráter obviamente ambíguo. Aqueles homens da CIA são maus como pica-paus, mas sempre há subjacente a idéia de que zelam pela segurança do país – no caso, em excesso e fora dos protocolos. Mas o poder da máquina é esmagador e só pode ser superado pelo "herói americano", o homem que, sozinho, contra tudo e contra todos, enfrenta os bandidos numa espécie de Velho Oeste moral. Convenham: em certa medida, não há nada mais americano – e puritano – do que isso. Mais: os que foram além das suas sandálias acabam na cadeia.

O terceiro filme da série, vocês viram – ou verão –, remete ao primeiro, e tudo está engatilhado, se os produtores quiserem, para a continuidade. A personagem está potencialmente mais interessante porque tem agora ciência do bem e do mal – ou, melhor ainda, ambos disputam lugar na sua consciência.

Até quando os Estados Unidos poderão fazer filmes assim? Eis uma boa questão. A trama só pode existir e ter alguma verossimilhança num império triunfante, em que a contestação seja uma cultura marginal. Vejam lá: inexiste o outro. É o filme de uma potência isolacionista. O inimigo é interno e também não quer o mal do país – só que tem um modo um tanto estúpido de zelar por ele. Se olhamos o mundo e os questionamentos a que o império está hoje sujeito, indagamo-nos até que ponto o que há de crítica contra o establishment no filme não é uma das últimas manifestações de uma ilusão. Aquele mundo acabou. O que o substitui é ainda mais bárbaro.

MAIS TENTAÇÕES TOTALITÁRIAS [21/08/2007]

Leiam o que escreve Daniel Castro na *Folha* desta terça. Volto em seguida:

> O Ministério Público Federal inicia hoje uma ofensiva contra o merchandising na TV, principalmente nas novelas. Grupo de procuradores da República que atua na área de comunicação social se reúne em Brasília para finalizar estratégia e concluir o texto de uma recomendação que será enviada às TVs.

De acordo com Fernando de Almeida Martins, procurador da República em Minas Gerais e integrante do grupo, o merchandising dissimulado na programação ou em cenas de novelas é uma prática ilegal. Ele se baseia no artigo 36 do Código de Defesa do Consumidor, que diz que "a publicidade deve ser veiculada de tal forma que o consumidor, fácil e imediatamente, a identifique como tal". "A lei não diz que o merchandising é proibido, mas tem de haver algum alerta de que se trata de publicidade", diz Martins.

A iniciativa surpreendeu as redes, que preferem não comentar o assunto até serem notificadas. O merchandising é uma poderosa forma de obter receitas. A Globo chega a faturar mais de 40 milhões de reais só de merchandising em novelas das oito, o que paga quase todo o custo de produção.

O Ministério Público Federal primeiro irá recomendar às emissoras que tomem medidas que deixem claro que determinada cena é merchandising. "Acredito que não vai haver acordo. Isso vai acabar numa ação legalizando e restringindo essa propaganda", diz Martins.

Voltei

Vocês já se deram conta de quantas pessoas querem cuidar de nós? O ministro da Saúde quer coibir a propaganda de cerveja. Vá lá, produto alcoólico, as crianças assistem aos comerciais... Parecia até justo e inocente. A Anvisa quer limitar ao horário das 21:00 às 6:00 as peças publicitárias de produtos "com taxas elevadas de açúcar, gorduras trans e saturada e sódio" e de "bebidas com baixo teor nutricional" (refrigerantes, refrescos, chás). Mais: mesmo no horário permitido, a propaganda não poderia conter personagens infantis e desenhos. Agora, os promotores querem impedir o merchandising nas novelas.

Qual é o pressuposto de cada uma dessas ações? Os brasileiros são idiotas e não sabem escolher. Com base no mesmo argumento, a turminha de José Eduardo Romão, o diretor do Departamento de Justiça, queria instituir a censura prévia no Brasil. Temos um conjunto de ações – ou, por enquanto, de pretensões – que elege a imprensa como inimiga. Mas não uma mídia qualquer, é claro: só aquela maculada pelo capitalismo.

Estamos de volta a um debate, acreditem, que remonta ao fim da década de 1960 e início da década de 1970, quando se viam severos monstros da dominação ideológica até no Tio Patinhas. Em 1971, o chileno Ariel Dorfman e o belga Armand Mattelart escreveram um troço chamado *Para ler o Pato Donald.* O livro ensinava como a ideologia burguesa e imperialista impregnava Patópolis. Todas as relações, ali, estavam pautadas pelo dinheiro. Um horror mesmo. A bobagem foi um pequeno emblema de um debate que atravessou mais de três décadas. Sua origem, evidentemente, é o marxismo.

A geração formada por esse debate vesgo – que deslocou a militância política para as questões da cultura – chegou ao poder. E, impregnada por toda aquela tolice, tenta, então, impor a sua agenda. Há uma disposição, quase religiosa, para livrar a sociedade dos pecados do capital. Escrevi ontem aqui uma resenha do novo livro de Ali Kamel, *Sobre o Islã – A afinidade entre muçulmanos, judeus e cristãos e as origens do terrorismo* (ver abaixo). Ele aponta a Irmandade Muçulmana como uma espécie de incubadora do terrorismo islâmico contemporâneo. Na origem daquele movimento, estava, sem dúvida, um "puro": Hassan al-Banna. Ele queria os muçulmanos livres dos pecados.

Kamel sustenta a tese de que os terroristas não são "fundamentalistas" – já que os fundamentos estão contra eles –, mas totalitários. No meu texto, aponto similaridades entre o pensamento e a prática das esquerdas e aquela "pureza" que redundou no terror. O demônio da esquerda é o mercado – e, por conseqüência, cedo ou tarde (sempre cedo), acaba sendo também a liberdade.

Outra personagem que está na origem do terrorismo moderno, leiam lá, é Sayyd Qutb, que pretendia converter o mundo inteiro ao islamismo. Ele escreveu: "O Islã não obriga ninguém a aceitar sua fé, mas pretende oferecer um ambiente de liberdade no qual todos possam escolher suas próprias crenças." Parece corriqueiro, óbvio até. Mas o "ambiente de liberdade" de que ele fala supõe antes esmagar a divergência e os infiéis – porque militantes e portadores do mal.

Nada mais parecido com eles do que essa gente que quer "limpar" a televisão brasileira. Limpar do quê? Ora, da má consciência, da manipulação ideológica, de tudo aquilo que Sayyd Qutb diria "tirar a liberdade do homem". Só seríamos verdadeiramente livres para escolher depois que "eles" submetessem as coisas a serem escolhidas a uma censura prévia, a um filtro. Em nosso nome e para nos proteger, eles nos livrariam das más opções, o que, é evidente, nos conduziria, então, às escolhas corretas.

A suposição é a de que o telespectador vê a personagem numa instituição bancária ou usando um determinado cosmético e sai por aí imitando-a, contra a sua eventual vontade. Tudo porque não houve uma advertência prévia: "Isto é uma propaganda." Trata-se de uma mentira e de uma estupidez. As pessoas são dotadas de seus próprios filtros. Não compram isso ou aquilo porque a televisão "mandou". Compram porque querem ou precisam. A mensagem comercial, no máximo, defende uma opção. Santo Deus! Houvesse esse comportamento de autômatos, bastaria que as TVs veiculassem mensagem edificantes, e a paz social seria alcançada.

Há muito tempo as novelas da Globo fazem também o merchandising social: defendem o direito dos deficientes; fazem lobby em favor do casamento gay; combatem a violência contra a mulher; incentivam a doação de sangue; discutem o racismo... As situações são inseridas nos diálogos das personagens sem um prévio aviso. Isso pode? Certamente a prática não despertou a atenção dos procuradores.

Ora, qual seria o motivo para censurar o merchandising comercial? Os telespectadores estariam desprotegidos e, nesse raciocínio perturbado, mais expostos às intenções do vendedor. Ah, é? Morais particulares à parte, alguém tente me provar que a defesa do casamento gay ou uma campanha em favor da adoção são coisas tecnicamente diferentes de vender geladeira, cosmético ou batata frita. A única diferença entre o merchandising social e o merchandising comercial é que o primeiro costuma ser gratuito. A minha pergunta: os procuradores querem defender os telespectadores da exposição a um artificialismo inserido na trama ou querem, como é mesmo?, combater o capitalismo e seus valores decadentes? Estou convicto de que é a segunda opção, embora a primeira não seja menos autoritária.

Quem compõe o grupo de procuradores que atua na área de comunicação social? Quero ver a cara dessa gente e quero saber, por exemplo, se estão vinculados a essa miríade de ONGs constituídas com o fito único de servir de policiais da mídia. Na quase totalidade dos casos, não passam de braços do petismo se fingindo de democratas vigilantes.

Os censores brasileiros estão assanhados. Ainda mais que até uma parte da mídia antes empenhada em defender a liberdade de expressão deu agora para demonizar os ricos, a classe média e o capitalismo. Os nossos Al-Banna e Sayyd Qutb estão excitadíssimos. O que tem de Robespierre e Marat dando pinta nos clubes Pinheiros e Paineiras é uma enormidade! Todos eles são "amigos do povo".

AINDA O MERCHANDISING E A BRIGADA DOS MÁRTIRES DA RÚCULA E DA ABOBRINHA [21/08/2007]

Ah, os dodóis estão fazendo beicinho, acusando-me de censura. Eles resolveram comentar aquele post sobre o merchandising nas novelas (*ver texto anterior*), defendendo a proibição. Pois é. O blog é meu, e eu censuro os censores. Aqui, nem todo pensamento é válido e nem toda divergência é bem-vinda. Não sou a República de Weimar. Eu chuto o traseiro de censores. Ponto final. Não dou trela a quem quer solapar os meus direitos. Meu mundo tem hierarquia. E a minha liberdade está em primeiro lugar. É alguém ameaçar dizer o que posso e não posso fazer, além do que está socialmente pactuado, e o capeta baixa em mim. Vão se danar.

É evidente que a tentativa de proibir merchandising, por baixo do rótulo do consumo consciente, é só mais um dos tentáculos do petralhismo buscando cassar receita das emissoras de TV. Trata-se de um feixe de ações: limitação à propaganda de cerveja, de merchandising, de alimentos considerados não saudáveis...

Minhas filhas comem verduras e legumes. Uma delas o faz obrigada, como quem toma remédio. Come porque aqui mandamos eu e Dona Reinalda. Mas deixem o terrorismo do espinafre com a gente. Não preciso do Estado para cuidar disso. Fazemos nós as Brigadas dos Mártires da Rúcula e da Abobrinha. Somos especialistas até em campanha subliminar, escondendo leguminosas em tempuras muito saborosos. Não preciso do jiló moral da canalha.

Aí um bobinho, chamado André, que tem a pretensão de ser meu adversário, escreve (segue sem correção):

> Voce usa os mesmos argumentos pra ser a favor de umas coisas e contra outras. Isso se chama manipulação. Voce acha que todo mundo é idiota? Se não acha então veja: esses seus argumentos podem ser usados na defesa da liberação das drogas. Ou todo mundo é idiota e não sabe o que faz? Bacana é ser "culto" e defensor da "logica" como voce. Mas voce é um manipulador. E competente pois tem uma grande "audiencia" que se deixa manipular. Seriam todos idiotas?

Não acho que todos sejam idiotas, André. Só alguns – se é que você me entende (provavelmente, não...). Por mim, se o sujeito quiser cheirar cocaína até ficar com o nariz mais branco que ator de "Teatro No", não tou nem aí. Ficando longe de mim, basta. Não sei é por que o Estado tem de financiar o vício de drogados. E também me oponho à legalização das drogas por razões práticas: não podemos fazer isso sozinhos – ou viraremos um reduto do consumo e do tráfico. A Holanda tentou e teve de recuar. Do ponto de vista individual, cheirar pó ou cocô, não sendo eu, me é indiferente. Embora o cocô, para o cheirador, seja certamente mais saudável.

Ainda sobre merchandising. Há setores da imprensa que se mostram simpáticos à censura. É pura guerra comercial. E das mais idiotas. Se quiserem, escrevo um artigo demonstrando que anúncio de imóveis, por exemplo, concorre para a bolha imobiliária e para a especulação. Será que os jornais também vão se opor a certos suplementos com publicidade dirigida? Por exemplo: faz-se um de moda, com reportagens, só com anúncios de moda; faz-se outro de imóveis, com reportagens, só com anúncios de imóveis. Faz-se um de escolas particulares, com reportagens, só com anúncios de escolas particulares. Isso entra na categoria de "propaganda subliminar" ou não? É justo inferir, nesse caso, que se trata de vender anúncio fazendo de conta que se vende notícia?

Eu não concordo com as suposições acima. Acho o expediente de associar reportagem à captação de anúncios dirigidos, em suplementos especiais, perfeitamente aceitável – desde que se faça jornalismo. Como acho legítimo que novelas tenham merchandising, já que, *mutatis mutandis*, trata-se, nos dois casos, de peças de ficção. Impressionante: a competência da Globo e sua presença no mercado, em vez de açular a competição em certas áreas da mídia, só desperta ressentimento. E eles logo vão apelar ao cartório. Que diabo! Organizem-se para competir com ela, ora essa!

Reitero: censura, aqui, não passa. O dodói não gosta de novela com merchandising? Ora, vá tomar suco de laranja, fazer sexo, ler um livro, jogar dominó, bater papo na calçada, pensar na finitude do ser, visitar o blog dos anões. Ademais, quando filmes estrangeiros chegarem ao Brasil com merchandising, o que o Estado pretende fazer? Desfocar a imagem ou botar uma tarja preta? Ou só admitiremos o merchandising importado?

Essa gente é ridícula.

A DIFERENÇA ENTRE UM ESTADO BENFEITOR E UM ESTADO TOTALITÁRIO É UMA QUESTÃO DE TEMPO [12/10/2007]

A tolerância anda em baixa.

É claro que eu não me orgulho de fumar. Dizem que faz mal, e eu acredito. Infelizmente, não faço apenas coisas que são boas pra mim. Lembro-me de Lucrécio, que vai citado de cabeça. Se alguém achar o literal, pode mandar: se a alma fosse imortal, não deploraria tanto o fato de, morrendo, dissolver-se. Não é aquilo em que acredito. Mas gosto dessa consciência da finitude.

Até parece que defendi soltar baforadas na cara de quem não fuma. Eu não. Sou um rapaz educado. Quero ter o direito de fumar onde não incomode ninguém. Não é pedir tanto assim, convenham. Não quero é o

Estado enfiando o dedo no meu nariz dizendo: "Você não tem o direito de se matar." Ele que vá se danar.

É igual a droga ou a dirigir alcoolizado? Não é. Quero fumar onde outros também fumem, de sorte que não possamos fazer mal nenhum a não ser a nós mesmos – se for essa a nossa escolha. De fato, não tenho paciência com drogados e bêbados. Mas não dou a mínima para o que as pessoas fazem com o seu nariz. Defendo é severa repressão ao tráfico: é uma questão social, política, de segurança pública. Só isso. Não se trata só de uma escolha moral. Essa eu já fiz: não me drogo e não convivo com quem se droga. Por quê? Rejeito os valores que vêm junto com o "produto". E se o mundo inteiro liberasse o consumo? Ora, eu estaria com Milton Friedman. Mas isso não vai acontecer. Naquela questão do ecstasy, que tanta polêmica rendeu aqui, a minha crítica foi política: o Estado não tem de se meter nessa porcaria. Tem é de seguir a lei e reprimir traficantes.

Reitero: ditadura é fácil; democracia é que é difícil. E é evidente que o mais democrático, então, é permitir que os estabelecimentos definam suas políticas de acordo com a sua clientela. O sujeito quer fazer um bar ou restaurante onde o cigarro é terminantemente proibido? Excelente. Haverá um aviso na porta. Terá mercado. Que eu saiba, a maioria não fuma. Outro quer ficar com os fumantes ou os que não se importam com isso? Idem. Dêem-me uma boa razão para que não seja assim. "Ah, cigarro faz mal." Tá bom. Bacon também. A poluição é péssima. Gordura trans entope as veias do coração. Ovo foi reabilitado, mas já matou.

Viveremos agora sob a ditadura da abobrinha e da ginástica?

Aí me diz alguém: "Você acha que é livre fumando, mas você é um doente porque é viciado." Sou? Não quero que me tolerem por isso. Mas ninguém pode me impedir, então, de me reunir com outros doentes, os meus semelhantes. Há um quê de guerra santa nessa história. Acho absolutamente legítimo que as pessoas combatam o cigarro e não queiram nem mesmo ficar na presença de um fumante. Mas daí a partir para uma política de segregação e demonização do outro? Não dá. Quanto tempo demorará para que passemos a olhar os gordos com desconfiança, na certeza de que são incapazes de controlar a gula?

É verdade. Dante reservou um círculo no Inferno para os obsessivos. É uma grande referência literária. Mas não serviria como modelo de democracia, acho eu.

Na minha casa, só fumo no meu escritório, com as janelas abertas e a porta fechada. Minhas filhas detestam cigarro e fazem uma verdadeira campanha para que eu pare de fumar. E eu faço campanha para que elas conjuguem o futuro do subjuntivo de verbos irregulares – e cobrarei um dia todas as orações subordinadas adverbiais. A vida é assim: não sou exemplo perfeito a ser seguido nem por elas. Saberão fazer as suas escolhas – e eu sou apenas uma das influências. Não estou brincando de Papai Sabe Tudo, Papai Perfeição, que nunca "tivesse levado porrada", "campeão em tudo". Também eu terei sido, quem sabe?, "tantas vezes reles, tantas vezes vil, tantas vezes irrespondivelmente parasita"...

Há nessa história toda, meus caros, uma certa ilusão, que me parece regressiva, totalitária mesmo, de criar um ser humano sem defeitos, sem máculas, todo feito de bons propósitos, de bons sentimentos, de hábitos saudáveis – no fundo, uma negação da nossa humana precariedade.

Não quero soltar fumaça na cara de ninguém. Mas não tentem fazer da política de saúde o redutor único da vida em sociedade. Como é mesmo? "A diferença entre um Estado benfeitor e um Estado totalitário é uma questão de tempo" (Ayn Rand).

"OS VIVOS E OS MORTOS" OU "A MIS SOLEDADES VOY" [16/10/2007]

Já lhes disse qual é meu filme predileto, *Os vivos e os mortos*, de John Huston, baseado em "Os mortos", um dos contos de *Dublinenses*, de Joyce. É um caso raro em que consigo gostar mais do filme que do texto. Raramente reconheço que alguma outra linguagem, que não a verbal, consiga exprimir melhor certas delicadezas de sentimento. Talvez aconteça nesse filme. Já recomendei aqui. Volto a fazê-lo. Quem não viu tem de correr agora à locadora. Nem precisa me agradecer.

A história é quase banal. Num Dia de Reis de 1904, numa celebração familiar, uma canção antiga remete uma das mulheres presentes (Anjelica Huston) a um amor da juventude – na verdade, a uma vivência juvenil – que ficou pra sempre perdido. E nada, como diz Wordsworth, num poema que também já lhes apresentei no blog, pode trazer de volta o esplendor do tempo que se foi.

O filme de Huston trata da perda, da memória, do envelhecimento. Melancólico, sim, mas não pessimista, acho eu.

Aproveitei o feriado prolongado para ir à minha Dois Córregos natal, encravada pouco além do centro do estado de São Paulo. Lá estão meus vivos e meus mortos. Fui ao túmulo de meu pai, de meus avós, de meus bisavós, e apresentei às minhas filhas os seus trisavós etc. Também tentei explicar por que se velam os mortos, lavam-se-lhes as campas, trocam-se as flores, embora eles já não possam ver mais nada, sentir mais nada.

O para-sempre-perdido está em nós, memória ativa, transformando tudo o que aprendemos. Meu pai morreu há seis anos. Como explicar que fica mais sábio a cada vez que volto ali?

Também há, felizmente, os meus vivos, primos, tios, filhos dos primos, filhos dos filhos dos primos, uma gente boa, amiga, amorosa, onde encontro resguardo e acolhida. A despeito de tantas diferenças, de tantas divergências, de tantos desencontros, sei que nos pertencemos. E há mais do que o patrimônio da memória:

Pois de tudo fica um pouco.
Fica um pouco de teu queixo
no queixo de tua filha.
De teu áspero silêncio
um pouco ficou, um pouco
nos muros zangados,
nas folhas, mudas, que sobem.
Ficou um pouco de tudo
no pires de porcelana,
dragão partido, flor branca,
ficou um pouco
de ruga na vossa testa,
retrato.

Quem conhece identificou acima um trecho de *Resíduo*, de Carlos Drummond de Andrade. Nem me refiro aos laços de sangue, à intimidade familiar, às narrativas que compõem o universo de um grupo. Há uma outra trama – e isso está magnificamente filmado por Huston –, que é a da linguagem. Você reconhece as falas, as pausas, as piadas, as ironias que são seu verdadeiro "sangue", a linfa que o faz pertencer a uma ancestralidade, ainda que você tenha sido parido pela escuridão. É essa "vida toda linguagem", de Mário Faustino, conforme segue abaixo, que me interessa nos meus vivos, nos meus mortos, na minha aldeia.

(...)
Vida toda linguagem,
bem o conhecem velhos que repetem,
contra negras janelas, cintilantes imagens
que lhes estrelam turvas trajetórias.
Vida toda linguagem –
como todos sabemos
conjugar esses verbos, nomear
esses nomes:
amar, fazer, destruir,

homem, mulher e besta, diabo e anjo
e deus talvez, e nada.
(...)

Três dias para perseguir os meus morfemas sentimentais. E cá estou. Então fiquem com Lope de Vega:

A mis soledades voy,
de mis soledades vengo,
porque para andar conmigo
me bastan mis pensamientos.
¡No sé qué tiene la aldea
donde vivo y donde muero,
que con venir de mí mismo
*no puedo venir más lejos!**

PARIS, CARACAS: A DEMOCRACIA REPRESENTATIVA SOB ATAQUE [28/11/2007]

A presença maciça de esquerdistas na mídia, no Brasil e no mundo, consolidou a tese de que a democracia está sob ameaça e de que a sua fragilidade decorre da "falta de participação". Assim, na América Latina, nos Estados Unidos ou na Europa – em países, vejam só, onde ainda resiste a democracia... –, acusam-se os regimes democráticos de essencialmente hipócritas porque pensados justamente para criar um simulacro de participação. Sua finalidade seria mascarar as desigualdades e criar a ilusão da liberdade. O grande sacerdote dessa picaretagem intelectual é Noam Chomsky, capaz de afirmar, como já fez em um artigo, que ele só escreve o que bem entende na mídia americana por conta da hipocrisia do, digamos assim, sistema. É notável que o debate proposto por esses iluminados não possa existir em boa parte dos países da Ásia ou da África porque são ditaduras ferozes.

E, de fato, o que temos? Práticas vizinhas da chamada democracia direta estão corroendo o sistema representativo e degenerando, com impressionante velocidade, em formas veladas de ditadura. Na América Latina, ao menos três países são exemplares desse mal: Venezuela, Bolívia e Equador – no caso do país de Chávez, acho que já se está além do risco:

* Íntegra do poema neste endereço: http://veja.abril.com.br/blogs/reinaldo/2006/10/os-vivos-e-os-mortos-ou-mis-soledades.html

se o bufão vencer o referendo, a ditadura está oficializada. No Equador, Rafael Correa tenta seguir as pegadas dos colegas. Nos três casos, os homens que comandam o processo político não são exatamente originários das esquerdas, mas foram adotados por elas. O Brasil é um caso à parte: por aqui, a tentativa de *by-pass* na democracia seguiu e segue outro roteiro – até porque Lula recebeu de FHC a "herança bendita" de um país institucionalmente organizado. Já chego lá. Vamos antes a algumas outras questões.

Desafiei aqui outro dia um dublê de professor universitário e articulista de jornal a me citar um só dos "pais fundadores" da esquerda que aceitasse a democracia. Ainda que ele tivesse topado o desafio, não teria o que dizer. Não existe esquerda sem a crítica essencial àquela que seria a hipocrisia do regime democrático: a idéia da representação. Estava revisitando ontem (ai, ai...) *A literatura e a arte*, um conjunto de textos de Lênin a respeito desses temas. Em um artigo de 1905 – doze anos antes da revolução bolchevique; ele ainda não era "czar" da União Soviética –, o facinoroso desanca a liberdade de expressão com uma sem-cerimônia assustadora.

> (...) senhores individualistas burgueses, temos de dizer que suas perorações sobre a liberdade absoluta são pura hipocrisia. Não pode haver liberdade real e efetiva em uma sociedade fundada sobre o poder do dinheiro, em uma sociedade em que as massas trabalhadoras vivem na miséria enquanto um punhado de potentados vegeta no parasitismo. Por acaso você, senhor escritor, não depende de seu editor burguês e de seu público burguês (...)? Essa liberdade absoluta é uma frase burguesa ou anarquista (pois o anarquismo, como concepção de mundo, é uma ideologia burguesa ao avesso).

A esquerda jamais abandonou a idéia de um homem essencialmente puro, mas conspurcado pelo dinheiro, como se valores tivessem sido plasmados, em algum momento da civilização, em que interesses materiais não estivessem em pauta; como se toda a cultura – e essa suposição é uma constante nos escritos leninistas – fosse a materialização do espírito humano corrompido, prostituído mesmo. Essa visão primitiva de mundo ainda está presente na mentalidade de muitos de nossos intelectuais de esquerda, o que os leva, vejam só, a aderir à fanfarronice de líderes que, na origem ao menos – e isso pode valer até para Lula –, nem esquerdistas são. Quando muito, confunde-se populismo virulento com "poder das massas".

À medida que os intelectuais se rendem, há o óbvio embotamento do pensamento e da capacidade de reflexão – seja refletir sobre a experiência histórica, seja refletir sobre o presente. É evidente que não se deve esperar, sei lá, que as empresas – ou, mais amplamente, o mercado – se dediquem à tarefa de produzir teorias sobre o poder. Isso cabe aos pensadores. Também não é, convenha-se, tarefa primeira da imprensa. A primazia seria da academia. Ah, mas ela é, com raras exceções, presa daquela armadilha, acreditem!, ainda leninista: "Não pode haver liberdade real e efetiva em uma sociedade fundada sobre o poder do dinheiro." E se há alguém que diz desafiar esse poder, por mais fajuto que seja o "líder", dá-se, então, o alinhamento automático.

Chávez, Evo, Correa ou mesmo Lula estão construindo um modo alternativo de poder? Conversa mole. Basta ver o ritmo de cágado em que avançam as tais conquistas sociais dos países – Venezuela, Equador e Bolívia andaram para trás. E, claro, junto com instituições esgarçadas. Nesse particular, nem mesmo o Brasil saiu incólume. Não se esqueçam de que um partido se organizou por aqui para comprar votos no Congresso; de fato, para "adquirir" legendas de porteira fechada. O presidente reeleito em 2006 não caiu em 2005 porque as oposições optaram pelo jogo da acomodação. O poder central atuou e atua para desmoralizar os mecanismos de vigilância da sociedade – imprensa – e dos dois outros Poderes da República. Não se esqueçam, ainda, de que só se está gastando uma fábula de dinheiro na TV pública porque se busca o confronto com as TVs privadas. No Brasil, nunca é demais notar, a desmoralização da democracia representativa se dá de forma mais paulatina e organizada.

Se, com efeito, as práticas de desmoralização da democracia representativa resultassem em ganhos efetivos para os pobres, vá lá... Um, como direi?, "pobrista pragmático" poderia ao menos dizer: "Tá vendo? Mas, assim, ao menos, é muito melhor." Ocorre que não é. Países como o Chile, por exemplo – e olhem que conheceu uma ditadura muito mais feroz do que o Brasil –, que organizam a sua vida política na estrita observância do aparato legal, têm conseguido avanços muito mais significativos também nos tais índices sociais – já que a esquerda gosta tanto de coisas como IDH.

E que se preste atenção: os eventos da França indicam que certos fenômenos não são exclusivos da América Latina. Refiro-me à reação dos críticos e intelectuais e não às explosões de violência nos subúrbios de Paris. Estas se devem, já escrevi a respeito há dois anos, ao "Estado-pai" francês. Casa, escola, comida, roupa lavada e desocupação, tudo de graça, resultam em arruaça e até ameaça de guerrilha urbana. Sei que vem reclamação por aí, mas se trata de uma forma, digamos, de intifada. Os magrebinos não aceitam a presença do "invasor" francês... Mas prestem atenção ao que se diz na mídia – mesmo a francesa (e, claro, na brasileira): aqueles jovens simpáticos querem mais "participação"; consideram-se "segregados". Mas essa "participação" seria exatamente o quê? Ah, não se sabe. O que se lê é que antidemocrático e errado mesmo é Sarkozy, eleito, vejam só, pela maioria esmagadora dos franceses...

O que alguns celerados estão fazendo é usar a democracia para desmoralizá-la. Em seu lugar, não deixariam, sei lá eu, um regime socialista... No máximo, conjugariam a miséria de sempre com menos liberdade. Mas "liberdade para quê?", perguntaria o companheiro Lênin, secundado por um bom número de intelectuais.

GRAVIDEZ, SEXO E ESCOLHAS MORAIS. TUDO ISSO VISTO POR UM "REACIONÁRIO": EU [06/12/2007]

Leio na *Folha Online* o que segue. Volto depois:

> O índice de partos em mães adolescentes no Brasil representou 20,5% do total de nascimentos no país em 2006. O número teve uma ligeira queda em relação ao ano anterior (20,7%). A realidade entre as regiões brasileiras é desigual, e o percentual de partos em mulheres com menos de 20 anos chega a quase dobrar entre as diferentes unidades federativas. Enquanto no Maranhão o índice de partos em adolescentes foi de 27,6%, no Distrito Federal ficou em 15,3%. Os dados fazem parte das Estatísticas do Registro Civil divulgadas nesta quinta-feira pelo IBGE (Instituto Brasileiro de Geografia e Estatística), com informações levantadas nos cartórios do país em 2006.
>
> Nos últimos dez anos, segundo o levantamento, o índice de partos em adolescentes caiu em três regiões, Sudeste, Sul e Centro-Oeste, e aumentou em duas – Norte e Nordeste. No país, o número permanece praticamente estável desde 2002, quando o índice foi de 19,9%. Em 2006, os percentuais dos estados do Sul e do Sudeste ficaram abaixo da média brasileira e dos demais, acima.
>
> **Nascimentos**
> No geral, a pesquisa mostra declínio de registros de nascimento. Em 2006, foram registrados 2.799.128 nascimentos em todo o país, cerca de 75 mil a menos do que no ano anterior (2.874.753), ou seja, uma queda de 2,6%. Só na região Norte houve aumento do número de registros (254,5 mil), 417 a mais do que em 2005 (254,1 mil), sendo que se concentraram nos

estados do Amapá (11,4%), Roraima (8,2%), Pará (1,4%) e Tocantins (0,3%)

Em termos absolutos, o ano com a maior quantidade de nascimentos registrados foi 1999, quando uma campanha nacional de registro civil foi o grande propulsor da elevação dos registros. De acordo com o IBGE, quanto ao local de nascimento, 96,7% dos registros ocorreram em hospitais, à exceção do Acre, Amazonas, Pará e Maranhão, com percentuais de nascimentos em hospitais inferiores a 90%. Em relação aos registros tardios, houve crescimento significativo dos nascimentos ocorridos em domicílios, passando de 1,7% nos ocorridos e registrados em 2006 para 20,0% entre os postergados.

No Acre, 42,1% dos registros tardios foram de nascimentos em domicílios, seguido do Amazonas (41,2%). Em relação aos ocorridos em local ignorado (não identificado), São Paulo se destacou dos demais, com 13,9%, entre os registros tardios.

Voltei

Em meio a toda essa "numeralha", quase se perde um dado:

– Em 2002, o índice de partos de adolescentes no país era de 19,9%.

– Em 2006, de 20,5%.

Portanto, em quatro anos, houve foi um ligeiro aumento, e não queda. Em relação a 2005 (20,7%), a variação negativa é de 0,2 ponto, quase nada. Ao longo desses anos, o que dá para constatar é que os números são estáveis e escandalosamente altos. Observa-se também que não há grandes surpresas: em regiões mais ricas, com mais acesso à informação, os números são menores; nas mais pobres, maiores. Tudo lógico e corriqueiro. Caso se detalhem os dados, por exemplo, do Distrito Federal ou de São Paulo, vai-se constatar que as mães adolescentes se concentram nas camadas mais pobres das regiões mais ricas.

Dá para acabar com a pobreza na base do decreto? Não dá. Apenas a universalização do ensino – e, portanto, mais acesso à informação – garante uma redução drástica do número de adolescentes grávidas? Verifica-se que não. Há algo de profundamente errado nas políticas públicas que tratam do assunto. Vamos lá. Vamos comprar uma boa briga.

Mais do que o famoso e feliz encontro do espermatozóide com o óvulo, o que, de fato, engravida as meninas são os valores. Sim, isso mesmo. As ricas aqui de Higienópolis e as pobrezinhas de Cabrobó do Mato Dentro sabem como se faz neném, garanto. Podem não dominar toda a teoria do ciclo reprodutivo, mas não ignoram que "aquilo naquilo" deixa de barriga, de "bobó". Ainda não se inventou um método contraceptivo melhor do que não fazer sexo – ou fazê-lo solitariamente, se é que me entendem. É o sexo solidário que faz neném, hehe.

Todos os apelos das campanhas públicas brasileiras incentivam o sexo irresponsável, em vez de desestimulá-lo. A Aids, por exemplo, está em expansão entre adolescentes. Qual é a resposta do governo federal? Vai colocar máquinas de camisinha – isso mesmo – em cem escolas no ano que vem, em caráter experimental. Não é preciso ser adivinho ou fazer pesquisa para se concluir que se vai criar a demanda por sexo mesmo entre aqueles que não se julgariam prontos para tanto não fosse o apelo.

A primeira escolha no que diz respeito ao sexo – como no que diz respeito a qualquer outro assunto da vida privada – é moral: "Devo ou não devo fazer?" Ou, no caso, "transo ou não transo?". A camisinha é só uma das circunstâncias. Enquanto as campanhas públicas ignorarem essa evidência, o país continuará a enxugar gelo, com suas crianças doentes, com suas crianças "de barriga".

Eu, um reacionário

Mas vocês sabem: isso que digo parece insuportavelmente moralista. Afinal, sou um católico reacionário... Imaginem: devo ser do tipo que acredita que a castidade não é uma doença. Progressistas são as campanhas que temos aí, com os efeitos que temos visto...

Arremato observando que, ademais, as campanhas públicas que incentivam o sexo são também discriminatórias, reacionárias e contra o pobre. Explico-me: os adolescentes de famílias abastadas acabam corrigindo com o interesse puramente econômico o que eventualmente não conseguem corrigir pela moral. A exemplo dos adolescentes pobres, também eles estão expostos à campanha "faça sexo e use camisinha". Mas têm mais clareza de que uma gravidez precoce pode abreviar a boa vida, criar dificuldades para manter os padrões de competição de seu grupo social, dificultar a ascensão etc. O pobre já está mais ou menos lascado mesmo, não é? Se perde a chance da escolha moral, não lhe resta muito além disso.

As campanhas estão erradas. E, no entanto, quem apanha dos "sexólatras" é quem faz a coisa certa – como é o caso da Igreja Católica. Aguardem: o Carnaval já está chegando (não dá pra evitar). E veremos, como de hábito, pessoas que mal se conhecem se atracando, tentadas e vencidas pelo "tesão"... Tudo bem. Afinal, elas usam "camisinha". Com camisinha, pode tudo.

A camisinha se tornou uma nova ética.

CONSOADA [28/12/2007]

Ops! Sol muito quente. Calor excessivo na praia. Voltaremos à tarde. Uma preferiu a piscina. As outras duas, livros. Eu, então, antecipei meu plantão aqui no blog. Aí o petralha, todo animado, escreve sobre as cirurgias que farei no começo do ano que vem:

"UHU! Jesus tá chamando o Reinaldão! Tenho uma boa e uma má notícia pra você. A boa é que tem futebol no céu. A ruim é que você tá escalado pra jogar o campeonato de iniciantes de abril de 2008..."

Comento

Não adianta se animar. Não tá chamando, não. Ainda não. Mas, se estivesse, iria numa boa. Me lembrei de "Consoada", de Manuel Bandeira:

> Consoada
> Quando a Indesejada das gentes chegar
> (Não sei se dura ou caroável),
> Talvez eu tenha medo.
> Talvez sorria, ou diga:
> – Alô, iniludível!
> O meu dia foi bom, pode a noite descer.
> (A noite com seus sortilégios.)
> Encontrará lavrado o campo, a casa limpa,
> A mesa posta,
> Com cada coisa em seu lugar.

É isso aí, vagabundo. O meu "dia" já foi bom, entende? E você diz que vou pro céu. Nem eu estou certo disso, mas acho ótimo! Quer dizer que a gente não se encontra na eternidade. Mas pode tirar o seu canto fúnebre do caminho, que eu vou passar com a minha fanfarra, hehe.

SERÁ ISSO UM POUCO DE DIALÉTICA? [30/12/2007]

Dia desses, um petralha meio bravo, desses que leram dois livros ao menos, me indagava: "Você defende tanto o capitalismo e o livre mercado; você acha que um cara como Antonio Ermírio ou Olavo Setúbal estão preocupados com isso?" Eu lá sei com o que se preocupam esses dois. Se eu fosse mordomo deles, saberia. Eu sei o que me interessa. E, no sistema que eu defendo, eles se deram, sem dúvida, muito bem. E espero que eles e descendentes continuem na trilha. Eu os quero gerando riquezas, postos de trabalho, serviços e mercadoria. Nem exijo de ambos que produzam filosofia. Deixem a filosofia para os que não sabem fazer cimento ou crédito barato.

Aliás, rio muito das campanhas politicamente corretas das grandes empresas. Deve haver um comunista "integrado" por trás. Um quer ser banco do planeta; outro diz que investe na sustentabilidade investindo no jovem; outro prega a reciclagem até de papel higiênico usado. Eu sou caretão. Não bebo, não fumo nem cheiro idéias redentoras. Prefiro que empresas produzam mais e mais barato e que bancos ofereçam crédito a menor custo. É uma boa maneira de se preocupar com o planeta, com o futuro, com o aquecimento global, com as focas, com as baleias, com a rebimboca da parafuseta.

Mas a esquerda moderna se dá por satisfeita com essa conversa mole toda. Não serei eu a começar uma guerra santa contra esse tipo de marketing, né? Afinal, o direitista, o reacionário, o conservador etc. e tal sou eu. Se os comunistas acham que assim está bom, quem sou eu para dizer que não está? No máximo, sou alguém que trocaria o apoio às focas por spreads mais baixos. Mas eu sou um direitista idiota. Inteligente é a esquerda que ama a Terra, os rios, os mares, os bichos, as geleiras...

UM TEXTO DO PASSADO COM ANTEVISÕES DO FUTURO [09/03/2007]

Eu tenho a grande sorte de ser amigo de Rubens Baptista Junior. É médico. Mas já cursou direito na São Francisco e jornalismo na ECA, ambas faculdades da USP. Rubens, acreditem, sempre sabe tudo. Não é que me arrumou, o que só ele consegue, o texto que escrevi quando Heloísa Helena, hoje presidenta do PSOL, foi expulsa do PT? Ela e mais três. É um dos artigos em que faço alusão àquele quadro de Goya, em que Saturno engole os próprios filhos. Na área noticiosa do site *Primeira Leitura*, informava-se no dia 14 de dezembro de 2003:

> Por 55 votos a favor e 27 contra, o Diretório Nacional do PT expulsou na tarde do domingo os deputados esquerdistas Luciana Genro (RS), João Batista, o Babá (PA), e a senadora Heloísa Helena (AL). O deputado João Fontes (SE) foi expulso em uma votação separada por um placar parecido, mas com uma abstenção. Com um discurso duro, o senador Aloizio Mercadante (SP) foi uma espécie de algoz dos chamados "radicais". (...) No sábado, em discurso no primeiro dia da reunião do Diretório, o ministro-chefe da Casa Civil, José Dirceu, deu o tom intimidatório ao dizer que as críticas de esquerda podem empurrar o governo para a direita. Os parlamentares expulsos estão discutindo a possibilidade de criar um novo partido.

Pois bem, queridos. Escrevi um texto analítico, naquele mesmo dia, que assinaria ainda hoje, sem alterar uma linha, quatro anos e três meses depois.

O Termidor do PT

Revoluções engolem os seus, e, mais de uma vez, já usamos neste site esta mesma imagem apavorante que se vê ao lado, de Goya. É Saturno engolindo os próprios filhos, uma visão, sem dúvida, macabra. Quando mandou massacrar os marinheiros anarquistas de Kronstadt, Trótski, o mais brilhante da geração que fez a Revolução Russa de 1917, comentou com Lênin: "É o nosso Termidor." Aquele que viria a ser o "profeta traído da revolução", no dizer do biógrafo Isaac Deutscher, experimentaria ele próprio a mão pesada da história que ajudou a escrever, assassinado que foi a mando de Stálin em 1940. Bem, voltemos: ao falar no "nosso Termidor", Trótski reconhece que os marinheiros estão à esquerda de um novo poder que não tem como se consolidar se eles não forem eliminados. Ou seja, o decreto de morte daqueles que antes foram úteis é condição para a sobrevivência do novo modelo.

A referência histórica é o golpe contra Robespierre – o jacobino que liderou a fase do Terror da Revolução Francesa –, desfechado no dia 27 de julho de 1794, ou 9 Termidor do ano 2, segundo o calendário novo que se tentou implementar. A esquerda tem dessas paixões inaugurais, como se sabe, tentada sempre a crer que a história é um processo que tem de ser passado a limpo. E dessa vocação não escapam estatísticas do IBGE ou o calendário. Vá lá, no caso de Robespierre, o que o levou a perder o pescoço foi a anunciada intenção de combater os que considerava traidores da revolução e corruptos. Ameaçou a Convenção com uma lista. Assinava, assim, a sua sentença de morte. Já havia eliminado os que estavam à sua direita e à sua esquerda. Foi derrubado por um golpe, preso e executado. Experimentou a guilhotina de que tanto fez uso para consolidar o seu poder.

Mas vamos com calma. Aqui já se adianta um pouco a história e se complicam os paralelos. Afinal, quem é o Robespierre de nossa farsa cabocla? É Heloísa Helena, a reproduzir os últimos dias do líder radical, ou será Lula, a mimetizar as ações do líder no auge de sua potência? Nem uma coisa nem outra. A força do paralelo e sua virtude para o entendimento estão apenas em reconhecer que a consolidação de um poder, por mais mudanças que proponha, passa por fases de acomodação com os conservadores – o que foi verdade mesmo para a mãe de todas as revoluções, segundo os parâmetros de esquerda, que foi a Russa. A exceção a essa regra da acomodação talvez tenha sido o delírio de Pol Pot. Deu no que deu.

Assim, ainda que, numa hipótese remota, os quatro parlamentares petistas não sejam guilhotinados, a guinada foi feita, o retrocesso (segundo o ponto de vista do mudancismo petista, é claro) está decidido, e os antigos "revolucionários" (e ponham-se aspas aqui...) se oferecem para governar agora um PT bem mais conservador do que aquele que ganhou a eleição – com ou sem Carta ao Povo Brasileiro, este verdadeiro *work in progress*, que, a cada dia, autoriza uma mudança ou uma lambança nova. Lula, a Articulação, Zé Dirceu e o núcleo duro já botaram antes a "direita" do partido para fora; agora, silenciam um pedaço da esquerda. O flerte inclui, sem pudor, João Pedro Stédile e Abílio Diniz. Todos vão se unindo, felizes, em seus dons carismáticos, cada um na sua área, cada um na sua praia.

O Termidor da Revolução Francesa, assim como o da Russa (na expressão de Trótski ao menos), se fez com muito sangue. O do PT se faz com tentativas (provavelmente bem-sucedidas) de banimentos e enquadramentos obsequiosos, que obrigam os discordantes ao silêncio. Enquanto isso, a idéia de uma *pax* lulista, que inclui tanto os mercados como os sem-terra, tanto os bancos como os sindicatos, vai sendo vendida como a solução.

Aí, sim, se nos permitem, cabe uma lembrança a título de advertência. Há uma boa possibilidade de que entremos em algo parecido com a era do Diretório, com, vamos dizer, banqueiros pressionando em favor da Restauração, e os *sans-culottes* a cobrar a prometida justiça. Aquela brincadeira terminou no golpe do 18 Brumário (novembro de 1798), o original, não a farsa relatada por Marx. Em 1804, a França revolucionária, aquela que ousara sonhar com a pátria dos iguais, tinha um imperador, Napoleão Bonaparte. Um sinal de que mesmo processos termidorianos podem fugir do controle. A sorte está lançada.

HÁ GENTE NO CENTRO SAINDO PELO LADRÃO [17/03/2007]

Há uma reportagem interessante de Christine Samarco no *Estadão* de hoje – no geral, correta, diga-se – desde o título: "Aécio quer atrair debate eleitoral a MG, mas sem briga." Entendo: na política, os outros brigam; Aécio só agrega. Se a arena pública serve ao debate de idéias ou, vá lá, ao que poderia ser definido como um embate distributivo, isso não vale para Minas Gerais. E a sugestão permanente é a de que o modelo pode ser implementado no resto do país.

A imprensa, de fato, gosta de Aécio – a de Minas gosta ainda mais. Se, em Belo Horizonte, PT e PSDB caminham para um casamento de interesses, a *pax* com o poder no jornalismo local foi selada muito antes. Se leio os jornais do estado, percebo uma apuração que mais colabora com o bem comum do que propriamente apura. Uma coisa realmente bonita de se ver. Como num poema de Mário Faustino, em Minas, Aquiles abraça Heitor, Davi é pajem de Saul, o Cristo já crucificado beija uma vez mais o enforcado (Judas, não Tiradentes). A Inconfidência foi uma distração mineira; o que se queria era congruência.

Escreve a repórter do *Estadão*:

> Em português claro, o objetivo pontual é obrigar o colega tucano e governador de São Paulo, José Serra, a negociar com ele a candidatura presidencial. A quem o questiona, o governador diz que trabalha para "criar um espaço novo na política brasileira", que não é de confronto.

Entendi: é a substituição do confronto com o adversário, tornado um aliado, pelo confronto com o aliado, tornado um adversário.

Volto à poesia. Isso me lembra o poema "Pós-tudo", escrito por Augusto de Campos em 1984. Modesto, fez uma espécie de balanço da própria obra que tentou fazer coincidir com um balanço de toda a poesia, salgando a terra das gerações passadas e futuras. Correspondeu a um enterro do concretismo e, inegável, da poesia. É que ninguém levou a sério nem o poeta nem o poema. Milhares de pessoas, no mundo inteiro, continuaram a fazer versos, alheias ao augusto decreto. Se a política pós-Lula representa o fim das divergências, então, quem sabe?, estejamos próximos da morte da própria política como espaço de articulação das diferenças. E, também nesse caso, Brasil e mundo afora, a política continuará a opor as pessoas e a agrupá-las em partidos, em correntes, em tendências.

O que estou dizendo, em suma, é que, volta e meia, as chamadas "elites políticas" brasileiras testam fórmulas que são a negação da experiência histórica e da própria realidade. Por mais que algumas divergências partidárias tenham relevância apenas superficial, há outras, de fundo, que não podem ser ignoradas em nome de supostos interesses superiores, como se a política fosse só a arena de coisas menores a serem superadas. Quando menos porque, fosse assim, o próprio Aécio, um político, seria, então, um dos beneficiários dessas mesquinharias.

E se a convergência, em vez de limpar o terreno dos embates menores, servir para esconder indesejáveis arranjos maiores? Ou Lula não acompanha com especial interesse esta, por enquanto, "exclusividade mineira"? O que de melhor pode acontecer ao PT, depois de tudo, do que ver seus métodos, suas escolhas e seu sistema abrigados pelo principal adversário? Na verdade, mais do que abrigados: fala-se de uma parceria que pretende ter vocação exemplar, estendendo-se, quem sabe?, para a disputa federal.

Acredito nisso? Sinceramente, não. Se Aécio pretende ser presidente da República a partir de 2011, creio que terá de disputar a indicação no próprio PSDB. Ou passa à frente de José Serra nas pesquisas ou, sei lá, beneficia-se do que já pode ser uma tradição tucana, obtendo a indicação mesmo com menos votos, com o charme de seu perfil "agregador". Em 2006, Geraldo Alckmin emplacou a tese do bom gerente.

Então a que serve tudo isso? Quem é o único beneficiário da tese do "pós-lulismo"? Ora, é Lula. E, claro, a sua herança, uma palavra eventualmente grávida de muitos significados neste texto. Porque reparem: ser Aécio um pós-Lula não quer dizer que Serra seja um anti-Lula. De fato, no balanço geral das coisas, quanto menos anti-Lula for um, menos anti-Lula será o outro. Já escrevi aqui e reitero: no que respeita à economia, por exemplo, o governador de São Paulo está até mais próximo de algumas correntes do PT (e isso pode incluir o presidente) do que o próprio Aécio.

Parece que todas as forças querem convergir para um centro que não é um lugar ideológico, com um conjunto de valores e, vá lá, uma doutrina. Este centro imaginário virou um esconderijo de convicções e, em alguns casos, um bom lugar para fazer negócios, ao abrigo das divergências, mas também da vigilância. É como se o poder descobrisse que seu verdadeiro inimigo é a sociedade, onde, com efeito, permanecem as diferenças.

ESTÃO TENTANDO CONSTRUIR A DEMOCRACIA DO PARTIDO ÚNICO – O PUN [12/03/2008]

Noticiou a *Folha Online*. Volto depois:

> O governador de Minas Gerais, Aécio Neves (PSDB), defendeu nesta quarta-feira a inclusão do PMDB na aliança entre o PSDB-PT que está sendo construída em Belo Horizonte para as eleições deste ano. Para o tucano, os políticos têm que "quebrar" resistências, pois não podem viver se "digladiando" na busca permanente pelo poder.
>
> Segundo Aécio, é preciso buscar a convergência, e o PMDB "é muito bem-vindo" nesse entendimento.

Comento

E por que não os demais partidos de Minas? Por que a discriminação? Vamos aprendendo, assim, que a verdadeira democracia é a eliminação das divergências por meio da inclusão. Nesse modelo, a democracia perfeita é a do partido único. Em vez de ser por meio do porrete fascista ou comunista, chega-se à unidade por meio da conciliação.

Se vale para Minas, por que não vale para o Brasil? Somos obrigados a testar, hipoteticamente ao menos, essa tese em sua plena potência: toda divergência, assim, é negativa para a população. A suposição implícita é a de que também o tal povo não tem, entre si, diferenças.

E quem vai governar? Ora, os interesses comuns. Mas, se são comuns, por que os mineiros – ou os brasileiros – estão divididos em partidos, que, supõe-se, distinguem correntes de opinião? Como será feita, depois, a distribuição de cargos? Ou não haverá distribuição de cargos?

O que me encanta nesse modelo é a sua originalidade. A Espanha acaba de ter eleições. Por margem estreita, o PSOE de Zapatero venceu o direitista PP. O mesmo ocorreu nas eleições municipais da França. A derrota de Sarkozy, embora menos dura do que se noticiou, foi uma advertência. Nos Estados Unidos, não só uma união entre democratas e republicanos soaria ridícula, como o pau está comendo na disputa entre Barack Obama e Hillary Clinton. No mesmo partido.

Esse arranjo proposto por Aécio Neves lembra mais a divisão de poderes entre os Senhores da Guerra do Afeganistão do que a realidade vivida pelas democracias ocidentais. Afinal, na prática, trata-se de juntar os que têm armas para transformar as eleições num processo homologatório. Depois, é só distribuir entre os "líderes" o produto do arranjo.

Como diz piada conhecida, cumpre afirmar: se a coisa só dá no Brasil, ou é jabuticaba ou é besteira. Havendo sempre a possibilidade, dada a realidade, de ser coisa ainda pior.

SE TODOS "ELES" SÃO VITORIOSOS, O DERROTADO É VOCÊ [12/03/2008]

Conversa vai, conversa vem, passa o tempo, alguém sempre se lembra de afirmar que a democracia atrapalha a vida das pessoas, a eficiência da administração, os interesses estratégicos da nação. Países que jamais a conheceram, como a China e a Rússia, são hoje considerados exemplos virtuosos de desenvolvimento econômico. É inegável que existe uma grande torcida pela estabilidade da tirania chinesa. Como observou com correção Henrique Meirelles, presidente do BC, enquanto a economia daquele país mantiver a exuberância, os emergentes respiram aliviados. Já os russos inventaram o novo tsarismo ou, sei lá eu, o bolchevismo de um homem só. Na anti-russa Tchechênia, por exemplo, o partido de Putin conseguiu quase 100% dos votos... Tais modelos encantam, não é? Democracia dá trabalho.

Dá trabalho, mas é ela que assegura os principais valores que nos tornam civilizados. Já pararam para pensar que, onde não há oposição, não há também imprensa? Por quê? Ela é sempre do contra? Não necessariamente. Mas é evidente que parte considerável do noticiário nasce da vigilância dos opositores: cumpre ao jornalismo fazer a distinção entre a transgressão legal e a mera disposição de atingir adversários. Ora, num Estado ou num país em que todos estão juntos, também o jornalismo se torna mero discurso justificador da realidade. Serve apenas à peroração.

Se todos "eles" são vitoriosos, o derrotado é você.

É PRECISO PERCEBER QUANDO ELES VÃO ALÉM DOS LIMITES [29/03/2008]

Gostei do editorial de hoje da *Folha* por uma razão em especial: uma democracia precisa saber quando os atores políticos ultrapassaram o limite do aceitável. E, então, é necessário que se acenda o sinal vermelho: "Epa! Não dá! Não é mais permitido avançar." Foi o que fez o grupo de ministros que comandou a feitura do dossiê contra o ex-presidente Fernando Henrique Cardoso e sua mulher, a professora Ruth Cardoso – uma das figuras mais discretas e avessas à fatuidade do poder que já passaram pelos salões de Brasília. Quatro ministros, reporta o *Estadão* deste sábado, com o pleno conhecimento do presidente da República, dedicaram-se à tarefa de usar informações e estrutura do Estado para constranger adversários políticos: além de Dilma, Paulo Bernardo (Planejamento), José Múcio (Relações Institucionais) e Franklin Martins (Comunicação Social).

A prática, é desnecessário dizer, é própria de Estados policiais. Na carta que enviou à *Veja*, Dilma Rousseff, em cujo ministério se tramou a malfeitoria, tenta investir numa ridícula teoria conspiratória: "A quem interessa?", pergunta ela. Dilma, mais do que ninguém, é dona dessa resposta porque participou do grupo que decidiu fazer o, como é mesmo, ministra?, "levantamento". Não se organiza tal "base de dados" a menos que se pretenda usá-la. Reportagem de ontem da *Folha* deixa claro que o dossiê que passou a circular é uma seleção dos dados do tal Suprim. É o que está claro na reportagem da *Veja* da semana passada.

Aqui e ali se especula, um tanto ridiculamente, parece-me, que setores do próprio PT poderiam estar interessados em alvejar a ministra, já que sua figura teria assumido uma dimensão incômoda no governo, sobressaindo-se como peça importante na eleição de 2010. O PT já fez muitas bobagens, é inegável, mas abrir fogo amigo porque essa senhora chega a ter 2% das intenções de voto?

Ora, jornais e revistas estavam coalhados de insinuações de supostos gastos "exóticos" do governo FHC. Os petistas já usavam a "base de dados" para apresentar à CPI requerimentos direcionados. O circo estava armado para que o papelório funcionasse como uma cornucópia de acusações contra o antecessor de Lula caso as oposições insistissem em ter informações sobre os gastos do atual presidente. Dossiê, sim! Dossiê para intimidar e, eventualmente, chantagear. Não! Não há fogo amigo nenhum! Ocorre que Dilma, como se vê, não pode responder sozinha pela obra. Não faltou à conspirata nem mesmo o ministro da Propaganda, o grande pauteiro de certo jornalismo, Franklin Martins.

Ora, Lula sabia de tudo, vê-se. E sempre soube: deste dossiê, do outro, do mensalão, da casa da mãe joana que é o seu governo no que respeita às questões institucionais, permanentemente rebaixadas. E tanto mais rebaixadas quanto mais aumenta a sua popularidade. Lula usa o seu prestígio junto ao eleitorado para transformar o vale-tudo em coisa corriqueira da política. Vimos isso anteontem, com o elogio feito a Severino Cavalcanti, o homem que renunciou porque não conseguiu explicar o "mensalinho". Repetiu a dose ontem, ao cantar as glórias do senador Renan Calheiros (PMDB-AL), obrigado a deixar a presidência do Senado. Não se trata apenas de um governo dado a ilegalidades: também "anistia" políticos flagrados em atos que vão da falta de decoro ao crime.

Lula, em suma, usa a sua popularidade (conseguida, em boa parte, porque o programa histórico do petismo para a economia foi, felizmente, jogado no lixo) para desmoralizar as instâncias da democracia representativa e do Estado de direito. Com ele, aumenta sempre o hiato entre essa popularidade e a legalidade. "A quem interessa o dossiê?", quer saber a ministra Dilma. A quem quer governar acima dos partidos, das leis, das instituições. Ora, Lula vai mudar uma lei, dentro de alguns dias, para, vejam só, "legalizar" a compra da Brasil Telecom pela Oi. Por aqui, já escrevi, não se fazem negócios de acordo com as leis. As leis passaram a ser feitas de acordo com os negócios.

Temos ainda uma imprensa vigilante, que não se deixa intimidar pela popularidade do demiurgo que lhe é conferida, é bom lembrar, pela democracia representativa. Temos um aparato legal que ainda não foi conspurcado pelos que estão determinados a assaltar o Estado de direito, embora o presidente tenha manifestado simpatia por chicaneiros que pretendem intimidar a imprensa. Mas cumpre ser vigilante.

A vigilância é necessária porque esse governo, seguindo a sua natureza, não sabe se comportar quando é bem-sucedido (ao menos segundo a percepção pública). A vocação autoritária de seus comandantes – alguns ainda caudatários de delírios totalitários – faz com que usem o prestígio que têm para pôr uma canga na sociedade. Em cinco anos, as oposições criaram uma única dificuldade para Lula: a derrota da CPMF. Todas as outras crises foram gestadas pelos petistas. Em todas elas, o partido tentou usar um momento de lua-de-mel com o eleitorado para fazer avançar o seu projeto autoritário.

Na lei ou na marra.

ROBINHO, LULA E A ÉTICA DA MALANDRAGEM [20/06/2008]

Eu sei que é uma banalidade, mas terei de comentar o que foi publicado no *Estadão On Line* (em itálico):

O presidente Luiz Inácio Lula da Silva criticou nesta manhã [quinta-feira], em conversa com auxiliares, no Palácio do Planalto, o desempenho da seleção brasileira no empate sem gols com a Argentina, na quarta-feira, pelas eliminatórias da Copa do Mundo.

O presidente, de acordo com relato de participantes da conversa, afirmou que é necessária uma mudança de atitude dos jogadores da seleção e disse que "se colocasse o time do Corinthians, jogaria melhor".

Segundo as mesmas fontes, Lula reclamou da atuação de Robinho. Disse que o jogador "deveria ter caído" dentro da pequena área no momento em que o goleiro argentino, Abbondanzieri, correu atrás dele e lhe puxou a camisa, no primeiro tempo do jogo. Em vez de cair, Robinho continuou a jogada e foi desarmado.

A seleção não faz gols há três jogos – passou em branco contra a Venezuela, Paraguai e Argentina. Para o presidente, a solução do problema também está no Corinthians: "O Herrera precisa ser naturalizado brasileiro", afirmou.

Comento

Eu também sou corintiano. É o que tenho em comum com Lula. O time acabou de perder um campeonato para o Sport do Recife. Porque jogou errado. Conseguiu desperdiçar uma imensa vantagem. Mas isso é o de menos. Gostei foi de ver Lula pegar carona num comentário infeliz feito ontem por Galvão Bueno durante a transmissão do jogo: "Se Robinho tivesse caído na área, seria pênalti..."

Entendi: quando falta talento, o negócio é ir mesmo na malandragem. O comentário é a cara de Lula. E também é uma boa síntese de sua biografia, né?

Quem é Lula senão aquele que vive caindo na área e gritando "pênalti"? Vejam só: ele jamais deixou de receber salário como sindicalista e chefe de partido, mas, mesmo assim, gritou "pênalti" e hoje ganha uma indenização como "perseguido do regime militar", o que é piada. Imaginem se "o certinho do general Golbery" era um perseguido... Tenham paciência.

Na campanha de 2002, Duda Mendonça inventou a história do pobre que sobreviveu à fome. Diante das câmeras, Lula chorava, narrando a sua suposta biografia, lembrando a história triste da mãe, nascida analfabeta, coitada!, e choramingava: "Pênalti, pênalti..." Em 2006, caído na área, dizia: "Estão querendo tirar de mim o governo por meio de eleições. Que sacanagem! Pênalti."

Faltou a Robinho, com efeito, este *savoir-vivre.*

Robinho precisa tomar umas aulas com Lula. Robinho precisa aprender a ser mais malandro.

OS PERVERTIDOS – POR QUE ELES SÃO PIORES [25/06/2008]

Alguns petistas indignados dizem que pego mais no pé do PT do que no de outros partidos. Há até mesmo aqueles que, em nome do que chamam "isenção", exigem a mesma crítica a outras legendas. Vamos lá. No aniversário de dois anos do blog, cumpre lembrar algumas coisas.

É evidente que a safadeza é condenável, venha de onde vier, e que todas elas merecem censura no blog. Mas os petistas não são os meus juízes. Podem esperar sentados (porque em pé criarão raízes e darão flor), que eu não tratarei, por exemplo, o caso Alstom – este romance de mistério – como o "outro lado" do caso Varig, por exemplo. De modo nenhum! E não tratarei porque não é. Não tratarei porque dispenso abordagem desigual aos desiguais.

Dar o mesmo relevo aos dois assuntos é coisa de gente intelectualmente vagabunda, que está disposta a demonstrar a sua independência aos petistas. Não sou malabarista no circo do petismo: não vou andar no arame e equilibrar bola na ponta do nariz para que eles me achem isento. O que eles pensam a meu respeito me é irrelevante.

Se e quando se descobrir a safadeza no caso Alstom, safadeza será. E que se mandem os responsáveis para a cadeia. Mas que se destaque:

– não se comprometeu a institucionalidade, conspurcando uma agência reguladora, como aconteceu no caso Varig;

– não se mudou a lei com a finalidade específica de "legalizar" um negócio – como aconteceu no caso Brasil Telecom/Oi;

– os acusados – ou melhor: um único suspeito até agora – negam a irregularidade; os petistas, ao contrário, querem fazer o ilegal parecer legal.

Que todos os criminosos paguem por seus atos, pertençam a que partido for. Mas eu faço, sim, a distinção entre quem corrompe a institucionalidade e quem "apenas" viola a legalidade. Sabem por quê? Porque a corrupção da instituição fica inscrita na memória do país.

A distinção nem é minha, confesso. É de padre Vieira, no Sermão do Bom Ladrão, já tantas vezes comentado aqui. Vai de memória, mas é fácil achar na internet: "O ladrão que rouba para comer não vai nem leva ao inferno; os que não só vão, mas levam, são os ladrões de mais alto calibre e de mais alta esfera, os quais, já com manha, já com força, roubam e despojam os povos." Ou, mais adiante: "Uns ladrões roubam e são enforcados; outros roubam e enforcam."

Meu apreço pelo senhor Paulo Maluf é zero. Ele já me processou inclusive. E perdeu. Meu apreço pelo sr. Collor de Mello é zero. Ele também já me processou e também perdeu. Mas sustento que esses dois senhores, de biografia tão notória, fizeram muito menos mal ao Brasil do que os petistas. Não, isso está longe de ser uma defesa de ambos. Penso a respeito desses senhores o que pensava antes – e que os levou a me processar –, mas suas práticas, a não ser para seus fãs empedernidos, entraram para o rol das coisas condenáveis.

Com os petistas é diferente. Um senhor, advogado e lobista de um fundo estrangeiro, que participou da compra e venda de uma empresa num processo que a própria Anac admite estar eivado de ilegalidades, é recebido seis vezes pelo presidente da República. E vem um ministro de estado dizer que, bem..., não há nada demais nisso. Como não há nada demais no fato de ambos serem compadres, com todas as conhecidas intimidades próprias do compadrio que já estão provadas.

O petismo faz o crime parecer tão natural quanto dizer: "Hoje é terça-feira."

Assim, petistas, desistam: tratarei desigualmente os desiguais. E sempre que um petralha grita que não sou isento, penso: "Que bom! Sinal de que ainda sei distinguir desigualdades."

INDIVÍDUOS, NÃO MANADA [27/06/2008]

Vocês sabem, não? 99,4% do nosso material genético é igualzinho ao dos chimpanzés. Assim, há, é inegável, um macaco em nós. É um tanto assustador que tenhamos feito todo o resto só com 0,6%... É nessa parte ínfima que está o ser que pondera. A esmagadora maioria do que vai no nosso íntimo ainda sobe em árvore e faz cocô na cabeça alheia, pratica canibalismo, infanticídio, assalto em bando... Isso mesmo: bando é coisa de chimpanzé. Eu tenho horror a bando. Só os indivíduos na sua singularidade me interessam.

É por isso, por exemplo, que acho que o Estado deve ser contido e vigiado pelo indivíduo, e não o contrário, como ocorre costumeiramente. Sim, o meu ideal político – e dizem que isso é ser de direita – é ter um Estado cada vez menor e um espaço cada vez maior para a arbitragem individual. Dou um exemplo: faz sentido proibir cigarro em restaurante? Faz. Num restaurante de não-fumantes, sim. Mas por que não pode haver um outro para fumantes? Sei, cigarro predispõe ao câncer. No limite extremo, as pessoas têm o direito de optar por isso, por mais estranho que a muitos possa parecer. Ter de vir o Estado para determinar: "É proibido fumar em local fechado", sem abrir a brecha para seres privados fumarem em locais privados, previamente combinados, é uma estupidez da tentação legiferante.

"Ah, mas você é contra a descriminação das drogas no Brasil." Sim, sou. Mas não posso ser contrário a que a pessoa decida cheirar cocaína até virar uma uva-passa, ainda que eu ache que ela não deva fazê-lo. O que eu tenho com isso? No que respeita à organização social, no entanto, a minha restrição é de outra natureza: o Brasil não pode fazer tal opção sozinho. E, como não pode, a comercialização de determinadas substâncias constitui crime e é a base que financia o chamado "crime organizado". Assim, é inescapável considerar que optar por consumir cocaína ou maconha faz do consumidor um elo da cadeia criminosa. E, segundo cá o meu tribunal, o certo seria que respondesse por isso.

Mas não quero que essa questão da droga – falo dela porque é recorrente – contamine o espírito do texto: ser contra a manada. As imposições politicamente corretas mundo afora (com maior determinação no Brasil) fazem justamente isto: tiram do indivíduo o direito à arbitragem e tentam, o que é grave, perigoso, cassar o direito à opinião. Peguemos o tal projeto que criminaliza a chamada "homofobia": ora, as leis já punem a discriminação de homossexuais. Ir além disso, tentando policiar a linguagem, é avançar no arbítrio individual. "Ah, e se o sujeito pregar a organização de hordas para intimidar homossexuais?" Bem, aí é crime – ou melhor: isso já é crime.

O mesmo vale para publicações desta ou daquela natureza. Alguns militantes islâmicos que hoje acusam a existência de "islamofobia" no mundo acham perfeitamente aceitável que sua religião persiga um escritor acusado de... ofender o Islã! E o que é, afinal, que ofende o Islã? Bem, só sendo islâmico para sabê-lo. Aí não dá. Devemos nos subordinar a eles? Eu acho que não. Como acho uma bobagem que se proíba a publicação de *Mein Kampf*, dos Protocolos ou de livros que neguem o Holocausto. Negar pode: não pode é se organizar em hordas – ou pregar tal organização – para perseguir judeus. Peguem o caso do delinqüente Mahmoud Ahmadnejad, presidente do Irã: ele afirma que o fato de alguns países ocidentais proibirem a publicação de livros revisionistas é exemplo de que a revisão faz sentido...

O espírito da democracia está contido na máxima de Tocqueville de que os males da liberdade se corrigem com mais liberdade – desde que, é claro, você não permita que grupos organizados solapem as bases do sistema que supõe a convivência entre as diferenças. Não posso corrigir o mal do terrorismo com mais liberdade ao terror, por exemplo: afinal, ele não pretende dialogar com o "outro", mas eliminá-lo. Então, do ponto de vista da democracia, trata-se de um mal essencial.

Tenho horror a isso que chamo espírito de manada – ainda que uma manada pequena, minoritária. Faço uma brincadeira com Fernando Pessoa, assim: "Como sou Rei(naldo) absoluto da minha simpatia, basta que ela exista para que tenha razão de ser." Não é uma apologia da incoerência, mas do individualismo.

Sou, por exemplo, católico e compreendo que os católicos considerem pecaminosa a prática homossexual. Na sua Igreja, têm todo o direito de criar obstáculos à admissão de homossexuais na hierarquia – embora a tarefa, convenham, ande um tanto difícil, não é mesmo? Mas eles existem na sociedade – constituem, desde sempre, uma parcela da humanidade –, e são seres de direito. Têm de estar abrigados pelas leis como qualquer um de nós. Sou contra o tal projeto que pune a homofobia porque o considero autoritário e contraproducente, já disse as razões, não porque, como asseguram alguns apocalípticos, os gays estão tomando conta do mundo. Isso é de uma tolice sem tamanho. Daqui a pouco vai ter gente dizendo que os sodomitas são culpados pelos terremotos. Qual é...

Aí um católico bravo comigo – ele até decidiu me excomungar; será que já virou papa? – afirma estar muito decepcionado; segundo ele, Deus ama o homossexual desde que este não pratique o ato nefando. Não vou entrar no mérito religioso da consideração, que daria pano pra manga, e prefiro me ater à questão, digamos, puramente civil: acho absurda a proposição que condene alguém à solidão. Ela me parece muito pouco amorosa. E isso nada tem a ver com a pletora de tolices que se dizem por aí sobre as virtudes do "fim da família tradicional" e outras bobagens para alimentar publicações ligeiras, de entretenimento.

O que eu não quero é o Estado vigiando e determinando o que posso dizer ou não, o que posso pensar ou não, o que posso fazer ou não. Precisamos, sim, de uma Constituição que garanta a todos a igualdade perante as leis e que assegure, vejam só, o direito às desigualdades – porque somos desiguais. Se e quando grupos organizados ameaçarem o direito à igualdade legal, então é correto e desejável que o Estado se faça presente, por meio da Justiça, para restaurar esse direito agravado.

Mas calma lá. É preciso tomar muito cuidado com o "Estado sábio", dotado de suposta neutralidade moral, que venha nos dizer o que é e o que não é saudável PENSAR.

GLOSSÁRIO

Algumas das palavras e expressões abaixo são de uso corrente no meu blog, e muitas delas estão nos textos reunidos neste livro:

AL QAEDA ELETRÔNICA – É a rede montada pelas esquerdas, especialmente os petistas, para difamar adversários. Ela patrulha revistas, jornais, blogs e sites, fazendo correntes na internet contra os seus desafetos, que participariam de uma grande "conspiração da direita".

APEDEUTA – O termo é dicionarizado: "Que ou quem não tem instrução, ignorante." Neste livro e no blog, "O Apedeuta", com artigo, designa o presidente Luiz Inácio Lula da Silva quando ele faz apologia da ignorância ou fala alguma batatada teórica.

BABALORIXÁ DE BANÂNIA – É outro dos epítetos de Lula, empregado quando ele assume certa vocação mística ou missionária. No candomblé, o babalorixá é um chefe espiritual. O termo "Banânia", uma referência ao Brasil, é inspirado no país Kakânia, criação de Musil no romance *Um homem sem qualidades.*

COMPLEXO PUCUSP – Define uma parte dos professores e estudantes da área de humanidades da Pontifícia Universidade Católica e da Universidade de São Paulo. Consideram-se marxistas. Conseguiram a façanha de transformar seus "oprimidos" em "opressores", já que eles sempre têm razão. De forma mais genérica, designa as esquerdas universitárias de todo o país.

CRÍTICA NEM-NEM – É uma variante do "Isentismo" (*ver a seguir*). O autor da crítica "nem-nem" não gosta de se posicionar nem a favor disso nem a favor daquilo. Seu herói secreto é Salomão. O crítico nem-nem acha que dividir a criança ao meio era uma prova de sagacidade.

DUALÉTICOS – É a turma que abraça a dialética perturbada, traduzida, de fato, pela dualidade ética: aos "companheiros" seriam facultadas licenças que aos demais humanos estão vedadas. Sabendo ou não, aplicam, na prática, os princípios expressos por Trótski no texto "A nossa moral e a deles".

ESQUERDIOTA – É um misto de esquerdista com bobo da corte. Sua característica mais saliente é ignorar os princípios básicos das idéias que abraça. Acredita, por exemplo, que foi uma política de esquerda que levou o Brasil à condição de "Investment Grade".

ESQUERDOFRÊNICO – É o esquerdista dividido, coitado! É aquele para quem o superávit primário era coisa de direita no governo FHC e passou a ser um ato de inteligência da esquerda no governo Lula.

ESQUERDOPATA – É o esquerdista patológico, disposto a eliminar os severos monstros da dominação ideológica que ainda assombram o seu sono. O principal deles é a imprensa, que ele chama de "mídia".

ISENTISMO – É a doença infantil da "isenção", uma qualidade que todo jornalista deve ter. Como o "isentista" rejeita radicalismos, ele declara não ver diferenças entre George W. Bush e Bin Laden ou entre a polícia e o narcotráfico. Se o assunto é Deus, ele acha justo que se ouça o diabo – afinal, é o "outro lado".

PETRALHA – Neologismo criado da fusão das palavras "petista" e "metralha" – dos Irmãos Metralha, sempre de olho na caixa forte do Tio Patinhas. Um petralha defende o "roubo social". Ele não vê mal nenhum em assaltar os cofres públicos desde que seja para a construção do "partido".

PETRALHANTRA – É o petralha pilantra. Justifica o assalto aos cofres públicos com a lenda da redenção dos oprimidos e diz aos petralhotários que o roubo para "construir o partido" tem virtudes revolucionárias. De fato, embolsa a grana – e manda uma parte para paraísos fiscais. Um petralhotário costuma votar. O petralhantra costuma ser votado.

PETRALHOTÁRIO – É o petralha otário. Ele acredita no roubo social e não vê mal nenhum em assaltar os cofres públicos para "construir o partido" – ao qual atribui virtudes redentoras. Costuma ser um duro. Não se aproveita de benesses, a exemplo do "petralhantra". Todo petralhotário é um bobo alegre.

PORTA-SACO – Caracteriza certo tipo de jornalismo especializado em ser porta-voz e puxa-saco do governo ao mesmo tempo. Um porta-saco sempre sabe o que Lula anda comentando com o seu "círculo íntimo".

REMELENTOS E MAFALDINHAS – Ou "Moços Sem Banho, Moças Nervosas". A expressão define os invasores de reitoria Brasil afora. Eles ainda usam barbicha-e-boina e fazem questão de afetar pouco asseio pessoal, ainda que isso seja falso, o que lhes confere o aspecto de quem dormiu sem trocar de roupa. Elas são contestadoras incansáveis, a exemplo de Mafalda, a personagem do argentino Quino.

TECLA SAP – Com a variante "acionar a tecla SAP": há leitores, especialmente os "petralhas" (*ver anteriormente*), que não entendem ironia ou piada. "Acionar a tecla SAP" significa atentar para o sentido da linguagem figurada.

TOCADORES DE TUBA – É o colunismo engajado na defesa incondicional do governo petista. O tocador de tuba é o propagandista menos sutil. Suas versões mais amenas podem tocar flauta ou saxofone. Alguns dos tocadores desses instrumentos de sopro já estão empregados na TV Pública – a Lula News. Mas há muita gente na fila.

Este livro foi composto na tipologia Minion, em corpo 11/13.5,
e impresso em papel off-white 80g/m²
no Sistema Cameron da Divisão Gráfica da Distribuidora Record.